普通高等教育土建学科专业"十二五"规划教材

高等学校工程管理专业规划教材

现代建筑生产管理理论

Advanced Building Production Management Theory

李忠富　杨晓林　等编著

中国建筑工业出版社

图书在版编目（CIP）数据

现代建筑生产管理理论/李忠富等编著. —北京：中国建筑
工业出版社，2012.10
（普通高等教育土建学科专业"十二五"规划教材.高等学
校工程管理专业规划教材）
ISBN 978-7-112-14657-4

Ⅰ.①现… Ⅱ.①李… Ⅲ.①建筑企业-生产管理-研究生-
教材 Ⅳ.①F407.962

中国版本图书馆 CIP 数据核字（2012）第 215374 号

普通高等教育土建学科专业"十二五"规划教材
高等学校工程管理专业规划教材
现代建筑生产管理理论
Advanced Building Production Management Theory
李忠富　杨晓林　等编著

*

中国建筑工业出版社出版、发行（北京西郊百万庄）
各地新华书店、建筑书店经销
北京红光制版公司制版
北京市燕鑫印刷有限公司印刷

*

开本：787×1092 毫米　1/16　印张：19¼　字数：464 千字
2013 年 1 月第一版　　2013 年 1 月第一次印刷
定价：**40.00** 元
ISBN 978-7-112-14657-4
（22699）

本书将先进制造业的生产管理理论与方法引入建筑生产领域，按照建设领域工业化、信息化、先进管理与可持续发展的思路，阐述建筑生产工业化、信息化、精益建设、并行建设、虚拟建设、建设物流和供应链、可持续建设和建设项目集成化管理的理论与方法，以及部分应用案例。本书可作为工程管理专业研究生的教材或参考书，或者作为业内教师研究以及实践者的有益参考。

This book tries to introduce the advanced manufacturing production and management theory and methods to construction industry. According to the principles of industrialization，informatization，advanced management，and sustainable development in construction field, the theory and methods of construction industrialization, informatization, lean construction, concurrent construction, virtual construction, construction logistics and supply chain, sustainable construction, and integrated management of construction project are summarized. And some application cases are used to explain the application process and principles. This book could be used as a textbook or reference book for graduate students majored in construction management or as a beneficial reference for academic researchers as well as practitioners.

* * *

责任编辑：牛　松　田立平
责任设计：李志立
责任校对：王誉欣　党　蕾

前　言

为工程管理专业的研究生写一本现代建筑生产管理理论与方法方面的书是我多年的宿愿。进入 2000 年后，我结合博士后课题和一直从事的住宅产业化研究，将较多的精力花在了现代制造业的生产管理方面，在精益生产、敏捷制造、大规模定制、并行工程、CIMS 等领域进行了一些探索，此后一直努力试图将先进制造技术与管理的理论与方法应用于建筑业和住宅产业的生产管理中。与此同时我也惊异地发现，国外同行在此前的七八年时间也在做着几乎相同的工作，就是将先进制造业的技术与管理方法引进到建筑业中来，与建筑业的生产相结合，演化出了精益建设、并行建设、虚拟建设、建设物流和供应链管理、可持续建设等新的生产与管理方式，提高了建筑业的生产与管理水平，同时也为工程管理理论研究与教学提供了新的拓展空间。这个发现叫我兴奋不已。因为杨晓林老师也对这一方面非常关注，并在这个领域进行了大量的研究工作。因此，从 2002 年起，在哈尔滨工业大学，由我和杨老师作为主讲教师为工程管理专业的硕士研究生开设了一门讲述新型生产管理理论和方法在建筑生产中应用的新课，这是与工程项目管理、建筑企业管理完全不同的课，这门课旨在将国内外最新的建筑生产管理理论与方法方面的研究成果介绍给研究生，同时也引导研究生进入该研究领域进行研究工作。为了开好这门课程，我和杨老师组织了一个由六位教师和多名研究生组成的"现代建筑生产理论与创新"研究小组，在此领域开展持续的研究工作。同时，收集整理翻译了大量国外最新的论文和研究报告，并持续关注着国内外同领域的前沿动态和发展趋势。到 2011 年已经积累了近千万字的各种资料，并选择了其中大约三百篇有代表性的国外论文和报告进行了翻译，这些成为了本书编撰的主要素材。加上我和杨老师近十年授课的讲稿，构成了本书的主要内容。

在过去十年我们持续学习和研究的过程中也遇到了各种争议和困惑。建筑生产领域是少有独创性成果出现的，而向其他领域学习又遇到了产业特性不同，生产方式不同，管理方式不同等问题，使得这个学习与创新的过程充满坎坷。其实将制造业的生产与管理方式引入建筑业并不是我们的首创，在很多年前就已经有人在进行这方面的尝试，国内在这方面也有过一些成果，只是这种思潮并没有成为主流，一直在争论和非议中艰难前行，步履蹒跚，进展缓慢，更谈不上形成全面系统的理论体系。

但我一直认为：不能吸收新理论与技术的学科是没有发展前途的。在建筑领域没能及时创新出符合行业自身发展要求的独特管理理论与方法之时，向相关领域学习是最佳途径。况且这些年来制造业和商业服务业伴随着信息化发展迅猛，产生了一大批新型生产管理方式和管理技术，这些新技术不属于工程管理学科本身，但它具有普遍适用性，对工程管理有着重要的借鉴作用。这些技术有些适用于工程管理（有些方法本身就是从工程管理得到启示而产生的，如精益生产、敏捷制造、并行工程等），有些不适用于工程管理，有的则需要进一步研究和创新才能够应用于工程管理。一味强调工程管理的特殊性而排斥相关领域新技术的应用是错误的，但不顾工程管理的特点而生搬硬套相关领域的新技术也是不可取的。如何正确地对待相关领域的新技术并应用于工程管理，不断丰富工程管理的技术内涵也是需要研究解决的问题。

过去的二十年时间里，国内外建设管理业内研究者和实践者在引进相关领域的先进思想理念和方法，应用于建设领域上做了一些工作，取得了一些成果。诚然，真正与建设生产融合得好的成果还谈不上丰富，理论体系也谈不上完善，但至少有了一个良好的开端。上述情形落实到本书上，就是本书所写内容，先进生产管理方式与建筑生产结合得特别好的理论与方法并不多，比较多的是先进理论与方法的介绍和一些初步的应用。为了写好这本书，我和杨老师进行了反复多次的研究和推敲，才最终确定下本书的结构体系和主要内容，但仍然觉得不够完善。因此本书出版绝对不意味着本研究领域的发展成熟，而旨在抛砖引玉，唤起业内人士对本研究领域的重视，从而吸引更多的人士进入该领域从事研究工作，大家共同为本领域的研究出力献策，从而促进本研究领域的发展与完善，这才是本书出版最重要的目的。同时，也希望能有更多的大学为研究生开设现代建筑生产管理理论这门课，引导更多的研究生进入这一领域进行研究探索。本书可以作为开设此课程的参考教材。

本书有我和其他作者的一些研究成果，但更多的是引进和介绍国内外业内学者在过去二十年里取得的成果。因为本书是作为研究生教材来写的，因此，这些成果基本上在文中和每章的参考文献中标出。尽管这样，仍然可能会有不少疏漏，望各位学者谅解。

本书从选题、内容研讨到书稿编撰历经了几年时间，到最终成稿时，又有多位教师和研究生参与其中。其中第 1 章、第 2 章、第 4 章、第 5 章、第 8 章由大连理工大学李忠富编写，第 7 章、第 10 章由哈尔滨工业大学杨晓林编写，第 3 章由哈尔滨工业大学李良宝编写，第 9 章由哈尔滨工业大学冉立平编写，第 6 章由哈尔滨工业大学满庆鹏编写。另外哈尔滨工业大学营造与房地产系博士研究生王一越、单英华、孙智、张瑞雪也参与了由我负责编写的部分书稿整理和翻译工作。全书由李忠富和杨晓林最终统稿。

本书付梓之际，感谢我的导师关柯教授多年来对我的指导、教诲、关怀和厚爱。感谢我的好友、东南大学成虎教授在研究过程中给予我的重要警示和创意思路。感谢高校工程管理专业指导委员会主任任宏教授和中国建筑工业出版社牛松编辑在本书选题出版上给予的大力支持。

由于作者水平有限，本书在体系结构、内容深度、文字编排等方面肯定会有不少错漏之处，敬请各位读者不吝指正。

李忠富

2012 年 5 月

PREFACE

Writing a book of advanced building production management theory for graduate students of engineering management specialty is my long—cherished wish for years. After year 2000, I spent lots of effort on advanced manufacturing production management study combining with my postdoctoral subject and housing industrialization study which I have been engaged in. Since I probe into some aspects such as lean production, agile manufacturing, mass customization, concurrent engineering and CIMS, I have been trying to applying the advanced manufacturing technology and management theory and methods to production management of construction and housing industry. At the same time, I was surprised to find that foreign counterparts were doing almost the same work in the previous seven or eight years, which is introducing advanced manufacturing technology and management methods into construction industry. The combination of advanced manufacturing technology and management methods and building production evolves the new production management modes, such as lean construction, concurrent construction, virtual construction, construction logistics management and supply chain management, sustainable construction. The new production management modes not only improve the production management level of construction industry, but also provide new development space for engineering management theory research and teaching. I was so excited about this. Miss Yang Xiaolin had been very concerned about this aspect and done a lot of research work in this area. Hence, Miss Yang and I as the chief course instructors set up a new course which is about application of new production management theories and methods in building production for graduate students of engineering management specialty at Harbin Institute of Technology since 2002. This course is completely different from project management and construction enterprise management. This course is not only designed to introduce the latest research results of construction production management theory and methods to graduate students, but also lead graduate students to do some research work in this field. In order to better this course, Miss Yang and I organized a "advanced buildings production theory and innovation" research team to carry out continuous research work in this area that was composed of six teachers and many postgraduates. Meantime, the research team collected, arranged and translated a lot of foreign latest papers and research reports. And the research team will continuous pay attention to foreign frontal and development trend in this field. We have accumulated nearly ten million words of all kinds of information and translated almost three hundred representative foreign papers and reports, which have became main material of compiling this book. This book is composed of these data and Miss Yang's and my teaching lecture notes nearly 10 years.

We met all kinds of controversy and confusion during continuous studying and reaching in the last ten years. The field of building production is hardly originality results. The learning to other fields and innovation process is full of frustrations because building production is different from other fields in industrial characteristics, production mode and management mode. In fact, I am not the first person introduce production and management mode of manufacturing industry into construction industry. There have been these attempts many years ago. There are some domestic study results in this respect. But this trend of thoughts does not become a mainstream. The study has been in difficult vanguard and put forward slowly in these years, not even to mention the formation of a complete theoretical system.

But I insist a subject which can not absorb new theory and technology has no future prospects. It is the best way to learn from the relevant fields when there is no unique management theory and method which accord with development requirements of construction industry. Moreover, a large number of new production management methods and management techniques were emerged in manufacturing, business and service industry along with the rapid development of informatization in recent years. Although these new technologies do not belong to engineering management subject, they have common applicability and important reference function for engineering management. Some of these technologies apply to engineering management (Some of these methods themselves are generated by getting enlightenment from the engineering management, such as lean production, agile manufacturing, concurrent engineering, etc.), some of them do not, some of them need to be further studied and innovated then they can be applied to engineering management. It is wrong to only emphasizing particularity of engineering management and rejecting application of new technology in related fields. However, the particularity of engineering management can not be neglected during the application of new technology. It is still an unsolved problem about how to make application of related fields' new technology to engineering management properly and constantly enrich the technical connotation of engineering management.

In the past two decades, domestic and foreign researchers and practitioners of construction management industry have been introduced advanced theory and methods in related areas, and have used in the construction industry, and achieved some achievements. There are few results which sit well alongside the construction production, the theoretical system is not perfect, but it was a good beginning at least. The above case implementation to book, it is the contents of the book. Advanced production management methods and building production with a particularly good theory and method is not much, and more advanced theory and method is introduced and some preliminary application in it. In order to write the book, Miss Yang and I have done repeated study to determine the structure of the text book system and main contents, but it is still not perfect. So the publishing of this book does not mean research in the field is perfect, but to throw a sprat to catch a herring, arouse attention and attract more people who are engaged in studying in this field. Everybody makes suggestions for the research in this field together, so as to promote the development and improvement of the research in the field. This is the most important objective of this book. At the same time, I hope that more university could launch advanced building production management theory for graduate students and lead more graduate students to explore this area. This book can be used as a reference.

There are some of other authors' and my research in this book, but this book has more to do with the introduction and presentation of the results achieved by the industry and scholars in the world over the past two decades. The book is written as a reference of graduate courses, therefore, the results has been marked up in references of each chapter in this book. In spite of this, there still must have many omissions, I hope scholars' understanding.

From topic selection, content discussions to compile, the process of this book last for several years. And many teachers and graduate students were involved in it. Chapter 1, chapter 2, chapter 4, chapter 5 and chapter 8 are written by Li Zhongfu who is from Dalian University of Technology. Chapter 7 and chapter 10 are written by Yang Xiaolin who is from Harbin Institute of Technology. Chapter 3 is written by Li Liangbao who is from Harbin Institute of Technology. Chapter 9 is written by Ran Liping who is from Harbin Institute of Technology. Chapter 6 is written by Man Qingpeng who is from Harbin Institute of Technology. PhD student Wang Yiyue, Shan Yinghua, Sun Zhi and Zhang Ruixue from real estate department of the Harbin Institute of Technology participated in the manuscript collation and translation of my writing part. The final version is issued by Li Zhongfu and Yang Xiaolin.

Here, I express my appreciation to my teacher professor Guan Ke, for the guidance, teaching, caring and love for these years. Thank my good friend professor Cheng Hu who is from Southeast University for providing advice and creative ideas. Thank Professor Ren Hong who is director of professional direction committee of colleges and universities engineering management and Editor Niu Song who is form China Architecture and Building Press for the strong supporting and helping on the publishing of this book.

Since the author's level is limited, I'm sure that there are many mistakes in the structure of the book, the depth of the contents, and the editing of texts, etc. Please point out for us.

Thanks.

Li Zhongfu

May, 2012

目　　录

前言
第1章　现代建筑生产管理概论 ·································· 1
1.1　近些年来围绕建筑生产背景的变化 ················· 1
1.2　新型生产方式和管理技术的研究与发展 ··········· 2
1.3　建筑生产方式与管理方式的现状与发展沿革 ········· 9
1.4　现代建筑生产管理理论的理念和体系 ··············· 21
思考题 ·· 24
参考文献 ·· 24

第2章　建筑工业化理论 ··· 27
2.1　建筑工业化的概念和内涵 ···························· 27
2.2　建筑工业化进程探索 ································· 28
2.3　建筑标准化 ··· 34
2.4　建筑生产工业化 ······································ 37
2.5　管理集成化 ··· 44
2.6　宇辉集团建筑工业化生产实践 ······················ 53
思考题 ·· 59
参考文献 ·· 59

第3章　建筑生产信息化理论 ···································· 60
3.1　信息化的概念与内涵 ································· 60
3.2　建筑企业信息化 ······································ 68
3.3　建设项目信息化 ······································ 73
3.4　建设工程项目信息模型 ······························ 82
思考题 ·· 94
参考文献 ·· 95

第4章　精益建设理论 ··· 96
4.1　精益生产和精益思想概论 ···························· 96
4.2　精益建设的提出 ······································ 101
4.3　精益建设的理论体系与原则 ························· 105
4.4　精益建设的内容 ······································ 114
4.5　精益建设的组织体系 ································· 116
4.6　精益建设的生产体系 ································· 118
4.7　精益建设的应用案例 ································· 121
思考题 ·· 127

　　　参考文献···127
第 5 章　并行建设理论···128
　5.1　并行工程和并行建设 ···128
　5.2　实施并行建设的可行性分析 ···132
　5.3　并行建设实施的项目组织模式 ···135
　5.4　并行建设的项目协同工作 ···139
　5.5　并行建设的项目团队建设 ···144
　　　思考题···149
　　　参考文献···149
第 6 章　虚拟建设理论···151
　6.1　虚拟的含义 ···151
　6.2　虚拟现实概述 ···152
　6.3　虚拟现实在建筑业中的应用 ···156
　6.4　虚拟建设的发展 ···158
　6.5　虚拟建设的概念 ···161
　6.6　虚拟建设的核心技术 ···166
　6.7　虚拟建设的实施平台 ···169
　　　思考题···174
　　　参考文献···175
第 7 章　建设供应链管理理论···176
　7.1　供应链管理基本原理 ···176
　7.2　建设供应链与建设供应链管理的基本概念 ·························180
　7.3　建筑企业供应链设计 ···184
　7.4　建筑企业供应链运行管理 ···189
　7.5　建设供应链风险管理 ···197
　　　思考题···203
　　　参考文献···203
第 8 章　建设物流管理理论···205
　8.1　建设物流与建设物流管理 ···205
　8.2　建设物流管理战略及经济性分析 ···209
　8.3　建设物流系统规划 ···221
　8.4　建设物流管理的框架 ···223
　　　思考题···233
　　　参考文献···233
第 9 章　可持续建设理论···235
　9.1　可持续发展理论 ···235
　9.2　可持续建设的基本概念 ···239
　9.3　工程项目可持续建设原理 ···243
　9.4　项目生命周期可持续建设内容 ···247

思考题 ··· 262

参考文献 ·· 263

第 10 章　建设项目集成化管理理论 ··· 264

10.1　集成和集成管理的基本概念 ··· 264

10.2　集成管理的基本原理 ··· 267

10.3　建设项目集成管理的概念与构架 ··· 271

10.4　建设项目目标集成管理与组织集成管理 ································ 275

10.5　建设项目过程集成管理与信息集成管理 ································ 282

思考题 ··· 289

参考文献 ·· 289

CONTENTS

Preface

Chapter 1 Introduction to Advanced Building Production Management ·················· 1

1.1 Change of Background of Building Production in Recent Years ················· 1

1.2 Research and Development of New Production Mode and
Management Technology ················· 2

1.3 Current Situation and Development Evolution of Building Production
and Management mode ················· 9

1.4 Concept and System of Advanced Building Production
Management ················· 21

Reflection Questions ················· 24

References ················· 24

Chapter 2 Building Industrialization Theory ················· 27

2.1 Definition and Connotation of Building Industrialization ················· 27

2.2 Exploration on Process of Building Industrialization ················· 28

2.3 Building Standardization ················· 34

2.4 Building Production Industrialization ················· 37

2.5 Management Integration ················· 44

2.6 YuHui Group Production Practice on Building Industrialization Production ······ 53

Reflection Questions ················· 59

References ················· 59

Chapter 3 Building Production Informatization Theory ················· 60

3.1 Concept and Connotation of Informatization ················· 60

3.2 Building Enterprise Informatization ················· 68

3.3 Construction Engineering Informatization ················· 73

3.4 Construction Project Information Model ················· 82

Reflection Questions ················· 94

References ················· 95

Chapter 4 Lean Construction Theory ················· 96

4.1 Generality of Lean Production and Lean Thinking ················· 96

4.2 Generation of Lean Construction ················· 101

4.3 Theory System and Principles of Lean Construction ················· 105

4.4 Contents of Lean Construction ················· 114

4.5 Organization System of Lean Construction ················· 116

4. 6   Production System of Lean Construction ·················· 118

4. 7   Application Case of Lean Construction ·················· 121

Reflection Questions ·················· 127

References ·················· 127

Chapter 5   Concurrent Construction Theory ·················· 128

5. 1   Concurrent Engineering and Concurrent Construction ·················· 128

5. 2   Feasibility Analysis of Concurrent Construction ·················· 132

5. 3   Program Organization Model of Concurrent Construction ·················· 135

5. 4   Project Collaboration of Concurrent Construction ·················· 139

5. 5   Project Team Building of Concurrent Construction ·················· 144

Reflection Questions ·················· 149

References ·················· 149

Chapter 6   Virtual Construction Theory ·················· 151

6. 1   Meaning of Virtual Construction ·················· 151

6. 2   Summary of Virtual Reality ·················· 152

6. 3   Application of Virtual Reality in Construction Industry ·················· 156

6. 4   Development of Virtual Construction ·················· 158

6. 5   Concept of Virtual Construction ·················· 161

6. 6   Core Technology of Virtual Construction ·················· 166

6. 7   Application Platform of Virtual Construction ·················· 169

Reflection Questions ·················· 174

References ·················· 175

Chapter 7   Construction Supply Chain Management Theory ·················· 176

7. 1   Basic Principle of Supply Chain Management ·················· 176

7. 2   Concepts of Construction Supply Chain and Construction Supply Chain Management ·················· 180

7. 3   Supply Chain Design of Construction Enterprise ·················· 184

7. 4   Supply Chain Operation Management of Construction Enterprise ·················· 189

7. 5   Risk Management of Construction Supply Chain ·················· 197

Reflection Questions ·················· 203

References ·················· 203

Chapter 8   Construction Logistics Management Theory ·················· 205

8. 1   Constructing logistics and Construction Logistics Management ·················· 205

8. 2   Strategy and Economic Analysis of Construction Logistics Management ·················· 209

8. 3   Constructing logistics System Planning ·················· 221

8. 4   Framework of Construction Logistics Management ·················· 223

Reflection Questions ·················· 233

References ·················· 233

Chapter 9   Sustainable Construction Theory ·· 235

　9. 1　Sustainable Development Theory ·· 235

　9. 2　Concept of Sustainable Construction ·· 239

　9. 3　Principle of Project Sustainable Construction ·························· 243

　9. 4　Contents of Sustainable Construction on a Project Life Cycle ················ 247

　Reflection Questions ·· 262

　References ·· 263

Chapter 10   Construction Project Integrated Management Theory ···················· 264

　10. 1　Concept of integration and Integrated Management ···················· 264

　10. 2　Basic Principle of Integrated Management ···················· 267

　10. 3　Concept and Framework of Construction Project Integrated
　　　 Management ·· 271

　10. 4　Target Integrated Management and Organization Integrated
　　　 Management of Construction Project ···················· 275

　10. 5　Process Integration Management and Information Integration
　　　 Management of Construction Project ·························· 282

　Reflection Questions ·· 289

　References ·· 289

第1章　现代建筑生产管理概论

1.1　近些年来围绕建筑生产背景的变化

1.1.1　用户对建筑产品的需求日益提高

建筑产品不仅为社会生产提供重要的物质技术基础，而且为人们的生活提供必需的设施和环境。随着我国国民经济的快速增长，人们的物质和文化生活水平不断提高，建筑产品的用户越来越关心他们生活中与自己切身利益直接相关的建筑产品，对产品本身及其形成过程的需求正在不断变化和提高。过去人们主要关心建筑产品的质量、安全、成本、交付速度，而现在进一步增强了对产品功能、服务、生产活动对环境影响等多方面的需求。在需求重心转移的同时，各方面需求的标准也在不断提高。由此使得用户从过去的建筑产品的被动接受者转变为主动需求者。建筑产品不再仅仅是社会生产和人们生活的基本需要，更成为满足人们精神文化生活的需要，因此对产品的需求呈现出个性化和多样化的趋势，不能满足用户现实需求的建筑产品就会失去市场。

1.1.2　全球化、信息化浪潮席卷全球，对各行业产生重大影响

自20世纪90年代以来，以计算机和网络技术为主的信息化浪潮席卷全球，并渗透到社会生产生活的各个方面，将整个世界带入信息化社会，提高了生产效率，有利于节能环保，对各行业的发展产生重大影响。建筑业也不例外。

建筑业的信息化是从设计行业的"甩图板"开始的。目前建筑设计行业已经完全脱离了原来的手工绘图方式，应用计算机和网络工具实现了从构思、设计到管理的全面信息化。而建筑施工领域由于生产方式比较落后，人员素质和管理水平不高，接受和应用信息化的程度还远不如设计行业，但一些先进企业已经在企业管理、项目管理、远程监控等领域全面推广信息化。预计未来建筑生产领域的信息化将全面铺开，对建筑生产与管理方式产生重大影响。

1.1.3　新型生产与管理方式伴随信息化快速发展

信息化进程中制造业生产方式的变革表现在将原有的使用机械化设备在流水线上进行的大规模集中化生产逐步转变为使用智能化工具的适度规模的个性化生产，所生产的产品批量小，品种多，更适合多样化的需求，并由此产生了一系列新的生产技术和管理方式。将这种集机械工程技术、电子技术、自动化技术、信息技术等多种技术为一体所产生的技术、设备和系统统称为先进制造技术（Advanced Manufacturing Technology，AMT）。新型的生产方式包括精益生产、敏捷制造、绿色制造、计算机集成制造技术、大规模定制、单元式生产、混合生产方式等，相应的管理方式包括客户关系管理、企业资源计划、知识管理、项目管理、约束理论、商务智能、供应链管理、价值管理等。新型生产与管理方式的发展大大提高了制造业及相关产业的发展水平，对相关行业的生产管理方式的变革产生了重要影响。

1.1.4 资源能源环境约束对建筑生产提出更高要求

最近二十年，尤其是进入 21 世纪的十多年来，建筑业在高速发展的同时，也带来了严重的资源、能源和环境问题。大量的建筑物在建造、使用和拆除过程中大量地消耗资源和能源，产生大量废弃物，对生态环境造成严重影响，在我国人口众多、资源（尤其是能源）紧缺，生态环境脆弱的状况下产生严重的社会经济环境问题。这种发展状态是不可持续的，也是不可容忍的。如何在建筑材料生产供应、建筑规划设计、施工建造、使用和拆除全过程中推行可持续发展理念，在大规模建设过程中协调建设产业发展与资源环境的关系，从而对建筑生产提出了更高的要求。

1.1.5 建筑业改革与发展的形势

中国建筑业经济经过三十年的改革与发展，取得了巨大成就，对国民经济贡献突出，工程建设水平明显提高，经济效率明显增长，产业结构不断优化，技术进步稳步提高，初步建立了新的建设管理体制。与此同时也存在许多问题。经济效益水平依旧不高，资本运作能力不强，技术与管理水平不高，机制转换尚不到位，市场不规范等问题突出存在。特别是近些年出现建筑业高素质复合型人才不足，技能型人才不足，技术工人短缺，人员老化等问题，节能减排外部约束力度加大，国内外建筑市场竞争加剧等严峻挑战，需要从建筑生产方面改变生产方式和管理方式，以适应未来发展的要求。

1.2 新型生产方式和管理技术的研究与发展

1.2.1 生产类型的划分

生产类型是指企业依据其产品的特点、生产计划或销售方式等所确立的一种或几种生产的方式。各个行业和企业在产品结构、生产方法、设备条件、生产规模、专业化程度、工人技术水平以及其他各个方面，都具有各自不同的生产特点。这些特点反映在生产工艺、设备、生产组织形式、计划工作等各个方面。因此，各个行业和企业应根据自己的特点，从实际出发，建立相应的生产管理体制。根据生产类型的划分，可以明确制造业与建筑业在生产方式的区别与联系。

1.2.1.1 集合型生产与展开型生产

集合型生产也叫合成型生产，指将不同的成分（零件）合成或装配成一种产品，即加工装配性质的生产，如汽车、房屋、船舶制造、纺织等。

展开型生产也叫分解型生产，指原材料经加工处理后分解成多种产品，即化工性质的生产，如炼油、焦化、木材加工、粮食加工等。

此外还有调解型和提取型。调解型指通过改变加工对象的形状或性能而制成产品的生产，如钢铁、橡胶等；提取型指从地下、海洋中提取产品的生产，如煤矿、油田等。

1.2.1.2 预期型生产与定制型生产

预期型生产也叫存货生产方式，是在对市场需要量进行预测的基础上，有计划地进行生产，产品有一定的库存。为防止库存积压和脱销，生产管理的重点是抓供、产、销之间的衔接，按"量"组织生产过程各环节之间的平衡，保证全面完成计划任务。机械产品、电子产品等制造业生产产品大多属于预期型生产。

定制型生产是属于订货型生产，它是根据用户提出的具体订货要求后，才开始组织生产，进行设计、供应、制造、出厂等工作。生产出来的成品在品种规格、数量、质量和交货期等方面是各不相同的，并按合同规定按时向用户交货，成品库存甚少。因此，生产管理的重点是抓"交货期"，按"期"组织生产过程各环节的衔接平衡，保证如期实现。船舶、房屋等基本属于这一类型。

1.2.1.3　单件一次性生产与大量反复生产

单件一次性生产（Single Unit Project Manufacturing）的产品本身具有独特性，产品的生产是从客户订单开始的，包括：按订单设计、技术准备、生产、安装、售后服务等。产品很复杂，生产周期一般都很长，一般情况都是按项目进行跟踪和管理，如重型机械、造船/飞机、房屋等。一般的单纯 MRP（Material Requirement planning，物料需求计划）方法不能全部解决生产管理问题，而其中项目设计、技术准备、网络计划、关键资源排序、报价、项目预算和结算等很重要。

大批量反复生产（Mass Repetitive Manufacturing）产品是标准或少数选配，需求主要靠预测/订单，面向直接消费者的产品大多属于这种类型。生产设备是以部件或者产品为对象组成一条条流水生产线，具有较高的自动化水平，生产节奏是稳定和均衡的。生产计划的特征是将传统 MRPII（Manufacturing Resource Planning，制造资源计划）与 JIT（Just In Time，准时生产）混合制造。机械产品、电子产品等制造业生产产品大多属于这种类型。

在这两种生产类型中间，还有单件小批量生产和多品种小批量生产。

单件小批量生产（Single Unit Job Lot Production）是指为小批量需求生产单件性的专用产品的生产，是典型的订货型生产（MTO），其特点与单件生产相近，如定制服装和水力发电用涡轮机等。

多品种小批量生产（Job Shop Manufacturing）产品是标准的或选配的，产品的需求来源是预测/订单，这种企业一般具有固定的供应链体系，具有明显的上下游之间的协作关系。生产组织按工艺特征进行，具有传统的专业加工和装配车间等。生产计划的特征是典型的 MRPII 和配置控制。大型工程机械、数控机床、盾构机等装备的生产属于这种类型。

1.2.1.4　工厂型生产、现场型生产、OFFICE 型生产

顾名思义，工厂型生产是在固定的工厂厂房内进行的生产，工作环境稳定，受气候和环境影响很小，制造业的生产基本都属于工厂型生产。现场型生产则是在产品最终形成的对象上进行产品加工生产的方式，这种方式环境易变，有的是露天作业，受气候和环境影响很大，质量安全不容易保证。建筑产品生产是典型的现场型生产。OFFICE 型生产则是在办公室里进行的生产，这种生产多属于金融、软件、贸易等第三产业的生产以及企事业管理工作等，工作条件环境好，体力消耗少。

1.2.1.5　流程型生产与工作型生产

流程型生产是按照固定的生产流程，在一定时间内连续不断地生产一种或很少几种产品。生产的产品、工艺流程和使用的生产设备都是固定的、标准化的，工序之间没有在制品储存。例如，油田的采油作业、固定生产线上的生产等，属于连续型生产。

工作型生产是可以将完成的任务划分成为一个个相对独立的工作，各工作之间按照一定的先后次序投入生产过程，这个过程中，输入生产过程的各种要素可以是间断性的，生

3

产设备和运输装置必须适合各种产品加工的需要，工序之间要求有一定的在品库存。例如，机床制造厂、机车制造厂、轻工机械厂等。

根据以上分类和分析，我们可以明确，目前建筑产品的生产属于集合型、定制型、单件一次性、现场型、工作型生产。

1.2.2　制造业生产方式与管理技术的发展演变

本书的基本思想是向制造业和一般管理学习借鉴生产方式与管理方式，其实制造业自身的生产方式和管理方式也是发展变化着的，因此了解制造业生产方式与管理方法的发展演化对于理解和深化本书的思想是有益的。

制造业生产方式的变革是随着科学技术的发展及市场的变化而不断发展变化的。制造业的生产最早是从手工作坊开始的，生产使用的原动力主要是人力，局部也利用水力和风力。18世纪的工业革命后开始出现了近代工业化大生产，从19世纪初到20世纪20年代，主要是用机器代替人力进行生产。工厂的组织结构分散，管理层次简单，业主直接与所有的顾客、雇员和协作者联系，采用的是作坊式单件化生产方式。这种生产需要从业者拥有高超的技艺，所以又称"技艺"性生产方式。这种生产方式的最大缺点是产品产量少、价格高、生产周期长。

第一次世界大战后，美国人福特（Henry Ford）发明了流水线、大批量生产方式，使制造业发生了革命性变化。在这种生产方式下，企业生产规模越大，内部分工越细，专业化程度就越高，简单熟练操作提高了劳动生产率，使生产成本随生产规模而递减。这种方式迎合了当时人类对产品的需求量大，复杂性增加的要求，提高了人们的生活水平，推动社会生产的分工与专业化，并且基于此建立了一套完备的企业科层结构体系和基于此的制造生产理论。

由于大批量生产方式实用、高效与经济，为社会提供众多的廉价产品，满足消费者的基本生活需求。因此它主导了制造业近百年，对人类进步做出了巨大贡献，以致人们将其视为制造业生产的固有方式。

20世纪70年代以后，市场环境发生了巨大的变化。全球化竞争加剧，顾客的消费观念也在发生变化，呈现出主体化、个性化和多样化的趋势。消费者不仅要求购置高质量、低成本和高性能的产品，而且希望产品具有恰好满足其感受的特性。这就要求企业必须能够对市场环境的急剧变化做出迅速反应，及时掌握用户的需求，有效地生产和提供令用户满意的产品服务。这对以产品为中心、以规模经济为竞争优势的大批量生产方式提出了新的挑战。另外企业自身的员工对大批量生产的厌倦和追求人格全面发展也对大批量生产提出了严峻的挑战。在这一时期新崛起的日本丰田汽车公司的生产与管理实践从另一角度给了全世界一个鲜活的例证，促使了新型生产方式与管理方式的出现。

为解决大批量生产方式的困境，开始时人们仍沿袭传统思路，期望依靠制造技术的改进来解决问题，就是抓住电子计算机的普及应用所提供的有利契机，以单项的先进制造技术，如计算机辅助设计（CAD）、计算机辅助制造（CAM）、计算机辅助工艺规程设计（CAPP）、制造资源规划（MRP）、成组技术（GT）、并行工程（CE）、柔性制造系统（FMS）等，以及全面质量管理（TQC）作为工具与手段，来全面提高产品质量，赢得供货时间。单项先进制造技术和全面质量管理的应用确实取得了很大成效，但在响应市场的灵活性方面难有实质性的改观，且投资巨大收效不佳。在这个过程中人们逐步意识到单靠具体的先进制造技术和管理方法本身不能根本解决问题，而要靠全新的制造生产方式，突破金字塔式的科层组织结构的束缚。

制造业新型生产方式在 20 世纪 90 年代以后逐步形成，它以解决大量生产模式与快速变化的市场多元化需求之间的矛盾为目标，采用最新信息技术为支撑，借鉴一些传统产业生产的优点，并且把最新的管理理念和方法应用于制造业的生产实践，从而体现从少品种大量生产向多品种少量生产（柔性增加），从连续型大量生产向个别定制生产，从大规模预期型生产向大规模定制型生产的方向发展的趋势。

制造业新型生产方式的内涵很丰富，是一系列相关的技术与管理方法的综合，归纳起来主要有：计算机集成制造系统（CIMS）、智能制造（IMS）、精益生产（LP）、大规模定制（MC）、虚拟制造（VM）、敏捷制造（AM），以及供应链管理（SCM）、物流管理（LM）、客户关系管理（CRM）、项目管理（PM）、流程管理（BPM）、公司资源计划（ERP）等。

这里要说明一点，就是制造业的新型生产方式借鉴了传统产业，比如建筑业的一些优势，如建筑生产的客户需求导向、无库存、项目化管理等。这些特性是原来的传统制造业没有或达不到的，这也表明历来被工业所看不起，被认为简单粗放落后的建筑业其生产方式和管理方式也并非一无是处。

1.2.3 制造业新型生产方式与管理方式

1.2.3.1 精益生产（Lean Production，LP）

精益生产方式 20 世纪 70 年代产生于日本的丰田汽车公司。其目的是在企业里同时获得极高的生产率、极佳的产品质量和很大的生产柔性，并针对大批量生产方式的缺点，提出"精简、消肿、消除任何形式的浪费"的对策。精益生产着眼于产品从原材料到最终交付的全过程（称为价值流），强调为用户创造价值。精益生产的核心其实是关于生产计划和控制以及库存管理的基本思想，而在计算机网络支持下的小组工作方式是实施精益生产的基础。精益生产并不要求必须采用最先进的工艺技术设备，而是根据实际需要，采用符合精益生产哲理的生产工艺，从优化资源和提高效益的角度出发，提高企业研发、生产和服务过程的有效性和经济性。

国际国内的实践都表明，精益思想对各行业具有普遍适用性，精益生产是任何产业发展都必须经过的一个阶段，著名的精益生产五项原则被各行各业学习遵守。另外，精益生产自产生以来几十年时间里不断地在应用中吸收新的思想与方法，不断地发展与完善自身，已经成为一个综合性的、包容性很强的科学体系。欧美各国对精益生产的研究与应用一直在持续进行中。

1.2.3.2 敏捷制造（Agile Manufacturing，AM）

敏捷制造（Agile Manufacturing，简称 AM）是以柔性生产技术和动态组织结构为特点，以高素质与协同良好的工作人员为核心，采用企业间网络技术，从而形成快速适应市场的社会化制造体系。其基本特征是智能和快速，它是在精益生产基础上发展起来的更具有灵敏、快捷反应能力的先进制造技术和生产管理模式，它的三大要素是集成、快速和具有高素质员工。其主要特点：一是以信息技术和柔性智能技术为主导的先进制造技术；二是柔性化、虚拟化、动态化组织结构；三是强调高素质的员工；四是通过动态联盟或称虚拟企业（Virtual Organization）来实现；五是实现敏捷制造的一种手段和工具是虚拟制造

(Virtual Manufacturing)，虚拟制造指在计算机上完成该产品从概念设计到最终实现的整个过程。

敏捷制造作为一种 21 世纪生产管理的创新模式，能系统全面地满足高效、低成本、高质量、多品种、迅速及时、动态适应、极高柔性等要求。目前这些要求尚难以由一个统一的生产系统来实现，但无疑是未来企业生产管理技术发展和模式创新的方向。对发展中的建筑业和住宅产业来说，敏捷生产也是具有很大的适用性和应用潜力的理论和方法。

1.2.3.3　大规模定制（Mass Customization，MC）

大规模定制是"对定制的产品或服务进行大规模生产"，是继 JIT、精益生产、敏捷制造等之后出现的新型生产方式。目前，对大规模定制的定义还没有一个公认的说法，但是一般都认为其核心思想是，它将工业化大规模生产与满足顾客个性化需求的定制方式有机结合，以大规模生产的成本和效率，为顾客提供最满意的个性化产品或服务，既赢得顾客又能有效地实现企业的市场竞争目标的生产和销售。大规模定制是在大规模生产的产品面临市场饱和，质优价廉不再是顾客的第一选择，而顾客开始追求产品个性化和多样化的条件下，企业为寻求新的竞争优势而形成的新型生产方式。同时当今信息技术和网络技术的迅猛发展与普及，也为大规模定制提供了必要的物质条件。目前国外很多知名企业都在应用这种生产方式，为企业提高市场竞争力发挥了重要作用。

由于大规模定制独特的优越性——综合了手工作坊（"顾客需求的个性化"）与大批量生产（"低成本、高质量与短的交货期等"）的特点，作为一种解决一直困扰企业管理界的两难问题——顾客的"产品用户化"欲望与顾客对产品"低成本、高质量、短交货期"的欲望的可能解决方案，引起了众多业内人士对之锲而不舍地追求，而作为一种有效的竞争手段，也已经逐渐被很多的企业采纳。目前欧美 70%的知名企业都在引入大规模定制生产方式，大规模定制从一个技术前沿发展成为有效竞争手段，进而成为各行业发展的必然趋势。

大规模定制将满足顾客对住宅的个性化、多样化需求与采用工业化、社会化大生产方式协调起来，在提高住宅质量、降低成本、提高生产水平的同时，尊重并最大限度满足顾客对住宅的个性化需求。大规模定制是特别适合于工业化条件下的住宅产业的生产管理方式。

1.2.3.4　并行工程（Concurrent Engineering，CE）

并行工程技术是对产品及其相关过程（包括制造过程和支持过程）进行并行、集成化处理的系统方法和综合技术。它要求产品开发人员从一开始就考虑到产品全生命周期（从概念形成到产品报废）内各阶段的因素（如功能、制造、装配、作业调度、质量、成本、维护与用户需求等），并强调各部门的协同工作，通过建立各决策者之间的有效的信息交流与通信机制，综合考虑各相关因素的影响，使后续环节中可能出现的问题在设计的早期阶段就被发现，得以解决，从而使产品在设计阶段便具有良好的可制造性、可装配性、可维护性及回收再生等，最大限度地减少设计反复，缩短设计、生产准备和制造时间。

并行工程的特征一是并行交叉，它强调产品设计与工艺过程设计、生产技术准备、采购、生产等种种活动并行交叉进行。二是尽早开始工作，正因为强调各活动之间的并行交叉，以及并行工程为了争取时间，所以它强调人们要学会在信息不完备情况下就开始工作。

并行工程的技术研究一般可分为：

（1）并行工程管理与过程控制技术。包括多功能/多学科的产品开发团队（Team-work）及相应的平面化组织管理机制和企业文化的建立；集成化产品开发过程的构造；过程协调（含冲突解决）技术与支持环境。

（2）并行设计技术。包括集成产品信息描述；面向装配、制造、质量的设计；面向并行工程的工艺设计；面向并行工程的工装设计。

（3）快速制造技术。包括快速工装准备、快速生产调度等。

并行工程自 20 世纪 80 年代提出以来，美国、欧共体和日本等发达国家均给予了高度重视，成立研究中心，并实施了一系列以并行工程为核心的政府支持计划。很多大公司，如麦道公司、波音公司、西门子、IBM 等也开始了并行工程实践的尝试，并取得了良好效果。进入 20 世纪 90 年代，并行工程引起中国学术界的高度重视，成为中国制造业和自动化领域的研究热点，一些研究院、所和高等院校均开始进行一些有针对性的研究工作。

1.2.3.5 敏捷供应链（Agile Supply Chain）

敏捷供应链把生产商、供应商、销售商等在一条链路上的所有环节联系起来，并进行优化，使生产资料以最快的速度，通过生产、分销环节变成增值的产品，送到消费者手中。这不仅降低了成本、减少了库存，而且使资源得到优化配置，更重要的是通过信息网络，介绍企业及企业产品，实现企业生产与销售的有效连接，实现物流、信息流、资金流的合理流动。

敏捷供应链可以根据动态联盟的形成和解体（企业重组）进行快速的重构和调整。敏捷供应链要求能通过供应链管理来促进企业间的联合，进而提高企业的敏捷性。提出了供应链本身的敏捷性和可重构要求以适应动态联盟的需要。敏捷供应链支持如下功能：

（1）支持迅速结盟、结盟后动态联盟的优化运行和平稳解体。

（2）支持动态联盟企业间敏捷供应链管理系统的功能。

（3）结盟企业能根据敏捷化和动态联盟的要求方便地进行组织、管理和生产计划的调整。

（4）可以集成其他的供应链系统和管理信息系统。

敏捷供应链的实施有助于促进企业间的合作和企业生产模式的转变、有助于提高大型企业集团的综合管理水平和经济效益。通过抓住商业流通这个龙头，通过协调、理顺每个企业的购销环节来为企业提供直接的市场信息和广阔的销售渠道，并以此为契机促进企业间的联合，同时也为商家提供了无限的商机。

1.2.3.6 计算机集成制造系统（CIMS）技术

CIMS（Computer Integrated Manufacturing Systems）技术是 1974 年美国约瑟夫·哈林顿博士针对企业所面临的激烈市场竞争提出的组织企业生产的新管理思想。CIMS 借助计算机硬件及软件，综合运用现代管理技术、制造技术、信息技术、自动化技术和系统工程技术将企业的生产全过程中有关的人员组织、技术、经营管理三要素与其信息流、物流有机集成并优化运行，并在市场分析、产品开发、产品质量、生产成本和周期、市场开拓、产品销售和服务方面达到总体优化，为企业带来更大的经济效益，从而在市场竞争中立于不败之地。

CIMS 是一种组织现代化生产的哲理，一种鼓励企业采用信息技术及现代管理技术改造传统产业、推动创新的模式，其最新解释是现代集成制造系统，核心是人、技术、管理三要素。

CIMS 的发展伴随着制造业新技术的出现、市场竞争的新需求以及管理模式的改变而不断更新其内涵，它主要经历了以信息集成、过程集成和企业集成为特征的 3 个发展阶段。在 CIMS 发展过程中，出现了很多先进制造技术研究项目，如从产品数据管理（PDM）、过程管理到 GIPP 技术、计算机集成产品工程（CIPE）、快速原形（RPM）、虚拟产品开发技术；从 MRP、MRPII、ERP 到 DEM 技术、大规模定制生产等高新技术，将企业的人、技术、经营管理以及信息流、物流等有机结合起来，提高企业的竞争力，使之向柔性化、集成化、智能化方向发展。

1.2.3.7　项目管理（Project Management，PM）

项目管理，就是项目的管理者，在有限的资源约束下，运用系统的观点、方法和理论，对项目涉及的全部工作进行有效的管理，即从项目的投资决策开始到项目结束的全过程进行计划、组织、指挥、协调、控制和评价，以实现项目的目标。

项目是指一系列独特的、复杂的并相互关联的活动，这些活动有着一个明确的目标或目的，必须在特定的时间、预算、资源限定内，依据规范完成。项目参数包括项目范围、质量、成本、时间、资源。

项目管理是指把各种系统、方法和人员结合在一起，在规定的时间、预算和质量目标范围内完成项目的各项工作，即从项目的投资决策开始到项目结束的全过程进行计划、组织、指挥、协调、控制和评价，以实现项目的目标。在项目管理方法论上主要有：阶段化管理、量化管理和优化管理三个方面。

按照传统的做法，当企业设定了一个项目后，参与这个项目的至少会有好几个部门，包括财务部门、市场部门、行政部门等，不同部门在运作项目过程中不可避免地会产生摩擦，须进行协调，而这些无疑会增加项目的成本，影响项目实施的效率。而项目管理的做法则不同。不同职能部门的成员因为某一个项目而组成团队，项目经理则是项目团队的领导者，他所肩负的责任就是领导他的团队准时、优质地完成全部工作，在不超出预算的情况下实现项目目标。项目的管理者不仅仅是项目执行者，他参与项目的需求确定、项目选择、计划直至收尾的全过程，并在时间、成本、质量、风险、合同、采购、人力资源等各个方面对项目进行全方位的管理，因此项目管理可以帮助企业处理需要跨领域解决的复杂问题，并实现更高的运营效率。

项目管理是土木工程行业传统的管理方式，近年来引入到制造业、金融业、软件等行业，改变了以运营管理为主的制造业生产方式，并经过提炼和升华，产生了一些新的管理方法，推动了传统项目管理理论、方法与应用的向前发展。

1.2.3.8　约束理论（Theory of Constraint，TOC）

约束理论是以色列物理学家、企业管理顾问戈德拉特博士在他开创的优化生产技术 OPT 基础上发展起来的管理哲理，该理论提出了在制造业经营生产活动中定义和消除制约因素的一些规范化方法，以支持连续改进。同时约束理论也是 MRP II 和 JIT 在观念和方法上的发展。

约束理论有一套思考的方法和持续改善的程序，称为五大核心步骤：

（1）找出系统中存在哪些约束。

（2）寻找突破这些约束的办法。

（3）使企业的所有其他活动服从于第（2）步中提出的各种措施。

（4）具体实施第（2）步中提出的措施，使第（1）步中找出的约束环节不再是企业的约束。

（5）回到步骤（1），别让惰性成为约束，持续不断地改善。

约束理论生产作业计划制定原则：

（1）不要平衡生产能力，而要平衡物流。

（2）非瓶颈资源的利用水平不是由自身潜力所决定，而是由系统的约束来决定。

（3）资源的利用与活力不是一码事。

（4）瓶颈损失1小时，相当于整个系统损失1小时。

（5）非瓶颈上节约1小时，无实际意义。

（6）转运批量可以不等于1，而且在大多数情况下不应该等于加工批量。

（7）加工批量不是固定的，应该是随时间而变化。

（8）优先权只能根据系统的约束来设定，提前期是作业计划的结果。

制造业的新型生产与管理方法有很多，这里介绍的只是典型的一部分。

1.3 建筑生产方式与管理方式的现状与发展沿革

1.3.1 建筑业、制造业、住宅产业生产方式的区别与比较

建筑业是指通过承包或直接经营的形式，从事建筑工程施工的行业。建筑业有五个突出的产业特性：①建筑业是招标者第一的承包业；②建筑业是单件承包产业；③建筑业是室外现场的组装产业；④建筑业是综合加工产业，按每项工程分专业生产；⑤建筑业是劳动密集型产业。建筑业历来是一个粗放型的行业，因此精益生产的理念和方法非常适合建筑业。

制造业是工业部门中除了建筑业和采矿业以外的行业的总称。与建筑业相比，制造业的产品较小，可以移动，标准化程度较高，可在工厂生产线上大规模生产。制造业的产品通常是按照市场预期需求进行生产，生产出的产品还要通过市场销售环节才能被顾客接受和使用。制造业生产组织基本固定，大部分属于技术、资金密集型生产。以机电行业为代表的制造业已经走过了工业化的初级阶段，现在向着工业化的高级阶段发展，其总体技术水平和管理水平高于建筑业。

近年来发展起来的住宅产业也是关注的热点之一。住宅产业是进行住宅或住宅区开发建设、经营管理的综合性产业，其最终目标是生产住宅并支撑住宅消费，同时兼属于第二和第三产业。住宅产业贯穿于住宅投资、生产、流通和消费的全过程。由于住宅产业的最终产品具有固定性、多样性、体形庞大、投入巨大等特点，而大量的中间产品（设备、部品、构配件等）则具有制造业的产品标准化程度较高、可工业化规模生产等特点，使得住宅产业的生产经营具有既不同于建筑业也不同于制造业的特点。

住宅产业与建筑业、制造业生产方式的比较见表1-1。

建筑业、住宅产业、制造业生产方式的特点比较　　　　　　　　表 1-1

项目	建 筑 业	住 宅 产 业	制 造 业
客户关系	招标者第一	用户是上帝	用户是上帝
产品形态	固定性、多样性、体形庞大、综合性	最终产品固定性、多样性、体形庞大、综合性，而部品和半成品则是流动性、标准化的	产品流动、标准化程度高、体形较小、综合程度低
产业形态	综合承包加工产业，按每项工程分专业生产	综合性生产产业，实行专业化分工协作生产，工厂与现场结合生产	加工产业，按每道工序分专业协作生产
设计形态	设计与生产大多独立存在，通常很少在现场决定	设计与施工趋向于一体化	大多在同一企业内进行，一般不在现场决定
作业场所	室外露天现场的组装产业	部品生产在室内生产线上组装，最终产品在现场组装生产	工厂室内生产线上组装作业
生产方式	流动作业、单件生产、手工操作、投入大、周期长	部品在工厂生产线上机械化生产，最终产品在现场组装，设备和装修主要靠手工完成	流水线上批量生产、工业化为主、周期短
生产要素	劳动密集型	兼有劳动密集型和资金、技术密集型	资金、技术密集型
生产组织	由建设单位、设计者、总包、分包构成生产组织，实行项目式管理	部品生产实行企业生产管理，现场施工采用项目制生产，即生产管理＋项目管理型生产	生产组织基本固定，实行企业生产管理
生产体制	层层分包，总包没有（或很少）直接雇用工人	由主导企业组织生产，协作企业完成生产过程的具体作业，其中核心技术与产品也可由主要企业自身完成	主要部分直接经营，或由本公司员工制作完成

种种特征都表明，住宅产业的生产方式介于制造业与建筑业之间，兼备了二者的特点，既要提高工业化水平，提高工厂化生产部品的能力，同时又不可避免建筑业的按照用户要求设计和现场安装生产的方式，因此住宅产业特别适合采用大规模定制方式进行生产。同时从建筑业现场生产的集约化管理角度，住宅产业适合精益生产方式。而从应用信息技术，快速满足客户的个性化需求角度，住宅产业亦适合敏捷生产方式，如图 1-1 所示。

图 1-1　建筑业、住宅产业和制造业的比较

目前我国的住宅产业刚刚从相关行业中脱胎出来，工业化水平和管理水平都还很低，无论精益还是敏捷，距离制造业的生产与管理方式都相差很远。

1.3.2　建筑产品及其生产的特性

1.3.2.1　建筑产品及其特性

建筑产品可划分为最终建筑产品和中间建筑产品两大部分。

最终建筑产品是指将建筑材料、部品、设备以及保证产品性能、功能和安全等的各种设施通过产品规划、设计、施工等过程形成的固定在土地上的建筑物和构筑物。借鉴美、日等国建筑统计分类标准，可将最终建筑产品分为两大类：一般建筑物或构筑物以及大型土木工程。最终建筑产品的具体内容如图1-2所示。

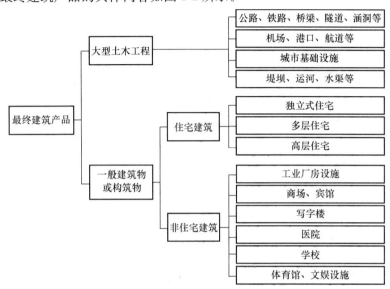

图 1-2　最终建筑产品的构成

中间建筑产品是指用于形成最终建筑产品的中间组成部分，分为以下五部分：①主体结构及其建筑材料与部品，包括地基基础、墙、柱、梁、楼板等以及钢筋、水泥、砂石、商品混凝土、钢结构、木材、构配件成品与半成品等；②外围护结构及其材料及部品，包括外墙体、门窗、屋面、保温隔热、防水、外墙装饰及其材料；③内装饰及其材料与部品，包括内墙、隔断、门、地面、顶棚及其装饰材料；④建筑设备，包括供水、排水、供热、供气、空调、厨卫、供电、照明、通信、电梯等各类设备；⑤物业与建筑周边配套设施，包括火灾自动报警与消防设备、保安闭路监控设备、道路及其照明、休憩设施、环境绿化和垃圾设施等。

最终建筑产品特性主要有：

（1）固定性。建筑产品通常是固定在土地上的，受当地地质和气象影响。

（2）多样性。由于建筑产品具有需求的一次性，每件建筑产品有不同的地理位置并具有专门的功能需求，专业性强，是不可替代的资本品，这就需要采用不同的体量、结构、设备、造型和装饰。

（3）价值大。建筑产品价值少则几万元，多则上亿甚至几十亿元，需要大量建设投资。

（4）体形庞大。大多数建筑产品具有庞大的体量，难以像制造业产品那样实现完全的工业化生产。

（5）使用材料、部品和设备的复杂性。建筑产品的建造需要来自制造业各个部类的大量的建筑材料、部品和设备，它们的性能都会对建筑产品的性能产生直接或间接的影响。

（6）社会性。有些建筑产品涉及公众的利益，如交通、水利、公共、公益性建设，政府作为公众利益的代表，加强对建筑产品的规划、设计、建造、验收、服务的管理，保证建筑的质量和安全是十分必要的。

（7）文化性。建筑产品往往与一个国家或地区的历史、民族、文化、艺术、观赏有着密切的联系，这些因素左右着建筑产品的建筑规划、建筑设计风格、结构形式、功能与性能需求，以适应不同的风俗习惯和人文环境，有着浓厚的人文色彩，因而建筑产品被誉为凝固的音乐。

而中间建筑产品由于其体形不再庞大，有相当一部分可以在工厂里生产，然后运送到现场组装，因此具有一定的工业产品特性。当然这部分中间产品（一般称为部品或构配件）由于其体积、重量、价值等的不同，运送的范围半径会受到限制。

1.3.2.2　建筑产品生产的特性

建筑产品特性决定了其形成过程的特性。

（1）区域性。由于最终建筑产品的固定性，产品的承包市场常常按地区分割，各类建筑产品具有地方性，生产活动也受各地区气候和季节的影响，使得异地施工的建筑企业交易费用增加。

（2）生产流动性。建筑生产活动中的劳动力、施工机械、劳动工具以及参与生产的组织往往是随产品迁移的。

（3）单件性。建筑产品的固定性和多样性决定了生产的单件性。就是每一个建筑产品都应根据规划要求在选定的地点上单独设计和单独施工。即使是选用标准设计，也会由于地域不同，产品结构、材料、施工方法不同等加以修改，从而使建筑产品生产具有单件性。

（4）定制性。最终建筑产品是先有买方市场，然后有卖方市场。产品在有明确的需求者情况下汇集有关组织进行设计建造，参与产品形成的各组织可以通过技术创新来挖掘、引导需求者对已定产品的功能、性能等方面的需求。

（5）专业性。建筑产品的单件性和专门用途需求，使其专业性很强，例如冶金建筑工程和民用建筑工程有很大的专业需求差异，这就容易导致行业分割和垄断。

（6）长周期性。最终建筑产品形成过程复杂，建设周期长，一般一件建筑产品从规划设计到施工并交付使用的形成周期往往需要几个月甚至几年。

（7）多阶段性。建筑产品的形成过程将经历可行性研究、论证、立项、设计、招投标、施工、交工验收、维护、维修、拆迁等多个阶段。

（8）协作性。建筑产品的形成主要由业主、设计商、承包商、供应商和咨询商通过总分包协作完成，产品形成过程中的生产关系复杂，消耗的人力、物力、财力多，协作单位多，需要包括政府管理和监督部门在内的多个相对独立组织的协调，而且这种多组织的协作往往是一次性的，在产品交付后即告结束。

1.3.3　建筑生产方式与管理方式的发展状况

1.3.3.1　建筑生产方式的发展状况

建筑业是一个历史悠久的行业。建筑产品传统上是采用单件现场手工操作方式进行生产的。各种机械的使用在一定程度上减轻了工人的劳动强度，提高了工作效率，但应用范围受到限制。20 世纪 50 年代，我国学习苏联经验，在全国建筑业推行标准化、工业化、机械化，发展预制构件和预制装配建筑，兴起中国第一次建筑工业化高潮，在构件工厂化预制、中小型建筑施工机械、预制装配式工业厂房、砌块建筑等方面取得可喜进展。20世纪70、80年代,我国广泛借鉴各国正反两方面的经验,同时以民用住宅为主,从我国实际出发,发展具有中国特色的建筑工业化道路,走出了富有成效的一步。在标准化设计方法的改进、构配件生产能力的提高、大模板、框架轻板、装配式复合墙板等新型建筑体系和材料的发展、预拌商品混凝土、大型起重运输机械设计生产、机械化施工、预应力技术等方面取得很大成绩,房屋的建造能力和建设速度有了一定的提高。对过去实行建筑工业化所取得的成绩是应该给予充分肯定的。

由于当时实行的计划经济体制,限于当时建筑工业化生产在体制、技术、管理等方面的水平,建筑工业化的推广范围小,水平不高,片面追求主体结构的预制装配化,生产出的建筑产品普遍存在产品单调、灵活性差、造价偏高等问题,造成建筑工业化的综合效益不明显,劳动生产率和建筑生产效益并未得到大幅度的提高。改革开放以后,伴随中国城市化发展和中国建筑业的体制改革,大批廉价和农村富余劳动力进入建筑市场,使得建筑工业化的比较效益更没有任何优势,建筑工业化再次走入低谷。

进入20世纪90年代以后,房地产业异军突起,令世人瞩目。但这种发展是以资金和土地的大量投入为基础的,建筑技术仍然停留在原有水平,而此时建筑工业化的研究与发展几乎处于停滞甚至倒退状态。直到1995年以后,随着我国对20世纪90年代初畸形发展的房地产业的反思和中国2000年实现小康水平的需要,我国开始注重住宅的功能和质量,思考实现小康水平居住标准的方法和途径,在总结和借鉴国内外经验教训的基础上,重新提出:建筑工业化,尤其是住宅建筑工业化仍将是今后的发展方向,并提出了发展住宅产业和推进住宅产业化的思路,从而促成2000年前后住宅产业化发展的一个小高潮。

进入21世纪后,国家重视节能环保,住宅产业化的重点偏向节能环保为主的领域,工业化被搁置。直到2010年前后,由于万科等大型企业在住宅建筑工业化方面的积极努力并初见成效,以及建筑业劳动力缺乏等,业界重新认识到住宅产业化的核心是工业化,工业化的重点是建筑工业化,从而使建筑工业化再一次进入发展的视野。一批大型企业在保障性住房的设计建造中引入标准化、工业化的生产方式,从而带动建筑工业化进入一个全新的发展阶段。

从手工方式到工业化方式,是经济发展、社会文明进步的重要标志。工业化还是实现信息化、现代化与可持续发展不可或缺的基础,是运用先进生产管理方式的平台。没有工业化,建筑业的生产方式没有根本性改变,新的生产管理方式也就没有运用的舞台。当然,建筑业的工业化水平要与本国的社会经济发展水平及工业化发展水平相适应,落后和激进的工业化都不利于建筑业的长远发展。

1.3.3.2 建筑管理方式的发展状况

管理方式是与生产方式伴生的,并与生产方式密切相关。

早在20世纪初,人们就开始探索管理项目的科学方法。第二次世界大战前夕,横道图已成为计划和控制军事工程与建设项目的重要工具。横道图又名条线图,由Henry. L. Gantt于1900年前后发明,故又称为甘特图。甘特图直观而有效,便于监督和控制项目的进展状况,时至今日仍是管理项目尤其是建筑项目的常用方法。但是,由于甘特图难以展示工作环节间的逻辑关系,不适应大型项目的需要,因此在此基础上,Karol Adamiecki于1931年研制出协调图以克服上述缺陷,但没有得到足够的重视和承认。不过与此同时，在规模较大的工程项目和军事项目中广泛采用了里程碑系统。里程碑系统的应用虽未从根本上解决复杂项目的计划和控制问题，但却为网络概念的产生充当了重要的媒介。

进入 20 世纪 50 年代，美国军方和各大企业纷纷为管理各类项目寻求更为有效的计划和控制技术。在各种方法中，最为有效和方便的技术莫过于网络计划技术。网络计划技术克服了条线图的种种缺陷，能够反映项目进展中各工作间的逻辑关系，能够描述各工作环节和工作单位之间的接口界面以及项目的进展情况，并可以事先进行科学安排，因而给管理人员对项目实行有效的管理带来极大的方便。

从新中国成立到改革开放初期，我国按照苏联的模式进行计划经济的建设管理，投资体制是国家一元化的，建筑企业以成建制的企业承担国家建设任务。这期间伴随着生产方式的引进，苏联式的管理方式也引进到中国，曾经学习苏联在建筑施工中推广流水施工方法，后来又引进了美国的网络计划技术（当时称为统筹方法），取得了良好的经济效益。可以说我国建筑管理学科的发展就是起源于"统筹法"。20 世纪 80 年代随着现代化管理方法在我国的推广应用，进一步促进了统筹法在建筑项目管理过程中的应用。此时，建筑项目管理有了科学的系统方法，但当时主要应用在国防和建筑业，建筑项目管理的任务主要强调的是项目在进度、费用与质量三个目标的实现上。

改革开放以后，随着招投标制度等市场竞争制度的引入，原来的管理体制逐步被摒弃，现代建筑管理体系开始引进与推广。尤其是 1982 年，我国利用世界银行贷款建设的鲁布格水电站引水导流工程中，日本大成建设运用建筑项目管理方法对这一工程的施工进行了有效的管理，取得了很好的效果。这给当时我国的整个投资建设领域带来了很大的冲击，人们确实看到了建筑项目管理技术的作用。这种以项目为核心的管理方式也对此后建设管理的发展起到了重要作用。

基于鲁布格工程的经验，1987 年国家计委、建设部等有关部门联合发出通知，在一批试点企业和建设单位要求采用建筑项目管理施工法，并开始建立中国的项目经理认证制度。1991 年建设部进一步提出把试点工作转变为全行业推进的综合改革，全面推广建筑项目管理和项目经理负责制。比如在二滩水电站、三峡水利枢纽建设和其他大型工程建设中，都采用了项目管理这一有效手段，并取得了良好的效果。

最近二十年来（尤其最近十年），计算机和网络信息技术的快速发展给建筑行业带来了巨大的冲击，建筑业在信息技术应用上取得了很大进展，尤其在设计领域，计算机完全取代了手工画图，同时网络信息技术的应用则完全改变了设计管理方式，促进了各专业间的协作配合。而施工领域的进展迟于设计行业，但也在工程计划与控制、施工远程监测、虚拟施工、建设供应链管理等领域取得重要进展，从单一的工程计划管理软件到集成化的项目管理软件，从项目管理到建设企业管理，建设软件行业的快速发展带动了建设领域信息技术的应用。

1.3.4 存在问题

1. 理论研究落后，很少有新思想出现

建设管理领域应用的技术与方法都很陈旧。应用广泛的甘特图（横道图）方法是一百年前产生的，流水施工是六十多年前产生的，连最适合建筑管理领域的网络计划技术也有五十多年的历史了，其他的价值工程、技术经济分析方法等也大多类似。在过去的几十年里，很少有新的思想、新的理论和方法产生。这使得建设管理领域在与建筑技术的比较和与管理科学方法的比较中都处于劣势，成了建筑技术与管理学科交叉点上的一块"洼地"。当然这与学科发展水平、人员素质、研究开发投入等相关。另外，"学术界和教育界对相关领域新理论的落后的反应，严重阻碍的建造中新的理念的介入"，甚至"由于过分强调建筑产品的特殊性，而排斥来自相关领域的新思想"（Lauri Koskela语）也是出现这种现象的重要原因。

2. 理论研究和教学落后于实践应用

在建筑生产与管理领域，"应用为王"是不争的事实，而且全世界基本上都如此。建筑生产与管理的教学科研人员对实践中的新技术、新方法、新理念等反应迟缓，很多教科书上的理论与方法在实践中已经用了很多年了，很多已经不再适用或淘汰了，而最新的技术方法往往在教科书上根本找不到。很多教材编了一遍又一遍，还是那些陈旧的内容。这与中国大学的SCI导向不鼓励教师与实践结合有一定关系，导致教学科研与实践隔离的状况一直延续。

3. 理论不成体系，很零散

现有的建筑管理的理论不成体系，是分散的、零散的，有从管理领域借鉴来的质量管理方法和安全管理方法，有从经济领域借鉴来的工程经济分析方法，还有从工学领域借鉴来的方法，也有从信息领域借鉴来的方法，混在一起体系性不强，互相有重叠或缺漏，甚至不相容，正如Lauri Koskela教授所言，"现在用来传授和传播的新的形式和概念经常是具体的针对生产的某个方面，因此，从建造的角度来讲，不容易实现彼此联系和综合化……"，"施工中研究分布不平衡，大部分研究致力于把新工具应用到施工任务中去，这些工具来自于其他的技术领域，像信息技术、人工智能、机器人学"。

当然在各种理论方法中，最为系统的理论基础是项目管理。近十几年项目管理发展很快，对建筑生产管理领域产生重要影响，使得建筑管理的研究应用主要集中在项目管理的理论与应用上。但项目管理在中国推行过程中主要是解决体制和机制上的问题，如招标投标制度、项目经理负责制、两层分离、总包分包体制等，不是针对生产方式和管理方式的，也没有引入革命性的新管理方法，而项目管理本身也存在理论性不强、基础不清、自有方法缺乏、实用为主等问题，更强调建筑生产的特殊性。其实项目管理起源于土木建造行业，对建筑管理来说从来不是新东西。

4. 工业化进程发展缓慢

工业化是行业发展水平的重要标志，也是走上现代化的必由之路。建筑业的工业化不是新问题，也不是没有基础和条件，但中国建筑业的工业化之路走得异常曲折艰难。从新中国成立后开始经过了"两上两下"，到20世纪90年代时已经基本停滞。预制工厂和工业化体系消失了，取而代之的是大量进城农民工。最近二十年中国经济快速发展，实力明显增强，各行各业都日新月异。建筑业也发生了巨大变化，建筑技术水平明显提高，完成了一大批世界瞩目的大型项目，但在工业化进程方面仍然进展缓慢。尽管在起重运输方面一些大型机械设备逐步取代了一部分工人繁重的体力劳动，但大部分分部分项工程，如混凝土、砌筑、防水、内外装修等还是以手工操作来完成，这带来了建筑生产中的质量、进度、安全、环保等一系列问题，也影响了建筑业整体素质的提高，与建筑业的支柱产业地位也不相称。推进建筑业的工业化进程与社会经济协调发展是今后相当长时期的重要任务。

5. 信息化发展中缺少理论支撑

信息化是最近二十年发展的重点，建筑生产与管理也随着信息化的浪潮在推进本领域的信息化。信息化得以实现并发挥作用的重要前提之一是管理创新，要形成一套适合于信息化发展的管理体系和管理方法。而管理创新这部分在建筑生产中发展落后，这些年没有什么新的理论与方法产生，没有形成比较成熟的适合信息化的管理理论和方法，这使得信息化的推进步履艰难，水平不高，且效率难以得到充分的发挥。

1.3.5 关于建筑生产方式与管理方式的争论

其实这三十年来建筑业一直有学者打算将工业生产领域的管理方式，如精益生产（LP）、准时生产（JIT）、成组技术、流程管理、计算机辅助制造系统（CIMS）等应用于建筑业的生产与管理中，有的还进行过尝试，但都没有取得太好的效果。而且，关于制造业的生产方式与管理方式在建筑业的应用问题，或者说建筑业如何看待和借鉴相关领域产生的新理论与新方法问题，学术界历来有很大分歧。有人认为建筑业是个特殊行业，生产经营具有独特性，不同于制造业，不能把制造业的生产方式与管理搬过来用（其实是否定了向制造业的学习）。也有学者认为建筑业虽然有其特殊性，但制造业中的很多生产管理方法与管理原则是值得好好学习借鉴的，不能因为其特殊就将制造业的优秀成果完全拒之门外，这将会使建筑业的管理与主流管理相比格格不入，会越来越粗放落后。这种争论现在不会停息，将来也还会有，很难有定论。作者是支持后者的。首先建筑业要在生产方式上学习制造业，走工业化的路子，然后在工业化进程中推进信息化，并应用先进的管理理论方法，为实现建筑生产与管理的现代化创造条件。

1.3.6 国内外建筑生产领域的研究状况

尽管对于制造业的生产与管理方式应用于建筑业是否合适还有争论，但还是有一些学者在努力进行研究和尝试。尤其最近这二十年，伴随着信息化的应用和各种新型管理方式的产生，建筑业界的研究者也在关注并对这些先进的生产与管理方式进行应用研究。这些研究者分散于世界各地，分别从不同角度进行研究，取得了一定的进展，对本领域的研究方向起到了一定的引领作用。

1.3.6.1 精益生产应用于建筑生产领域的研究状况

精益生产和 JIT（准时生产）是各种生产管理理论中最早应用在建筑领域的，并在学术界取得了一定的研究成果，形成了一些研究组织。1992 年，丹麦学者 Lauri Koskela 在《Application of the New Production Philosophy to Construction》报告中提出要将制造业的精益生产原则应用到建筑业。1993 年，Lauri Koskela 带头成立了精益建设国际组织 IGLC（The International Group for Lean Construction），创建了一个精益建设的专业网站 http：//iglc. net/，对精益建设展开经验交流和理论探讨；1997 年，Glenn Ballard 和 Greg Howell 创立了专门的精益建设协会 LCI（Lean Construction Institute），并出版了期刊 Lean Construction Journal，定期召开专题讨论会和刊登相关论文，免费为企业提供各项服务。英国成立了由近三十个大学、企业和研究所组成的网络——Lean Construction Network，负责组织精益建设有关的学术活动和专题研究。精益建设已经在丹麦、美国、智利、巴西、澳大利亚、英国、芬兰等国家得到了一定的推广，积累了一定的经验，鉴别了不同环境下影响精益施工的因素，并在降低不可控因素方面做了有益的探索，在进度、成本和业主满意等方面取得了良好效果。

精益建设的研究以 Lauri Koskela、Greg Howell 和 Glenn Ballard 为代表。Glenn Ballard 提出的最后计划者系统（The Last Planner System）成为精益建设的重要方法，由最后一层的计划者根据上层各级计划者的指令，综合考虑现场的情况来编制最切合实际的计划。Glenn Ballard 和 Greg Howell 还提出了精益项目交付系统（LPDS——Lean Project Delivery system），将项目交付过程划分为精益设计、精益供应、精益安装及精益交付使用 4 阶段，各个阶段又有部分工作相互重叠。这种方式与传统的项目交付方式不同，为整个交付系统设置了一系列目标，在项目层将顾客价值最大化，把产品设计过程集成在一起，并在项目全寿命周期中实行控制。

我国工业界和学术界对精益生产的研究已经有十多年时间。国内对精益施工无论研究还是应用都刚刚开始，独创性成果很少。虽然有些施工企业运用了 JIT、TQM 和企业伙伴关系的基本思想，但距离系统化的精益建设生产体系及运行要求还相距甚远。

1.3.6.2 并行工程应用于建筑生产领域的研究状况

并行工程在建筑业的研究与应用最早始于澳大利亚最大的建筑公司之一——詹宁仕公司。早在 20 世纪 50、60 年代，詹宁仕公司就已经开始了类似操作过程的探索。国外建筑业对并行工程的应用多是在建筑设计和施工方面，一般是把并行工程当做是一种技术方法，来缩短工程项目的时间和减少返工，进而减少成本。欧盟首先在建筑业研究并行工程的实现途径 TCEE（Towards a Concurrent Engineering Environment），TCEE 的目标是发展一种能支撑并行工程运行的信息交换系统，期望这个系统能提升工程质量、缩短施工周期，减少大约 20% 的成本。

在建筑业中有关并行工程运用方面，第一个研究调查由芬兰技术研究中心 VTT（Valtion Teknillinen Tutkimuskeskus-Technical Research Centre of Finland）的 Koskela 和 Huovila 发表。这项研究主要是介绍并行工程以及解释并行工程与建筑业中其他方法的不同之处（如快速路径法）。

美国在 20 世纪 80 年代提出并行工程的概念，但并行工程在美国建筑业的研究较少，通过对美国土木工程协会（American Society of Civil Engineers，ASCE）数据库的检索能够发现，截止到 2005 年年底，关于建筑业并行工程的研究与应用的文章只有区区十几篇。这部分研究多集中于建筑工程的设计阶段，且把注意力集中于实施并行工程的需要以及广义的实施规则，或者集中在狭窄的实施并行工程的使用工具上。美国 CII 在 1995 年也开始发起对并行工程的研究，并把并行工程列为五种有可能在不增加费用的情况下缩短工期的控制进度法之一。2006 年，建筑业对并行工程的研究，已经承认了并行工程能够在不增加成本的基础上缩短工期，并且认为并行工程有可能会对建筑行业重新优化。

20 世纪 90 年代，并行工程理论和方法引入我国，引起我国学术界的高度重视，国家 863/CIMS 关键技术攻关项目进行了大量的相关研究，有关部门设立小型项目资助并行工程技术的预研工作，同期的许多著名杂志刊登了相关研究成果。2004 年，王慧明和齐二石将并行工程当做一种提高产品质量、缩短开发周期、降低成本的手段，分析了并行工程在建筑业应用的必要性与合理性，把并行工程的思想、方法和技术灵活地运用到建筑业的设计、施工等领域，以提高建筑企业的整体经济效益和市场竞争力。

并行工程在建筑业的应用同其他领域应用相比，以及同建筑领域其他技术的应用程度相比，研究与推广都非常少。由于并行工程博大精深，涉及内容较多，每个研究机构和学者的侧重点都不同，也就得到了不同的结论，但总体都证明了并行工程能够给建筑业带来巨大的帮助和革新。

1.3.6.3 供应链管理在建设领域的研究状况

1. 建筑供应链管理的总体研究状况

建筑供应链的研究始于 20 世纪 90 年代，Lauri Koskela 提出的将制造业新的管理模式应用到建筑业的思想标志着建筑供应链的雏形。对建筑供应链的认识基本上也是从制造业供应链的概念推演而来。正式提出建筑供应链的研究要归功于 Bertelsen、William 和 Fischer 等。此后，世界各国的学者、咨询公司、工程建设单位也纷纷投入到这方面的研究和实践中来，建筑供应链管理研究作为供应链管理的一个重要研究分支逐渐登上历史舞台。

Voordijk 在 1994 年提交的题目为《Toward Integrated Logistics in Supply Chains：Developments in Construction》的博士论文标志着国外学者对建筑业实施供应链管理研究的开始。供应链管理在建筑业的引入是从对伙伴关系管理（Partnering Relationship Management）的研究开始的。1998 年以前，对于建筑供应链管理的研究通常是理论方面的研究。1999 年在 California Berkeley 召开的第七届 IGLC 年会，建筑供应链管理被正式列为 IGLC 年会的主题之一，当年会议收录了 10 篇建筑供应链管理方面的文章。从那时候开始，建筑供应链就越来越多地受到学者的关注，国外许多研究机构和学者都开展了建筑供应链管理或者建筑领域供应链管理的研究。Stanford 大学的 CIFE（Center for Integrated Facility Engineering）研究中心将供应链管理尤其是利用信息技术辅助供应链管理作为其七个主要研究方向之一。英国政府资助的对 Rethinking Construction、IT Construction Best Practice Program 和 Construction Excellence 等有影响力的项目，也将供应链管理作为其主要的研究和应用方向之一。

在 2000 年前后我国才展开对建筑供应链的研究，在建筑供应链的基本原理、实施的可行性及障碍、实施步骤、合作关系管理以及采购管理方面的研究取得了一些进展。在供应链模型方面提出了结合我国建筑行业特点的建筑供应链模型，如以房地产开发企业为核心的建筑供应链模型、施工企业施工生产类与安装维修服务类供应链及其整合链结构等。

我国学者薛小龙、王要武等给出了建筑供应链的定义和属性，研究了建筑供应链的构成和协调机制，构建了基于多智能主体的建筑供应链协同决策模型。曾肇河运用价值链管理的理论分析我国建筑业企业的基本价值活动和支持活动，并阐述它们的内部联系，反映工程总承包商企业价值系统的纵向联系。根据建筑供应链的特点，探讨以总承包企业为核心企业的营销资源整合，业务流程再造，物流供应链重组和劳务供应链重建。高玉荣、尹柳营通过分析建筑供应链管理的特点以及这些特点给建筑供应链所带来的复杂性和不稳定性，然后将价值管理的工作方法引入建筑供应链管理中，通过信息收集、功能分析、方案创造、方案评价和方案实施来提升建筑供应链价值。王冬冬、张钦根据建筑业节点多、链条长、变化快等特征提出了建筑供应链管理的敏捷化策略：MC、延迟、业务外包和知识共享，分析了实施敏捷化策略的条件和应该注意的问题。徐贤浩等人提出了能反映整个建筑供应链业务流程绩效的评价指标。

2. 建筑供应链合作伙伴关系的研究状况

1997 年论文《Supply Chain Partnerships：Opportunities for Operations Research》

中，Maloni M J 等认为，供应链合作伙伴关系，是指供应链中两个相互独立的实体为获取特定的目标和利益而形成的一种关系。Robert J. Vokurka 等在《Supply Partnership：a Case Study》中指出，伙伴关系是买方和供应商在一段较长时间达成的承诺和协议，其内容包括信息共享和分担伙伴关系带来的利益和风险。Peter E. D. Love 和 Zahir Irani 等在《A Rework Reduction Model for Construction Projects》通过对 161 个已建项目的问卷调查，建议在项目前期的建筑供应链中采用一种跨组织的合作伙伴关系模式能大大减少重复工程量，而重复工作是项目建设中拖延工期的主要原因。

我国学者周立华认为供应链合作伙伴关系是指在供应链内部两个或两个以上独立的成员之间建立的以信任、合作、双赢或共赢的一种协调关系，以保证实现某个特定的目标或利益。陈荣认为在集成化供应链管理环境下建立战略性合作伙伴关系，能够降低供应链总成本，降低库存水平，增强信息共享，改善相互之间的交流，保持战略伙伴相互之间操作的一贯性，产生更大的竞争优势。

3. 建筑供应链风险管理的研究状况

各国的建筑机构都在对建设项目供应链风险管理程序及模型进行研究。建筑供应链风险管理的模型主要有以下几种：

PRAM（Project Risk Analysis and Management）模型——由英国项目管理协会 APM 开发，定义了描述项目风险管理过程中的 9 个阶段：定义、集中、识别、结构、所有权、评估、评价、计划和管理。

RAMP（Risk Analysis and Management for Projects）模型——由英国土木工程师协会 ICE 提出，该程序采用了多级别逐级分解结构，包括程序开始、风险回顾、风险管理、程序结束，适用于整个项目寿命期的风险管理。

JRAP（Judgmental Risk Analysis Process）模型——针对整个风险管理过程中风险分析环节设计的模型。该模型的风险分析过程包括四个步骤：找到主要风险、风险概率值的分布及最大最小区间的确定、建立活跃风险因素矩阵、建立模型进行模拟。

2004 年，Patrick Link 和 Jukkla Hallikas 等人在文章《Integration of Risk and Chance Management in the Cooperation Process》、《Risk Management Process in Supplier Networks》中研究了网络环境下的风险分析和评估，以及供应商网络风险管理过程，文章关注的焦点是网络协作产生何种风险，以及如何在网络协作中进行风险管理。Lee. Hau 和 Wolfe Michael 在《Supply Chain Security Without Tears》中提出了供应链中物流扰动风险和风险评价指标。

我国同济大学的研究者程敏等人从建筑供应链管理的不确定性方面分析了在建筑业实施供应链管理存在的风险，包括材料供应商的选取、施工进程及物流配送过程以及上下游之间需求信息的偏差的不确定性导致的风险，并就以上三个方面提出了降低风险的一系列措施。哈尔滨工业大学的西宝教授等人在供应链风险管理和控制概念的基础上提出了建筑业风险链管理的概念，并提出运用鞭梢效应理论进行风险链管理的方法。

1.3.6.4 建设物流的研究状况

建设物流的研究，最初主要的研究是基于精益理念的房屋建筑物料的及时物流控制，目的是保证及时地将建造所需要的物料提供到现场需要的地方。研究住宅工程施工现场的物流和物流管理，然后扩展到建筑企业施工现场外的供应物流及其管理，研究建筑供应网络的物流整合，提出一些可行的方法和技术手段，从而减少建筑供应链中物流的不确定性。

Agapiou A. 在 1998 年的论文《The Role of Logistics in the Materials Flow Control Process》中从物流学的视角研究了流向建筑工程现场施工点的流。Agapiou A. 认为，工程物流包括从原材料的收取到最终成为建造好的建筑的一部分的物料流的计划、组织、协调和控制。Agapiou A. 还开发了一个物流模型，控制从厂商到现场安装的材料流动，确保材料处理、运输及尽可能少的库存，且按现场施工工序进行计划。在某丹麦房屋建设项目中采用了此物流模型，与类似的传统项目相比，工程造价整体减少了 5%，此模型可以提供高质量、低成本的建筑产品。Sven Bertelsen 和 Jqrgen Nielsen 在 Byggelogistik 项目中借用 JIT 的理念，采用两个层级的物流计划方法，即总物流计划和日耗物料 JIT 供货计划。研究表明，采用上述的物流管理可以导致建筑工程生产力的极大提高，加上材料所节省的费用，预期成本降低超过 10%。

Silva Fred Borges 等学者在 1999 年发表的论文《Applicability of Logistics Management in Lean Construction：a Case Study Approach in Brazilian Building》认为建设物流可以理解为一个多学科过程。在这过程中，寻求在合适的时间、以低廉的成本和较高的质量保证：材料供应、存储、加工处理；劳动力供应；计划控制；现场基础设施和设备位置；现场物料管理；与所有物流和物流有关的信息管理。通过施工活动之前及其过程的计划、组织、指挥控制活动达到这些目标。他们将建筑企业物流功能分为供应物流和现场物流。供应物流与生产过程中循环的工作活动有关，基本的活动有：资源规格、供应计划、资源采购、现场的运输和交货、储存控制。现场物流与现场的物料计划、组织、指挥和控制有关，包括：现场操作系统管理、安全设备、工地布置、工作顺序的安排，以及工程队之间工作冲突的解决措施。

Jean-Luc Guffond 和 Gilbert Leconte 在 2000 年发表的论文《Developing Construction Logistics Management：the French Experience》中认为建筑物流管理是：①调动施工所需的所有资源；②确保这些资源正在被用来进行生产，即正确的时间在正确的位置；③创造条件使工作以适当的方式进行，即：高质、安全和高效。它旨在改变传统的建设现场工作技术和组织的参考框架，将以前各公司间非常严格的、规定性的关系变为内部积极协调的新关系。

日本在建设物流方面的研究独树一帜。2000 年前后，日本早稻田大学与日本鹿儿岛县合作，研究鹿儿岛县的建设物流运作与管理体制，取得重大进展，构建了全县域内一体化的建材批发、零售、运输、供配、现场使用的服务体系，实现了快速及时的客户反应，降低了全社会物流成本。

1.3.6.5　虚拟企业在建设领域的研究状况

在国外，虚拟企业理论的提出已经有了十几年的历史，在制造业，虚拟企业是理论先于实践，虚拟组织的概念在 1991 年就已经提出，而其飞速的发展则是在信息技术革命之后。建筑业是比较特殊的制造行业，由于建筑业自身的特殊性，这种组织形式在建筑业的应用则没有在别的行业那么广泛和明显。建筑业虚拟企业的应用主要集中于工程建设中，例如虚拟建设、联合生产模式。在国际工程承包市场上，横向联合生产模式是一种明显的虚拟企业的运营模式，目前应用较广。在发达国家的国内建筑市场，总包、分包模式则为虚拟企业的运用提供了客观基础。在美国、日本等发达国家，建设项目主要采取总包、分包模式，不过各国总包商与分包商的关系有所不同。项目建设组织形式主要采取工程总承包和工程项目管理形式，这种组织形式有着深刻的虚拟企业的运行机理。可以说，在建筑业，虚拟企业的实践是先于理论的。

由于历史原因，建筑业虚拟企业的组织模式应用得比较少。在一些大型的、复杂的、需要较高的施工技术的项目如小浪底工程中，采用了类似虚拟企业的组织形式。理论上的研究主要集中在虚拟建设的相关理论，例如虚拟建设中伙伴企业的选择、虚拟建设信息平台的建设等，并未对虚拟企业在建筑企业组织层次上的应用做出有深度的探讨。如彭勇的《虚拟建设——新型的工程建设管理组织模式》、王玉的《虚拟经营——21世纪国际工程承包公司的管理方式》介绍了国外虚拟企业在建筑业的应用模式即虚拟建设；卢勇的《工程建设项目的虚拟组织》提出了虚拟组织的结构模型，讨论了虚拟组织的自我组织和知识管理；徐友全在《基于计算机网络的大型建设项目信息管理系统》中提出了利用网络技术共享项目信息管理系统的思想，并对其进行了整体构思；张昕的《"虚拟企业的实践"对我国建筑企业改革的启示》分析了虚拟企业在建筑企业中应用的前景、意义。总体上，虚拟企业在我国建筑业的研究还不多，独创性的成果及应用还很少。

1.4 现代建筑生产管理理论的理念和体系

1.4.1 现代建筑生产管理理论的新理念

给本书的现代建筑生产管理理论下个准确概念是比较困难的。不过通过前面的阐述，不难让大家明确现代建筑生产管理理论的基本理念，就是把现代工业领域的先进生产方式与管理方式引入建筑业中来，与建筑业的基本属性和生产管理特点相结合，用工业化、信息化、可持续发展的思路改造传统建筑业的生产与管理，提高产业发展水平，提高产品质量、生产效率和效益，改变产业发展面貌。

首先要从转变生产方式入手，积极推进建筑业的工业化进程，以先进的工业化技术改造传统建筑业，实现生产方式从传统手工为主向工业化的跨越，并为先进管理方式的引入和信息化的推进奠定坚实而高水平的平台。由于建筑业的特殊性，它还没有走过工业化的阶段，还需要下大气力加快补上这一必不可少的发展环节。为此要加大建筑工业化的研究与开发，建立适合工业化的建筑结构体系，建设一批工业化基地和示范项目，推进建立适合工业化的产业组织和社会化供应体系，实现工厂化生产与现场生产的完美结合。

其次要积极推进建筑业的信息化，用信息化手段提升建筑业的生产与管理水平。信息化是当今世界的潮流，各行各业都在应用，建筑业也不例外。信息化不仅应用于管理和信息处理型的生产中，如规划设计等，更要应用于物质生产型的建筑生产过程，如施工和构配件生产中，与工业化的生产方式相结合，以提高其使用效果。

这里还不能不说工业化和信息化的关系问题。没有工业化生产方式作为基础，先进的生产管理方法无法应用，信息化的技术就算应用了发挥的作用也很有限。如果说信息化可以把生产效率提高百分之几十的话，工业化则可以成倍地提高生产效率。而且一旦生产方式转变，原有的信息系统就基本上没法用了，还需要重新建设。所以在处理工业化与信息化的关系上，还是要强调工业化是第一位的。当然在全世界进入信息化社会的今天，推进工业化也一定要用好信息化手段，实现工业化与信息化完美结合的新型工业化，并推动工业化向自动化、智能化等更高的水平发展。

与工业化、信息化相伴的是推进先进管理理论和方法的应用。先进科学的管理理论和方法是工业化、信息化手段得以充分发挥作用的重要条件，同时这些新型管理方式也必须在工业化和信息化的基础上才能应用并收到成效。管理方式与生产方式是相伴而生的，生产方式决定管理方式，同时管理方式又是生产方式充分发挥效率的重要保证和效果"放大器"。这些管理方法大多数是从工业生产领域借鉴来的，也有少数是建筑业领域自有的。

可持续发展是当今世界的发展方向。在能源短缺、环境污染严重、人口过快增长的当今世界，建筑产品及其生产都必须是节能节地省材料保护环境的，这给建筑产品的规划、设计、施工和运营维护都提出了更高的要求。可持续建设必须以绿色建筑产品为目标，以工业化的生产方式为基础，同时充分利用信息化的手段和各种先进的组织管理方法，改变传统建筑产品和生产高耗能、粗放浪费的现状，为建筑与自然的和谐共生创造条件。

根据以上论述，建筑生产工业化、信息化、新型管理和可持续建设四者的关系大致如图 1-3 所示。

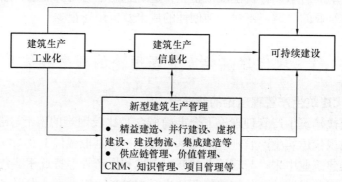

图 1-3　建筑生产工业化、信息化、新型管理和可持续建设的关系图

1.4.2　现代先进建筑生产理论的结构框架和基本内容

上述关于现代建筑生产管理理论的论述直接影响到本书的架构和基本内容。可以简化为以下的公式：

现代建筑生产管理＝工业化＋信息化＋先进管理＋可持续发展

实质上，现代建筑生产管理是工业化、信息化、先进管理和可持续发展的有机结合体，这四者之间相互作用、相互影响、相互制约、相互渗透，关系极其复杂，不是简单的相加的关系。

基本内容体系：

- 建筑生产工业化
- 建筑生产信息化
- 建筑生产先进管理方法，包括：
  - ◆ 精益施工
  - ◆ 并行建设
  - ◆ 虚拟建设
  - ◆ 建设物流管理

◆ 建设供应链管理

◆ 现代项目集成管理技术

◆ ……

● 可持续建设

工业领域的先进管理方式有很多，而且以后还会不断推出新的理论与方法，因此现代建筑生产管理理论将是个开放的体系，适合建筑生产与管理的方法都可以引入其中。不仅如此，建筑生产研究者还会通过学习与创新提出适合建筑生产的新的管理方法，也可以成为本体系未来的新内容。

1.4.3 现代建筑生产管理的技术支持体系

现代建筑生产管理不是凭空捏造的，它的产生有其社会经济发展的需求和各相关行业发展的背景，也有其重要的技术支撑体系，支撑其产生和发展的基本技术体系主要有四个方面：现代制造业生产方式和管理方法、现代工业工程方法、现代信息技术和现代项目管理，可以称为四个支柱。如图1-4所示。

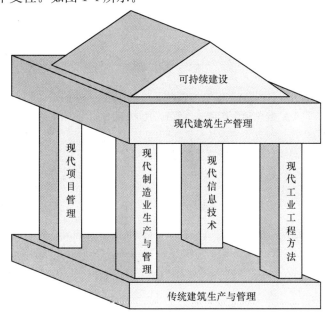

图1-4 现代建筑生产管理的技术支撑

（1）现代制造业生产方式和管理方法。包括 CAD 技术、先进制造工艺、并行工程、原形制造、柔性制造系统、计算机集成制造系统、敏捷制造、绿色制造、业务流程再造、精益生产、供应链管理、产品数据管理、生产运作管理、客户关系管理、电子商务、知识管理等。这些生产方式和对应的管理方法为建筑业的工业化与生产管理提供重要的理论支撑。

（2）现代工业工程方法。工业工程是制造业生产管理和信息化的基础，现代工业工程的领域进一步扩大，包括先进制造技术、装配技术、计算机协同设计与智能制造、并行与协同工程、产品创新设计、决策分析和决策的理论与分析、人机工程及其应用、复杂产品、多学科产品开发技术、制造工程管理、价值工程与管理、产品计划与控制、安全与风险管理、工作流技术及其应用、供应链与物流管理、人工智能、产品生命周期管理、物联网和云计算应用等，它与制造业生产管理方法的大部分是相通的，因此很多工业生产管理的方法也就是工业工程方法。将现代工业工程的方法应用于非制造领域是近年来研究与推广的重点。

(3) 现代信息技术。现代信息技术由计算机技术、通信技术、微电子技术结合而成，是关于信息的获取、传输和处理的技术。信息技术是利用计算机进行信息处理，利用现代电子通信技术从事信息采集、存储、加工、利用以及相关产品制造、技术开发、信息服务的新学科。目前现代信息技术普遍应用于各行各业，为提高行业发展的现代化水平起到了巨大作用。现代信息技术同时也是推进工业化发展水平的重要工具，还是应用各种先进管理方法，实现可持续发展中必不可少的科学手段。

(4) 现代项目管理。项目管理产生于土木建筑业，发展于军工、软件和制造业，现代项目管理比起传统的项目管理在内容的深度广度、新型工具方法的应用、适用范围、规范化等方面都有了很大进步，在应用新技术和集成化等方面基本上跟上了时代的步伐，也成为各行各业、各种组织发展中起到重要作用的新型管理理论和方法。建筑生产领域是项目管理应用的传统领域，理当将这些发展的项目管理理论和方法更好地应用并在应用中进一步发扬光大。

思 考 题

1. 生产的类型如何划分？各自适用于何种产业？
2. 阐述建筑业与制造业的概念和生产方式、管理方式上的异同点。
3. 分析建筑生产方式与管理方式的现状及存在问题。
4. 为什么建筑生产管理要借鉴工业领域生产管理的成果？
5. 现代建筑生产管理的内容有哪些？

参 考 文 献

[1] Lauris Koskela. (1992). Application of the New Production Philosophy to Construction. *Technical Report*, No. 72, Center for Integrated Facility Engineering, Stanford University.

[2] Ballard Glenn, Howell Greg. (2003). Lean Project Management. *Building Research & Information*, NO. 31(2): 119-133.

[3] Lauris Koskela. (2000). An Exploration towards a Production Theory and its Application to Construction. *VTT Publications*, 87-106. Espoo, Finland.

[4] Daeyoung Kim. (2002). Exploratory Study of Lean Construction: Assessment of Lean Implementation. *Ph. D. The University of Texas*, 13-24. Austin.

[5] Seung-Hyun, L., Diekmann, J. E., Songer, A. D. and Brown, H. (1999). Applications of Construction Process Analysis. *Proceedings 7th Annual Conference International Group for Lean Construction*, 63-72. Berkeley, USA.

[6] Daniel W. Halpin. (2008). Lean Construction and Simulation. *www. leanconstruction. org*.

[7] De la Garza, Jesus M. et. al. (1994). Value of Concurrent Engineering for A/E/C Industry. *ASCE Journal of Management in Engineering*, Vol. 10, NO. 3, May/June.

[8] Neil N. Eldin (1997). Concurrent Engineering: A Schedule Reduction Tool. *ASCE Journal of Construction Engineering and Management*, Vol. 123, NO. 3, Sep.

[9] Jaafari A. (1997). Concurrent Construction and Life Cycle Project Management. *ASCE Journal of*

Construction Engineering and Management，No. 4，Dec.

［10］ Jaafari A. (2000). Life-cycle Project Management: A Proposed Theoretical Model for Development and Implementation of Capital Projects. *Project Management Journal*，Vol 31 No. 1：44-46.

［11］ Love Peter E. D.，Gunesakaran A.，Heng Li. (1998). Concurrent Engineering: A Strategy for Procuring Construction Projects. *International Journal of Project Management*，Vol. 16，Issue 6，Dec. 375-383.

［12］ Towards a Concurrent Engineering Environment in the Building and Engineering Structures Industry. *http://cib.bau.tu-dresden.de/tocee/summaryFromAnnex.htm*.

［13］ Agapiou A.，Clausen L. E.，et al. (1998). The role of Logistics in the Materials Flow Control Process. *Construction Management and Economies*，NO. 16：131-137.

［14］ Sven Bertelsen，Jqrgen Nielsen. (1997). Just-In-Time Logistics in the Supply of Building Materials. *lst International Conference on Construction Industry Development: Building the Future Together*，Dec. Singapore.

［15］ Silva Fred Borges，Cardoso Francisco Ferreira. (1999). Applicability of Logistics Management in Lean Construction: a Case Study Approach in Brazilian Building Companies. *Proceedings IGLC-7*，147-158. University of California: Berkeley，CA，USA.

［16］ Jean-Luc Guffond，Gilbert Leconte. (2000). Developing Construction Logistics Management: the French Experience. *Construction Management and Economics*，NO. 18：679-687.

［17］ Maloni M. J.，Benton W. C. (1997). Supply Chain Partnership: Opportunities for Operations Research. *European Journal of Operational Reseach*，NO. 101：123-127.

［18］ Vokurka Robert J. Supply Chain Partnership: A Case Study. *Production and Inventory Management*，NO. 1：30-35.

［19］ Love Peter E. D.，Zahir Irani，David J. Edwards. (2004). A Rework Reduction Model for Construction Projects. *IEEE Transactions on Engineering Management*，51(4)：426-440.

［20］ Patrick Link，Christian Marxt. (2004). Integration of Risk and Chance Management in the Cooperation Process. *International Journal of Production Economics*，NO. 90：71-78.

［21］ Jukka Hallikas，Iris Karnonen，et al. (2004). Risk Management Process in Supplier Networks. *International Journal of Production Economics*，NO. 90：47-58.

［22］ Lee. Hau，Wolfe. Michael. (2003). Supply Chain Security without Tears. *Supply Chain Management Review*，NO. 12：20.

［23］ Lummus，P. R.，Vokurka，R. J.，&Alber，K. L. (1998). Strategic Supply Chain Planning. *Production and Inventory Management Journal*，NO. 39(3)：49-58.

［24］ Ashayeri，J.，Lemmes，L. (2006). Economic Value added of Supply Chain Demand Planning: A System Dynamics Simulation. *Robotics and Computer Integrated Manufacturing*，NO. 22：550-556.

［25］ Bertelsen，S.，Koskela，L. (2002). Managing the Three Aspects of Production in Construction. *Proceedings 10th Annual Conference International Group for Lean Construction*，Brazil.

［26］ 岳红辉. 建筑企业的敏捷性需求及敏捷运行模式探讨. 四川工业学院学报，1997.

［27］ 朱焕立，刘玉宾. 并行工程的产生、应用及研究现状[J]. 中州大学学报，2003.

［28］ 尤建新，蔡依平，杨瑾. 工程项目物流管理框架模型. 工业工程与管理，2006(6)：49-52.

［29］ 王慧明，齐二石. 并行工程在建筑业应用的必要性研究. 工业工程，2004(5).

［30］ 钟建安，戴惠良，赵健峰. 面向并行工程的施工项目管理. 建筑经济，2008(6).

［31］ 朱云仙，真虹. 国外并行工程研究与应用进展综述. 机械设计与研究，2005(8)：Vol 21，NO. 4.

[32] 邱光宇，刘荣桂，马志强．浅谈精益建设在施工管理中的运用．工业建筑，2006，第36卷增刊：985-988.

[33] 周立华．供应链合作伙伴关系的分析．长春工业大学学报，2006(6).

[34] 陈荣．物流供应链管理．大连：东北财经大学出版社，2001.

[35] 程敏，林知炎，余颉．建筑企业供应联管理中的不确定性研究．建筑管理现代化，2003(1)：24-26.

[36] 西宝，李一军．工程项目风险链管理及鞭梢效应．哈尔滨建筑大学学报，2002，4(35)：112-116.

[37] 曾肇河．建筑业企业价值链管理探索．建筑经济，2004：5-10.

[38] 高玉荣，尹柳营．建筑供应链中的价值管理．建筑经济，2004：20-22.

[39] 王冬冬，张钦．建筑供应链的敏捷化策略．建筑经济，2005(2)：35-38.

[40] 徐贤浩，马士华，陈荣秋．供应链绩效评价特点及其指标体系研究．华中理工大学学报，2000(5)：69-72.

第 2 章 建筑工业化理论

2.1 建筑工业化的概念和内涵

2.1.1 建筑工业化的概念

建筑工业化（Construction Industrialization）是指采用大工业生产的方式建造工业和民用建筑，即按最终产品的需要，把相关的科研、设计、材料、构配件生产、机械设备、施工方法及组织管理等各个方面的工作组成一个整体，形成不同的建筑体系，做到批量生产、商品经营，也就是用标准化、工厂化、机械化、科学化的成套技术来改造建筑业传统的生产方式，将其转移到现代大工业生产的轨道上来。建筑工业化是建筑业从分散、落后的手工业生产方式逐步过渡到以现代技术为基础的大工业生产方式的全过程，是建筑业生产方式的重大变革。

2.1.2 建筑工业化的内涵

建筑工业化的基本内涵可概括为以下几个方面。

1. 建筑标准化

建筑标准化是指在建筑设计中采用标准化的设计方案、构配件、部品和建筑体系，按照一定的模数规范建筑构配件和部品，形成标准化的建筑产品。建筑标准化是建筑工业化的必备条件，同时也是建筑生产进行社会化协作的必要条件。

2. 生产工业化

构配件和部品生产工业化是建筑工业化的手段，它是将建筑的构配件系列化开发、集约化生产和商品化供应，使之成为定型的工业化产品或生产方式，以提高建筑的速度和质量。构配件和部品生产工厂化就是将原来在现场完成的构配件加工制作活动和部分部品现场安装活动相对集中地转移到工厂中进行，改善工作条件，可实现优质、快速、低耗的规模生产，为实现现场施工装配化创造条件。构配件和部品生产工厂化程度在很大程度上反映了建筑工业化的水平。

3. 施工机械化

施工机械化是将标准化的设计和定型化的建筑构配件从生产、运输到安装，运用现代化的生产方式来完成，以实现降低劳动强度，提高建设速度的目的。施工机械化为改变建筑生产以手工操作为主的小生产方式提供了物质基础。施工机械化是与构配件生产工厂化相对应的。

4. 组织管理科学化

组织管理科学化是实现建筑工业化的保证，它是将建筑工程中的各个环节、相互间的矛盾，通过统一的、科学的组织管理来加以协调，避免出现混乱，达到缩短工期、保证质量、提高投资效益的目的。

从建筑的设计开始，直到构配件生产、施工的准备与组织，建筑生产全过程都应当纳入科学管理的轨道，按照工业产品生产的组织管理方法和建筑产品的技术经济规律来组织生产。组织管理科学化应按照建筑工业化这种新的生产方式的特点，采用与之相适应的组织管理理论、方法和手段。

2.1.3 发展建筑工业化的意义

（1）建筑工业化以社会化大生产方式进行住宅生产，促进了技术进步，优化资源配置，减少中间环节，提高了劳动生产率。

（2）工业化生产经营规模大、社会信用度高，有利于保证建筑产品的质量和提高长期的信用保障，也有利于发挥规模化生产的成本优势。

（3）与传统技术下的生产方式相比，减少了对熟练技术工人的依赖。

2.1.4 建筑工业化与住宅产业化的对比分析

住宅产业化是以住宅市场需求为导向，以建材、轻工等行业为依托，以工业化生产各种住宅构配件、部品，然后现场装配为基础，以人才科技为手段，通过将住宅生产全过程的设计、构配件生产、施工建造、销售和售后服务等诸环节联结为一个完整的产业系统，从而实现住宅供产销一体化的生产经营组织形式。住宅产业化是围绕住宅提出的概念，把住宅设计、生产、销售及售后服务整合成产业系统，实现住宅产业的经济和社会效益提升。其实现的基础是工业化的建造体系和部品体系。

建筑工业化和住宅产业化是两个既有联系又有区别的概念。

第一，两者的目标不一样。住宅产业化的目标是实现住宅产业的持续健康发展，强调对住宅的产业化整合，为此需要从住宅产品定位、设计、建造、销售以及后期管理等环节，通盘考虑如何实现住宅的合理开发和综合利用。而建筑工业化的目标是实现建筑业由手工操作方式向工业化生产方式的转变，强调对建筑业的工业化改造，为此需要进行建筑产品的标准化设计、工厂化生产、机械化施工和科学的组织管理。

第二，两者的内容不一样。住宅产业化包含了住宅建筑主体结构工业化建造方式，同时还包含户型设计标准化、装修系统成套化、物业管理社会化等。建筑工业化不仅包含住宅建筑物生产的工业化，还包含一切建筑物、构筑物生产的工业化。比如基础设施结构、工业厂房、公共建筑、建筑材料的工业化。

两者的内容和关系或许可以用图 2-1 来表示：

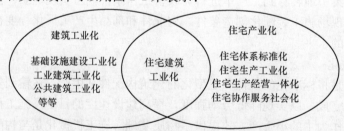

图 2-1　建筑工业化与住宅产业化对比图

2.2　建筑工业化进程探索

2.2.1 国外建筑工业化现状及发展

2.2.1.1 日本

日本现有的住宅大体上可分为两大类：一类是公营住宅，即在国家的资助下，由地方政府和公共团体建造的住宅；另一类是私营住宅，由私人或民间企业集资建造的住宅。第二次世界大战以后，为了加快解决住房的短缺与劳动力不足、经济发展的矛盾，日本政府建立了由国家和地方政府财政支持的公有住宅供应体系，其中包括公营住宅和公团住宅。由于公有住宅建设量大、要求建设效率高，同时要求造价低且保证质量，这就为推进住宅产业化发展，实施部品化和标准化提供了机遇。

日本公营住宅的建设模式值得我们借鉴。日本政府管理部门重视推动住宅产业标准化工作，这是实现住宅产品大批量社会化、商品化生产的前提。如：1969年制订了《推动住宅产业标准化五年计划》；1970年制订《住宅性能标准》（包括安全性、使用性和耐久性）；1974年7月建立优良住宅部品认定制度，也称BL认定（Better Living），BL认定是一项推动住宅产业和住宅部品发展的一项重要措施，经过认定的住宅部品，政府强制要求在公营住宅中使用，优秀的部品大量应用在政府和民间的所有住宅中，对建设大量优良品质住宅提供了强有力的支撑，并很好地满足了当时市场由量转质的需求；1979年相关部门又提出住宅性能测定方法和住宅性能等级的标准；1999年日本推出确保住宅品质促进法，此举直接导致日本住宅开发企业致力于开发绿色住宅。从最初的保证居者有其屋，到追求建材品质、住宅品质，日本政府相关部门通过完善的法律体系，推行一系列相关的连续的政策、标准与规范，起到了重要的引导和规范作用。

当今日本，一方面，少子女、高龄化、地球环境、废弃物等问题日益严重，20世纪拆旧建新的大量消费型社会的发展是行不通的。因此，当务之急是向"建好的、经常维护保养、长期持续使用"的储存型社会转变。在这个进程中，2006年日本制定了《居住生活基本法》，彻底改变了原来追求"量"的住宅建设方针，政策转向注重提高居住生活的"质"的方面。另一方面，住宅市场上，不断积累了有关住宅长寿化的技术，人们开始转向关注住宅的资产价值。在这样的背景下，日本2007年5月发表了"200年住宅构想"，目的是形成超长期可持续循环利用的高品质住宅的社会资产。

"200年"是住宅长寿命化的一个象征性概念，并不是指具体的耐用年数。"200年住宅构想"并不是单纯地建设耐用型住宅的硬技术，除了包括有利于超长期维护管理在内的建设系统以外，同时还需建立切实可行的维护管理系统，对既有住宅的正确评价方法和使其在市场顺畅流通的系统、适合200年住宅的金融系统、适合200年住宅的包括社会基础设施和街区在内的整顿等。

200年住宅的具体要素要求包括：把结构体与室内装修和设备分离，在确保结构的耐久性和抗震性的同时，提高室内装修和设备的可变性；确保易于进行维护管理；具有能够沿用到下一世代的品质（节能性能、无障碍性能等）；实行有计划的维护管理（检查、修理、更换等）；考虑与周边街区的协调性。

2.2.1.2 法国

法国是世界上推行建筑工业化最早的国家之一。从20世纪50年代到70年代走过了一条以全装配式大板和工具式模板现浇工艺为标志的建筑工业化道路，有人把它称为"第一代建筑工业化"。在这一阶段进行了大规模成片住宅建设，在城市周围建成了许多新居住区，以解决住房的问题。与此相应，出现了许多"专用建筑体系"。不同体系出自不同厂商，各建筑体系的构件互不通用。到20世纪70年代，住房矛盾有所缓和，工程规模缩小，建造量分散，原有构件厂开工率不足，再加上工业化住宅暴露出的千篇一律的缺点，迫使法国去寻求建筑工业化的新途径。为适应建筑市场的需求，向以发展通用构配件制品和设备为特征的"第二代建筑工业化"过渡。

　　为发展建筑通用体系，法国于1977年成立构件建筑协会作为推动第二代建筑工业化的调研和协调中心。1978年该协会制订尺寸协调规则。同年，住房部提出以推广"构造体系"，作为向通用建筑体系过渡的一种手段。构造体系是以尺寸协调规则为基础，由施工企业或设计事务所提出主体结构体系。它由一系列能相互代换的定型构件组成，形成该体系的构件目录。建筑师可以采用其中的构件，像搭积木一样组成多样化的建筑。

　　建筑师使用这种体系时，必须采用构件目录中的构件，并遵循相应的设计规则，当然在建筑艺术上也会受到了一定的限制。所以，法国不主张在全国只搞一个构造体系，而是搞一批，以供业主挑选。住房部为评选构造体系，委托建筑科技中心组成由工程师、建筑师和经济师三方面人员组成的评审委员会，对构造体系进行审批。到1981年，全国已选出25种构造体系。

　　在选出的25种构造体系中，除少部分是木结构和钢结构外，绝大部分是混凝土预制体系，多户住宅体系略多于独户住宅体系。构造体系一般表现出以下特点：

　　（1）为使多户住宅的室内设计灵活自由，结构较多采用框架式或板柱式，墙体承重体系向大跨发展，建造体系的跨度为12m。

　　（2）为加快现场施工速度，创造文明的施工环境，不少体系采用焊接和螺栓连接。

　　（3）倾向于将结构构件生产与设备安装和装修工程分开，以减少预制构件中的预埋件和预留孔，简化节点，减少构件规格。施工时，在主体结构交工后再进行设备安装和装修工程，前者为后者提供理想的工作环境。

　　（4）构造体系最突出的优点是建筑设计灵活多样。它作为一种设计工具，仅向建筑师提供一系列构配件及其组合规律，至于设计成什么样的建筑，建筑师有较大的自由。所以采用同一体系建造的房屋，只要出自不同建筑师之手，造型大不相同。

　　构造体系虽然遵循尺寸协调规则，但规则本身较灵活，允许不同的协调方式，另外各体系的结构及节点也不一致，不同体系的构件一般不能通用，所以构造体系仍属专用体系范畴。通过发展构造体系建立一个通用构件市场的设想未能实现。

　　1982年，针对上述情况，法国政府调整了技术政策，推行构件生产与施工分离的原则，发展面向全行业的通用构配件的商品生产。此时，法国工业化进程在通用化上做了些让步，即一套构件目录只要与某些其他目录协调，并组成一个"构造逻辑系统"即可，这一组合不仅在技术上、经济上可行，还能组成多样化的建筑。每个"构造逻辑系统"形成一个软件，用计算机进行管理，不仅能进行辅助设计，而且可快速提供工程造价。

　　20世纪90年代以来，法国建筑工业仍在继续发展：

　　（1）建筑工业化不断取得进步。产品尺寸精确、性能提高、饰面处理多样式、质量稳定。自动化技术的采用不断地提高生产力，数控（采用自动化装置）有助于解决建筑师提出的多样化要求，而制品仍然是采用工业化的方式生产。

　　（2）房屋建筑的设计考虑采用工业化构件。信息科学的发展加速了信息和设计的管理，为建筑设计打开了新路子，提供了新的设计工具，建筑师开始采用市场上提供的建筑部件进行设计。

　　（3）建筑工地的劳动力发生了变化。以往建筑工地都是由国外移民和来自农村的劳动力来完成脏而笨重的体力劳动，现在，这批劳动力都老了。年轻的一代，不论是移民还是本国人都不再愿意从事这种劳动。因此，对于建筑业来说，至关重要的是要发明一些在工地上不再要求大量脏而笨重的体力劳动的新技术。在这方面，采用附加值高的建筑部件来建筑房屋是一条很有意义的路子，工业化生产建筑部件，减少了施工现场的劳动强度。

2.2.1.3 丹麦

丹麦是世界上第一个将模数法制化的国家，国际标准化组织的 ISO 模数协调标准就是以丹麦标准为蓝本的。丹麦推行建筑工业化的途径是开发以采用"产品目录设计"为中心的通用体系，同时比较注意在通用化的基础上实现多样化。

丹麦的住宅建筑工业化具有以下几个特点：

1. 模数标准较健全并且是强制执行的

丹麦通过模数和模数协调实现构配件的通用化。1960 年制定的《全国建筑法》规定，"所有建筑物均应采用 1M（100mm）为基本模数，3M 为设计模数"，并制定了 20 多个必须采用的模数标准，这些标准包括尺寸、公差等，从而保证了不同厂家构件的通用性。同时国家规定，除自己居住的独立式住宅外，一切住宅都必须按模数进行设计。

2. 以发展"产品目录设计"为中心推动通用体系发展

丹麦将通用部件称为"目录部件"。每个厂家都将自己生产的产品列入产品目录，由各个厂家的产品目录汇集成"通用体系产品总目录"，设计人员可以任意选用总目录中的产品进行设计。主要的通用部件有混凝土预制楼板和墙板等主体结构构件。这些部件都适合于 3M 的设计风格，各部分的尺寸是以 1M 为单位生产的，部件的连接形状（尺寸和连接方式）都符合于"模数协调"标准，因此不同厂家的同类产品具有互换性。同时，丹麦十分重视"目录"的不断充实完善，与其他国家相比，丹麦的"通用体系产品总目录"是较为完善的。

推动通用体系化发展的主要有两个单位，即国立建筑研究所（SBI）和体系建筑协会（BPS）。BPS 是民间组织，其会员包括了 200 多家主要的建材生产厂。

2.2.1.4 美国

美国发展住宅建筑工业化的道路与其他国家不同。美国物质技术基础较好，商品经济发达，且未出现过欧洲国家在第二次世界大战后曾经遇到的房荒问题，因此美国学术界并不太提及"建筑工业化"的概念，但他们的建筑业仍然是沿着工业化道路发展的，而且已经达到较高水平。这不仅反映在主体结构构件的通用化上，而且特别反映在种类制品和设备的社会化生产和商品化供应上。除工厂生产的活动房屋和成套供应的木框架结构的预制构配件外，其他混凝土构件与制品、轻质板材、室内外装修以及设备等产品十分丰富，数目达几万种，用户可以通过产品目录，从市场上自由买到所需产品。

20 世纪 70 年代，美国就有混凝土制品厂 3000～4000 家，所提供的通用梁、柱、板、桩等预制构件共八大类达五十余种产品，其中应用最广的是单 T 板、双 T 板、空心板和槽形板。这些构件的特点是结构性能好、用途多，有很大通用性，也易于机械化生产。美国建筑砌块制造业为了竞争、扩大销路，立足于砌块品种的多样化。全国共有不同规格尺寸的砌块 2000 多种，在建造建筑物时可不需砖或填充其他材料。轻质板材、装修制品以及设备组合板件，花色品种繁多、可供用户任意选择。美国发展建筑装饰装修材料的特点是基本上消除了现场湿作业，同时具有较为配套的施工机具。厨房、卫生间、空调和电器等设备近年来逐渐趋向组件化，以提高工效、降低造价，便于非技术工人安装。

此外在现场施工方面，美国的分包商专业化程度很高，专业承包商的专业分工很细，为在建筑业实现高效灵活的总分包体制提供了保证。美国的模板工程从设计到制作已成为独立的制造行业，并已走上体系化道路。模板类型很多，并能组合拼装，此外还配套生产各种模衬、辅助铁件、支撑、脱模剂等。在经营方面，既可定购、选购又可租赁，并对所出售的模板提供免费技术指导和现场培训。现场运输由专业公司承担，同时兼营挖掘、搬运、清理现场等业务。在旧建筑拆除方面，有几百家小公司专门从事控制爆破拆除技术，同时兼营场地平整、托运等项目。机械设备租赁业较发达。据悉美国一家设备租赁公司20世纪70年代的年租金额就有二十多亿美元。机械租赁业的发展避免了建筑企业资金积压，提高了机械的利用率。

2.2.2 中国建筑工业化发展的历史回顾

我国建筑工业化已经走过大约六十年曲折的发展历程，随着国民经济的发展曾两度出现高潮。20世纪50年代，我国的建筑工业化迈出了第一步。1955年面对建设任务越来越大，技术要求越来越高的情况，建筑工程部借鉴苏联经验第一次提出要实行建筑工业化。建筑工程部在建筑科学研究、建筑施工技术装备及建筑工业生产布局等方面，采取了一系列措施，有力地推动了建筑工业化的发展，初步建立了工厂化和机械化的物质技术基础，对完成国家重点工业建设任务起了显著作用。我国逐步形成了装配化和机械化施工的技术政策，即"机械化、半机械化和改良工具相结合，逐步提高机械化水平；工厂化、半工厂化、现场预制和现场浇筑相结合，逐步提高预制装配程度。"与此同时，对民用建筑如何实现建筑工业化进行了探索。1958年以后，建筑工业化的发展受到了一定的挫折。但局部地区，在建筑工业化的某些领域，仍取得了一定进展，如北京市率先试验了多种砌块和装配式大板住宅体系。

20世纪70年代后期至80年代中期，建筑工业化再度出现高潮。各地围绕墙体改革，积极研究和推行新结构、新工艺、新材料。许多城市对新的工业和民用建筑体系进行了试验和推广，有些城市还摸索了提高砖混建筑体系工业化程度的途径。1978年国家建委先后召开了建筑工业化座谈会和建筑工业化规划会议，明确指出"建筑工业化就是用大工业生产方式来建造工业和民用建筑"，提出以"三化一改"（建筑设计标准化、构件生产工厂化、施工机械化和墙体改革）为重点发展建筑工业化，并且确定在常州、南宁试点，摸索在一个城市推行建筑工业化的全面经验。在20世纪70、80年代发展建筑工业化，我国广泛借鉴了各国正反两个方面的经验，同时以民用、住宅建筑为主，从我国实际出发，沿着具有我国特色的建筑工业化发展道路，走出了富有成效的一步。

建筑工业化的发展在改革建筑业落后面貌方面取得了显著成效：许多地区逐步改进了标准设计方法，推行参数统一的定型构件，开展工业与民用建筑构配件统一产品目录的编制和推广工作，标准化程度有了明显的提高；建立了一定的构配件生产能力，每个城市都有各类预制加工厂，混凝土构件和木门窗等都已经具有相当的生产能力，许多地方还发展了钢门窗、钢模等的加工能力和商品混凝土的生产能力；新型建筑体系发展较快，新型住宅建筑体系已占住宅建造量的10%，一些城市新型住宅建筑体系已占20%～40%；房屋综合建造能力和建设速度大幅度提高，北京、常州、南宁等城市尤为突出。

通过几年的实践和对国外情况的广泛了解，逐步形成了一套我国发展建筑工业化的技术政策，该技术政策已作为一个组成部分列入1985年国家科委蓝皮书《中国技术政策》（住宅建设·建筑材料）。我国专家经过实践得到了比较一致的认识，即"建筑工业化是建筑业从手工操作的小生产方式逐步过渡到社会化大生产方式的全过程，是生产方式的变革。"

2.2.3　中国建筑工业化的探索

建筑工业化的发展主要表现在以下几个方面：

（1）建筑体系成套技术日益成熟和完善。一些成熟的新型建筑体系成套施工技术，如大开间板式楼大模板施工技术，滑升模板施工技术，隧道模施工技术等不断完善，已被审定列入国家工法。砖混建筑体系的工业化水平得到进一步发展和提高。

（2）施工、生产专业化、社会化进一步发展。商品混凝土生产已逐步形成独立的行业。装饰装修企业已具有相当的生产能力。机械租赁业有所发展。企业内部的机械租赁发展较快，全国国有施工企业内部机械租赁面已达到65%以上。一些地区实行以融资租赁为主的社会租赁，机械租赁经营成交额超亿元。防水专业公司队伍不断壮大。模板脚手架的专业化租赁、承包业务有较快发展。

（3）建筑机械化水平不断提高。高层建筑机械化施工有很大突破。如各式塔机、混凝土泵、快速提升机、施工电梯等配套齐全，使机械化施工工艺更加成熟。小型、多功能机具有新的发展。

（4）构配件与制品生产能力不断提高。

（5）建筑标准化进一步完善。各地标准化办公室组织编制了多种通用图集，在设计方法、住宅套型、内部空间组织、室内装修、立面、体形以及住宅群体组织等的标准化和多样化的结合方面有了新的突破。中日合作研究编制的"中国城市小康住宅通用体系（WHOS）通则"，提出了多层次、多元化建设标准，设计原则和模数协调等规定。

总结历史经验，建筑工业化的发展中存在的问题如下：

（1）总体水平较低，发展缓慢。人均竣工面积指标长期徘徊不前，质量问题突出，从住宅建筑工业化角度看，材料、部品质量差是一个大问题，产品质量不稳定，给施工单位和用户带来困难和损失。装修、抹灰、安装等工程的机械化程度一般不超过10%。各类新型建筑体系所占比例有所下降。

（2）发展建筑工业化的观念淡漠，技术政策不明。要不要坚持建筑工业化的方向在认识上不明确。在全行业有一段时间基本不提建筑工业化，虽然有些地区在一些方面仍在遵循建筑工业化的原则有所前进，但从全行业来看，在新形势下是否继续发展建筑工业化，如何发展建筑工业化等问题并未得到及时研究解决。因此，也就不能结合发展新情况提出可行的发展建筑工业化的重点和技术政策。

（3）经济政策不配套。必须有配套的经济政策，保证企业的经济利益，从而保证一定技术政策的推行。现有经济政策不配套、不完善往往造成企业采用新技术不能获得相应的效益，有的还要增加投入，减少利润，严重影响了企业开发采用先进技术的积极性。

（4）缺乏必要的协调。在纵向，科研开发、设计、施工、生产之间缺乏围绕提高最终产品质量，提高建设速度和总体经济效益开展的协作和配合。在横向，各有关行业间缺乏协调。这是一个长期未能很好解决的问题。但是，要发展建筑工业化，要把最终产品搞好，就必须通过必要的行政和经济手段把有关方面组织起来，在统一目标下开展协作。

总结优势、发现问题，目前我国建筑工业化应重点发展的内容包括以下方面：

（1）推广建筑结构体系，包括钢、钢混、集成式建筑体系等。

（2）构部件（包括柱、梁、板、墙、配件等）的工厂化预制，提高建筑构配件的标准化、系列化、定型化程度，加大建筑部品部件产业化生产比重。

（3）新型绿色环保建材的生产与使用及工具（模板体系、脚手架等）的专业化、社会化供应。

（4）建筑现场的合理组织，包括现场装配、施工等，应用清洁生产技术，推进"绿色施工"，减少施工对环境的负面影响。创建节约型工地，在施工过程中节约使用煤电油气等资源，降低建筑施工能耗。

（5）在建筑业充分引入 IT、电子、自动化等高新技术，大力推广数字化建造技术。

（6）基于产业链的设计、制造与装配（施工）集成化管理。

2.3 建筑标准化

2.3.1 建筑标准化的内涵

建筑标准化是指在建筑设计中采用标准化的设计方案、构配件、部品和建筑体系，按照一定的模数规范建筑构配件和部品，形成标准化、系列化的建筑产品，使施工简单化。建筑标准化是建筑工业化的必要条件，同时也是建筑生产进行社会化协作的必要条件。由于标准一旦制定就会在一段时间里相对不变，因此标准化的技术水准既要立足当前，又要适当超前。在低技术水平下不应该过分强调标准化。实行标准化还需要考虑建筑的多样化，标准化与多样化的矛盾不是不可协调的，采用标准化的构配件仍可组合出丰富多彩的各种形式建筑产品。

2.3.2 标准化的建筑结构体系

要实现建筑标准化，必须解决建筑结构的支持体系，即研究适合建筑工业化的标准化建筑结构体系。当前应用最广泛的建筑结构体系（按结构材料划分）是砖混结构住宅体系、钢筋混凝土结构住宅体系、轻钢结构住宅体系和木结构住宅体系。其中砖混结构住宅体系是目前应用最多、最熟悉的体系，具有结构技术成熟、材料易于得到、造价低廉等特点。但由于其结构与围护合一、不利于改造更新、保温隔热性能差、不利于环保等，是不适合建筑标准化发展的建筑结构体系。

2.3.2.1 钢筋混凝土结构体系

钢筋混凝土结构具有高强、耐久、防火、抗震抗风效果好、技术成熟、造价适中、施工方便、主材以地方性材料为主等特点，一直是建筑结构的主要材料之一。现有的钢筋混凝土结构在解决了一些技术上的问题后，基本上可以适应建筑工业化结构方面的要求。钢筋混凝土还可以形成很多种各具特色的建筑结构形式，如框架、框架—剪力墙、框架—筒体、筒中筒等。因此今后钢筋混凝土（特别是高强钢筋混凝土）作为一种成熟的材料和技术会在建筑工业化结构中取得普遍的应用。

2.3.2.2 钢结构体系

钢结构体系采用高强度的钢柱、钢梁作为承重框架，配以标准化的内外墙板、楼板、屋顶板和水、电、暖、卫设施，是一种新型工业化建筑体系。钢结构住宅具有四大技术特点：一是可减轻建筑结构自重的30％，整体刚性好、强度高、重量轻、变形能力强、抗震性能好。二是具有理想的保温、隔热、隔声性能，采用全封闭式保温隔热防潮系统，温度变化小、热损失低，可节能60％以上。三是可采用工业化生产方式，实现构件的工厂预制和现场装配化施工；实现技术集成化，提高建筑产品的科技含量和使用功能。四是可提高劳动生产率和现场文明施工水平，施工用工少，速度快，工程质量可靠，减少施工噪声和粉尘污染，综合效益好。

钢结构的建筑体系构成包括以下几个方面：

（1）钢结构体系：钢结构体系的型式有多种，如轻钢龙骨结构体系，纯框架体系，框架－支撑体系，错列桁架结构体系，框架－剪力墙体系，框架－核心筒体系等。从构件的截面型式上可分为：热轧H型截面，焊接H型截面，焊接箱型截面，冷弯薄壁方钢管内灌混凝土，冷弯C型截面，圆钢管内灌混凝土等。

（2）围护结构体系：外围护结构主要采用墙板的型式，如轻混凝土板，太空板，水泥刨花板，夹芯板等。内墙采用轻混凝土板，石膏板，水泥刨花板，稻草板等。

（3）楼板结构体系：楼板的主要型式有压型钢板与现浇混凝土组合楼板，预制轻混凝土板等。

上述结构体系还可以有机组合，形成复合结构体系。而各种建筑结构体系在施工中还有许多不同的工法。

2.3.3 标准化的部品体系

要实现建筑工业化生产，将建筑产品分解为构件和部品是必不可少的手段。构件是中文的术语。部品一词原是日文术语，按照中文严格地理解为"非结构构件"，但部品一词蕴含了日本建筑工业化的精髓，近来在我国也较多采用。对部品涵义的理解是：

（1）是非结构体，比较容易从建筑物里分解出来。

（2）是工厂制造的产品。

（3）是可以通过标准化、系列化手段独立于具体建筑之外，实现商业流通的产品。

（4）具有适应工业生产与商品流通的价值。部品本身就是商品，具有较好的零售市场流通性，不局限于某一牌子的住宅，也不限于工业化住宅，还包括用于以现场建造为主的一般建筑业，也提供给现有住宅的改装等使用。

综上，部品的概念应理解为包括若干部品系统、子系统，凡是建筑或住宅采用的独立功能的商品。

部品标准化要从产品设计构思入手，围绕通用部品、多功能模块、标准化接口、通用工具、几何尺寸和标准工艺来设计产品，以实现部品的标准化、通用化和系列化。

1. 部品本身的多样性和复杂性

标准化部品的种类、数量越多，越容易提高产品的多样性，从而使可能定制的部品种类和数量减少。但种类过多的标准化部品会使成本大大增加，因此要将标准化部品的种类和数量控制在一个各方都可以接受的范围内，在这个范围内，标准化部品的成本与定制产品成本之和最小，同时还可以满足用户多样化和个性化的需要。如果上述范围不能被各方共同接受，则企业必须重新审视和定位自己的产品，调整产品战略和市场战略。

2. 部品通用化

部品通用化指通过某些使用功能和尺寸相近的部品标准化，使该部品在住宅的许多部位和纵、横系列产品间通用，实现跨系列产品间模块的通用，从而减少部品种类和数目的方法。通过部品通用化，使得各部品的生产不因其外部产品品种和功能的变化而改变制造工艺，从而减少由改变生产格局带来的生产延误和改变工艺所增加的管理成本。同时也有利于充分利用现有的规模生产设备，为各功能模块的规模生产奠定基础。

3. 标准化接口

模块接口部位的结构、尺寸和参数标准化，容易实现模块间的互换，从而使模块满足更大数量的不同产品的需要。应使标准化的接口简便易用、容易区分并保证接口可靠。

4. 机具通用化

要使制造或生产部品的机具尽可能实现通用化，以消除制造过程中辅助性工作对生产过程的影响。机具通用化的要求将对部品开发、设计和制造产生重要的影响。在进行部品开发设计时，必须考虑生产机械和工具是否容易得到、对产品可能带来的影响等。

5. 工艺标准化

将部品的生产工艺标准化能保证在不大量改变生产系统设置和操作方式的情况下，大规模生产不同类型的定制产品，并避免降低制造柔性。标准化的生产工艺还有利于提高效率和质量、降低成本。

2.3.4 建筑标准化的设计技术

标准化的设计技术是推行建筑工业化的重要环节，是前提条件。建筑工业化的设计体系要求标准化的设计技术无论从建设需要、自然条件和物质条件上都有一定的依据，能够更有效地提高设计标准化的程度，又具有一定的灵活性。

2.3.4.1 基于部品的建筑标准化设计

由于标准构配件不是针对一定条件的建筑物而设计的，往往出现系列过繁，规格过多，有时又存在构配件不配套，或出现构配件之间相互矛盾的地方。因此，提出基于部品的建筑标准化设计。基于部品的建筑标准化设计是在现有大量多品种标准化部品的基础上，通过部品有机组合设计建筑产品的方法，如图 2-2（a）所示。设计中将大量多品种标准化部品根据构造逻辑规则、模数协调规则，再加上设计经验和艺术准则，进行有机组合，产生成千上万的产品设计方案，再进行优化选择，得到满意的建筑产品设计。

2.3.4.2 面向部品的产品结构分解

面向部品的产品结构分解是基于部品的建筑标准化设计的逆过程。首先由设计者按照业主要求、建筑结构、建筑艺术等进行建筑产品设计，然后根据模数协调、构造逻辑和构件技术规则等对设计的产品进行分解，如图 2-2（b）所示，分解结果应该与产品目录中的标准化部品一致。

理论上无论组合还是分解，都会有极多方案。因此这两种方法的实施必须通过计算机复杂计算才能实现。法国在吸收 20 世纪 50～60 年代推行建筑工业化经验的基础之上，编制出一套 G5 软件系统。这套软件系统把遵守同一模数协调规则、在安装上具有兼容性的建筑部件（主要是围护构件、内墙、楼板、柱和梁、楼梯和各种技术管道）汇集在产品目录之内，它告诉使用者有关选择的协调规则、各种类型部件的技术数据和尺寸数据、特定建筑部位的施工方法，其主要外形、部件之间的连接方法，设计上的经济性等。

采用这套软件系统，可以把任何一个建筑设计"转变"成为用工业化建筑部件进行设计而又不改变原设计的特点，尤其是建筑艺术方面的特点。这套软件系统还可以作为设计工具，从建筑设计的草图到施工整个生产过程进行归一化设计。

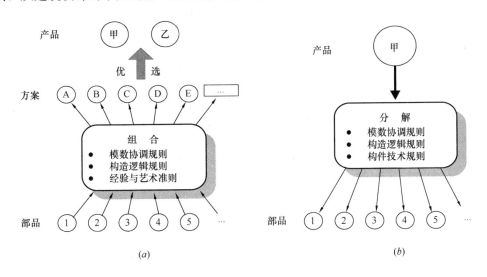

图 2-2　建筑部品与产品的设计技术

(*a*) 基于部品的建筑标准化设计；(*b*) 面向部品的产品结构分解

2.4　建筑生产工业化

2.4.1　建筑工业化的生产体系

2.4.1.1　建筑工业化生产体系的要求

1. 专业化分工协作体系和综合化分工协作体系

专业化分工协作体系是建筑企业集群发展到一定程度，专业分工与协作体系日趋完善，一些中小企业逐渐只从事特定的建筑部品、原材料生产，进而形成一批专门从事某种产品加工的配套企业，这些企业形成的生产协作体系就称专业化分工协作体系。

与此相对应，一些大型的、规模化的企业将利用自己资源优势，侧重于研发、核心部件制造和整体组装、市场销售和服务、品牌培养等。作为上游企业的中小型企业则致力于提供与大企业配套、具有专业化优势的劳动密集型产品和服务。我们将这种大企业同中小企业分工合作方式形成的协作体系称为综合化分工协作体系。

对于建筑业的工业化发展而言，综合化加专业化的协作体系具有更明显的优势，随着不断建立和形成主业突出、核心能力强的大型企业和企业集团，可以提高产业集中度、专业化水平、产品开发能力和整体经营水平，能够实现资源、技术、成本的有效利用，从而快速响应市场需求，满足用户的需要，进而推动建筑工业化的快速发展。同时，中小企业可以利用"专、精、特、新"的特点，发展社会化生产、专业化协作和商品化供应，带动整个产业发展。因此综合化分工协作体系与专业化分工协作体系各有其特点和适用范围，在建筑工业化发展过程中都可以发挥其作用。

2. 构建工厂与现场相结合的生产体系

建筑业工厂生产体系是指将原来在现场完成的构配件加工制作活动和部品现场安装活动部分相对集中地转移到工厂中进行，改善工作条件，提高产品质量和效率，可实现快速优质低耗的规模生产，为实现现场施工装配化创造条件。同时由于建筑产品的特点，还不能实现百分之百的工厂生产，必须有一部分安装活动在现场进行。为此，要建立工厂生产与现场生产相结合的生产体系，合理确定工厂生产与现场生产的比例与衔接关系，协调好工厂生产线生产与现场组装生产的关系，推进生产技术与质量效率的提高。

2.4.1.2　建筑工业化生产体系的选择——大规模定制

1. 定制生产和大规模生产的缺陷

建筑产品生产是典型的"定制"生产，因此"定制"生产的各种优缺点在建筑业都存在，而且表现非常突出。随着建筑业的发展，建筑产品的生产方式将逐步从手工操作为主转向工业化生产为主，从单件生产转向大规模生产。大规模生产存在一个严重问题，就是强调标准化而排斥多样化，容易造成建筑产品单一，造型相似，功能雷同。国外 20 世纪 50、60 年代的建筑工业化和我国的两次建筑工业化都已经验证了这一点。而建筑产品本身的重要特点之一就是多样性。于是在建筑工业化发展过程中，就出现了工业化大规模生产与建筑产品多样性矛盾的问题。

2. 大规模定制及其优势

大规模定制（Mass Customization）的生产方式正是解决工业化大规模生产与建筑产品多样性矛盾的有效方法，是建筑工业化的最佳生产方式。大规模定制是根据每个业主的特殊需求以大批量生产的效率提供定制产品的一种生产模式，它把大批量与定制这两个看似矛盾的方面有机地综合在一起，它实现了产品的个性化和大批量生产的有机结合。它的基本思想是：将定制产品的生产问题通过产品重组和过程重组转化为或部分转化为批量生产问题。大规模定制将满足业主对建筑产品多样化的需求与采用工业化、社会化大生产方式协调起来，在提高住宅质量、降低成本，提高建筑业生产水平的同时，尊重并最大限度解决多样性问题。

大规模定制从产品和过程两个方面对制造系统及产品进行了优化，或者说产品维优化和过程维优化。其中，产品维优化的主要内容是：①正确区分业主的共性和个性需求；②正确区分产品结构中的共性和个性部分；③将产品维的共性部分归并处理；④减少产品中的定制部分。过程维优化的主要内容是：①正确区分生产过程中的大批量生产过程环节和定制过程环节；②减少定制过程环节，增加大批量生产过程环节。

图 2-3 描述了大规模定制中产品维优化和过程维优化的基本原理。这里将建筑产品中的部品分为两类：通用部品和定制

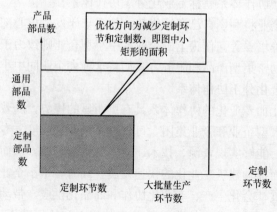

图 2-3　大规模定制中产品维优化和
过程维优化原理

部品。产品维优化方向是减少定制部品数。这里将部品生产环节分成两部分，一是大批量生产环节，二是定制环节。过程维优化方向是减少定制环节数。大规模定制的实质是通过产品重组和过程重组，优化减少图中的小矩形面积。

大规模定制可通过对产品的模块化重组和企业的模块化重组，形成一种全社会的生产合理组织模式，达到充分利用社会化资源，有效降低成本，缩短交货期和提高产品质量的目的。它能以较低投资有效解决建筑业企业"小而全"、"大而全"，专业化分工与合作程度不够，最后导致建筑产品开发和生产在低水平上重复的一些突出问题。

2.4.1.3　建筑工业化的生产体系框架

建筑工业化生产体系模式可用一句话概括：分散网络集成生产。分散网络集成生产是实现敏捷制造的一种生产模式。分散是指动态的、没有固定隶属关系和地理上相隔的企业成员。网络集成则是利用信息技术把成员组织起来，按照业主的需求进行生产。

分散网络集成生产利用不同地区的多种、异构、分布式的现有生产资源，利用计算机网络组成的、开放式的、多平台的、相互协作的、能及时灵活地响应业主需求变化的生产体系。分散网络集成生产能够在充分利用现有的社会资源基础上，借助信息技术快速以合理的成本将产品从设计转入生产，以适应市场的多变和业主的需要，进而为实现建筑生产企业研究与开发、生产、营销、组织管理及服务的集成化和现代化开辟了道路。

分散网络集成的建筑工业化敏捷生产体系框架如图 2-4 所示。图中的无箭头细实线为组织关系图，粗箭线为物流，细箭头为信息流。图中的盟主型建筑企业是生产体系的主导者、集成者。盟主型建筑企业一边组织起相关的建筑企业、建材企业、部品制造商、设备制造商等作为其伙伴企业并为其提供生产资源，另一边面向业主，按照业主需求进行设计和生产，具体实现环节主要体现在项目上，各生产企业在盟主型建筑企业的统一指挥下，在项目上实现各种技术、人才、材料、构配件、设备等资源的现场集成。而这一切的实现都离不开信息的录入、传递、加工、保存、输出等处理过程，离不开信息处理的物理介质——网络与计算机，并且更加依赖于与之相关的高素质人才。

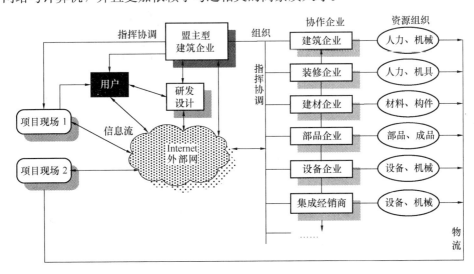

图 2-4　建筑工业化敏捷生产体系框架图

2.4.2 建筑工业化的技术体系

2.4.2.1 建筑工业化技术的分类

建筑工业化以技术进步为基础的发展取向，必然要求有相应的技术来支持，由于建筑业是一个涉及专业多、范围广、部门多又复杂的行业，涉及建筑、建材、设备等多门学科，其技术体系非常庞大复杂。按技术对象划分，将其分为产品技术、工业化生产与管理技术、工业化经济管理技术、工业化信息技术等，具体划分见表2-1。

建筑工业化技术体系分类 表 2-1

产品技术	建筑结构技术	建筑体系技术
		结构体系技术
	新型材料技术	绿色新型建筑材料技术
		新型化学建材技术
		其他新型建材技术
	性能保证技术	供热节能技术
		空调通风技术
		给排水与管线布设技术
		绿色生态和智能化技术
	环境技术	外环境规划设计与监测技术
		内环境技术
工业化生产与管理技术	生产技术	产品开发与设计技术
		部品和设备工厂化生产技术
		现场建造、装配，清洁生产技术
	生产管理技术	生产运作计划与控制技术
		成组（group technology）技术
		精益生产（lean production）
		敏捷制造（agile manufacturing）
		大规模定制（mass customization）
		并行工程（concurrent engineering）
		敏捷供应链（agile supply chain）
		计算机集成制造系统技术（CIMS）
工业化经济管理技术	工业化运行机制	科技创新、金融支持运行机制体系
	工业化组织管理与协作体系	管理体系与运行管理；社会化协作体系
	工业化发展战略与促进工程	发展战略；技术经济政策；示范工程
工业化信息技术	工业化管理信息系统平台技术 工业化应用系统技术 建筑企业生产与管理的信息化技术	产业管理信息化技术

2.4.2.2 建筑工业化技术支持体系的构成

1. 建筑工业化生产技术

建筑工业化生产技术是采用工业化生产方式进行建筑产品生产的技术，包括建筑产品标准化技术、构配件、部品工业化生产技术、现场装配施工技术与相应的管理技术等，是建筑工业化独有的、标志性的核心技术。其目标是提高建筑生产的劳动生产率，保证质量和降低成本。建筑工业化生产技术是建筑技术、材料技术、生产工艺技术、施工技术等技术的集成，是建筑业生产技术高度发达的产物。这种技术主要掌握在日本、美国、欧洲等发达国家里。

2. 建筑设计与性能保障技术

建筑设计与性能保障技术的内容非常广泛，与建筑相关的规划设计技术、建筑结构与构造方法、建筑声、光、保温、防水等都可以包括在内。

3. 建筑材料技术

建筑材料技术是指建筑材料的生产技术，旨在研制出各种轻质高强、保温隔声、防水耐久的建筑用材料与制品，逐步取代原有的传统建筑材料，并在此基础上制造成为部品，为提高建筑产品质量、性能和提高生产效率创造必要的物质条件。

4. 设备制造技术

设备制造技术是指各种建筑产品设备，包括厨房卫生间设备、门窗、水电、采暖、煤气、安全防护、通信等设备的制造技术，也包括安装技术。由于建筑产品设备由轻工、电子、机械、化工等不同的行业生产，因此这些技术分别属于对应的行业。

5. 建筑施工与管理技术

施工与管理技术是指施工现场所采用的施工建造技术和相应的管理技术，包括各分部分项工程施工技术和施工方案，施工方法与施工机械，流水施工和网络计划技术，现场生产计划、组织、协调、控制、指挥等技术。旨在按照图纸规定，保质保量地完成所需要的建筑产品，并保证施工方的经济效益。在建筑工业化生产情况下，施工技术与管理的重要性受到弱化，但仍是必不可少的重要环节。施工与管理技术与建筑结构设计技术密切相关，在很大程度上反映了建筑业的技术和管理水平。

6. 产业组织与管理技术

工业化大生产不仅需要生产技术，还需要产业组织与管理技术。产业组织与管理技术包括企业管理和行业管理两方面。企业管理要求采用现代企业制度，运用现代化的理论、方法和手段，对企业的生产、经营进行有效的管理。行业管理则是政府有关管理部门采用正确的政策调控市场，引导企业协作和进行合理有效竞争，营造良好的市场秩序，促进产业规模化、现代化发展。

上述各项技术之间的关系非常复杂，图 2-5 所示为各项技术之间关系结构图。

2.4.3 建筑工业化的生产流程

2.4.3.1 建筑工业化定制的方式和流程

建筑产品的定制生产是面向业主拖动式生产，业主定制是整个生产的首要环节，也是建筑产品规划设计的第一步。由于建筑业的特点，建筑产品定制的实现方式有多种，包括：产品实现、过程实现和服务实现。如图 2-6 所示。

1. 建筑工业化产品的定制实现

根据建筑产品结构层次树，建筑产品定制分为三层次，亦是三阶段定制。

第一层次定制：业主向建筑企业定制需要的建筑产品。这一阶段定制主要是定制建筑产品的性能和基本要求，如建筑面积、平面布局、结构体系、设备与部品选用、一些特殊要求等。第一层次定制是个综合性的定制过程，定制的结果包括建筑设计图纸、价格与服

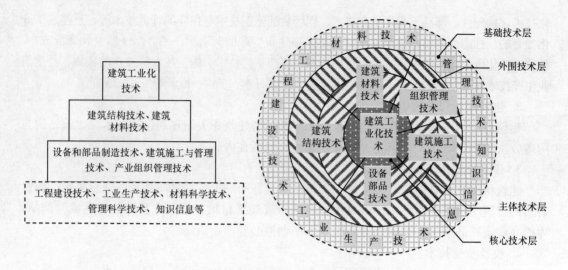

图 2-5　建筑工业化技术体系结构

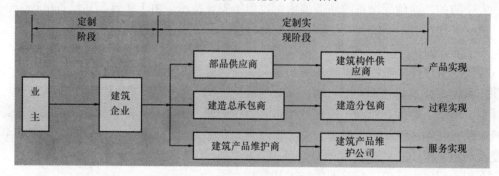

图 2-6　建筑产品定制方式与阶段

务等。它是下一层次定制的基本条件。

第二层次定制：建筑企业按照业主需求，在原有标准化组件或部品不能满足需要时，向供应商定制组件或部品。如建筑企业向部品供应商定制所需部品，向建材供应商定购所需建筑材料。这一阶段定制是业主要求的具体实现过程，也是定制生产管理的重点。

第三层次定制：供应商按照建筑企业的要求，在其原有的标准化部品或零配件不能满足需要时，向其供货商定制建筑产品的部品或零配件的过程。

2. 建筑工业化定制的过程实现

由于建筑生产的手工操作较多，很多生产活动即使在工业化生产中也要在现场完成，因此建筑产品定制特别强调过程实现。建筑产品定制的过程实现也可分为三个阶段：

第一阶段：业主向建筑企业定制，同建筑产品定制的第一层次定制。

第二阶段：建筑企业向建造商的定制。建筑企业将业主的定制要求下达给建造承包商，建造承包商按照建筑企业的要求组织生产，制定完备的施工计划，筹备和投入大量的部品、人力、材料、机械和资金等，通过不同的生产过程实现业主的不同需求。

第三阶段：建造承包商向分包商的定制。建造商把承包工程的一部分分包给分包商，并把业主要求和本企业要求一并下达给分包商。分包商通过一系列的生产过程和施工方法实现总包的要求。

3. 建筑工业化定制的服务实现

建筑工业化定制的服务实现方式亦分为三个阶段：

第一阶段：业主向建筑企业定制，同建筑产品定制的第一层次定制。

第二阶段：建筑企业向维护商的定制。建筑企业在产品建成后将对业主的服务承诺转达给维护商，维护商按照对业主的承诺，为其提供个性化的、优质的服务。

第三阶段：维护商向维修改造公司的定制。在建筑产品使用过程中，业主或维护商将建筑产品的维修改造更新委托给维修改造公司，维修改造公司按照业主或维护商的要求提供个性化的定制服务。

2.4.3.2　建筑工业化大规模定制的敏捷生产流程

建筑工业化大规模定制生产的整个系统流程分成设计阶段和实现阶段两部分，这两阶段是交叉在一起的，也可以分成定制阶段和大规模生产两个阶段。如图 2-7 所示。

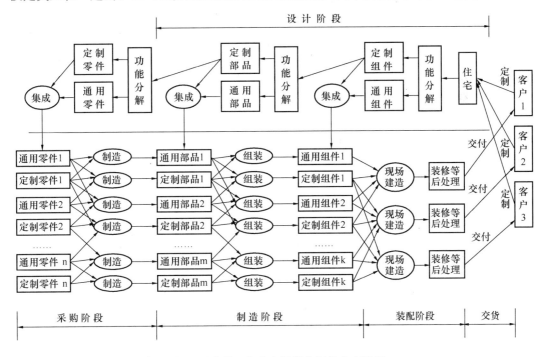

图 2-7　建筑工业化大规模定制的生产流程

设计阶段首先是根据定制要求进行功能分解，将建筑产品整体分解成为组件，分解成的组件包括通用组件和定制组件两类，其中通用组件可以按照标准进行生产或采购，而定制组件则须按照建筑企业的要求进行设计和生产。而定制组件也要进行功能分解，分解成的部品包括通用部品和定制部品两类，通用部品按照标准生产，而定制部品则必须按照组件生产企业的要求进行设计和生产。定制部品也需要进行分解，方法同前，从而最后将所有建筑产品所用组件和部品、零件等按照业主的要求设计完成。

定制实现过程则和设计过程相反，是采用大规模生产方式完成的。首先是零部件生产，大部分按照标准进行生产，少部分按照部品生产商要求进行定制，然后通过生产线上的交叉组合形成不同品种规格样式的部品。而部品生产商一方面根据产品标准进行部品生产，同时依照组件生产商的要求进行部品的定制生产，不同品种规格样式的部品在生产线上交叉组合形成不同品种规格样式的组件。组件生产商一方面根据产品标准进行组件生产，另一方面对组件进行定制生产，不同品种规格样式的组件在现场交叉组合，形成不同规格样式的建筑产品。

2.5 管理集成化

2.5.1 建筑生产管理集成化的内涵

建筑生产管理集成化是将建筑产品作为管理对象，将建筑产品生产全过程区分为不同档次或类型的子系统，在标准化的基础上，建立相应的单元管理模块，进而集成为整体管理系统的一种经营管理方式。

建筑生产管理集成化是依据"权变管理理论"的思想，综合运用系统论、控制论、信息论的基本原理，借用集成电路的"集成"概念，研究多品种、多批量的生产经营管理规律和办法。它重视来自业主的信息，全面准确掌握生产经营条件，并据此适时地做出灵活机动的反应，以发挥管理的作用，提高企业的整体功能。建筑生产管理集成化的特点是：应变能力强、生产周期短、标准化程度高、管理覆盖面宽。

2.5.2 适合建筑工业化的企业组织形式

1. 企业组织形式的选择——建筑企业联盟

建筑生产管理集成化是基于标准化、模块化而形成的协作管理模式。生产关系要适应生产力的发展，生产组织模式要适应生产流程的模式，因此，与建筑生产管理集成化相适应的，正是基于长期协作而形成的建筑企业联盟。

所谓建筑企业联盟就是以一个或多个企业为核心所建立的，多个协作企业参与的，集开发商、建筑企业、建材企业、部品制造企业等建筑生产相关企业，为了适应建筑市场快速、多变的需求，采取优势组合策略，各自专门负责整个项目的子任务块，在自己的优势领域独立运作，并通过先进的通信和网络手段，进行彼此间的协调合作，以并行的开发、生产、销售多样化、个性化的建筑产品，以满足业主要求的企业组织模式。

2. 建筑企业联盟的优势

（1）通过建立建筑企业联盟，规模较小、资源有限、技术储备少的中小建筑企业可以通过分享其他合作企业的资源，去完成原来无法完成的工程项目。

（2）合作企业各有专长，容易集中投资形成自己特有的核心技术优势和核心创造力，分散降低了长期投资的风险。

（3）跨地区、跨国界的合作使得每个合作者有机会进入更大的市场，使社会资源在更高层次上实现全局的优化。我国企业规模小，市场发育不完善，建筑企业联盟是一种优势互补、共抗风险的方法，在组织管理工作中考虑采用敏捷企业的组织形式是非常有益的。通过企业业务过程的优化重组和再造，调整企业组织结构和组织单元耦合方式，保证企业的柔性和组织管理效率，获得企业的敏捷竞争力。

2.5.3 住宅产业集团

2.5.3.1 住宅产业集团的概念

所谓住宅产业集团（Housing Industrial Group）就是以生产住宅为最终产品，集住宅投资、产品研究开发、设计、构配件制造、施工和售后服务于一体的综合性住宅生产企业，是一种智力、技术、资金密集型、能够承担全部住宅生产任务的大型企业集团。住宅产业集团是住宅产业化实现与否的重要标志。住宅产业化要求企业生产经营一体化，而住宅产业集团正是住宅产业化中生产经营一体化的集中体现。

住宅产业集团作为一种新型企业组织形式，它的出现必将使原有的产业格局发生调整，促使企业向提高技术、提高质量、提高服务的方向发展，从而进一步实现住宅生产的社会化，提高整个产业的发展水平。住宅产业集团是在住宅生产的专业化分工细化，协作加强，标准化、部品化等适合工业化生产的条件基本具备的情况下产生的，因此住宅产业集团是住宅领域社会化大生产发展到一定时期的产物，同时也对其他企业发展产生积极影响，在相当程度上标志着住宅领域的发展层次和水平。

2.5.3.2　住宅产业集团的组建和组织结构

1. 住宅产业集团的组建

我国目前还没有真正的住宅产业集团。住宅产业集团要在住宅建筑标准化基本实现，住宅构配件和部品具备大批量工厂化生产条件，企业和社会具备社会化大生产所需要的协作条件时，才能组建并运营。住宅产业集团的组建方式可以是新建、联合、兼并或重组等。这些企业主要来自建筑业、建材业和房地产业，甚至建筑部品生产行业及其他行业。住宅产业集团的组建可以有如下几种形式：

（1）以房地产开发企业为核心组建

房地产公司具有资金和市场的优势，可以在企业内部成立构配件生产工厂、设计部门和施工部门，形成住宅产业集团，实现住宅的产业化生产。

（2）以建筑施工企业为核心组建

建筑企业具有住宅建筑施工的技术设备优势，可以通过建立（或联合）住宅构配件生产工厂，联合设计部门等组建成为住宅产业集团。

（3）以建筑材料生产企业为核心组建

建筑材料企业具有生产住宅用各种建筑材料的优势，尤其是一些新型墙体材料生产企业，发挥自身住宅材料和构配件生产技术设备的优势，联合一些其他部门，将生产业务向前向后延伸，直接组建成为住宅产业集团。

（4）以建筑设备生产企业为核心组建

生产建筑设备的企业，由于其生产的设备的配套供应，加上具有工厂生产的技术与管理经验，可以通过生产一批住宅产业化的专用设备，组建成为住宅产业集团，一方面开拓自身业务范围，同时为本企业生产的建筑设备找到最佳的应用市场。

当然更为合理的形式应当是几强联合，即房地产投资公司、墙体材料生产企业、建筑施工企业等在住宅产业化的大旗下联合起来，组建住宅产业集团，发挥各自的优势，共同推进住宅产业化的进程。无论采用何种组建方式，原有的技术与管理都不足以胜任新的生产经营方式，都必须学习研究掌握住宅建设技术与管理的新方法。

2. 住宅产业集团的企业组织结构

住宅产业集团的组织结构包括核心层、紧密层、半紧密层和松散层四个层次，分别由核心企业、骨干企业、卫星企业和协作企业构成，各层次企业在其中发挥不同的作用。

住宅产业集团主要由以下几个部分构成，如图2-8所示。

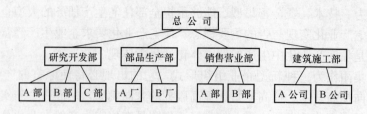

图 2-8   住宅产业集团的构成

（1）公司事业本部：包括公司上层管理机构、生产管理部门、投资开发部门、研究开发部门、设计部门、部品采购供应部门、经营销售本部等机构。

（2）构配件生产部门：包括住宅构配件生产车间、储存管理部门等。

（3）销售营业部门：由众多的营业所构成。

（4）建筑施工部门：由进行现场施工的建筑队伍构成。

住宅产业集团也可以是一个共同利益联合体。住宅产业集团作为住宅产业的排头兵，其数量不多，但必须具备优良素质，必须在技术与管理上具有较高的层次和水平。

2.5.3.3   住宅产业集团生产组织

1. 住宅产业集团的生产全过程

住宅产业集团经营最具特色的就是企业对住宅实行的一体化生产经营。住宅产业集团生产经营过程通常如下：首先有订购意图的顾客到住宅产业集团的销售营业部与销售人员商谈，说明要求，决定要建造后与营业部门签订订购合同。然后住宅产业集团的设计人员按照要求进行设计，顾客可自己选择住宅构配件和部品纳入设计，或采用已有的定型化设计。设计完成并得到顾客认可后，住宅产业集团按照图纸上的构配件和建筑设备、部品清单进行筹集准备。要尽可能利用已生产出的构配件进行建造，也可以在构配件工厂里生产或者到与本公司有协作关系的其他公司的生产工厂里采购。住宅的设备、部品很多，不可能所有部品都在住宅产业集团生产，可以采用外部协作的方式，与住宅设备、部品的生产企业签订供货合同，确定长期稳定的协作关系，从而将住宅设备、部品的生产纳入到住宅产业集团的生产经营中。住宅施工部门在合同和设计的基础上，根据房屋上部结构和宅地的条件设计住宅的基础（或者采用标准化的、与住宅配套的基础形式），并负责进行基础施工。基础施工完成后，施工部门将住宅的构配件、设备和部品根据施工进度要求，依次运到现场进行装配施工，施工完成后由用户和公司质检部门进行质量检查，合格后竣工移交使用。交付使用后施工部门还要做好售后服务工作，在保修期内做好定期回访和事故处理工作。整个住宅建设的全过程都是在住宅产业集团内部分担并协调完成的。住宅产业集团的生产全过程如图 2-9 所示。

2. 构配件、部品制造系统

住宅构配件、部品采用工厂制造是住宅产业集团生产方式与现有生产方式最大的区别。尽可能将现场的工作移到工厂进行，是提高生产效率的关键。于是就产生了各种各样的工厂化生产的构配件和部品：外墙、屋顶、内隔墙、结构体、设备、楼板、顶棚、基础等。其中墙壁是主要部分，墙壁的做法对整个住宅部品的制造与现场施工影响很大。

住宅构配件、部品的生产是在车间内的生产线上组织的生产。由于产品的标准化程度较高，可以在生产线上进行大量生产和成批生产。对于个别非标准化产品，也可以进行单

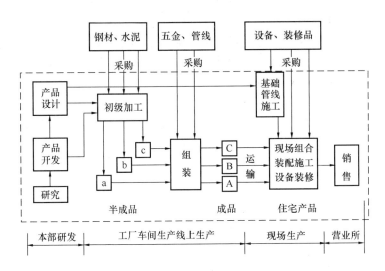

图 2-9　住宅产业集团的生产工艺过程简图

件小批量生产。目前生产线上流水作业是工厂生产的最好组织方法。

由于考虑建筑产品多样性,需要生产线上生产标准化而又形式各异的住宅构配件和部品,由此使整个产品生产过程的管理变得复杂。为提高工业化生产效率,解决好标准化与多样化的关系,应采用多品种混合生产方式。日本积水化学工业的做法是:在考虑单元结构体通用化、主要部位(楼板、顶棚、内隔墙板等)部品和外墙墙板模数统一化的基础上,实现一体化生产,同时考虑顾客的多样性需求,在屋顶、外墙板、内装修等顾客能看到的部位和手能触摸到的部位积极进行多样化变革,满足顾客要求。现在积水化学已经形成了高度机械化、省力化,组装合理化、最优化的多品种混合生产系统。

3. 施工现场生产组织

住宅产业集团现场施工工业化住宅生产组织的特点主要有:

(1) 现场以运输吊装机械装配施工为主,辅以人工

由于采用工厂预制构配件和部品,因此现场施工的主要工作是使用起重运输机械将这些构配件安装就位,再进行连接和固定。而人工则起辅助作用。因此承担这些施工的事务所(或企业)规模不大,人数不多,人员主要由从事建筑安装工程的木工、机械工、结构安装工、电焊工、装修工、水电设备安装工等组成。为了充分发挥预制和现浇各自的优点,常采用预制与现浇相结合的方法,从而获得最佳技术经济效果。

(2) 现场生产计划与工厂生产计划紧密相连

对工业化住宅,现场生产是工厂生产的延伸,因此现场生产的计划与工厂生产的计划是紧密联系在一起的,这样才能尽可能减少库存和资金占用。

(3) 要求现场施工的技术服务体系健全

为充分发挥工业化、装配化施工的高效率,现场施工要有一整套健全完善的技术服务体系,如商品混凝土、定型化模板、支护设施、临时房屋、小型机械等,由一些专门从事现场技术服务的公司以送货上门或租赁的方式协助完成,这些公司按照现场的要求,及时地将这些材料或器材送到现场并负责安装调试,租赁的器材在使用完后由该公司收回。这需要社会有较完备的技术服务市场体系并能提供及时周到的服务。

（4）施工环境条件得到改善

由于现场湿作业大大减少，现场散料少，施工的环境与条件得到很大改善，因而有利于施工质量的提高和成本的控制，施工中的安全事故发生率也会下降，现场施工向着文明、高效、安全、低损耗方向发展。

（5）住宅产业集团的生产要素合理配置

住宅产业集团创立的定位应该是以全新的工业生产方式为用户提供优质适价的工业化住宅，因此其劳动力、技术、生产资料、劳动对象、资金、信息等生产要素的配置应该与此相适应。住宅产业集团生产要素合理配置包括：①各要素在数量上相互成比例；②在质量上相互适应；③在时间上符合适时性要求；④在空间上符合物流路线最短的要求。

2.5.4 集成型敏捷住宅企业

2.5.4.1 集成型敏捷住宅企业的概念

集成型敏捷住宅企业（Integrated Agility Housing Corporation）是面向用户需求，以科技和集成化管理手段为顾客提供个性化住宅产业的企业，是一种具有住宅产品开发设计、市场营销和住宅生产供应链的集成与管理能力，住宅产品建造过程外包的企业。

集成型敏捷住宅企业可以作为虚拟住宅企业的盟主。集成型敏捷住宅企业的特性有：

（1）集成性：是指企业将住宅产品生产经营全过程的相关功能通过企业品牌、整合能力和信息系统进行集成，并充分发挥企业的核心优势。集成的方式有两种，也是两个层次——实际集成和虚拟集成。

实际集成是将生产经营过程的具体功能企业内部化，这是企业的核心竞争力的需要。集成型敏捷住宅企业根据需要，应将研究开发、设计和策划、前期开发、营销等几个功能集成于企业内部，并形成自己独有的核心竞争力。

虚拟集成是指将实际集成以外的各种功能以虚拟一体化的方式进行集成，这要求形成以集成型敏捷住宅企业为核心的虚拟企业（也叫动态联盟），通过企业品牌、企业文化和整合管理能力，将建筑施工、构配件生产、部品生产供应等生产过程的企业以"合约/信任/伙伴关系"方式纳入本企业的集成化管理中来，实现优势上互补。

（2）敏捷性：集成型敏捷住宅企业能够依靠其完备的通信设施和整合能力，在信息集成和共享的基础上，以分布式结构连接各类企业，迅速地组织企业内外的技术、人员和相关资源，以对不断变化的住宅市场中的顾客需求做出从容不迫的、有效协调的反应，在企业内部和外部有效快速地调配资源，满足顾客需要。

（3）知识型：集成型敏捷住宅企业是具有研究开发设计能力的知识型、智能型科技企业，它更强调对知识与技能的管理，通过对知识识别、获取、开发、研究、分解、使用和共享的全过程的良好管理和运作，在为顾客提供满意的产品和服务的同时，使知识不断地形成、使用、积累、更新和发展。

（4）协调管理型：集成型敏捷住宅企业是虚拟住宅企业的盟主，因此一方面面向市场，寻求市场机遇并了解顾客需求，另一方面面向开发过程的中间企业（建筑企业、建材企业、设备部品制造供应商、装修企业等），站到比住宅开发其他各环节的各企业更高的战略高度上，以其凝聚力、影响力、控制管理能力对各中间环节企业进行有效的整合和协调管理，在满足顾客要求的同时，实现企业自身的战略目标。

从规模上说，集成型敏捷住宅企业一般为中小型企业，但由于敏捷性和集成性是企业的一种特性，任何企业都有理由和可能形成这样一种能力，因此从理论上说它应该与规模无关。大型企业如果将这种能力集成在企业中，也可能具备集成型敏捷住宅企业的各种功能，从某种意义上也可以说属于集成型敏捷住宅企业。

2.5.4.2 集成型敏捷住宅企业的形成

理论上集成型敏捷住宅企业的形成有很多种途径，最可能的形式主要有：

1. 由房地产开发企业发展而来

由于房地产开发企业掌握土地、市场和顾客，在与供应链上各企业的比较中处于有利地位，因此最有可能发展成为集成型敏捷住宅企业。在原来房地产开发企业的基础上，增加住宅产品开发与设计能力，尤其是加强对整条住宅产品生产供应链的控制能力，通过一系列的整合与协调工作，就可以发展成为集成型敏捷住宅企业。

2. 由设计企业或咨询型企业发展而来

设计企业或咨询型企业由于具有住宅建筑结构装修等方面的专业知识，最有技术条件使设计的产品满足用户的要求，因而可以在原有核心能力基础上，增加面向用户的市场营销界面（即住宅开发营销功能），或者增加施工职能（实现设计施工一体化），就可以形成集成型敏捷住宅企业。

3. 由有识者创建

在顾客要求多样化时代，如何提高各层次顾客的满意度是目前住宅业的一个大问题，而这个问题的解决也意味着无限的商机。认识到这个问题的有识之士会想办法创建一种企业，它以顾客的需求为导向，以顾客满意为目标，通过一系列的技术与管理手段快速满足顾客的需求，这种企业就是集成型敏捷住宅企业。从这种意义上说，建筑施工企业或构配件、部品生产企业都有条件通过功能扩充成为集成型敏捷住宅企业。已经有从国外回国的人士创办一家企业，它依据用户需求设计，然后从国外直接订购材料和部品，在用户指定的土地上组装建造住宅的例子，这种企业实质上就是集成型敏捷住宅企业。

2.5.4.3 集成型敏捷住宅企业组织体系和生产流程

1. 集成型敏捷住宅企业的组织结构

根据上述功能要求，对集成型敏捷住宅企业的组织结构设置如下：①研究开发部——负责住宅新产品和部品的研究与开发；②设计部——负责住宅小区和产品规划设计；③市场部——负责市场调查、顾客意向分析等；④策划部——项目开始前负责开发建设全过程的策划；⑤前期部——负责住宅开发前期的土地取得、土地开发等；⑥经营部——负责公司生产计划、采购计划、营销计划、合同管理等；⑦工程管理部——负责工程施工阶段的管理与协调；⑧采购管理部——负责项目选用材料、构配件和设备部品的采购与管理；⑨销售部——负责住宅产品的营销；⑩物业管理部——负责住宅小区使用中的管理和维护；⑪财务部；⑫办公室。

上述各部门在实际企业中可能会交叉、合并或以独立的企业形式存在。所形成的集成型敏捷住宅企业组织结构如图 2-10 所示。各部门之间按照并行工程的原理协作进行。

2. 集成型敏捷住宅企业的生产流程

集成型敏捷住宅企业生产经营过程通常如下：

（1）首先顾客通过各种渠道了解到集成型敏捷住宅企业的生产经营服务信息，有定制意向后到集成型敏捷住宅企业的销售营业部与销售人员商谈，说明自己的意图、要求，决

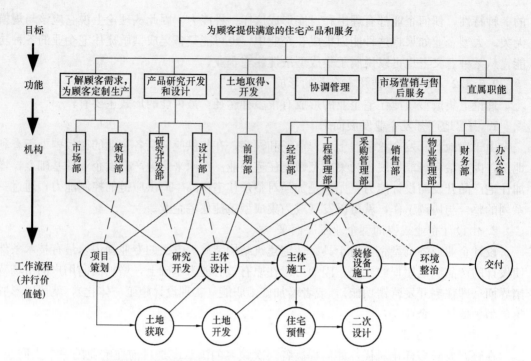

图 2-10　集成型敏捷住宅企业的组织结构与工作流程结构简图

定要建造后与营业部门签订定制合同。

（2）由公司设计人员按照要求进行设计，在此期间顾客可以选择符合自己意愿的住宅构配件和各种设备部品纳入设计，或者采用集成型敏捷住宅企业已有的定型化设计。

（3）设计完成并得到顾客认可后，集成型敏捷住宅企业一边将设计方案委托给伙伴建造商，要求建造商按照图纸上的材料、构配件和设备部品的清单进行筹集准备，一边向与其有协作关系的住宅部品生产商发出订货通知，要求部品生产商按照要求的时间、地点、规格和质量向建造商交付部品，以备组装使用（这并不违背《建筑法》）。另一部分可以允许建造商自行采购。这样，集成型敏捷住宅企业就将建筑生产、住宅设备、部品的生产都纳入到本企业的生产经营中。

（4）住宅建筑商在合同和设计的基础上，首先进行住宅基础施工。基础施工完成后，集成型敏捷住宅企业根据建筑商的施工进度情况，与建筑商协商，将各协作企业供应的住宅构配件、设备和部品依次运到现场进行装配施工，施工完成后由用户和公司质检部门进行质量检查，合格后竣工移交使用。

（5）交付使用后集成型敏捷住宅企业还要做好售后服务工作，在保修期内做好定期回访和事故处理工作。整个住宅建设的全过程都是在集成型敏捷住宅企业的协调下完成的。集成型敏捷住宅企业的生产全过程如图 2-11 所示。

2.5.4.4　集成型敏捷住宅企业运作管理

集成型敏捷住宅企业的工作范围和运作包含了一般房地产企业业务和运作的全部，又增加了一些新内容。

1. 集成型敏捷住宅企业的经营管理策略

（1）以顾客需求为导向，推拉混合式组织运作

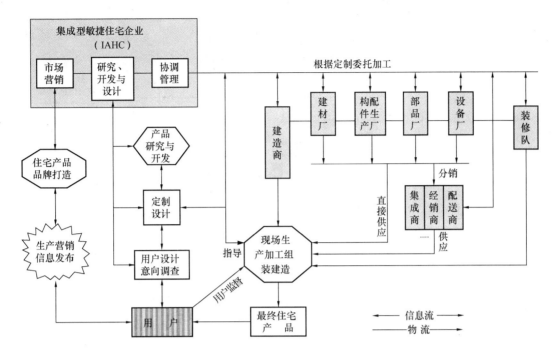

图 2-11　集成型敏捷住宅企业的生产流程

按照住宅产品"大规模定制"的目标，集成型敏捷住宅企业为盟主的虚拟住宅企业完成整个住宅产品与服务的全过程，集成型敏捷住宅企业按推拉混合方式进行预期开发和定制生产，其伙伴建筑企业按拉动式生产，而生产构配件和部品、设备厂家可以按照产品标准和下游企业要求进行大规模生产。通用部件按标准生产，特殊部件按定制生产。

（2）集中与分散相结合的管理方式

互联网技术发展使集成型敏捷住宅企业中较高层次的专门信息和知识更容易向低层次传递，存在于专家的头脑中，由各个授权工作小组所拥有。因此，每个授权工作小组可以自行决定其工作方式，各小组以并行方式完成工作任务。同时上层次的企业管理者与决策者通过网络随时了解到企业的生产经营状态与人员工作状况，和基层人员进行网络沟通和交流，对可能出现的问题提出事前控制，还可以依此进行人员行为绩效评价。

（3）项目计划与控制

集成型敏捷住宅企业的生产经营活动要落实到具体的住宅生产项目上。为此要运用现代的项目管理理论与方法，建立严密的项目管理体系，包括项目管理流程与规范、组织机构设置、角色与职责等。如图 2-12 所示。

项目的主要生产活动都由住宅建造商来完成，但整个项目的运作过程，包括项目的管理活动、项目的生产过程、费用计划与控制、采购计划与控制、质量管理和信息沟通等都是在集成型敏捷住宅企业的协调和监控下进行的。集成型敏捷住宅企业的项目运作成功首先有赖于企业品牌、信誉和顾客满意度，其次是企业长期以来与相关企业之间结成的联盟或伙伴关系。长期合作关系可以免去或简化一些复杂的经营环节，提高企业快速反应市场能力。同时，以项目为中心的团队或小组能够针对市场机会开展跨职能的工作。这类团队运用项目管理技术，遵守严格的纪律，按照预定模式严密组织。互联网可以方便地使项目

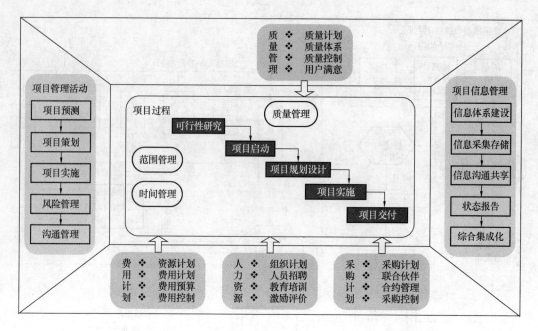

图 2-12　项目组织体系与运作管理图

内部人员和企业之间的人员、过程及企业之间进行动态、对等的协作。

（4）人力资源管理

人作为信息技术和生产技术的组织者、决策者和控制执行者，在敏捷生产企业中起着核心作用。集成型敏捷住宅企业的人力资源管理必须以人为中心，其管理模式是"以事就人"，以人为主，旨在人适其所、人尽其才，使企业的成长配合个人能力的发展。集成型敏捷住宅企业要尊重员工的个性和创造精神，通过对员工的内在控制来激发其工作热情，形成完善的激励机制，激发员工的主动性和创造性。为员工提供学习、培训机会，为知识型员工提供受教育和不断提高自身技能的学习机会，为员工提供富有挑战性的发展机会，包括授权管理和内部提升机制等，为其创造开拓发挥的最大空间。

（5）知识和信息管理

集成型敏捷住宅企业属于典型的知识型企业，必须强调和重视知识和信息管理。按照集成型敏捷住宅企业的核心能力，其核心知识包括市场营销和品牌打造知识、新产品开发和设计知识、生产组织、伙伴企业关系协调与供应链管理知识等。企业必须在与这些核心能力相关的部门首先建立知识管理体系，实施知识管理，对有关知识管理的业务环节或流程进行分析，分析该项业务环节或流程的目的和必须具备的能力。然后制定相应的知识管理方案，并对引入知识管理的业务环节或流程进行实施前和实施后的评估。

企业的信息管理是企业管理的基础工作，也是知识管理的基础。集成型敏捷住宅企业为了实现高效运作，必须建立健全企业的信息管理体系，引入制造资源规划、企业资源规划、计算机集成制造系统、计算机辅助技术 CAD、CAM 等先进制造技术和设施，通过 IT 技术的合理应用，加强本企业内部各部门及其与其他伙伴企业之间的信息交流与共享，通过信息交流进行企业管理和营销活动，全面提高管理和营销的效率。

2. 集成型敏捷住宅企业的供应链管理

集成型敏捷住宅企业的管理范围突破了本企业的范畴，强调对供应链的管理，强调本企业与战略伙伴、供应商和客户的联系。因此集成型敏捷住宅企业的管理范围扩大到住宅产品生命周期的全过程中，包括研发设计、制造、销售、供应等各个阶段对结盟企业、客户的物料、设备、资金、组织、人力等各方面进行综合管理。

（1）客户关系管理（CRM）

要想取得客户的信任和忠诚并得到稳定的利润，集成型敏捷住宅企业必须摒弃短期交易式营销，实施客户关系营销，努力与顾客保持长期、双向的友好关系。为此可将企业的服务个性化，通过定制生产或提供特别服务来直接满足顾客需要，并建立顾客档案以保持长期的合作关系；加强与顾客沟通，化解顾客对产品或服务的不满；建立完善的房地产顾客管理与服务信息管理系统，包括：顾客数据库系统、顾客服务系统、顾客满意度监测与反馈系统、顾客盈利能力评估系统等，提高顾客关系营销的质量水平。

（2）对供应链上伙伴企业的管理

集成型敏捷住宅企业作为虚拟住宅企业的盟主，它的敏捷性和集成性还将通过它对上下游的伙伴企业的管理来实现。管理的内容包括：向联盟企业下订单，对定制产品的规格、质量、功能、价格、交货期、交货地点等进行明确的指示，定制所需要的住宅部品；向伙伴企业传授本企业的技术标准、产品和生产要求、先进管理方法等，保证伙伴企业生产的产品或服务能够达到本企业的要求；监督和控制伙伴企业的生产和流通过程，保证产品质量；协调各伙伴企业之间的关系，为实现配套生产和服务打好基础。

（3）对供应链上物流与信息的管理

集成型敏捷住宅企业与供应链上其他企业之间的关系表现为基于定制或采购订单而进行的交易与协调、物流与服务、认证与支付等活动。这些企业在保持企业人力资源、技术资源、设备资源可衔接的前提下，通过从不同企业选择合适的资源而承担一项复杂项目。集成型敏捷住宅企业作为盟主，在对供需链中的物流、信息流、资金流优化的基础上，利用相关信息，采用适当的方法对供应链中的物料、资金进行合理的计划与调度，保证以准确的时间、地点将正确的物料按照正确的数量交给正确的对象。

2.6 宇辉集团建筑工业化生产实践

2.6.1 宇辉集团概况

黑龙江宇辉集团成立于 2000 年，经过多年发展，逐步形成了集房地产开发、建筑施工和建材生产为一体的综合性企业集团。集团设有房地产开发公司、新型建筑材料有限公司和商品混凝土公司。2010 年 3 月经住房和城乡建设部正式批准为国家住宅产业化基地。

2.6.2 宇辉集团住宅工业化生产方式的实践过程

宇辉集团住宅工业化生产实践本着以下原则：一要适合本地区实际要求；二要满足抗震设防要求；三要提高生产效率；四要不增加建造成本；五要体现节能和环保要求。

2.6.2.1 生产基地建设

宇辉集团在哈尔滨市利民开发区首先建立了宇辉住宅产业化生产基地，一期现已投产。可实现年产 50 万 m^3 预制构件加工生产能力。预计到 2015 年可实现生产预制构件 150 万 m^3，可建设住宅 500 万 m^2。

2.6.2.2 "PC"化设计和预制构件生产过程

为了提高建筑的工业化程度，建筑结构设计是在保证结构可靠的前提下提高预制率，而不是"为了预制而预制"，要对结构构件进行科学设计和构件拆分。如图 2-13 所示。

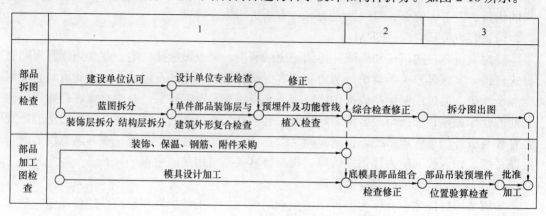

图 2-13 蓝图拆分与拆分图检查出图

1. "PC"化设计与构件拆分

预制装配整体式整体剪力墙结构技术体系进行工厂预制化拆分构件主要遵循以下原则：一是不改变现有国家设计、施工、验收规范；二是保证采用其结构受力性能不低于现浇结构；三是不改变原设计图的建筑及结构尺寸。

首先由公司研发中心依据工程项目的设计图纸进行构件拆分，拆分过程中重点考虑构件连接构造、水电管线预埋、门窗、吊装件的预埋及施工必需的预埋件、预留孔洞等，按照建筑结构特点和预制构件生产工艺的要求，将原传统意义上现浇剪力墙结构拆分为带装饰面及保温层的预制混凝土外墙板、带管线应用功能的内墙板、叠合梁、叠合板、柱、带装饰面及保温层的阳台等部品，同时考虑方便模具加工和构件生产效率，现场施工吊运能力限制等因素。根据吊装能力设计拆分位置，满足结构部品的起吊和安装。

2. 模具设计和模具制造

工厂化预制构件采用标准化设计模板，形成标准模具。由机械设计工程师充分根据工厂生产环境，拆解构件单元设计图，将模具设计成统一的组合卧式钢模具，模具精度控制在 2mm 内。第一要保证装饰面的平整度；第二要保证钢筋的位置精度；第三要保证混凝土易于振捣密实；第四要保证预制构件结构尺寸精准。

3. 数控钢筋加工设备

采用数控钢筋弯箍机具有钢筋防扭转配置，实现自动完成钢筋定尺、调直、切断、弯箍、切断，实现一体化全自动不间断的弯曲成型加工流程。最大产能 1800 个箍筋/小时，可代替 25～30 名工人的生产效率，体现了快速、省人、省料、省地，动作准确、噪声小、生产率高等特点，使钢筋绑扎保证加工尺寸和绑扎精度。

4. 生产制作过程

工厂生产按照如下程序运行（图 2-14）。

（1）墙体预制

外墙板预制由于采用卧式加工，构件预制工艺中置入外饰面层、粘贴层、保温层与结

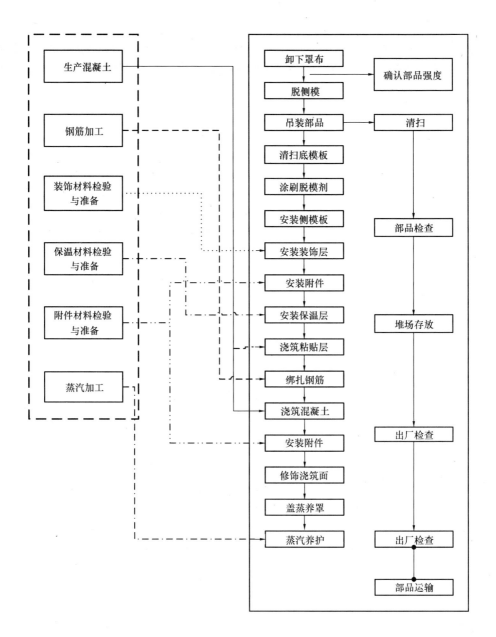

图 2-14　生产流程图

构层同时加工整体预制。粘贴层、保温层与结构层内设断热件连接工艺，控制了传统工艺常出现的"冷桥"现象。由于保温层在粘贴层与结构层之间是隔绝空气的，大大增强了墙体的防火性能。外饰面层铺贴在工具模板上平整度更容易保证，可控制在 2mm，由于外墙板的卧式加工外饰面较传统工艺粘贴更牢固，通过科学合理蒸养，加强了外饰层、保温层与结构层连接的整体性，形成了结构、保温、装饰一体化预制构件。

内墙板预制也采用卧式加工，墙体中加入强电、弱电、智能、消防等各种功能管线，达到了与设施设备的有机结合；另外也研发了内承重墙与非承重墙同时预制加工工艺，既节约了成本又解决了传统施工工艺中不同材料之间结合造成的墙体裂缝问题。

（2）楼梯预制

预制楼梯应用定型工具式模具，达到一次成型，有特殊需要的部位也可加入装饰面，避免了工地的二次加工。其中预制楼梯平台分为休息平台和楼板平台，与预制楼梯梁搭接且最终与楼梯踏步整体现浇，而楼板平台四边钢筋留有一定锚固长度。楼梯踏步构件的两端与预制楼梯梁搭接处与楼梯平台梁现浇混凝土连接。

（3）叠合板预制

叠合式楼板不仅保证了钢筋位置的准确度，而且加入了各种功能管线，较传统工艺板面更加平整，功能管线位置更精确。预制部分的楼板可以作为后浇楼板的模板，为增加预制部分楼板的刚度可以使用钢筋桁架，保证预制楼板运输吊装过程中的安全。

（4）阳台预制

预制阳台采用工具式模具加工，工艺中置入饰面层、粘贴层、保温层与结构层同时加工，除拥有外墙部品的功能外，整体性得到进一步提高。

（5）预制构件蒸汽养护

工厂内生产的预制构件采用统一控制的蒸汽养护系统，使构件蒸养时间得到控制，节约了蒸汽，同时可使冷凝水回收，达到了节水效果。

5. 预制构件质量检查

检查方法：对部品的技术文件、图纸资料的审查，对其制造过程中和最终形成产品进行检查和结构性能检验，包括外形检验和结构性能试验。检查内容：构件外观与设计是否相符、预埋件情况、混凝土试块强度、表面瑕疵和现场处理情况等；外形检验：部品应在明显部位标明生产单位、构件型号、生产日期和质量验收标志。部品预埋件、插筋和预留孔洞的规格、位置和数量应符合标准图或设计的要求。叠合结构中部品的叠合面应符合设计要求。确认产品符合标准和规范性后，逐项列表登记，签发产品合格证书。

6. 预制构件运输

程序：出厂验收单合格→运送车辆的选用→特种车辆手续的办理→部品运送沿线桥涵限高的实地及时间勘察→工地现场的堆放及计划。

7. 预制构件安装

（1）安装要求：安装地点周边做好安全防护预案，防护网架安装固定，遮挡良好；现场的安装人员进行了专门的吊装培训，掌握吊装要领；现场的起重机械符合起重量要求，旋转半径符合要求，运行平稳，满足安全要求；现场安装时做好安装准备工作：将安装器具、专用支撑架、校尺、预制好的铺装砂浆、安全防护工具等准备好。管理人员和施工各环节人员到位；运输车将产品运送到现场后，驾驶人员将出厂登记单交到现场检验人员进行部品检验。确认没有质量缺陷后指令人员吊装。

（2）安装程序（图2-15）。

8. 水电配合

由专门的水电安装队伍对工厂预埋的水电线路进行整体连接安装，线路完整，功能符合设计要求。

9. 后浇混凝土工程

在构件吊装就位后，应进行后浇部分的插筋过程、预埋管线和支模板过程在时间上应同时准备。这里钢筋工程只剩下墙体的预留施工缝，还有叠合楼板后浇叠合板上的配筋和

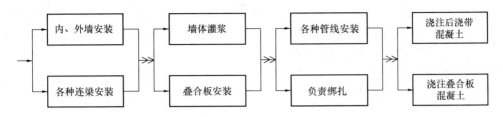

图 2-15　预制构件安装程序

绑扎，梁上的配筋和绑扎；模板工程包括梁模板，墙体后浇带模板；预埋管线工程则是要在钢筋工程作业时配合钢筋工人将需要预埋的管线预埋在楼板里。

叠合板后浇筑混凝土。混凝土浇筑前应再次检查支模、钢筋、箍筋等是否符合规范要求，另外需要用水平仪或者连通管做好控制线和点。浇筑并振捣混凝土后，检查现浇混凝土面符合设计标高时，应停止浇筑并抹平，并使楼板、梁等与设计标高吻合。

10. 灌浆后效果检查

经取芯检测：连接层结合紧密，孔道灌浆饱满严实细密，结构安全性达到设计要求。

2.6.2.3　安全控制、质量控制和验收控制

1. 安全控制

(1) 脚手架安全控制：选用脚手架严格随安装部品楼层进行支设。

(2) 支撑安全控制：选用支撑分为斜撑和竖向支撑，斜撑可调节墙体部品垂直度，便于部品安装；竖向支撑与固定架配合使用，便于其上龙骨及叠合板的安装。

(3) 起重设备安全控制：由于部品重量大，优选广西 QTZ260 型起重机，该设备起升速度符合吊装要求，覆盖半径大，下降速度符合部品安装对中要求。

2. 质量控制

(1) 人员联检控制：现场技术、质量管理人员和安装操作工人进行自检、交接检和专检，上道工序不合格不准进入下道工序，绝不允许违规操作和返工作业。

(2) 材料质量控制：①调节水灰比，确保垫层材料强度高于墙体混凝土强度且有足够的施工稠度，在铺垫层材料前清扫结合面并进行混凝土剔凿且浇水湿润，尤其注意部品连接面，使部品结合紧密。②灌浆材料：灌浆料的配合比管理包括搅拌水的质量及计量、搅拌时间控制，严格按产品说明进行控制。③连接节点质量控制：设置三道防水层：现浇混凝土防水层、构造防水层、密封膏防水嵌缝，较传统工艺可靠。解决了传统现场现浇结构中装饰层及保温层与结构层连接不可靠、不保温和外墙渗漏的问题。

3. 验收控制

(1) 构件安装精度控制：构件安装精度由现场的施工精度和工厂的产品误差组成，由于工厂化加工构件表面平整，所以安装时垂直度以墙板的外边线进行轴线控制，高程控制以墙板部品的顶面进行控制，使安装更为简便提高生产效率。

(2) 严格按混凝土浇筑部位留置同条件养护混凝土试块，模板及支撑拆除均以同条件养护混凝土试块强度为准。

(3) 灌浆饱满度控制：①根据注浆压力选择灌浆机，以压力满足验算注浆压力为主，避免因设备压力过大造成浆料浪费及不容易控制。②灌浆量控制：按部品中单个连接孔容积和单块连接孔总容积来检查灌浆饱满度，当单块灌浆量大于单块连接孔总容积时即为合

格，且以排气孔溢出稍多的灌浆料为准。灌浆孔的堵塞与排气孔的堵塞必须经现场质检员的检查合格后方可进行下道工序。③仪器检查：应用混凝土雷达在灌浆料初凝前检测灌浆饱满度，不合格的进行补浆，达到合格标准。

2.6.2.4 住宅开发建设

2009年9月宇辉集团在哈尔滨洛克小镇小区14号楼工程、哈尔滨保利房地产综合开发公司开发建设的政府廉租住房松北住宅小区40号楼工程、哈尔滨综合开发建设有限公司的新新怡园小区4号、5号楼工程中全部采用工业化生产方式和预制装配整体式居住建筑混凝土剪力墙结构技术进行了工程施工和实践，取得了宝贵的经验和成果。

2.6.3 采用工业化生产方式的特点和优势

2.6.3.1 全面提升住宅的综合质量和品质

由于采用预制装配整体式混凝土剪力墙结构技术，所有工序都采用工厂化流水施工作业，现场装配化施工，实现了各环节的质量控制，基本消除了传统施工常见的渗漏、开裂、空鼓、房间尺寸偏差等质量通病，实现了主体结构精度偏差，以mm计算，偏差基本小于3mm，室内空间舒适度也有了明显提高，全面提升了住宅的综合质量和品质。

2.6.3.2 较大幅度地提高劳动生产效率

采用工业化生产方式建设与传统的生产方式相比较大幅度地节省了劳动力和工期。洛克小镇小区14号楼工程在建造过程中建造工人减少了50%左右，建设周期缩短40%以上。大量的建筑工人由"露天作业"向"工厂制作"为主的产业工人转变。一般按照传统方式建造同等规模的工程，平均需要劳动工人约240人左右，平均7天完成一层楼，而采用工业化生产方式只需要工人70人左右，平均5天一层楼（包括外装饰），这不仅减少了人工成本，而且大大缩短了生产周期，生产效率得到了大幅度提高，尤其是在寒冷地区施工不再受到气候因素的影响。

2.6.3.3 节能降耗效果显著

根据初步统计，采用工业化生产方式和结构构件工厂预制，钢筋定型加工制作，混凝土构件平卧浇筑，混凝土节约7%，钢材节约2%，废钢筋和跑漏混凝土的损耗率大幅下降；养护用蒸汽，水循环利用，整个施工过程中减少用水量大约40%以上；由于预制的结构构件表面光滑平整，不再需要抹灰装饰，节省了大量的建筑砂浆，节约抹灰材料70%；由于采用装配式施工只需要少量的工具式模板，节省脚手架和模板约50%以上；减少用电量大约10%以上，住宅施工过程中的节能降耗十分明显。

2.6.3.4 有利于环境保护，实现文明施工

采用住宅建筑工业化生产方式，将大量的现场施工转移到工厂，相对传统的施工方式，免除了传统建筑现场搭设脚手架等材料和费用，文明施工措施费减少50%以上，减少了建筑垃圾的产生、建筑污水的排放、建筑噪声的干扰、有害气体及粉尘对周围环境的影响，现场施工更加文明，体现了绿色施工。

2.6.3.5 降低建造成本，经济效益明显

通过采用工业化生产方式，全预制率达到了95%，减少了大量的人工成本，施工现场模板、脚手架用量减少了50%以上，大幅提高了人力、材料、设备效能利用水平，抹灰人工费节约50%，耗材节约40%，与传统的生产方式相比，人工费和管理费用节约50%，项目综合造价大约节省15%以上，经济效益十分明显。

思 考 题

1. 如何理解建筑工业化的内涵?
2. 你认为影响建筑标准化的主要内容是什么?
3. 建筑工业化生产体系框架是什么?
4. 建筑工业化技术体系的主要内容是什么?
5. 你认为适合建筑工业化的企业组织形式是什么?
6. 你认为住宅产业化与建筑工业化的关系是什么?
7. 你认为住宅产业集团的生产组织方式应当是什么样的?
8. 你认为集成敏捷型住宅企业的组织体系和运作模式应当什么样为好?

参 考 文 献

[1] 李忠富. 住宅产业化——住宅产业化的经济、技术与管理. 北京:科学出版社,2003.
[2] 张文华. 我国建筑工业化发展的历史回顾和现状估计. 建筑技术开发,1994(3).
[3] 钱志峰,陆惠民. 对我国建筑工业化发展的思考. 江苏建筑,2008(123).
[4] 刘长发,曾令荣等. 日本建筑工业化考察报告. 发展研究,2011.
[5] 丹麦住宅建筑工业化的特点. 中国建设信息.
[6] 法国住宅建筑工业化的发展. 中国建设信息.
[7] 美国住宅建筑工业化的特点. 中国建设信息.
[8] 钟志强. 浅谈住宅产业化与建筑工业化. 住宅产业,2011.
[9] 王超. 现代化的建筑工业化产品生产应实现信息化管理. 中国住宅设施,2001.
[10] 刘文清. 宇辉集团采用工业化生产方式建设住宅的实践,2010.

第3章 建筑生产信息化理论

3.1 信息化的概念与内涵

3.1.1 信息

3.1.1.1 信息的含义

"信息"一词古已有之。在人类社会早期的日常生活中，人们对信息的认识是比较宽泛和模糊的。只是到了 20 世纪中期以后，由于现代信息技术的快速发展及其对人类社会的深刻影响，相关的研究人员才开始探讨信息的准确含义。

信息论奠基人申农认为："信息是用来消除不确定性的东西"，这一定义被人们看做是经典性定义而广泛引用；控制论创始人维纳认为："信息是人们在适应外部世界，并使这种适应反作用于外部世界的过程中，同外部世界进行互相交换的内容的名称"；经济管理学家认为："信息是提供决策的有效数据"；物理学家认为："信息是熵"；电子学家、计算机科学家认为："信息是电子线路中传输的信号。"

美国信息管理专家霍顿（F. W. Horton）给信息下的定义是："信息是按照用户决策的需要经过加工处理的数据。"

我国著名的信息学专家钟义信认为："信息是事物存在方式或运动状态，以及这种方式或状态直接或间接的表述。"

根据近年来人们对信息的研究成果，信息概念可以概括为：信息是客观世界中各种事物的运动状态和变化的反映，是客观事物之间相互联系和相互作用的表征，表现的是客观事物运动状态和变化的实质内容。

3.1.1.2 信息的性质

（1）客观性。信息是事物变化和运动状态的反映，反映了事物的客观存在，其实质内容具有客观性。

（2）普遍性。世界是物质的，物质是运动的，物质及其运动的普遍性决定了信息具有普遍性。

（3）依附性。由于信息本身是看不见、摸不着的，因此它必须依附于一定的载体而存在，并且这种载体可以变换。没有载体，信息就不会被人们感知，信息也就不存在，因此信息离不开载体。

（4）价值性。信息是经过加工并对生产经营活动产生影响的数据，是劳动创造的，是一种资源，因而是有价值的。

（5）时效性。信息的时效是指从信息源发送信息，经过采集、加工、传递和使用的时间间隔和效率。信息的使用价值与信息经历的时间间隔成反比；信息经历的时间越短，使用价值就越大；反之，经历的时间越长，使用价值就越小。

（6）可传递性。任何信息都从信息源发出，经过传送、加工而被接收和利用。不能传输的信息是无用的，无法存在的。为了充分发挥信息的作用，必须将传输作为一项重要任务，通过传输而有效地发挥其作用，实现信息的使用价值。

（7）可存储性。信息的客观性和可传递性决定了信息具有可存储性，信息的依附性使信息可以通过各种载体存储。

（8）可扩散性。信息富有渗透性，它总是力求冲破自然的约束（如保密措施等），通过各种渠道和传输手段迅速扩散，扩大其影响。正是这种扩散性，使信息成为全人类共同的财富。

（9）共享性。由于信息可以在不同的载体间转换和传播，并且在转换和传播的过程中不会消失，所以谁拥有了某信息的载体谁就拥有了该信息。信息传递和使用过程中，允许多次和多方共享使用，原拥有者只会失去信息的独享价值，不会失去信息的使用价值和潜在价值。

（10）可加工性。信息可以通过各种手段和方法加工处理，被选择和提炼。信息是大量的、多种多样的、分散的，信息的可加工性使得信息资源能够被人们合理有效地利用。

（11）可增值性。信息具有确定性的价值，但是对不同的人、不同的时间、不同的地点，其意义也不同。并且这种意义还可引申、推导、衍生出更多的意义，从而使其增值。

3.1.1.3 信息的分类

信息是对客观事物运动状态和变化的描述，它所涉及的客观事物是多种多样的，并普遍存在，因此信息的种类也是很多的。下面列出常见的几种分类：

（1）按信息的特征，信息可分为自然信息和社会信息。自然信息是反映自然事物的，由自然界产生的信息，如遗传信息、气象信息等；社会信息是反映人类社会的有关信息，对整个社会可以分为政治信息、科技信息、文化信息、市场信息和经济信息等。自然信息与社会信息的本质区别在于社会信息可以由人类进行各种加工处理，成为改造世界和发明创造的有用知识。

（2）按管理层次，信息可分为战略级信息、战术级信息和作业（执行）级信息。战略级信息是高层管理人员制定组织长期战略的信息，如未来经济状况的预测信息；战术级信息是为中层管理人员监督和控制业务活动、有效地分配资源提供所需的信息，如各种报表信息；作业级信息是反映组织具体业务情况的信息，如应付款信息、入库信息。战术级信息是建立在作业级信息基础上的信息，战略级信息则主要来自组织的外部环境。

（3）按信息的加工程度，信息可分为原始信息和综合信息。从信息源直接收集的信息为原始信息；在原始信息的基础上，经过信息系统的综合、加工产生出来的新的信息称为综合信息。

（4）按信息来源，信息可分为内部信息和外部信息。凡是在系统内部产生的信息称为内部信息；在系统外部产生的信息称为外部信息。

（5）按信息稳定性，信息可分为固定信息和流动信息。固定信息是指在一定时期内具有相对稳定性，且可以重复利用的信息；而流动信息是指在生产经营活动中不断产生和变化的信息，它的时效性很强。

（6）按信息流向，按流向的不同，信息可分为输入信息、中间信息和输出信息。

（7）按信息生成的时间，可分为历史信息、现时信息和预测信息。历史信息是反映过去某一时段发生的信息；现时信息是指当前发生获取的信息；而预测信息是依据历史数据按一定的预测模型，经计算获取的未来发展趋势信息，是一种参考信息。

（8）按载体不同，可分为文字信息、声像信息和实物信息。

3.1.2 信息资源

3.1.2.1 信息资源的含义

信息是普遍存在的，但并非所有信息都是资源。只有满足一定条件的信息才能构成资源。对于信息资源，有狭义和广义之分。狭义信息资源，指的是信息本身或信息内容，即经过加工处理，对决策有用的数据。广义信息资源，指的是信息活动中各种要素的总称。"要素"包括信息、信息技术以及相应的设备、资金和人等。

狭义的观点突出了信息是信息资源的核心要素，但忽视了"系统"。事实上，如果只有核心要素，而没有"支持"部分（技术、设备等），就不能进行有机的配置，不能发挥信息作为资源的最大效用。

归纳起来，信息资源由信息生产者、信息、信息技术三大要素组成。

（1）信息生产者是为某种目的生产信息的劳动者，包括原始信息生产者、信息加工者或信息再生产者。

（2）信息既是信息生产的原料，也是产品。它是信息生产者的劳动成果，对社会各种活动直接产生效用，是信息资源的目标要素。

（3）信息技术是能够延长或扩展人的信息能力的各种技术的总称，是对声音、图像、文字等数据和各种传感信号的信息进行收集、加工、存储、传递和利用的技术。信息技术作为生产工具，对信息收集、加工存储与传递提供支持与保障。

3.1.2.2 信息资源的特征

（1）可共享性。由于信息对物质载体有相对独立性，信息资源可以多次反复地被不同的人利用，在利用过程中信息量不仅不会被消耗掉，反而会得到不断地扩充和升华。

（2）无穷无尽性。由于信息资源是人类智慧的产物，它产生于人类的社会实践活动并作用于未来的社会实践，而人类的社会实践活动是一个永不停息的过程，因此信息资源的来源是永不枯竭的。

（3）对象的选择性。信息资源的开发与利用是智力活动过程，它包括利用者的知识积累状况和逻辑思维能力。因此，信息资源的开发利用对使用对象有一定的选择性，同一内容的信息对于不同的使用者所产生的影响和效果将会大不相同。

（4）驾驭性。信息资源的分布和利用非常广泛，几乎渗透到了人类社会的各个方面。而且，信息资源具有驾驭其他资源的能力。

3.1.3 信息技术

信息技术是关于信息的产生、发送、传输、接收、变换、识别和控制等应用技术的总称。具体包括信息基础技术、信息处理技术、信息应用技术和信息安全技术等。

1. 信息基础技术

（1）微电子技术。微电子技术是在半导体材料芯片上采用微米级加工工艺制造微小型化电子元器件和微型化电路的技术。

（2）光子技术和光电技术。光电技术是一门以光电子学为基础，综合利用光学、精密机械、电子学和计算机技术解决各种工程应用课题的技术学科。光电技术是光子技术与电子技术的交叉技术。该技术利用光子与电子的相互作用和能量转换原理，制造光电产品。

2. 信息处理技术

（1）信息获取技术。信息的获取可以通过人的感官或技术设备进行。有些信息，虽然可以通过人的感官获取，但如果利用技术设备来完成，效率会更高，质量会更好。信息获取技术主要包括传感技术和遥感技术。

（2）信息传输技术。它包括通信技术和广播技术，其中前者是主流。现代通信技术包括移动通信技术、数据通信技术、卫星通信技术、微波通信技术和光纤通信技术等。

（3）信息加工技术。它是利用计算机硬件、软件、网络对信息进行存储、加工、输出和利用的技术，包括计算机硬件技术、软件技术、网络技术、存储技术等。

（4）信息控制技术。它是利用信息控制系统使信息能够顺利流通的技术。现代信息控制系统的主体为计算机控制系统。

3. 信息应用技术

信息应用技术大致可分为两类：一类是管理领域的信息应用技术，主要代表是管理信息系统（MIS）；另一类是生产领域的信息应用技术，主要代表是计算机集成制造系统（CIMS）。

（1）MIS。MIS 是由人和计算机等组成的能进行信息收集、传输、加工、存储和利用的人工系统。其研究内容包括信息系统的分析、设计、实施和评价等。

（2）CIMS。CIMS 是在通信技术、计算机技术、自动控制技术、制造技术基础上，将制造类企业中的全部生产活动（包括设计、制造、管理等）统一起来，形成一个优化的产品生产大系统。CIMS 系统由管理信息系统、产品设计与制造工程设计自动化系统、制造自动化系统、质量保证系统等功能子系统组成。CIMS 的关键是将各功能子系统有机地集成在一起，而集成的重要基础是信息共享。

4. 信息安全技术

它主要有密码技术、防火墙技术、病毒防治技术、身份鉴别技术、访问控制技术、备份与恢复技术和数据库安全技术等。

3.1.4 信息管理

3.1.4.1 信息管理的定义

信息管理是人类为了有效地开发和利用信息资源，以现代信息技术为手段，对信息资源进行计划、组织、领导及控制的社会活动。

（1）信息管理的对象是信息资源和信息活动。信息资源是信息生产者、信息、信息技术的有机体。信息管理的根本目的是控制信息流向，实现信息的效用与价值；信息活动是指人类社会围绕信息资源的形成、传递和利用而开展的管理活动与服务活动。信息资源的形成阶段以信息的产生、记录、收集、传递、存储、处理等活动为特征，目的是形成可以利用的信息资源。信息资源的开发利用阶段以信息资源的传递、检索、分析、选择、吸收、评价、利用等活动为特征，目的是实现信息资源的价值，达到信息管理的目的。

（2）信息管理是管理活动的一种。管理活动的基本职能（计划、组织、领导、控制）仍然是信息管理活动的基本职能，只不过信息管理的基本职能更有针对性。

3.1.4.2 信息管理的特征

（1）管理类型特征。信息管理是管理的一种，具有管理的一般性特征。例如，管理的基本职能是计划、组织、领导、控制；管理的对象是组织活动；管理的目的是实现组织的目标等，这些在信息管理中同样具备。但是，信息管理作为一个专门的管理类型，又有自己的独有特征，即管理的对象不是人、财、物，而是信息资源和信息活动。信息管理贯穿于整个管理过程之中。

（2）时代特征。随着经济全球化，世界各国和地区之间的政治、经济、文化交往日益频繁，组织与组织之间的联系越来越广泛，组织内部各部门之间的联系越来越多，以致信息量猛增。由于信息技术的快速发展，使得信息处理和传播的速度越来越快。随着管理工作要求的提高，信息处理的方法也就越来越复杂。

3.1.4.3 信息管理的分类

（1）按管理层次分为宏观信息管理、中观信息管理、微观信息管理。

（2）按管理性质分为信息生产管理、信息组织管理、信息系统管理、信息市场管理等。

（3）按应用范围分为企业信息管理、政务信息管理、商务信息管理、公共事业信息管理等。

（4）按管理手段分为手工信息管理、信息技术管理、信息资源管理等。

（5）按信息内容分为经济信息管理、科技信息管理、教育信息管理、军事信息管理等。

3.1.4.4 信息管理的职能

（1）信息管理的计划职能。通过调查研究预测未来，根据战略规划所确定的总体目标分解出目标和阶段任务，并规定实现这些目标的途径和方法，制定出各种信息管理计划。信息管理计划包括：信息资源计划和信息系统建设计划。

信息资源计划是信息管理的主计划，包括组织信息资源管理的战略规划和常规管理计划。信息资源管理的战略规划是组织信息管理的行动纲领，规定组织信息管理的目标、方法和原则。常规管理计划是指信息管理的日常计划，包括信息收集计划、信息加工计划、信息存储计划、信息利用计划和信息维护计划等，是对信息资源管理的战略规划的具体落实。

信息系统是信息管理的重要方法和手段。信息系统建设计划是信息管理过程中一项至关重要的专项计划，是指组织关于信息系统建设的行动安排和纲领性文件，内容包括信息系统建设的工作范围、对人财物和信息等资源的需求、系统建设的成本估算、工作进度安排和相关的专题计划等。信息系统建设计划中的专题计划是信息系统建设过程中为保证某些细节工作能够顺利完成、保证工作质量而制定的，这些专题计划包括质量保证计划、配置管理计划、测试计划、培训计划、信息准备计划和系统切换计划等。

（2）信息管理的组织职能。随着经济全球化、网络化、知识化的发展与网络通信技术、计算机信息处理技术的发展，这些对人类活动的组织产生了深刻的影响，信息活动的组织也随之发展。计算机网络及信息处理技术被应用于组织中的各项工作，使组织能更好地收集情报，更快地做出决策，增强了组织的适应能力与竞争力。从而使组织信息资源管理的规模日益增大，信息管理对于组织更显重要，信息管理组织成为组织中的重要部门。信息管理部门不仅要承担信息系统组建、信息系统运行和信息系统的维护更新工作，还要向信息资源使用者提供信息、技术支持和培训等。综合起来，信息管理的组织职能包括信息系统研发与管理、信息系统运行维护与管理、信息资源管理与服务、提高信息管理组织的有效性四个方面。

（3）信息管理的领导职能。信息管理的领导职能指的是信息管理领导者对组织内所有成员的信息行为进行指导或引导和施加影响，使成员能够自觉自愿地为实现组织的信息管理目标而工作的过程。其主要作用，就是要使信息管理组织成员更有效、更协调地工作，发挥自己的潜力，从而实现信息管理组织的目标。信息管理的领导职能不是独立存在的，它贯穿信息管理的全过程，贯穿计划、组织和控制等职能之中。

（4）信息管理的控制职能。为了确保组织的信息管理目标，以及为此而制定的信息管理计划能够顺利实现，信息管理者根据事先确定的标准或因发展需要而重新确定的标准，对信息工作进行衡量、测量和评价，并在出现偏差时进行纠正，以防止偏差继续发展或今后再度发生；或者，根据组织内外环境的变化和组织发展的需要，在信息管理计划的执行过程中，对原计划进行修订或制定新的计划，并调整信息管理工作的部署。也就是说，控制工作一般分为两类，一类是纠正实际工作，减小实际工作结果与原有计划及标准的偏差，保证计划的顺利实施；另一类是纠正组织已经确定的目标及计划，使之适应组织内外环境的变化，从而纠正实际工作结果与目标和计划的偏差。

3.1.4.5　信息管理的发展趋势

（1）信息管理从手工管理向自动化、网络化、数字化的方向发展，信息管理模式的改变和水平的提高，依赖于技术条件的支持。

（2）信息系统从分散、孤立、局部地解决问题，走向系统、整体、全局性地解决问题。这是社会发展的需要。人们的观念发生变化，普遍认识到只有实现资源共享才能真正解决社会对信息的需求，共同建设、共同享用是将来信息管理发展的必由之路。

（3）信息管理从以收集和保存信息为主向以传播和查找为主的方向转变。现代技术为收集和存储信息创造了良好的条件，然而更重要的问题是如何在信息的海洋中找到需要的信息，这是今后要解决的主要问题。

（4）信息管理从单纯管理信息本身向管理与信息活动有关资源的方向发展。信息管理不仅只是关注物质因素，而且还要关注人文因素、社会因素和经济因素的综合管理。

（5）信息管理从辅助性配角地位向决策性主角地位转变，信息管理作用会逐渐显现，并将在经济繁荣和社会发展中发挥越来越大的作用。

3.1.5　信息化

1. 信息化的概念

信息化（Informatization）一词是日本学者最早于 20 世纪 60 年代提出来的。当时，大多数的日本学者是基于这样一种认识，即人类社会的发展与动物由低级向高级进化相类似，也是由低级社会向高级社会演进的。在工业社会，有形的物质生产占主导地位，而信息社会的主要特征是无形的信息生产创造价值，并占据社会的主导地位。日本社会需要从工业社会向信息社会过渡。"信息化"这个词就是用来描述上述社会进化过程的，即在整个社会经济结构中，信息产业获得长足发展并逐步取得支配地位的一种社会变革的历史过程。

可见，信息化的概念，从一开始就是从社会经济结构演进的角度提出来的。信息化是与"信息革命"等一系列特征紧密相关联的概念，正如"工业化"和"工业革命"紧密联系一样。通常，"化"是指事物从一种状态转变为另一种状态的过程。随着信息的重要性在社会经济活动的各个领域得到体现，信息化从狭义的信息技术领域的概念扩展为涉及经济和社会各个方面的广义的概念。因此，信息化是指人类社会发展过程中的一种演进过程，在此过程中，通过大力发展信息产业和全社会广泛应用信息技术，把整个社会发展阶段从工业社会推进到一个新的社会形态——信息社会；与此相对应的，把现阶段的经济发展形态——物质经济，提高到一个崭新的发展阶段——信息经济。从这个意义上来说，信息化就是把现阶段社会推进到信息社会的过程。

2. 信息化的内涵

信息化的内涵可以从以下四个方面理解。

（1）从哲学角度看，信息化的本质是生产力的进步。马克思主义理论认为，决定人类社会发展规律的主要是社会生产力，特别是其中的生产工具。生产力是人类征服自然、改造自然的能力，它包括三个要素：生产工具、劳动对象和劳动者。在信息化过程中，生产力的这三个要素都发生了革命性的变化。在工业社会里，劳动工具主要是使用动力的机器设备；在信息社会里，劳动工具主要是电子计算机、现代通信设施等智能化的工具。在信息社会里，信息不仅作为一种资源发挥着重要作用，而且它本身也成为劳动对象，信息的采集、加工、传播等都是以信息直接作为劳动对象。信息社会里，劳动者为知识工人，并获得空前的解放。由于信息的作用被极大地发挥出来，资本作用被弱化，劳动者只要拥有信息和知识就可以广泛地参与社会经济活动。

（2）从社会发展角度看，信息化是社会形态向信息社会转变的动态过程。信息社会是人类社会发展的新阶段，信息化是向这一新阶段转变的过程，这是信息化这个概念的本来意思。在西方和日本的信息社会理论中，信息化这个词从来都是和信息社会紧密联系在一起的。

（3）从技术发展的角度看，信息技术是信息化的主要推动力。信息化虽然涉及很多方面的内容，但其核心问题无非是信息技术的快速进步及其在各产业和社会领域中的扩散和运用。信息技术成为推动信息化的主要技术力量和技术基础。信息技术推动信息化进程表现为三个方面，一是信息技术自身的产业化，带动国民经济快速增长；二是利用信息技术对传统产业的改造，提高传统产业的生产和管理效率；三是信息技术广泛应用于社会生活的各个领域，促进社会信息化水平的不断提高。

（4）从资源利用的角度看，信息化是信息资源得以大规模开发利用，并取代物质、能源成为社会发展最重要的战略资源的过程。信息革命与以往历史上出现的其他技术革命的根本区别就在于：以往的技术革命作用于工具、材料或能源等物质资源，主要体现为人类体力的延伸；而信息革命主要作用于知识和信息资源，体现为人类脑力或智力的进步。在信息化社会里，信息的价值得到确认和重视，成为经济增长的战略性资源。传统的经济增长理论和国际竞争规则也会与之发生相应的变化。理解信息化的这一内涵是进一步理解信息化的重要作用及其为什么世界各国特别是发展中国家热衷于推行信息化战略的关键。

3. 信息化的内容

信息化是当今世界社会发展的必然趋势，是工业经济向信息经济、工业社会向信息社会演变的动态过程。从信息化建设的角度出发，信息化建设主要有六个方面内容。

（1）信息技术的广泛应用。装备信息化设备是应用信息技术的前提，具体表现在各行各业、各级政府、社会组织和团体、社区和家庭越来越多地使用计算机和现代通信设备用于生产、管理、办公和生活服务上。在普遍装备信息化设施后，还要针对本行业、本部门的实际需要开发相应的应用软件，用于解决实际问题，从而提高整个经济系统和社会管理系统的运作效率。

（2）信息资源的开发利用。信息化本来就是信息资源的大量开发和利用过程，是信息化的源泉，而信息技术只是手段和工具。信息资源的开发利用应解决三个问题：一是原始信息的采集；二是使存在的信息在给定的时间内获得，这就要在信息传递渠道、技术设备等方面综合管理；三是使用户得到真正所需要的信息。

（3）信息服务的完善。从世界范围来看，因特网信息服务已成为牵动当今信息产业整体服务的"龙头"。特别是网上信息资源和包括电子商务在内的多种信息服务的迅速增长与网络技术的进步和创新所形成的良性循环，促使因特网吸引了越来越多的人群。因此，在信息化建设中，各级组织的内部和外部都要建立起信息服务网络体系。通过信息服务将信息设备、信息技术和信息资源连成一个整体。

（4）信息化人才的培养。造就一支高素质的信息人才队伍，是信息化建设能否取得成功的关键所在。我国目前的信息技术人才远远不能满足经济建设和信息产业发展的需要，信息技术人才的匮乏正在成为制约我国信息产业和国民经济建设的瓶颈。因此，要加强人才培养和信息技术知识普及。

（5）加大信息化投资。无论是企业还是政府，在每年的投资预算或投资计划中都要对信息化实施投资倾斜政策。信息化投资分为硬件投资和软件投资两部分。同时，政府应该及时建立信息化投资的管理、监督和指导实施体系。通过好的机制保障信息化投资的实际投放和效益反馈。

（6）信息化法规和标准建设。搞好信息化建设，要加强规范化管理，要制定必要的规章制度。在信息化建设过程中，既要积极引入市场机制，又要对各部门的信息开发进行规范，以保证信息化建设健康、有序地发展。法律、法规、规章和信息技术规范和各项标准是信息化建设的基本保证，信息化法规要与行政管理、技术管理并举，并要逐步纳入法制化轨道。

4. 信息化的层次

从信息化涉及的社会层面来说，可分为企业信息化、产业信息化和社会信息化三个不同的层次。

（1）企业信息化。企业信息化就是信息技术应用于企业生产、技术、经营、管理等领域，不断提高信息资源开发效率，获得信息经济效益的过程。由于信息技术的大量采用，不但改进和强化了企业的物资流、资金流、人员流及信息流的集成管理，而且对企业固有的经营思想和管理模式产生强烈冲击，带来根本性的变革。信息技术与企业管理的发展与融合，使企业发展战略和管理不断创新，企业竞争力不断提高。

（2）产业信息化。产业信息化是指在由同类企业（非信息企业）所组成的各个产业部门内，通过大量采用信息技术和充分开发利用信息资源而提高劳动生产率和产业效益的过程。信息产业的出现不仅改变了已有的经济结构，而且还为传统产业改造提供了先进的技术设备和信息资源，并在改造传统产业的过程中促使其向扩大信息消费的更高阶段发展。所以，在信息产业化的同时必然出现产业信息化的现象。产业信息化不但促进了传统产业的升级换代，使传统产业部门的组织结构、管理体制、经营模式都发生了彻底的变革，而且反过来又使社会信息需求得以极大地扩展，带动了信息技术的创新和信息产业的发展壮大。产业信息化的结果是整个国民经济的信息化。

（3）社会信息化。社会信息化是信息化的高级阶段，它是指在人类工作、消费、教育、医疗、家庭生活、文化娱乐等一切社会活动领域里实现全面的信息化。社会信息化是以信息产业化和产业信息化为基础，以经济信息化为核心向人类社会活动的各个领域逐步扩展的过程，其最终结果是人类社会生活的全面信息化，主要表现为：信息成为社会活动的战略资源和重要财富，信息技术成为推动社会进步的主导技术，信息人员成为领导社会变革的中坚力量。

3.2　建筑企业信息化

建筑企业信息化的主题内容会因信息技术的演变以及建筑企业的性质、规模类型的不同而有所改变。随着计算机硬件和软件技术的发展，特别是计算机与通信网络技术的日趋融合，建筑企业信息化内容发生巨大的变化，信息技术在企业中的应用不再局限于企业活动某些环节，而是逐步渗透到企业活动的各个领域、各个环节，极大地改变了企业活动的生产、流通和组织管理方式，推动了企业物资流、资金流和信息流的相互融合。

3.2.1　建筑企业信息化的基本内容

1. 生产过程的信息化

生产过程的信息化是生产企业信息化的一个关键环节，其主要目的是在生产管理流畅的基础上综合利用电子技术、计算机技术和软件技术实现对生产过程的管理和控制，从而达到提高产品质量和生产效率的目的。建筑企业生产过程的信息化涵盖了项目招投标、设计和开发、建造、物料管理、品质检验等各生产环节。在设计和开发环节，主要是应用CAD技术、虚拟现实和模拟技术以及网络技术等，以缩短建筑产品的设计和开发周期，加强各个专业的配合。在生产环节，主要是利用计算机辅助制造（CAM）技术实现生产过程的控制。整个过程的信息化并不是孤立进行的，而是与其他环节如库存、财务、质量、设备、人员等管理方面的信息化紧密联系的。在这个方面，建筑企业信息化体现了与其他行业的不同，体现出了建筑产品的特殊性。

2. 企业内部管理信息化

建筑企业内部管理的信息化是建筑企业信息化中应用很广泛的一个领域，涉及企业管理的方方面面。企业内部管理的信息化以企业的各种应用系统为基础，通过各种类型的信息应用系统来有效地组织、利用信息资源，实现管理的高效率。企业的应用系统按功能可以分为事务处理系统、管理信息系统、决策支持系统、智能支持系统、人力资源管理系统、财务管理系统、库存管理系统、生产计划管理系统等。按应用的职能部门又可以分为财务管理系统、销售信息系统、库存管理系统、人力资源管理系统、办公自动化系统等。对于企业而言，各种应用系统既可以自成一体，以服务于企业某一个或某些部门的职能需要，也可以是通过企业内部网有机联系在一起的集成应用系统。在这个方面，建筑企业与其他企业没有本质上的差异。

3. 企业供应链和客户关系管理的信息化

建筑企业采购和销售过程中的信息化极大地拓宽了企业信息系统的应用范围，使企业的信息化由内部扩展到外部，并借助于企业内部网、外部网和公共网络将企业内部的生产管理和外部的供应、销售整合在一起。供应链管理的目的是利用网络和信息系统等手段整合供应商和企业的交易和信息流程，以提高企业的采购效率，客户关系管理则是利用信息技术来收集、处理和分析客户的信息，以便更好地满足客户的要求。电子商务技术的发展为企业整合内部的信息系统和外部的供应、销售提供了新的手段，从而成为企业信息化建设的一个重要内容。在这个方面，建筑企业体现了自己的特色。

3.2.2 建筑企业信息化的要素构成

建筑企业信息化是由一系列要素构成的，这些要素的成熟度和作用效果决定了建筑企业信息化的发展水平、应用水平和效用发挥。建筑企业信息化的要素可以分为两大类，分别是内部要素和外部要素，两者既相互独立，又相互关联。只有合理组织和利用建筑企业信息化的各种要素，才能确保建筑企业信息化建设的高效率。

1. 建筑企业信息化的内部要素

建筑企业信息化的内部要素可分为以下几种：

（1）信息基础设施。信息基础设施是决定建筑企业的信息能力和信息化水平的重要因素，它由硬件、软件和网络构成。硬件包括各种计算机设备、网络和通信设备、生产自动化和办公自动化设备等。硬件是建筑企业信息化的物质基础，也是建筑企业信息化建设有形投入的主要部分。软件包括各种专业化的软件工具以及面向建筑企业各种应用的信息系统。从发展的角度看，软件和应用系统相对于硬件而言，在建筑企业信息化中的重要性在逐步提高。网络包括企业内部网、企业外部网以及公共网。

（2）信息资源。建筑企业的信息资源一般被分为两类，一类是内部信息资源，另一类是外部信息资源。内部信息资源是建筑企业在生产和经营各环节中所积累的信息，包括生产计划、财务、产品、库存、人员信息等；外部信息资源是指存在于建筑企业外部，可以为建筑企业所用的各种信息，包括宏观经济、市场、竞争者信息以及国际信息等。企业内、外部的信息资源非常巨大，能够有效开发和利用将决定企业信息化的成败。

（3）信息化人员。建筑企业信息化建设不仅依赖于硬件和软件等基础设施，信息化人员也是一个重要的因素。建筑企业信息化的建设，不仅需要专业的工程师，而且也对相关员工的信息技能提出了较高要求。

2. 建筑企业信息化的外部要素

建筑企业信息化的外部要素主要有：

（1）社会信息基础设施。建筑企业信息化向网络化和电子商务发展的趋势，使得建筑企业对外部网络和通信设施的依赖性日益增强。信息基础设施，特别是通信和网络基础设施的发展水平、运行效率将对企业信息化产生重要影响。

（2）外部供应商。建筑企业信息化建设日益依赖外部供应商，即外包服务。外部供应商包括计算机和通信设备供应商、软件供应商、软件开发商、系统集成商、咨询顾问公司、信息系统监理商等。外部供应商的专业化程度将极大地影响建筑企业信息化建设的投资效率、开发效率和技术的先进性和实用性。

（3）政策法规和标准规范。尽管建筑企业信息化是以建筑企业为主体、以市场机制为导向的一种自发过程，但是，政府的投资政策、税收政策、技术产业政策、法律法规、标准规范等也将对建筑企业信息化建设的效率产生广泛而深刻的影响。以电子商务为例，电子商务的发展需要政府制定一系列的法规和标准，如数字签名和认证、电子合同、网络支付和信用卡等法规，以及信息交互换标准、网间互联标准、银行信用卡标准等。没有上述法规和标准的支持，电子商务的发展将是不可想象的。

3.2.3 建筑企业信息化规划与实施

3.2.3.1 建筑企业信息化的指导思想与策略

建筑企业信息化是一项长期任务，是一项复杂的系统工程。必须"解放思想、实事求是"，一定要明确思想，从实际出发，借鉴国际先进经验，确定实施战略。

（1）以提高建筑企业的效益和竞争力为目标。高定位、立足现实、全面规划、分步实施企业信息化建设是建筑企业发展的重要组成部分。要认识信息技术的发展规律和发展趋势，瞄准世界先进水平，制定出一个中长期的发展规划和阶段计划，尤其是企业信息化的近期计划，该计划既要满足建筑企业当前和今后两三年内参与市场竞争、开展主要、关键业务工作的需要，又要符合企业信息化建设的中长期发展规划，满足未来的需要。

（2）企业需求是构建建筑企业信息化框架的前提。建筑企业信息化不是一个脱离企业需求、管理制度的单纯的技术系统。建筑企业对信息应用的需求由计划经济时期的报表处理，到市场经济时期的企业运作、运作管理、战术管理和战略管理。信息化辅助企业的运作和管理是为了提高企业的运作功能、效率和经济效益，信息化辅助企业的战略制定和战略管理是为了提高企业的核心能力、适应市场变化的能力和参与市场竞争的能力。强调这四个方面的应用，是建筑企业信息化建设中要解决的关键问题，只有满足了企业的这些应用需求，所构造出的企业信息化系统框架才是合理的、实用的。

（3）突出重点、科学构建、合理布局。企业信息化由三大部分组成：生产运作系统、企业管理决策系统和市场营销系统。这三大块中企业管理决策系统又是重中之重，它是企业信息化系统的主干，它的成败决定着企业信息化系统的价值。因此，在进行企业信息化建设中，要将企业管理决策信息系统作为建设的主体，首先要认真考察、研究、设计管理模式，然后设计管理决策系统信息，在此基础上再建设各业务系统。管理决策信息系统除了科学的结构设置、精细实施外，更重要的在于信息更新、系统维护。所以，企业信息化系统要以企业管理决策系统为纲，突出重点、科学构建、合理布局，从而带动企业的整个信息体系建设。

（4）信息化、工业化共同发展、相互促进。我国建筑企业在机械化基础设施、科学化工艺技术和科学管理等基础方面还比较薄弱，应该说建筑企业尚未完全进入工业社会，工业化建设的任务还要继续下去，与此同时还要进行信息化建设，我们不能走西方发达国家的发展道路：先工业化再信息化。信息化与工业化是相辅相成的，知识经济是以成熟的工业经济为基础，没有工业经济这个基础，知识经济也就没有了依托；而信息化的建设、发展，又有利于加速企业的改造、重组和工业化进程，促进工业经济的发展。因此，在这种情况下进行企业信息化建设，企业必须要担负起信息化和工业化建设的双重任务，绝不能以信息化建设代替工业化建设，或者只搞工业化建设而忽视信息化建设。

（5）信息化与体制改革相结合。建筑企业信息化的关键不是计算机科学技术的问题，而是管理问题。信息化建设要求在企业体制、管理规范化（符合市场经济的要求）的基础上进行，若不对企业进行整顿、体制改革和加强管理，就去建设企业信息系统是徒劳的。因此，企业要通过推进信息化促进企业的重组和革新，促进企业全面转轨、改制、改革经营模式、建立新的管理章程，要通过推进信息化，建立和强化包括思想、文化在内的现代企业管理体系，建立市场驱动和灵活生产的经营方式，对企业生产经营流程进行改造，这也正是企业信息化建设所要达到的工作目标。

（6）开发、利用信息资源是建筑企业信息化的核心。建筑企业信息化的核心是开发、利用信息资源，企业信息化的核心是管理软件，管理软件的本质是企业知识、业务数据、管理思想的载体。建设信息系统的一条基本原则是信息系统应以数据为中心，应用开发应该面向数据，而不应该面向处理过程。信息系统强调高层规划，即以总体数据规划为中心的总体规划和总体设计。信息资源是企业最重要的资源之一，开发、利用信息资源既是企业信息化的出发点，又是企业信息化的归宿，企业信息化的一切建设活动，最终表现就在有效地利用信息资源上，也就是要将企业和社会的信息资源收集、整理、存储并充分挖掘出来，将它提炼成知识，再把知识激活为企业发展的动力，这就是信息化建设的根本所在。

（7）以信息管理的规范化和标准化为前提。企业信息系统是否成熟、信息管理是否走上正轨，其重要标志是其信息是否规范化。在企业信息化建设中，建立信息资源管理基础性规范、标准及编码体系是推进企业信息化基础性的工作，所有信息和信息处理的规范和标准要逐步建立并作为企业信息化的一个重要方面。

（8）不要追求时髦，但要追求个性。我国建筑企业多，规模大小不一，企业的性质和类型也不太一样，存在的问题、人员结构、素质、管理基础也各不相同，信息资源开发的涉及内容广泛、种类繁多、应用面大，企业对信息化的需求也不一样，企业信息化没有统一的模式，因此，建筑企业的信息化建设较为复杂。尽管在信息化建设技术上有一个近似的标准，但在总体设计上，包括管理模式、信息流程、数据组织等方面是不一样的。企业要根据自身的条件、需求和能力，务必实事求是，做到切实可行。不要追求时髦，但要追求个性、实用。不要搞成一个模式，千篇一律，而要各具特色，这样才能走向成功。

（9）要以人为本。人是企业信息化的重要组成部分。企业信息化成功与否，最终决定于建设、应用、维护信息系统的人，决定于人的素质，决定于企业是否有一支高水平的队伍，而不是一两个人。因此企业在建设信息化的同时，要下大力气培养和造就一支能掌握现代信息技术和应用知识、有战斗力的信息化队伍，企业只有具备了运用现代信息技术的人和高品质的信息系统，这才是真正的企业信息化系统。

3.2.3.2　建筑企业信息化的规划与实施

我国建筑企业应根据自身的特点结合当代的信息化技术的特点，制定自身信息化战略。

（1）企业信息化的前期准备工作。前期准备是指在软件选型之前在技术上需要完成的准备工作，包含的内容有：确定企业的发展战略、业务流程再造、组织机构调整、业务数据分析和定义系统功能等。充分的技术准备可以为软件选型提供科学的依据，为软件的实施指明方向。我们可以将建筑企业信息化的基本要素分为硬件和软件两大类，其中硬件包括客户、设备、产品和资金，软件包括服务、营销、技术和制度。这些要素间的相互协调和平衡构成企业的功能网络，借助信息化手段就可以对以上资源进行互动管理。建筑企业信息化强调各部门的通力合作，对人员素质的要求相对较高，因此，在实施前必须做好缜密规划和充分准备。具体来讲，就是要形成高度统一的共识，制订明确的实施目标，找出企业业务流程与信息化系统的结合点，建立严格规范的实施制度和完整、精确、统一的基础数据库。

（2）企业信息化的实施程序。主要内容包括：①开展全员信息化知识培训，掌握相关的信息技术知识。②改变传统的业务流程的运作方式以适应信息化作业的要求。③信息化项目的组织与具体实施。④改善信息化绩效评价机制。⑤提高信息化应用水平。

3.2.3.3 企业信息化绩效评价

企业信息化绩效评价主要是以企业信息化体系作为主要对象进行评价，即企业根据自身业务发展和信息化项目的需要，评价自身信息化实施的状态和效果。

企业信息化在实施过程中往往分为几个不同层面：战略层、控制层、执行层，分别对应于企业的战略管理层、信息部门和具体的项目组。因此，企业信息化的评价也可以根据不同管理层所关注的重点不同，划分成三类：即分别从战略层面、管控层面、项目层面对企业信息化过程的绩效进行评价，形成一套综合完整的绩效管理评价体系。

（1）以企业信息化战略实施为基础的评价。在企业信息化战略层面的主要任务是，根据企业战略目标，通过规划、实施、维护、调整等工作，建立起适合企业运作环境的信息系统体系，目的是提高企业流程质量，改善企业对环境变化的灵敏度。以战略实施为基础的评价关注的是信息化支持企业的战略目标是否实现，如何实现，实现效果如何。企业拥有领先、适用的信息化战略，能够利用信息系统资源突破企业竞争中的地域、时间、成本、结构等障碍要素，进而提高企业差异化和适应变革的能力，建立起企业竞争优势。

（2）以企业信息化管理控制为基础的评价。企业信息化管控层面的主要任务是，以组织的业务目标为核心，对组织的信息资源进行统筹规划，并采用一定的控制准则和方法针对企业信息化建立集中的管控体系，平衡在信息技术领域的投资与风险，并提供业务所需的信息。管理控制为基础的评价关注信息部门如何有效管理渗透其整个组织的复杂的信息技术，既能使企业充分利用信息，达到收益最大化，又能更好地控制信息，降低应用信息技术的风险。

（3）以企业信息化项目管理为基础的评价。信息化实施的中心环节是信息系统的建设和应用，并且通常是以项目形成组织实施的，因此，以项目为基础而进行的评价显得尤为必要。基于项目管理的系统评价主要是以信息系统项目为核心，其目的是保证项目管理的科学性，主要分为纵向评价和横向评价。

①纵向评价。主要从项目进程的角度进行评价，包括：项目前瞻和立项论证——事前评价；项目建设汇总——中期评价；项目建成交付和投入运行后——验收评价和事后评价。

②横向评价。主要从下面几个角度进行综合评价。技术角度：建立系统建设、系统性能等技术评价指标体系；经济角度：直接经济效益和潜在经济效益，定量与定性分析相结合；社会角度：评价系统对社会进步的贡献；环境角度：评价系统对环境的影响。

以信息化战略实施、管理控制、项目管理为基础的三类评价构成微观企业信息化评价的重点，这三类评价虽然在侧重点上各有不同，但在评价内容上存在交叉，因此在应用时可以结合企业信息化的具体实施策略，单独运用某一种评价框架，或者综合运用。

3.3　建设项目信息化

工程项目的建设无时无刻不在产生、传递以及处理着各种各样的数据、文档和其他信息，建设项目信息是指在整个建设工程项目生命周期内产生的反映和控制工程项目管理活动的所有组织、管理、经济、技术信息，其形式为各种数字、文本、报表、声音、图像等。建设工程项目的决策和实施过程，不但是物质的生产过程，也是信息的生产、处理、传递及应用过程。

3.3.1　建设项目信息的特点及形态

3.3.1.1　建设项目信息的特点

建设项目信息数量庞大、类型复杂、来源广泛、存储分散，始终处于动态变化之中，应用环境复杂，具有非消耗性、系统性以及时空上的不一致性。

（1）数量庞大。随着工程项目的进展，项目信息的数量呈现出加速递增的趋势，据统计，一个大型建设项目在项目实施全过程中产生的文档纸张可以达到几十吨重。在大型工程项目中，完全用手工对工程项目中的海量信息进行管理是十分困难的，目前的大型工程项目一般都采用计算机系统对项目信息进行管理。工程信息的电子化是建设工程信息管理的一个基本趋势。

（2）类型复杂。从计算机辅助信息管理的角度，工程项目在实施过程中产生的信息可以分为两类：一类是结构化的信息，在工程项目中，这些数据一般被保存在关系型数据库的数据表中，管理和利用都十分方便；另一类信息是非结构化或半结构化的信息，它们很难被保存在一般的数据库系统中，大多以文件的形式存放在文件容器（或文档数据库中）中，一般把对这一类信息的管理称为内容管理（Content Management）。由于非结构化或半结构化的信息占工程项目信息的80％以上，内容管理在工程信息管理中占有十分重要的地位。

（3）来源广泛、存储分散。建设项目信息来自建设单位、设计单位、施工承包单位、监理单位、材料供应单位以及其他各组织与部门；来自可行性研究、设计、招投标、施工及保修等项目阶段的各个环节；来自建筑、结构、给排水、暖通、强弱电等各个专业；来自质量控制、投资控制、进度控制、合同管理等项目施工管理各个方面。由于建设项目信息来源的广泛性，往往给信息的收集与整理工作造成很大的困难，如何完整、准确、及时地收集项目信息以及合理地整理项目信息是建设工程信息管理首先要解决的问题，它直接影响到建设项目管理人员判断和决策的正确性和及时性。

（4）始终处于动态变化之中。建设工程项目中的信息和其他应用环境中的信息一样，都有一个完整的信息生命周期，加上工程项目实施过程中大量不确定因素的存在，工程项目的信息始终处在动态变化之中。这也说明了在项目实施过程中，对项目信息进行动态的控制和管理的必要性。信息的版本控制（Version Control）是项目信息管理的一项重要内容。

（5）应用环境复杂。不同项目参与方对项目信息有不同的应用要求，同一信息有着不同的信息处理和应用要求。因此对项目信息进行组织和管理时，应充分考虑到对信息的应用要求，这体现在对信息的分类、编码等工作上。

（6）非消耗性。建设项目信息可供信息管理系统中的多个子系统或一个系统中的不同过程反复使用而不被消耗。

（7）系统性以及时空上的不一致性。建设项目信息是在一定时空内形成的，与建设项目管理活动密切相关，同时，建设项目信息的收集、加工、传递及反馈是一个连续的闭合环路，具有明显的系统性。时空上的不一致性体现在工程建设项目的不同阶段、不同地点都将发生、处理和应用大量的信息。

3.3.1.2 建设项目信息的形态

建设项目信息管理工作涉及多部门、多环节、多专业、多渠道，工程信息量大，来源广泛，形式多样，主要信息形态有：

（1）文字图形信息。包括勘察、测绘、设计图样及说明书、计算书、合同、工作条例及规定、施工组织设计、情况报告、原始记录、统计图表、报表和信函等信息。

（2）语言信息。包括口头分配任务、作指示、汇报、工作检查、介绍情况、谈判交涉、建议批评、工作讨论和研究、会议等信息。

（3）新技术信息。随着信息存储形式的多样性和信息交流工具的发展，通过网络、电话、电报、电传、计算机、电视、录像、录音、广播等现代化手段收集及处理的信息。

3.3.2 建设项目信息的分类

建设工程项目的信息，包括在项目决策过程、实施过程（设计准备、设计、施工和物资采购过程等）和运行过程中产生的信息，以及参与项目的各个方面和与项目建设有关的信息，这些信息依据不同标准可划分如下：

3.3.2.1 按建设项目信息内容属性划分

可以分为技术类信息、经济类信息、管理类信息、法律类信息等。

（1）技术类信息。是指在工程实施过程中与技术相关的信息，包括前期技术信息、设计技术信息、质量控制信息、材料设备技术信息、施工技术信息、竣工验收技术信息等。如工程的设计、技术要求、规范、施工要求、操作和使用说明等，这些信息是建设项目信息的主要组成部分。

（2）经济类信息。指投资控制信息和工程量控制信息。如材料价格、人工成本、项目的财务资料、现金流情况等，是建设项目信息的重要组成部分。

（3）管理类信息。也包括项目组织类信息，是指组织项目实施的信息，如项目的组织结构、具体的职能分工、人员的岗位责任、有关的工作流程等，是保证项目顺利实施的关键因素。

（4）法律类信息。是指项目实施过程中的一些法规、强制性规范、合同条款等。这些信息是项目实施必须满足的。

3.3.2.2 按项目实施的过程划分

可以分为决策阶段信息、设计准备和设计阶段信息、招投标阶段信息、施工安装阶段信息、设备与材料供应信息等。

（1）决策阶段信息。多为宏观层面的信息，不涉及技术细节。如决策分析报告、可行性研究、审批报告等综合性文件。

（2）设计准备和设计阶段信息。主要涉及技术层面的问题和细节，也包含一些经济管理方面的信息。如设计要求、设计说明、设计图样、造价估算等。

（3）招投标阶段信息。主要偏重于经济和一部分法律方面的信息。如造价、合同条款、法律约束等文件。

（4）施工安装阶段信息。该阶段信息非常复杂，涉及大量的细节问题。如工程技术、工作计划、材料价格、付款、合同索赔等。

（5）设备与材料供应信息。与施工安装相比，此阶段的信息比较单一，主要是一些技术要求、进度条件和合同条款等。

3.3.2.3 按照建设项目的目标划分

可以分为投资控制信息、质量控制信息、进度控制信息、合同管理信息等。

（1）投资控制信息。指与投资控制直接有关的信息，如各种估算指标，类似工程造价、物价指数；设计概算、概算定额；施工图预算、预算定额、工程项目投资估算；合同价组成；投资目标体系；计划工程量、已完工程量、单位时间付款报表，工程量变化表、人工、材料调差表，索赔费用表，投资偏差，已完工程结算；竣工决算、施工阶段的支出账单；原材料价格、机械设备台班费、人工费、运杂费等。

（2）质量控制信息。指建设工程项目质量有关的信息，如国家有关的质量法规、政策及质量标准、项目建设标准；质量目标体系和质量目标的分解；质量控制工作流程、质量控制的工作制度、质量控制的方法；质量控制的风险分析；质量抽样检查的数据；各个环节工作的质量（工程项目决策的质量、设计的质量、施工的质量）；质量事故记录和处理报告等。

（3）进度控制信息。指与进度相关的信息，如施工定额，项目总进度计划、进度目标分解、项目年度计划、工程网络计划、计划进度与实际进度偏差，网络计划的优化、网络计划的调整情况，进度控制的工作流程、进度控制的工作制度、进度控制的风险分析等。

（4）合同管理信息。指建设项目相关的各种合同信息，工程招投标文件；工程建设施工承包合同，物资设备供应合同；咨询、监理合同；合同的指标分解体系；合同签订、变更、执行情况；合同的索赔等。

3.3.2.4 按照建设工程项目信息的来源划分

可以分为项目内部信息和项目外部信息两种。

（1）项目内部信息。指建设工程项目各个阶段、各个环节、各有关单位发生的信息。内部信息取自建设项目本身，如工程概况、设计文件、施工方案、合同结构、合同管理制度，信息资料的编码系统、信息目录表，会议制度，监理班子的组织，项目的投资目标、项目的质量目标、项目的进度目标等。

（2）项目外部信息。来自项目外部环境的信息称为外部信息。如国家有关的政策及法规；国内及国际市场的原材料及设备价格、市场变化；物价指数；类似工程造价、进度；投标单位的实力、投标单位的信誉、毗邻单位情况；新技术、新材料、新方法；国际环境的变化；资金市场变化等。

3.3.2.5 按照信息的稳定程度划分

可以分为固定信息和流动信息两种。

（1）固定信息。指在一定时间内相对稳定不变的信息，包括标准信息、计划信息和查询信息。标准信息主要指各种定额和标准，如施工定额、原材料消耗定额、生产作业计划标准、设备和工具的耗损程度等。计划信息反映在计划期内已定任务的各项指标情况。查询信息主要指国家和行业颁发的技术标准、不变价格等。

（2）流动信息。是指不断变化的动态信息。如项目实施阶段的质量、投资及进度的统计信息；反映在某一时刻项目建设的实际进程及计划完成情况，项目实施阶段的原材料实际消耗量、机械台班数、人工工日数等。

3.3.2.6 按照信息的层次划分

可以分为战略型信息、管理型信息和业务型信息。

（1）战略型信息。指该项目建设过程中的战略决策所需的信息，如投资总额、建设总工期、承包商的选定、合同价的确定等信息。

（2）管理型信息。指项目年度进度计划、财务计划等信息。

（3）业务型信息。指的是各业务部门的日常信息，较具体，精度较高。

3.3.3 建设工程项目信息编码

编码由一系列符号（或文字）和数字组成，编码是信息处理的一项重要的基础工作。编码可以简化信息传递的形式，以提高信息传递的效率和准确度；编码也可以对信息单元的识别提供一个简单、清晰的代号，以便于信息的存储与检索；编码还可以显示信息单元的重要意义，以协助信息的选择和操作。一个建设工程项目有不同用途的信息，为了有组织地存储信息，方便信息的检索和信息的加工整理，必须对项目的信息进行编码。

1. 建设工程项目信息编码的基本原则

（1）合理性。编码的方法必须是合理的，能够适合使用者和信息处理的需要，项目信息编码结构应该与项目信息分类体系相适应。

（2）可扩展性。项目信息编码时要预留足够的位置，以适应发展变化的需要。

（3）唯一性。每一编码都代表一个确定的信息内容，每一信息都有一个确定的编码表示。

（4）简单性。项目信息编码的结构必须易为使用者了解和掌握，长度尽量短，以提高信息处理的效率。

（5）适用性。项目信息编码必须建立和不断完善编码标准化体系，以避免混乱和误解。

（6）规范性。在同一个工程项目中的编码，要求编码一致，代码的类型、结构、编写格式统一。

2. 建设工程项目信息编码的方法

建设工程项目信息的编码可以有很多种，如：建设项目的结构编码，建设项目管理组织结构编码，建设项目的政府主管部门和各参与单位编码（组织编码），建设项目实施的工作项编码（建设项目实施的工作过程的编码），建设项目的投资项编码（业主方）/成本项编码（施工方），建设项目的进度项（进度计划的工作项）编码，建设项目进展报告和各类报表编码，合同编码，函件编码，工程档案编码等。这些编码是因不同的用途而编制的，如投资项编码（业主方）/成本项编码（施工方）服务于投资控制工作/成本控制工作；进度项编码服务于进度控制工作。但是有些编码并不是针对某一项管理工作而编制的，如投资控制/成本控制、进度控制、质量控制、合同管理、编制建设项目进展报告等，都要使用建设项目的结构编码，因此需要进行编码的组合。建设项目信息编码的主要方法如下：

（1）建设工程项目的结构编码。依据项目结构，对项目结构的每一层的每一个组成部分进行编码。

（2）项目管理组织结构编码。依据项目管理的组织结构，对每一个工作部门进行编码。

（3）建设工程项目的政府主管部门和各参与单位的编码。包括：政府主管部门，业主方的上级单位或部门，金融机构，工程咨询单位，设计单位，施工单位，物资供应单位和物业管理单位等。

（4）建设工程项目实施的工作项编码。建设项目实施的工作项编码应覆盖项目实施的工作任务目录的全部内容，它包括：设计准备阶段的工作项，设计阶段的工作项，招投标工作项，施工和设备安装工作项及项目动用前准备工作项等。

（5）建设工程项目的投资项编码。该编码并不是概预算定额确定的分部分项工程的编码，它应综合考虑概算、预算、标底、合同价和工程款的支付等因素，建立统一的编码，以服务于项目投资目标的动态控制。

（6）建设工程项目成本项编码。它不是预算定额确定的分部分项工程的编码，而应综合考虑预算、投标价估算、合同价、施工成本分析和工程款的支付等因素，建立统一的编码，以服务于项目成本目标的动态控制。

（7）建设工程项目的进度项编码。应综合考虑不同层次、不同深度和不同用途的进度计划工作项的需要，建立统一的编码，服务于建设项目进度目标的动态控制。

（8）建设工程项目进展报告和各类报表编码。应包括建设项目管理形成的各种报告和报表的编码。

（9）合同编码。应参考项目的合同结构和合同的分类，应反映合同的类型、相应的项目结构和合同签订的时间等特征。

（10）函件编码。应反映发函者、收函者、函件内容所涉及的分类和时间等，以便函件的查询和整理。

（11）工程档案的编码。应根据有关工程档案的规定、建设项目的特点和建设项目实施单位的需求而建立。

3.3.4　建设项目信息管理

建设项目信息管理贯穿于建设工程全过程，发生在建设工程项目各个阶段、各个参与方的各个方面。伴随着物质生产过程，也是信息的产生、处理、传递及其应用的过程。项目的建设过程离不开信息，建设项目信息管理工作的好坏直接影响到工程建设的成败。

建设项目信息管理指的是信息传输的合理组织和控制。通过对各个系统、各项工作和各种数据的管理，使建设项目的信息能方便和有效地获取、存储、存档、处理和交流。信息管理的目的就是通过有组织的信息流通，使决策者能及时准确地获得相应的信息。为了达到信息管理的目的，就要把握好信息管理的各个环节。

3.3.4.1　建设项目信息管理的基本环节

建设项目信息管理的基本环节有：信息的收集、传递、加工、整理、检索、分发和存储。

（1）建设工程项目信息的收集。建设工程参建各方对数据和信息的收集是不同的，有不同的来源、不同的角度、不同的处理方法，但要求各方相同的数据和信息应该规范。其参建各方在不同时期对数据和信息的收集侧重点也有所不同，也要求规范信息行为。建设项目的不同阶段，如项目决策阶段、项目设计阶段、项目施工招投标阶段、项目施工阶段等，决定了不同的信息内容。但无论项目信息内容有何不同，人们获取信息的来源、信息采集的途径、信息采集的方法却是相同的。具体内容包括：①项目决策阶段的信息收集。②项目设计阶段的信息收集。③项目施工招投标阶段的信息收集。④施工阶段（施工准备期、施工实施期、竣工保修期）的信息收集。

（2）建设工程项目信息的加工及整理。主要工作是把建设各方得到的数据和信息进行鉴别、选择、核对、合并、排序、更新、计算、汇总、转储，生成不同形式的数据和信息，提供给不同需求的各类管理人员使用。具体包括建设工程项目信息的筛选和工程项目信息的加工。

（3）工程项目信息的分发和检索。在对收集的数据进行分类加工处理产生信息后，要及时提供给需要使用数据和信息的部门，信息和数据的分发要根据需要来分发，信息和数据的检索则要建立必要的分级管理制度，确定信息使用权限。一般由实用软件来保证实现数据和信息的分发、检索，还必须按一定规则和方法把所有信息记录组织排列成一个有序的整体，为人们获取所需信息提供方便。

（4）建设工程项目信息的存储。信息的存储一般需要建立统一的数据库，各类数据以文件的形式组织在一起，组织的方式要考虑规范化。可以按工程进行组织，同一工程按照投资、进度、质量、合同等组织，各类信息进一步按照具体情况细化；各参建方协调统一存储方式，在国家技术标准有统一代码时尽量采用统一代码，文件名命名也应规范化；尽量通过网络数据库的形式存储数据，达到建设各方数据共享，减少数据冗余，保证数据的唯一性。

3.3.4.2 建设工程信息管理的作用

（1）辅助决策。针对工程项目管理过程中积累的大量信息，借助信息化手段建立起信息存储、管理、交流的平台，可以实现跨地域的同步交流与管理。计算机信息系统为项目参与各方随时提供工程的进度、安全、质量和材料采购情况，及时收集、追踪各种信息，减少人工统计数据的片面性和误差，使信息传递更加快捷、开放。项目管理者可以通过项目数据库，方便、快捷地获得需要的数据，通过数据分析，减少决策过程中的不确定性、主观性，增强决策的合理性、科学性及快速反应能力。

（2）提高管理水平。借助信息化工具对建设工程项目的信息流、物质流、资金流进行管理，可以及时准确地提供各种数据，基本杜绝由于手工和人为因素造成的错误，保证流经多个部门的信息的一致性，避免由于口径不一致或版本不一致造成的混乱。同时，利用信息管理平台、电子邮件等信息化手段，可以把工程项目参与各方紧密联系起来，利用项目管理数据库提供的各种项目信息，实现异地协调与控制。

（3）再造管理流程。建设工程项目管理是通过环环相扣的业务流程，把各项投入变成最终产品。在同等人、财、物投入的情况下，不同的业务流程所产生的结果是不同的。传统的项目组织结构及管理模式存在多等级、多层次、沟通困难、信息传递失真等弊端。以信息化建设为契机，利用成熟系统所蕴含的先进管理理念，对项目管理进行业务流程的梳理及变革，将有效地促进项目组织管理的优化。使用信息化系统减少了管理层次、缩短了管理链条，精简了人员，使决策层与执行层能直接沟通，缩短了管理流程，加快了信息传递。

（4）降低成本，提高工作效率。工程项目信息化管理，可以大大降低管理人员的劳动强度。通过网络进行各种文件、资料的传送和查询，节约了沟通的成本。如采用计算机系统管理材料物资，可对施工中所需的各种材料进行有效的采购、供应、分析和核算。进行网上采购，可节约采购成本；利用库存信息，合理进行材料调配，减少了库存，节约了劳动力和经营成本。

（5）提高管理创新能力。成熟的信息系统，都是某种先进管理理念的体现。通过信息化可以借鉴这些理念，建立规范制度，提升管理水平。同时，利用网络资源，可以方便、快捷、广泛地获取新技术、新工艺、新材料信息，为创建优质工程提供条件。

3.3.4.3 建设项目信息管理的基本要求

目前，工程建设项目越来越多地应用信息技术进行辅助管理，但大多还是限于一些局部过程。随着工程建设项目信息化管理的推进和实现，信息技术在工程项目生命周期管理中的应用将会得到越来越多地重视和越来越广泛地普及。因此，对建设工程实现信息化管理提出如下具体要求：

（1）建设工程项目管理过程中的所有信息的采集、存储、检索、加工、传递、利用等各个信息处理环节均实现数字化、系统化，项目经理部配置必要的计算机硬件系统，并应用与工程建设项目相关的软件进行信息处理。实现信息处理各环节的数字化和系统化是信息管理的基础。图 3-1 所示给出了工程项目信息管理系统典型的系统配置方案。

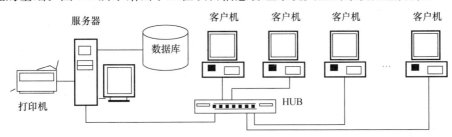

图 3-1 工程项目信息管理系统典型的系统配置方案

（2）工程建设项目各参与方均应实现信息化，要求工程建设项目的各参与方都要建立起各自的工程项目管理信息系统。出于建设工程项目大量数据处理的需要，在当今的时代应重视利用信息技术的手段进行信息管理，真正实现整个工程建设项目管理全方位的信息管理，应建立工程项目参与各方进行信息交流和信息共享的平台和工具，其核心的技术是基于网络的信息处理平台，以此为工程项目参与各方创造共同语言环境和氛围，改变以往只是局部实现信息化，从而产生"信息孤岛"的问题。图 3-2 所示给出了工程项目参与各方信息交换平台的示意图。

（3）为充分利用和发挥信息资源的价值、提高信息管理的效率、实现有序的和科学的信息管理，业主方和项目参与各方都应编制各自的信息管理手册，以规范信息管理工作。信息管理手册的主要内容包括：信息管理的任务，信息管理的任务分工表和管理职能分工表，信息的分类，信息的编码体系和编码，信息输入输出模型，各项信息管理工作的工作流程图，信息处理的流程图，信息处理的工作平台及使用规定，各种报表和报告的格式及报告周期，项目进展的月度报告、季度报告、年度报告和工程总报告的内容及其编制，工

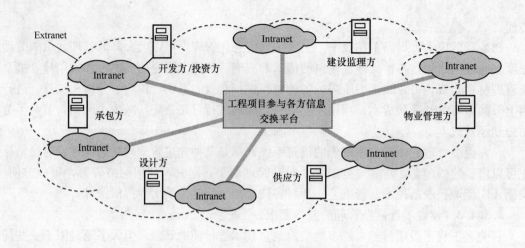

图 3-2 工程项目参与各方信息交换平台示意图

程档案管理制度，信息管理的保密制度等。

（4）为确保信息管理工作的顺利进行，在国际上许多建设工程项目都专门设立信息管理部门（或称为信息中心），也有一些大型建设工程项目专门委托咨询公司从事项目信息动态跟踪和分析，从宏观上和总体上对项目的实施进行控制。信息管理部门专门从事信息管理工作，其主要工作任务是：主持编制信息管理手册，在项目实施过程中进行信息管理手册的必要地修改和补充，检查和督促执行；协调和组织项目管理班子中各个工作部门的信息处理工作；信息处理工作平台的建立和运行维护；与其他工作部门协同组织收集信息、处理信息和形成各种反映项目进展和项目目标控制的报表和报告；工程档案管理等。

（5）建设项目信息管理的实施需培养一大批复合型人才。为了充分利用高新技术来实现信息管理的特点，需要一批既懂建设工程技术，又会应用现代信息技术的复合型人才。这就要求项目参与各方对传统的、落后的管理思想、管理方式进行改造，优化组织机构，推行知识优化政策，大力引进和培养复合型人才，重视对员工的培训，提高全员信息化意识和运用信息技术的能力。

3.3.5 建设项目管理信息化

在建设项目管理领域，信息化管理早期体现在建设工程管理软件应用，如在建设工程管理的各个阶段使用的各类软件，包括项目管理软件，这些软件主要用于收集、综合和分发建设工程管理过程的输入和输出信息。但一个软件不可能包含建设工程全过程的所有功能，一般来说，每个软件都有自己的主要功能，因此，将这些软件的功能集成、整合在一起，即构成了建设项目管理信息系统。

3.3.5.1 信息技术对建设项目管理的影响

信息技术的高速发展和不断应用，其影响已波及传统建筑业的方方面面。具体影响表现在如下几个方面：

（1）建设项目系统的集成化。包括各方建设工程系统的集成以及建设工程系统与其他管理系统（项目开发管理、物业管理）在时间上的集成。

（2）建设项目组织虚拟化。在大型项目中，建设工程组织在地理上分散，但在工作上协同。

（3）在建设工程的方法上，由于信息沟通技术的运用，项目实施中有效的信息沟通与组织协调使工程建设各方可以更多地采用主动控制，避免了许多不必要的工期延迟和费用损失，目标控制更为有效。

建设项目任务的变化，使信息管理更为重要。甚至产生了以信息处理和项目战略规划为主要任务的新型管理模式——项目控制。

3.3.5.2 建设项目管理信息化的意义

（1）促进了工程管理变革。现代信息技术作为当代社会最具活力的生产力要素，其广泛应用而引发的信息化和全球化正在迅速地改变着传统建筑业的面貌。信息技术在工程管理中的应用以工程管理信息系统的出现为标志，大大提高了工程管理中信息的处理、存储的效率，也极大地提高了工程管理工作的有效性。建设项目管理信息化极大地促进了工程管理手段、工程管理组织和工程管理思想方法的变革，以及新的管理理论，如项目控制、集成化管理等在建设工程管理中的运用有了强大的技术支持。

（2）改变了传统的设计观念、手段和方式。勘察设计行业是在我国建设领域中率先应用计算机技术，信息化建设起步早、发展快、效益高的先进行业。工程设计自 20 世纪 80 年代后期开始推广 CAD 应用，目前全行业 CAD 出图率已达到 95％以上，不仅彻底把工程设计人员从传统的绘图中解放出来，而且大大缩短了设计周期，提高了设计质量，经济效益十分显著。一些先进单位正在开发建设设计与管理集成化、智能化应用系统，与国际接轨。采用 BIM 技术，可以由二维（2D）到三维（3D），由图形到建筑信息模型，彻底改变建筑工程设计信息的创建过程。使传统的设计观念、手段和方式发生了根本的变化，使方案的比选、优化更为直观，对提高设计质量和水平发挥了重要作用。

（3）实现了建筑业从纵向一体化向横向一体化生产模式的转变。所谓纵向一体化生产模式，是指承包公司对承包的大型工程项目的所有环节，即可行性分析与立项、融资与投资、规划与设计、采购与施工、现场组织与管理、技术培训、试运行、售后服务等都亲自参与并完成，或以控股、兼并等方式直接控制其他企业来完成承包项目的所有环节。纵向一体化的信息流主要在企业内部流动，企业内部有效的生产控制与调配成为完成承包工程的关键。而所谓横向一体化生产模式，是指众多的承包商在进行充分的外部环境和内部条件分析的基础上，确定出各自在完成承包工程所必须进行的若干环节中拥有的相对竞争优势、可以获得超出行业水平平均利润率的战略环节，然后彼此结成动态的战略联盟，共同完成承包工程。横向联合生产模式的信息流主要在战略联盟企业间流动。基于企业之间信息沟通的项目实施的有效控制与协作是完成承包工程的关键。横向一体化的优势明显，尤其体现在：①经营领域中承揽工程的优势；②生产领域中施工组织与管理方面的优势；③风险及效益优势。

（4）加速信息化施工的进程。所谓信息化施工，简单地说，就是指将信息技术应用于施工，以便于缩短工期、降低成本、提高工程质量的过程，其重点是对施工过程进行信息化控制，主要表现在：①传感技术、分析计算以及控制技术在具体施工过程中的应用；②施工过程中使用虚拟仿真技术；③一批成熟的单项软件产品的应用。

（5）推进了建筑企业信息化。工程项目管理信息化要求工程项目各参与方均实现信息化，客观上对建筑企业信息化产生了巨大的需求，进而推进了建筑企业信息化的进程。目前，建筑系统的企业正在进行以优化结构、提高经济效益为目标的企业改组和改造，各建筑企业充分利用信息技术提升企业的技术、管理水平，达到提高产品质量、服务水平、企业效率和企业竞争力的目的。

3.3.5.3 建设项目管理信息化的实施

为了真正实现工程建设项目信息化管理，必须使工程项目生命周期管理中按数字化设计所有产品，通过分享内容，共同合作，协同作业，改善信息创建、管理和共享，从而达到提高决策准确度、提高运营效率、提高项目质量和提高用户获利能力的目标。基于互联网的工程项目信息管理系统，是实现现代工程建设项目管理信息化的基本途径。

基于互联网的工程建设项目信息管理系统不是某一个具体的软件产品或信息系统，而是国际上工程建设领域基于 Internet 技术标准的项目信息沟通系统或远程协同工作系统的总称。该系统可以在项目实施的全过程中，通过共用的文档系统和共享的项目数据库，对项目参与各方产生的信息和知识进行集中式管理，主要是项目信息的共享和传递，而不是对信息进行加工和处理。项目参与各方可以在其权限内，通过互联网浏览、更新或创建统一存放于中央数据库的各种项目信息。因此，它是一个信息管理系统，而不是一个管理信息系统，其基本功能包括文档信息和数据信息的分类、存储、查询。该系统通过信息的集中管理和门户设置为项目各参与方提供一个开放、协同、个性化的信息沟通环境。

基于互联网的建设工程信息管理系统在工程实践中有着十分广泛的应用，国外有的研究机构将其列为未来几年建筑业的发展趋势之一。在工程项目中应用基于互联网的建设工程信息管理系统，可以降低工程项目实施的成本，缩短项目建设时间，降低项目实施的风险，提高业主的满意度。

3.4 建设工程项目信息模型

3.4.1 建设工程项目全寿命周期管理

建设工程项目从开始到结束的整个过程中，经历了前期决策、设计、招投标、施工、试运行和正式运营、项目结束等多个阶段，涉及投资方、开发方、监理方、设计方、施工方、供货方、项目使用期的管理方等多方参与。

1. 建设工程项目全寿命周期的概念

建设工程项目的全寿命周期是指从项目构思与设想到项目废除的全过程，它包括项目的决策阶段、实施阶段和使用阶段（运行阶段或运营阶段），如图 3-3 所示。

决策阶段的主要任务是确定项目的定义，即确定项目建设的任务和确定项目建设的投资目标、质量目标和工期目标等；建设工程项目的实施阶段，包括设计准备阶段、设计阶段、施工阶段、动用前准备阶段和保修阶段。招投标工作分散在设计准备阶段、设计阶段和施工阶段中进行，因此可以不单独列为招投标阶段。实施阶段的主要任务是完成建设任务，并使项目建设的目标尽可能好地实现；使用阶段的主要管理任务是确保项目的运行或运营，使项目能保值和增值。本章中所提到的建设工程项目信息管理是指建设工程项目全寿命周期的信息管理，而施工项目信息管理是指项目施工阶段和动用前准备阶段的信息管理。

2. 建设工程项目的参与方及其分工

建设工程项目全寿命周期管理大体可分为项目前期的开发管理 DM（Development

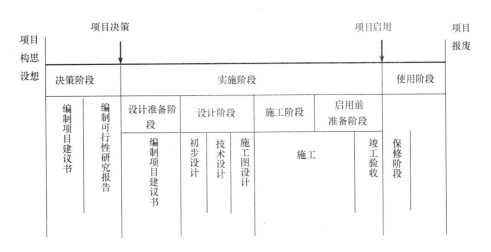

图 3-3　建设工程项目的全寿命周期

Management)、项目实施期的项目管理 PM（Project Management）、项目使用期的物业管理 FM（Facility Management）。在这些过程中，涉及投资方、开发方、监理方、设计方、施工方、供货方、项目使用期的管理方等多方参与，全寿命管理中各参与方的分工及参与的时间范畴如图 3-4 所示。其中 DM 属于投资方和开发方的管理工作，FM 属于项目使用期管理方（可能是业主方，或由业主方委托的设施管理单位）的工作，而项目管理则涉及项目各参与方的管理工作，包括投资方或开发方（业主方）、监理方、设计方、施工方和供货方等的项目管理。因此，建设工程管理不仅仅是业主方的管理，它涉及建设工程项目的各个参与单位对工程的管理。

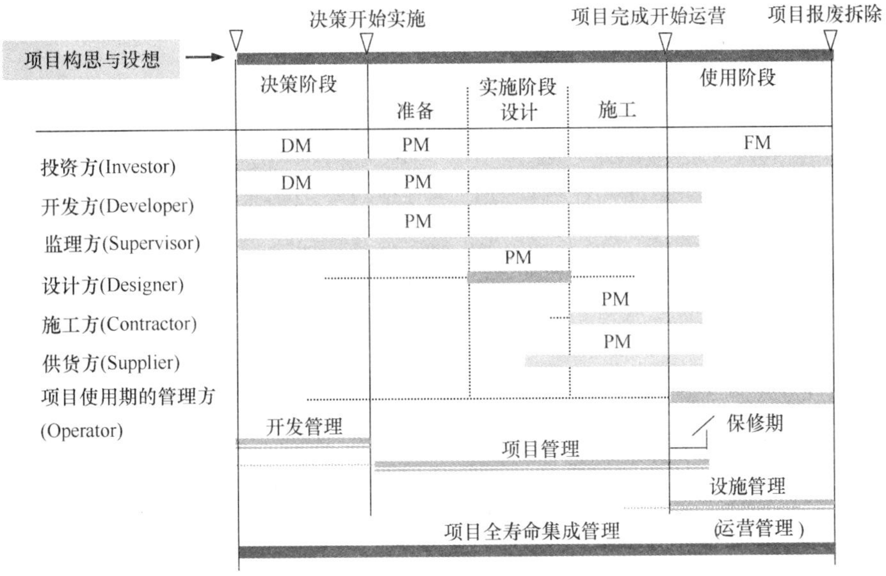

图 3-4　工程项目生命周期管理中所涉及的各参与方

　　工程建设过程各参与方的参与程度同样体现在不同的承发包方式上，如图 3-5 所示。在不同的承发包方式下，开发方、设计方、咨询或监理方扮演了不同的角色或有不同的管理侧重。

筹划	可行性研究	规划	设计	采购	施工	验收及保修	维护及试运行	运营
					施工总包	(General Contracting)		
			建造管理(Construction Management)					
			设计/建造(Design/Build)					
	项目管理(Single Project)							
	项目群管理(Multiple Projects)							
BOT(Build/Operate/Transfer)								
系统咨询(Systems Consulting)								
筹划	可行性研究	规划	设计	采购	施工	验收及保修	维护及试运行	运营

图 3-5　各种承发包方式涉及的项目参与方示意图

3. 建设工程项目各阶段的管理

（1）开发管理（DM）。即建设工程项目决策阶段的管理，其主要任务是定义开发或建设的任务和意义，其管理的核心是对所要开发的项目进行策划，它包括下述工作：建设环境和条件的调查与分析，项目建设目标论证与项目定义，项目结构分析，与项目决策有关的组织、管理和经济方面的论证与策划，与项目决策有关的技术方面的论证与策划，项目决策的风险分析等。

建设工程项目实施阶段也有策划工作，其主要任务是定义如何组织开发或建设，包括下述工作：项目实施的环境和条件的调查与分析，项目目标的分析和再论证，项目实施的组织策划，项目实施的管理策划，项目实施的合同策划，项目实施的经济策划，项目实施的技术策划，项目实施的风险策划等。

（2）项目管理（PM）。其内涵是从项目开始至完成，通过项目策划和项目控制，使项目的费用目标、进度目标和质量目标得以实现。按建设工程生产组织的特点，一个项目往往由许多参与单位承担不同的建设任务，而各参与单位的工作性质、工作任务和利益不同，因此就形成了不同类型的项目管理。由于业主方是建设工程项目生产过程的总集成者——人力资源、物质资源和知识的集成，业主方也是建设工程项目生产过程的总组织者，因此对于一个建设工程项目而言，虽然有代表不同利益方的项目管理，但是，业主方的项目管理是管理的核心。

4. 建设工程全寿命管理（BLM）的产生

工程项目建设从开始到结束的整个过程中，与项目有关的技术、经济、管理、法律等各方面的信息从无到有，从粗到细，经历了复杂的不断积累增加的变化过程。

由于建设工程项目的特殊性，项目建设周期长，参与到项目中来的多个单位、各种人员在项目建设前没有直接关系，而在项目建设中需了解工程项目的要求，要掌握相应的信息，产生并处理新的工程信息。随着设计、投标、施工等各阶段工作的逐渐展开，与建设工程有关的信息得到不断地增加并逐渐深化和系统化。当一个阶段工作结束，下一个阶段工作开始时，新的人员开始参与到项目中来，对于这些人员，原有的信息绝大多数是未知的。如果没有统一的信息平台，就会使得工程建设各阶段衔接中产生大量的信息丢失，从而降低工程的效率，如图 3-6 中折线所示。

如何避免工程建设过程信息的流失所造成的负面影响，已成为建设领域信息化的一个主要工作任务。国内外 IT 技术的最新发展从信息化的角度为避免信息流失和减少交流障碍提供了两方面的可能性：一方面是推行建设工程设计、施工和管理工作中的工程信息的模型化和数字化，即建筑信息模型的概念（BIM，Building Information Modeling）；另一方面是提高建设工程信息在参与建设工程各个单位和个人之间共享的程度，减少信息在这些界面之间的交流障碍，即建设工程全寿命管理的概念（BLM，Building Lifecycle Management）。建设工程全寿命管理是将工程建设过程中包括规划、设计、招投标、施工、竣工验收及物业管理等作为一个整体，形成衔接各个环节的综合管理平台，通过相应的信息平台，创建、管理及共享统一完整的工程信息，减少工程建设各阶段衔接及各参与方之间的信息丢失，提高工程的建设效率，如图 3-6 中曲线所示。

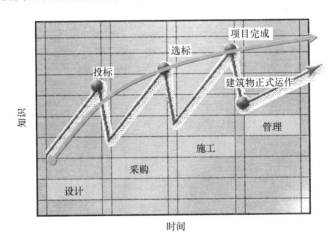

图 3-6　工程建设各个阶段信息丢失比较

3.4.2　传统建设工程项目信息模型

3.4.2.1　建设工程信息流程

建设工程是一个由多个单位、多个部门组成的复杂系统，这是建设工程的复杂性决定的。参加建设的各方要能够实现随时沟通，必须规范相互之间的信息流程，组织合理的信息流，保证工程数据的真实性和信息的及时产生。

建设工程信息流由参与各方的信息流组成，如图 3-7 所示。而图 3-8 所示给出了按工程建设过程描述的信息关系。

3.4.2.2　建设工程信息模型

基于国际通用的 FIDIC 合同条件的建设工程信息模型，如图 3-9 所示。在该模型中，一级实体代表工程建设中的主要三方，即业主、工程师和总承包商。同时描述了二级实体与一级实体的信息交换关系。该模型是按主体描述的信息关系图。

3.4.3　基于电子商务的建设工程信息模型

建筑业电子商务是对建设工程项目建设周期实行全过程、动态化、多层次的信息交流，并将项目所有参与方联结在一起的复杂的电子交易系统。而实现电子商务活动的最重要问题就是对项目所有参与方信息资源的整合，以及对信息技术与建筑业业务流程的整

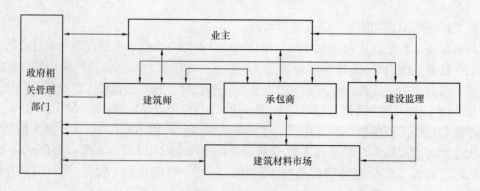

图 3-7　工程建设参与各方信息关系流程图

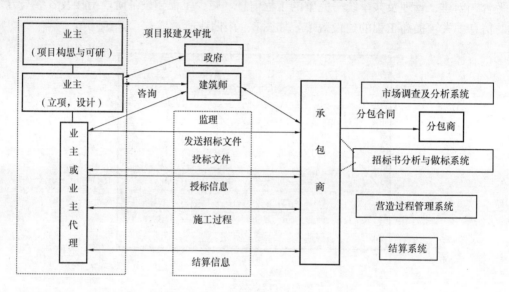

图 3-8　项目建设过程信息关系图

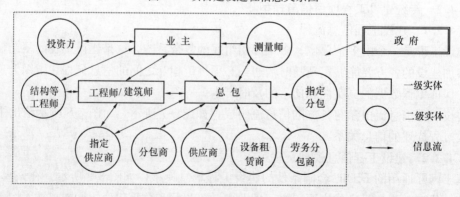

图 3-9　基于 FIDIC 合同条件的建设工程信息模型

合。因此，建筑业电子商务可理解为：基于网络，运用电子整合方法，在建筑业领域进行的所有层面的商务处理活动。

3.4.3.1　建筑业电子商务的运行过程

建筑业电子商务可称为 P—（O＼A＼E＼G＼S＼T＼L）电子商务。参与交易的各方主要包括：业主（Owner）——获得最终建筑产品，建筑师（Architecture）——提供设计方案及图样，工程师（Engineer）——提供包括项目前期论证、技术管理咨询及监理等咨询服务，总承包商（General Contractor）——提供总包服务，各专业及劳务分包商（Subcontractor）——提供各种分包服务，材料及商品等供应商（Trade Contractor）——提供工程所需的各种材料及商品等，设备及工具租赁商（Leasing Contractor）——提供租赁设备等。由以上七方构成的基于电子商务的工程信息模型如图 3-10 所示。

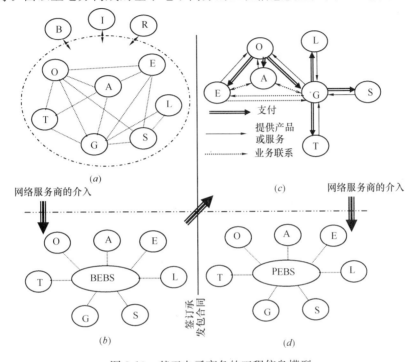

图 3-10　基于电子商务的工程信息模型

（a）竞标阶段的信息关系图；（b）以竞标获得项目为中心的在线系统；（c）履约阶段
的信息关系图；（d）以完成特定项目为中心的在线系统

O—业主；A—建筑师；E—工程师；G—总包商；S—分包商；T—供应商；L—租赁商；
B—银行；I—保险公司；R—技术研究及专利部门；BEBS—竞标阶段电子商务系统；
PEBS—履约阶段电子商务系统

　　按完成项目的过程，建筑业的电子商务可分为两个阶段，即竞标阶段的电子商务和履约阶段的电子商务。在普通承发包方式（包括设计建造方式）下，第一阶段的电子商务结束于签订总承包合同；第二阶段的电子商务是以完成修复活动和最后支付为结束标志。

　　1）竞标阶段的电子商务。在图 3-10 中，第一阶段的电子商务是以获得合同为目的的电子商务活动。电子商务系统中的七方在 Internet 环境下通过频繁的信息交换进行如下业务联系。

　　（1）业主为获得称职的设计及营造商需要进行大量的信息挖掘。

　　（2）总承包商在工程估价时，利用网络实时与分包商、材料及商品供应商、设备租赁商等沟通，以获得最新的分包商报价、最新的材料及商品价格和设备租赁价格等，以使自己的投标价更具有竞争力。

　　（3）建筑师为使自己的限额（这里指投资额）设计方案更容易夺标，需要实时了解各种材料及商品的价格和新材料、新方法的应用情况。

电子商务系统中的各交易方在第一阶段进行的复杂业务联系由图 3-10 中的 a 图描述。图中各个节点之间复杂的连线表示其业务及信息联系。在竞标阶段的电子商务中，也需要了解有关金融、保险、专利及新技术等信息。因此交易信息同样涉及银行、保险公司、技术及专利部门等。应用系统工程的方法，将这些实体作为系统边界以外的部分，只考虑其对建筑业电子商务系统的信息交换，而使研究集中在系统内部的七类实体之间的电子商务上。

2）履约阶段的电子商务。这一阶段的电子商务是以确定的项目为核心展开的，以合同方式结合起来的各交易方之间的电子商务由图 3-10 中的 c 图描述。

为了高效地进行这个阶段的电子商务，网络服务商提供了大量的电子商务软件。如 Collaborative Structures Inc. 公司提供的 First Line 系统等，它实现了项目的在线营造，同时确保了项目信息的安全和保密。

3.4.3.2　电子商务环境下建设项目各参与方的信息活动

在以工程项目（Project）为核心的电子商务系统中，为完成一件建筑产品而参与交易活动的七方在 Internet 网络环境下要进行各自的基于电子商务的信息活动。这些活动在有些方面是相同的，如电子广告、商务信息挖掘、网上谈判、订立合同等。而有些活动则是各具特色的，如业主要在网上完成工程招标，对投标商的资格审查及开标等商务信息活动；承包商要在网上完成盟友选择、工程估价、投标报价、在线项目管理等商务信息活动；建筑师要在网上出图，用虚拟现实技术将建筑设计展示给业主或承包商；而监理工程师可以进行远程监理与咨询等电子商务信息活动。基于网络的工程项目各参与方的信息活动内容可参见表 3-1。

基于网络的工程项目各参与方的信息活动内容　　　　　　　　　　表 3-1

代号	交易方	电子商务信息活动内容	
O	业主	电子广告	工程招标、资格审查、开标及项目控制等
A	建筑师	网上商务	网上出图，虚拟现实技术的设计方案展示等
E	工程师	信息挖掘	远程监理与咨询等
G	总包商	网上谈判	盟友选择、网上估价、网上投标、在线项目管理等
S	分包商	订立合同	盟友选择、网上估价报价、在线项目管理等
T	供应商	（订单）	网上商品及材料展示等
L	租赁商	网上结算	网上设备及工具展示等

3.4.3.3　网络服务商对系统的整合作用

值得注意的是建筑业电子商务网络服务商的发展是建筑业电子商务发展的重要方面，建筑业电子商务网络服务商把系统七类实体之间复杂的电子交易活动聚集在一个高效的网络节点上，使建筑业电子商务的交易各方能快速地找到其交易伙伴，获得各方面的信息咨询。它将承发包市场、建筑材料市场、设备租赁市场、建筑劳务市场、建筑技术市场，甚至资金市场及技术培训市场等聚合在一起，成为建筑业电子商务中心。例如，最近出现了美国建筑业资源中心（www.consource.com），就是一家有代表性的建筑业电子商务网络服务商。它提供了美国所有的承包商及各种专业分包商的网站入口信息。

3.4.4　建设工程项目全寿命管理的信息模型

建设工程全寿命管理（BLM）的信息模型从动态上分析是一个循环的模型，如图 3-11 所示。该图形象地表示了工程项目生命周期内的信息生命过程的行为本质：创建、管理、共享。信息创建，是要创建建设工程灵活的三维设计数据，从而作为信息管理和共享的基础条件；信息管理，是要建立建设工程智能的电子项目文档，使工程信息资料能够充分使用和有效保存；信息共享，是要在建设工程全寿命周期内，使工程参与各方能够进行在线的信息交流与协同工作。BLM 的目标是通过协同作业，改善信息的创建、分享与过程管理，从而达到提高决策准确度、提高运营效率、提高项目质量和提高用户获利能力的目标，是工程建设领域信息化发展的方向。

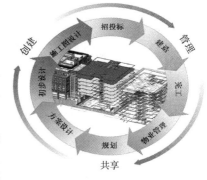

图 3-11　建设工程全寿命管理
（BLM）模型

建设工程全寿命管理模型从结构上分析是一个层次模型，包括基于数据层面的协同作业和基于沟通层面的协同作业。

1. 基于数据层面的协同工作

通过采用建筑信息模型（BIM，Building Information Modeling）技术，改善信息"创建"过程，实现从二维（2D）到三维（3D），从图形（Drawing）到模型（Model），如图 3-12 所示。

1）BIM 模型的特征。BIM 是随着信息技术在建筑业中应用的深入和发展而出现的，将数字化的三维建筑模型作为核心应用于建设工程的设计、施工等过程中的一种工作方法。这种模型的特征是：

（1）由参数定义的、互动的建筑物构件。作为建筑信息模型基本元素的建筑物构件是一个数字化的实体，如数字化的门、窗、墙体等，能表现出门、窗、墙体的物理特性和功能特征，并具有智能性的互动能力。门、窗和墙体之间能自动结合，在几何关系和功能结构上能形成一个整体。

（2）即时的二维/三维/参数模型显示和编辑。信息模型在表现形式上既能进行传统的二维平面显示，如平、立、断面图等，又能进行三维的立体显示和某种程度的动态显示，如建筑效果图、建筑动画等，以及在某种特定情况下用于分析计算的参数显示，如建筑构件表。这些不同的显示方式之间应保持高度的相关性和一致性，尤其是在对信息模型进行编辑、修改时，在任何一种显示方式下进行的编辑、修改都会同时在其他的显示方式中如实地显示出来。

（3）完全整合的非图形数据报告方式。信息模型能完整地、系统性地对非图形数据进行报告和显示，如工程量清单、门窗列表、造价估算等，这些信息都应该可以通过表格的形式显示出来，对信息模型的任何编辑和修改都会即时、准确、全面地反映在这些表格中。

2）BIM 数据的产生。BIM 的数据产生于项目实施的整个过程，产生数据的工具是项目实施过程中使用的软件工具。目前主要是一些以三维信息模型为核心的工程设计软件，如 Autodesk 公司开发的 Revit（应用于建筑设计）和 Civil 3D（应用于土木工程设计）

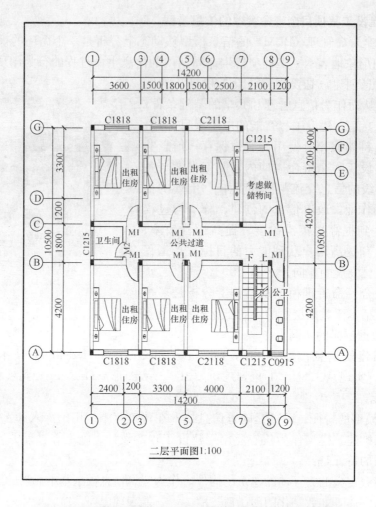

二层平面图1:100

图 3-12　BIM（建筑信息模型）技术的信息创建过程

等。工程设计人员在工作中像通常一样进行设计，在电脑中制图，形成建筑物的梁、柱、楼地面、屋顶、门窗等。不同于以往的计算机制图软件，在工程设计中绘制出点阵、线条、符号等图形信息，此类工程设计软件通过上述的操作在其内部数据库中形成包含各种建筑物实体和构件信息的数据文件，即数字信息，也就是信息模型。

然而，受工程设计软件功能和实际用途的限制，所产生数据的核心部分主要是有关建筑物实体和构件的基本数据，基本上没有涉及技术、经济、管理及其他方面的附属数据。随着建设工程信息化的深入和发展，应该有越来越多的建设工程应用软件，如造价估算软件、进度计划软件、采购软件、工程管理软件等，利用信息模型中的基本数据，在不同工作的环节中产生出相应的工程项目实施的数据，并能将这些数据整合进最初的信息模型中，对信息模型进行补充和完善，形成信息模型中的附属数据。

3）BIM 数据的共享。在项目实施的过程中，自始至终应该有一个唯一的建筑信息模型，包含完整的建筑物和工程数据。不论将什么样的软件应用在项目实施中，不同的软件之间应保持高度的兼容性，相互之间的数据应该有高度的互操作性，从而保证唯一的建筑信息模型的完整性、准确性和系统性。传统上，不同的数据库管理系统往往要求不同的数据格式和数据传输方式，而各种应用软件必须满足这些要求才能和数据库进行指令和数据的交换。BIM 数据的完全共享会是一个较长的发展过程。但随着建设工程数据共享程度的逐步提高，与工业自动化的发展过程相似，建设工程领域的管理和技术人员会在各种应用软件的帮助下，逐渐摆脱琐碎的工程数据的束缚，将精力真正集中到工程项目的本质问题上来。

2. 基于沟通层面的协同工作

通过采用项目全寿命管理（BLM）技术，改善信息"管理"和"共享"过程。在技术上实现从工程项目各参与方杂乱无序的沟通方式到有序的在线协同作业，如图 3-13 所示。Autodesk 公司的产品 Buzzsaw 和 DWF Composer 软件实现了从原来用 Email 传输文件转变到通过 Buzzsaw 传输文件，从原来以 DWG 格式传输（具有流量大、速度慢等特点）转变为以 DWF 传输（具有方便和流量小等优点）。

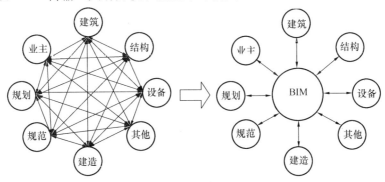

图 3-13　由杂乱无章的传统方式向集中一致的协同作业方式转换

（1）基于网络平台的工程管理软件 Buzzsaw。建设工程的建设过程是一个多方合作的过程。然而，在建设工程实践领域，与建设工程相关的各参与方的管理、相互之间的接触往往是对立的。CAD 技术出现以后，虽然工程设计人员基本上已经采用这一技术进行设计和出图，但是其后续的工作，包括审图、招投标管理、整理和传送建筑资料等，还依然是全手工和没有整合的。而工程建设过程，从建设工程项目的概念形成、设计、实施，一直到项目的竣工，以及使用和维护，建设工程全寿命周期所有各项工作都会涉及信息的交流和协同工作的问题。基于互联网的工程项目合作工具能够更好地实现信息的交流和共享，以克服在实施过程中因各参与方的对立而产生的问题。

Autodesk 公司是世界领先的设计资源和数字化产品生成工具的供应服务商之一，提供设计类软件和互联网专业门户站点的综合服务，以便于客户充分及时地利用强大的设计优势发展业务。创立了一些门户服务型网站，用于网上工程项目协作及其相关的专业数据资源服务和电子商务等，如在建筑业 BtoB 电子商务方面的大型综合信息门户网站 www. buzzsaw. com。

建筑活动是一项需要业主、总包、分包、建筑师和工程师各方共同努力才能完成的工作。然而，这些项目往往由于信息的误解和错误导致工作杂乱无章和麻烦频出，从而造成成本上升、进度拖延以及其他问题。Buzzsaw 旨在通过为这些参与方搭建一个虚拟平台，以便各方之间的交流，了解各自的工作情况来解决以上问题。它的技术服务涵盖了从设计到施工的整个建筑过程；这样，项目管理者和承包商就能够监视建筑工地的进展，而无需离开他们的办公桌，节约了时间和费用。Buzzsaw 所提供的服务包括一系列软件工具和网站资源，利用它们可以让无论处在哪个建筑过程——从策划、设计、施工到竣工的工作更灵活、更快捷。尤其是针对特定的工作环节或工作信息，Buzzsaw 的功能和特点显得更为突出。

（2）DWF 文件格式的信息共享。Autodesk 公司所开发的 DWF（Design Web Format）文件格式，为浏览和使用 BIM 的数据提供了非常直接和方便的方法。DWF 是一种类似于图形文件的文件格式，它将信息模型的原始数据或工程设计软件，如 AutoCAD 等的文件数据进行压缩，转化为可视的图形文件，供浏览、打印以及网络上的共享。但另一方面，不同于一般的图形文件，DWF 格式文件又在一定程度上保留了原始文件数据的完整性和互动性，如在文件上作标注、写评语、加图签等，使这些文件在工程人员之间的共享和交流非常方便。同时，它也考虑到了对原始数据的保护，一般的修改、标注、评语等都按照其过程顺序记录了下来，而文件中的原始数据则不可编辑，并有密码保护。

结合了建筑信息模型 BIM 和在线协同工作的 BLM 技术被认为是未来改进建筑设计、施工、管理过程的重要推动力量。基于互联网的协同工作服务已经成为主流技术，是能够大大提高项目管理效率和降低成本的主要因素。BLM 的特点可从三个方面体现，一是基于模型的设计系统，加快了设计进度、减少了错误、改善了可视化程度；二是在线协同工作系统，降低信息交换成本、增强项目的可控制性和可追踪性、提高项目质量；三是项目全寿命管理，减少低效因素、优化各环节的衔接、减少项目生命周期的风险。

3.4.5 建设工程项目中的信息沟通管理

1. 建设工程项目信息沟通

理想的集成化生产过程不但需要过程与过程之间的直接信息传递，而且需要参建各方之间的直接信息沟通，国内外许多未来建设工程项目信息管理发展趋势研究，都把信息沟通置于非常重要的位置。

（1）建设工程项目信息沟通的内涵。信息沟通就是交换和共享数据、信息和知识的过程，也就是建设工程参与各方在项目建设过程中，运用现代信息和通信技术及其他合适的手段，相互传递、交流和共享项目信息和知识的行为和过程。其目的是在建设项目参与各方之间共享项目信息和知识，使之做到在恰当的时间、恰当的地点，为恰当的人及时提供恰当的项目信息和知识。

信息沟通可以在建设项目各组成部分、各实施阶段、各参与方之间随时随地获得所需要的各种项目信息。

（2）信息沟通的技术。以计算机网络为代表的现代信息和通信技术（IT 技术）所具有的强大功能，改善了建设工程中的信息沟通及信息管理工作。应用 IT 技术可以使工程人员相互之间很好地沟通，灵活地交换信息，并且可以很好地协调各专业高层人员之间的活动，处理或减少工程中的不确定性。

IT 技术不仅能利用自动手段捕获、保存和检索数据，利用有效的信息处理方法把数据处理成信息，而且能利用功能强大的网络通信技术以丰富的形式，快速、大量地传输各种形式的数据、信息和知识等。如条形码技术能自动地获取和保存数据；数字地图和文件扫描技术能使图形转变为数字形式；三维视图及动画技术能有效地以可视方式及友好的用户界面描绘、检索及传输数据；数字照相机、数字录像机、数字探头等数字化设备可以方便地将施工现场的任何影像数字化。

另外，数据、信息和知识还能方便地以物理方式传输。如传输图像、声音、影像等的多媒体技术；基于 Internet/Intranet/Extranet 的各种 Email 技术、群组技术、电子数据交换、共享数据库技术、视频会议技术、虚拟现实技术、4D 技术等，这些基于现代信息网络的沟通技术能满足以物理方式传输文本文件和声音及图像等非文本文件的各种需求。可根据建设工程管理的功能和具体项目管理的需要选择合适的 IT 技术。

建设工程信息还可以通过因特网在建设系统相关网站进行收集。其主要来自如下三方面的网站。①政府相关部门的网站，如住房和城乡建设部和专业部委的网站，有关行业协会的网站，各地政府或地方相关部门的网站；②相关企业的网站，包括国内外建筑类网站，施工单位、监理咨询单位的企业网站，材料供应单位的网站等；③各类信息的通用网站，主要有商业性网站和各地城市网、物业小区信息网等。

2. 工程项目信息门户

项目信息门户是项目各参与方为信息交流、共同工作、共同使用的和互动的管理工具，是在对项目全寿命期各参与方产生的信息和知识进行集中管理的基础上，为项目参与各方在互联网平台上提供一个获取个性化项目信息的单一入口，从而为项目参与各方提供一个高效率信息交流和共同工作的环境。其核心功能是：项目各参与方的信息交流、项目文档管理和项目各参与方的共同工作。

项目信息门户按其运行模式可分为 PSWS 模式和 ASP 模式两种类型。

PSWS 模式（Project Specific Website）：为一个项目的信息处理服务而专门建立的项目专用门户网站，也即专用门户。采用 PSWS 模式，项目的主持单位应购买商品门户的使用许可证，或自行开发门户，并需购置供门户运行的服务器及有关硬件设施和申请门户的网址。

ASP 模式（Application Service Provide）：由 ASP 服务商提供的为众多单位和众多项目服务的公用网站，也可称为公用门户。ASP 服务商有庞大的服务器群，一个大的 ASP 服务商可为数以万计的客户群提供门户的信息处理服务。采用 ASP 模式，项目的主持单位和项目的各参与方成为 ASP 服务商的客户，它们不需要购买商品门户产品，也不需要购置供门户运行的服务器及有关硬件设施和申请门户的网址。国际上项目信息门户应用的主流是 ASP 模式。

3. 信息交换的标准化

（1）信息交换标准的作用。工程信息交换标准是工程管理信息化的基础工作之一，信息分类编码是信息交换标准体系的重要组成部分，信息交换标准主要有信息表示标准、信息分类编码、传输协议等。信息表示标准一般包括名词标准、度量标准、制图标准、图式符号标准等，用以规范信息表示方法，避免不同的人描述同一信息时使用不同的表示方法，造成混乱。

信息分类编码标准是进行信息交换和实现信息资源共享的重要前提，是实现管理工作现代化的必要条件，是信息标准化工作的一项重要内容。信息分类必须遵循科学性、系统性、可扩展性、兼容性、综合实用性等原则。信息分类编码是保证信息交换唯一性的必要手段，是根据信息内容的属性或特征，将信息按一定的原则和方法进行区分和归类，并建立排列顺序规则，以便管理和使用信息。

工程信息交换标准体系的建立最主要的意义在于建立了工程信息交换和共享的基础条件。为改变以往工程各个参与方使用各自的信息编码规则，许多基础信息重复编码、各不统一、无法共享的局面提供了可能。随着工程管理信息化工作的展开，信息交换标准将发挥其应有的作用。

（2）信息交换标准体系。工程建设信息交换标准是建筑业信息化的基础。由于建筑业生产的复杂性和需要多方协作才能完成的特殊性，决定了建筑业信息（数据）交换的复杂性和信息交换标准的复杂性。基于 Internet、Intranet 及 Extranet 的建筑业信息交换标准体系，由九大信息交换标准构成。这些标准包括：业主同政府主管部门之间的报建及审批信息交换标准；业主与建筑师之间的有关建筑规划及设计方面的信息交换标准；业主与工程师（包括监理师）之间的用于项目监理、了解和控制工程项目按质按量按期按投资要求完成的有关信息交换标准；委托招标方和参加投标方之间有关招标文件标准化的信息交换标准；投标商与招标委托方之间有关投标文件标准化的信息交换标准；招标方与中标方之间的授标信息交换标准，包括体现业主与承包商之间基于各种承发包方式的各种标准合同文本体系的信息交换标准；工程师（或监理师）与承包商之间在整个营造过程中有关信息的交换标准，包括设计变更、工期变动、各种索赔等信息的交换标准；结算信息交换标准，不仅包括了有关所完工程的工程量表的确认及支付，而且考虑了与会计系统信息交换的一致性，是工程控制系统与会计系统的一个结合点；另外，总包与分包之间的主要信息交换，包括有关合同等信息，构成了相应的总包分包信息交换标准。这些信息交换标准构成了一个信息交换标准系统。

思 考 题

1. 什么是信息？信息具有哪些性质？什么是信息管理？信息管理具有哪些特征？
2. 信息资源的含义及特征是什么？
3. 信息化的内涵是什么？信息化的内容及层次分别是什么？
4. 建筑企业信息化的基本内容有哪些？

5. 如何进行企业信息化绩效评价？

6. 基于网络的工程项目各参与方的信息活动有哪些？

7. 如何理解建设工程全寿命管理层次模型中基于数据层面的协同工作？

8. 什么是项目信息门户？项目信息门户的两种运行模式各有什么特点？

9. 建设工程项目信息沟通的内涵是什么？

参 考 文 献

[1] 丁士昭. 建设工程信息化导论[M]. 北京：中国建筑工业出版社，2005.

[2] 王要武. 工程项目信息化管理——Autodesk Buzzsaw[M]. 北京：中国建筑工业出版社，2005.

[3] 中国建设监理协会. 建设工程信息管理[M]. 北京：中国建筑工业出版社，2005.

[4] 李晓东，张德群，孙立新. 建设工程信息管理[M]. 北京：机械工业出版社，2007.

[5] 马智亮，吴炜煜，彭明. 实现建设领域信息化之路[M]. 北京：中国建筑工业出版社，2002.

[6] 刘喆，刘志君. 建设工程信息管理[M]. 北京：化学工业出版社，2005.

[7] 游五洋，陶青. 信息化与未来中国[M]. 北京：中国社会科学出版社，2003.

[8] 全国建筑企业职业经理人培训教材编写委员会. 全国建筑企业职业经理人培训教材(试用)[M]. 北京：中国建筑工业出版社，2006.

第4章 精益建设理论

4.1 精益生产和精益思想概论

4.1.1 精益生产和精益思想的概念

1. 精益生产的产生背景

精益生产（Lean Production，LP）的概念是由美国麻省理工学院专家组成的"国际汽车项目"工作小组于 1990 年在《改变世界的机器》（The Machine That Changed the World）一书中基于对日本丰田生产方式的研究和总结而提出的。《精益词典》中对精益生产定义如下：精益生产是组织和管理产品开发、作业、供应商和客户关系的业务系统，与过去的大量生产系统相比，精益生产消耗较少的人力、空间、资金和时间制造最少缺陷的产品以准确地满足客户的需要。这种以"追求零库存和快速应对市场变化"为主要特点的新生产方式是在 20 世纪资源价格持续上涨和市场需求趋于多样化的复杂背景下产生的。

自 20 世纪初美国福特汽车公司创立第一条汽车生产流水线以来，大规模的生产流水线一直是现代工业生产的主要特征。大规模生产方式是以标准化、大批量生产来降低生产成本、提高生产效率的。大规模流水生产在生产技术以及生产管理史上具有极为重要的意义。但是第二次世界大战以后，世界进入了一个市场需求向多样化发展的新阶段，相应地要求工业生产向多品种、小批量的方向发展，单品种、大批量的流水生产方式的弱点就日渐明显了。为了顺应这种时代要求，由日本丰田汽车公司首创的精益生产，作为多品种、小批量混合生产条件下的高质量、低消耗运作的生产方式在实践中摸索、创造出来了。

精益生产是第二次世界大战结束后，日本丰田汽车公司在资金和市场双重匮乏的条件下，在追赶欧美发达国家汽车制造业的过程中创建的一种不同于西方的批量生产的全新的生产方式。

当时在大批量生产方式下，制造汽车覆盖件的冲压模的更换是个难题。由于精度要求极高，模具的更换既昂贵又费时，需要具有较高技术的工人来完成。为了解决这个问题，西方汽车制造商采用一组冲压机来生产同一种零件，以此可以实现几个月甚至几年不更换模具。对于 20 世纪 50 年代的丰田公司，这种办法却行不通，他们没有足够的资金来购买几百台冲压机用于汽车覆盖件的生产，他们必须用少数的几条生产线生产所有汽车的冲压件。于是，大野耐一发明了一种快速更换模具的新技术，这种技术使更换一副模具的时间从 1 天减少到 3 分钟，也不需要专门的模具更换工。随后，大野耐一发现了一个令人惊讶的事实——小批量生产的成本比大批量生产更低。

造成这种事实有两种原因：第一个原因是小批量生产不需要大批量生产那样大的库存；第二个原因是在装配前，只有少量的零件被生产，发现错误可以立即更正。而在大批量生产中，零件总是被提前很多时间大批量地制造好，零件的错误只有到最后装配时才会发现，造成大量的报废或返修。根据后一个原因，大野耐一得出一个结论：产品的库存时间应控制在两个小时以内。而为了实现这个目标，必须有高度熟练的和高度责任感的工人组成的工作小组。但是，如果工人不能及时发现问题并随时解决，整个工厂的运行就会变得一团糟。

经过 30 多年的努力，终于形成了完整的丰田生产方式，使日本的汽车工业超过了美国，产量达到了 1300 万辆，占世界汽车总量的 30％ 以上。

20 世纪 80 年代以后，一方面，资源价格继续飞涨；另一方面，消费者的行为变得更加具有选择性。这种状况给企业发展提出了全新挑战，一方面企业必须找出新办法来使产品的开发设计周期和生产周期显著缩短，另一方面，还必须使企业的生产经营方式能够快速响应市场的需求变化。在这样的背景下产生了精益生产方式。

2. 精益生产的概念

精益生产是综合批量生产与单件生产的优点，最大限度地消除浪费，降低库存以及缩短生产周期，力求实现低成本准时生产的生产模式。其最终目的是通过流程整体优化与持续改进，均衡物流，高效利用资源，最大限度地消除浪费，降低成本以及缩短生产周期，达到用最少的投入（人员、设备、时间和场地等）向顾客提供最完美价值的目的，即持续不断地追求尽善尽美和精益求精。精益生产强调"适时、适量、适物"。它适应了多样化需求时代，逐渐成为主流生产方式。

3. 精益思想的概念

精益思想是从精益生产中提炼出的系统理论，即以整体优化的观点，合理地配备和利用拥有的生产要素，消除生产全过程中的一切浪费。由于其将单件生产方式在产品质量和生产柔性方面所具有的优势与批量生产在产品的单位成本和时间方面所具有的优势进行了综合，使得它们更好地发挥了为产品增值的作用。

在《精益思想》一书发表前后，精益思想跨出了它的诞生地——制造业，作为一种普遍适用的管理哲理在各个行业传播和应用（如图 4-1 所示），先后出现了精益建设（Lean Construction）、精益服务（Lean Services）、军事精益后勤（Lean Logistics）和补给（Lean Sustainment）、精益保健（Lean Healthcare）、精益软件开发（Lean Programming）和精益政府（Lean Government）的概念，精益思想的应用取得了飞跃性的发展。

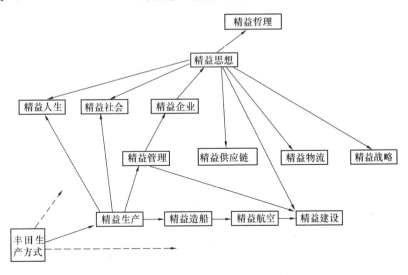

图 4-1　精益思想演化与应用趋势

4.1.2 精益生产的发展历程

1. 丰田生产方式的形成与完善阶段

1950 年日本工程师丰田英二到底特律对福特的鲁奇厂进行了三个月的参观，当时鲁奇厂是世界上最大而且效率最高的制造厂。丰田英二对这个庞大企业的每一个细微之处都做了审慎的考察，在回到名古屋后和生产制造方面富有才华的大野耐一得出了结论：大量生产方式不适合日本。

由此丰田英二和大野耐一开始了适合日本需要的生产方式的革新。大野耐一先在自己负责的工厂实行一些现场管理方法，如目视管理法、一人多机、U 型设备布置法等，这是丰田生产方式的萌芽。通过对生产现场的进一步观察和思考，提出了新的革新，例如三分钟换模法，现场改善，自动化，五问法，供应商队伍重组及伙伴合作关系，拉动式生产等。同时这些方法不断得到完善，最终建立起一套适合日本的丰田生产方式，如图 4-2 所示。

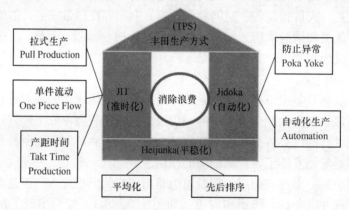

图 4-2　丰田生产方式（TPS）

2. 丰田生产方式的系统化阶段——精益生产方式的形成

为了进一步揭开日本汽车工业成功之谜，1985 年美国麻省理工学院筹资 500 万美元，确定了一个名为"国际汽车计划"（IMVP）的研究项目。在丹尼尔·鲁斯教授的领导下，组织了 53 名专家、学者。从 1984 年到 1989 年，用了五年时间对 14 个国家的近 90 个汽车装配厂进行实地考察。查阅了几百份公开的简报和资料，并对西方的大量生产方式与日本的丰田生产方式进行对比分析，最后于 1990 年出版《改变世界的机器》一书，第一次把丰田生产方式定名为 Lean Production，即精益生产方式，如图 4-3 所示。

接着在 1996 年，经过四年的"国际汽车计划"（IMVP）第二阶段研究，出版了《精益思想》这本书。《精益思想》弥补了前一研究成果并没有对怎样能学习精益生产的方法提供多少指导的问题，而这本书则描述了学习丰田方法所必需的关键原则，并且通过例子讲述了各行各业均可遵从的行动步骤，进一步完善了精益生产的理论体系。

3. 精益生产方式的新发展阶段

精益生产的理论和方法是随着环境的变化而不断发展的，特别是在 20 世纪末，随着研究的深入和理论的广泛传播，越来越多的专家学者参与进来，出现了百花齐鸣的现象，各种新理论的方法层出不穷，如大规模定制（Mass Customization）、敏捷制造（Agile Manufacturing，AM）、单元生产（Cell Production）、JIT2、新 5S、TPM 的新发展等。

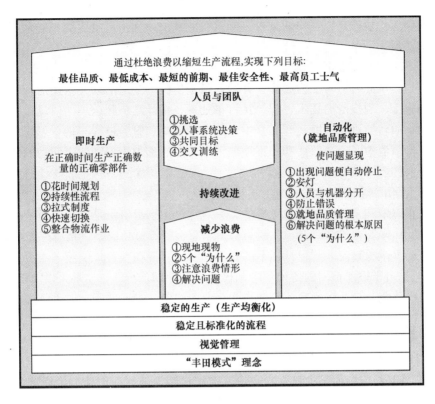

图 4-3 丰田精益生产模式

很多美国大企业将精益生产方式与本公司实际相结合，创造出了适合本企业需要的管理体系，例如：1999 年美国联合技术公司（UTC）的 ACE 管理（获取竞争性优势 Achieving Competitive Excellence），精益六西格玛管理，波音的群策群力等。

4.1.3　精益思想的五项基本原则

Womack/Jones 在《精益思想》中，从源于丰田汽车公司的精益生产方式中总结出五项理解和实行精益思想的基本原则（如图 4-4 所示）。

1. 重新精确确定特定产品的价值

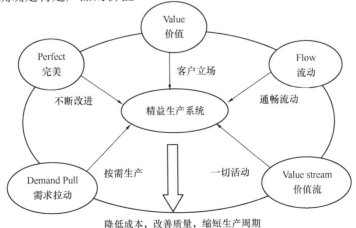

图 4-4　精益思想的五项基本原则

正确地确定价值就是以客户的观点来确定企业从设计到生产直至交付的全部过程，实现客户需求的最大满足。

2. 识别出每种产品的价值流

价值流是指从原材料转变为成品，并给它赋予价值的全部活动。这些活动包括：从概念到设计和施工、到投产的技术过程，从订单处理、到计划、到送货的信息过程，从原材料到产品的物质转换过程，以及产品全生命周期的支持和服务过程。精益思想识别价值流的含义是在价值流中明确增值活动和不增值活动，然后致力于提高增值活动的效率，并消除那些不必要的不增值活动。

3. 使价值不间断地流动

如果说正确地确定价值是精益思想的基本观点、识别价值流是精益思想的准备和入门的话，"流动 Flow"和"拉动 Pull"则是精益思想实现价值的中坚。精益思想要求创造价值的各个活动（步骤）流动起来，强调的是不间断地"流动"。"价值流"本身的含义就是"动"的，但是由于根深蒂固的传统观念和做法，如部门的分工、大批量生产等阻断了本应动起来的价值流。精益将所有的停滞作为企业的浪费，号召"所有的人都必须和部门化的、批量生产的思想做斗争"，用持续改进、JIT、单件流（One-piece flow）等方法在任何批量生产条件下创造价值的连续流动。

4. 让用户从生产者方面拉动价值

"拉动"就是按客户的需求投入和产出，使用户精确地在他们需要的时间得到需要的东西。拉动原则由于生产和需求直接对应，消除了过早、过量的投入，从而减少了大量的库存和现场在制品，大量压缩了提前期。拉动原则更深远的意义在于企业具备了当用户一旦需要，就能立即进行设计、计划和制造出用户真正需要的产品的能力，最后实现抛开预测，直接按用户的实际需要进行生产。

5. 永远追求尽善尽美

精益思想认为，企业的目标是追求尽善尽美。但是尽善尽美总是达不到的，每次价值流的改进都能够使价值流动更加迅速。必须用价值流分析的方法来不断地找到价值流中的浪费，不断地改进价值流。因此追求尽善尽美的过程就是面向为用户提供尽善尽美的价值的持续改进过程。

4.1.4　精益思想的实施战略

精益思想的五项基本原则为精益思想的运用指明了方向。将这些原则运用于实践中，可总结出以下几条具体实施战略，这些战略是相互支撑的，每一条战略的具体运用都离不开其他战略的实施。

（1）以客户为中心，从客户的观点来确定产品的价值，根据客户的具体需求生产产品，即定制化。

（2）明确价值流，分辨生产全过程中增加价值的活动和可以去掉的不增加价值的活动，提高有价值活动的效率和消除可去掉的不增加价值的活动。

（3）以销售作为生产过程的起点，实行 JIT 生产和流水线作业，依据订单量来定量的生产产品，即产其所销、以需定产、零库存、无废品等。

（4）采用并行工程，缩短产品开发周期。

（5）与供应商和客户建立稳定的和不断发展的相互关系，信息相互共享，达到双赢。

（6）强调以人为中心，工作人员一专多能，充分调动人的积极性。

（7）持续不断地对过程进行改进、尽善尽美。

精益生产的实施方式有很多种，最著名的有准时生产系统（JIT）、并行工程（CE）、最优生产技术（OPT）以及成组技术（Group Technology）等。

4.1.5 精益生产的优点和实施条件

1. 精益生产的优点

与传统的手工作业方式或大批量生产方式相比，精益生产在生产成本、产品开发周期以及质量等方面都具有明显的优势。这些优势主要表现在以下方面：

（1）所需人力资源方面，（无论是在产品开发、生产系统，还是工厂的其他部门）与大批量生产方式下的工厂相比，均能减至 1/2。

（2）新产品开发周期可减至 1/2 或 2/3。

（3）生产过程中的在制品库存可减至大批量生产方式下一般水平的 1/10。

（4）工厂占用空间可减至采用大批量生产方式工厂的 1/2。

（5）成品库存可减至大量生产方式工厂平均库存水平的 1/4。

（6）产品质量可提高 3 倍。

2. 精益生产的实施条件

精益生产作为一种现代化的生产方式，其实施必须具备一定的条件。首先在社会层面，精益生产的实施必须建立在"节约"观念深入人心的良好社会氛围基础之上。其次在企业层面，精益生产需要与之相匹配的企业文化的支撑，尤其对团队协作能力和员工素质具有较高的要求，如表 4-1 所示。

精益生产实施条件 表 4-1

条　目	实施条件	条　目	实施条件
社会氛围	节约型社会	团队工作	团结协作
企业文化	奋发向上，追求完美	人员素质	敬业，进取，认真，负责

4.2 精益建设的提出

4.2.1 精益建设的产生背景

制造业实施精益生产所产生的巨大成功，引起了包括建筑业在内的各个行业的竞相学习与仿效。

精益建设的研究最早源于芬兰教授 Lauri Koskela 的讨论，1992 年在其提交的一篇报告《Application of the New Production Philosophy to Construction》中第一次提出了将"精益思想"运用于建筑业中的设想。其批判传统的建设项目管理所依据的产品理论基础已经过时，提出应该借鉴精益生产的基本原理、技术和手段，"采用新的产品理论，通过识别和消除浪费（不增值）的活动来提高竞争力"，并相信通过这种引进可以使建筑业在几年内取得实质性的进展。Lauri Koskela 于 1993 年在芬兰主持了精益建筑国际研究小组（IGLC，International Group for Lean Construction）的首次会议。IGLC 由一些结构、工程和建筑（AEC）专家和学者所组建，他们认为建筑业缺乏明确的理论是阻碍 AEC 进步的主要瓶颈，因此主要致力于精益建设的理论研究，从而为后续大规模的研究与应用奠定了基础。

后期出现的精益建设研究的国际组织多数都并重理论与实践。1997年8月，Glenn Ballard 和 Greg Howell 创建了一个非营利的组织——精益建设协会（Lean Construction Institute，LCI），旨在从设计、工程和施工方面对建筑生产管理进行改革。LCI的学者对项目定义、精益设计、精益供应、精益施工、工作结构和施工控制作了广泛研究，研究和开发了以 Last Planner 为中心的精益项目交付体系（Lean Project Delivery System，LPDS），并在成员单位中积极应用和推广。世界上有数百上千的知名公司找到 LCI 去诊断，他们也成为 LCI 的研究伙伴。另外，在澳大利亚和英国也有许多这样的组织和机构，他们为精益建设的研究和应用做出巨大的贡献。

到目前为止，精益建设的思想与技术已经在英、美、芬兰、丹麦、新加坡、韩国、澳大利亚、巴西、智利、秘鲁等国得到广泛的实践与研究。实施精益建设的建筑企业已经取得了很多显著的效益，如建造时间缩短、工程变更和索赔减少以及项目成本下降等。与此同时，这些企业在精益建设的实践中积累的业绩数据又成为精益建设研究和发展的源泉，通过分析和研究这些数据，促进了精益建设的完善和发展，这就成为精益建设经久不衰的原因。

4.2.2　精益建设的基本概念

目前国内外尚未对精益建设形成统一的定义，Lean Construction 在国内也有多种翻译，如精益建造、精益建设和精益施工等，本书译为精益建设。精益建设可以从以下几个方面来理解：

1. 精益建设是精益生产在建筑业的应用

从精益建设发展的历程可以看出，精益建设是对现有的传统项目管理局限性认识的批判与改善，是将精益生产应用到建筑业的结果。精益建设在很大程度上是在建筑业领域理解和运用精益原则。从精益原则的角度看，精益建设就是在建设项目的实施过程中消除浪费，最大化满足客户的所有需求，关注整个价值流，以及追求尽善尽美的持续改进的过程。

2. 精益建设是基于生产管理的方法实现项目交付的新方式

LCI 将精益建设定义为：精益建设是基于生产管理的方法实现项目交付——一种设计和修建固定资产的新方式。精益建设把建筑项目看成一个临时的生产系统，通过生产（建造）系统的设计、实施和提高，实现三个基本目标：①交付建筑产品；②最小化浪费；③最大化价值。精益建设不同于目前项目管理的基本特征为：有一系列明确的项目交付目标；在项目层上最大化顾客价值；同时设计建筑产品与交付过程；在项目的整个生命周期实施生产控制。

3. 精益建设特别适用于复杂、不确定和快速项目

如果要在较短时间内交付项目，最小化活动之间的相互影响以及业主委托要求与环境条件变化的共同影响就非常重要。因为项目周期缩短，意味着很多事项可能会同时发生，必然产生在原来有序、简单环境中所没有的交互影响，从而增加复杂性，工作流就容易变得不稳定。

根据以上特点，本书将精益建设定义为：精益建设是从建筑和建筑生产的基本特征出发，基于生产管理理论、建筑管理理论以及建筑生产的特殊性，理解和管理建筑生产全过

程，面向建筑产品全生命周期，尽量地减少和消除浪费，最大限度地为顾客创造价值，最终实现项目成功交付的项目交付体系。

精益建设的实质就是引入制造业流行的精益生产理论，从建筑生产的本质特征出发，重新审视建筑生产过程，构建了一个更为完善的建筑生产基础理论，并在此基础上开发了相应的工具和技术，理解和管理项目交付过程，最终提高建筑生产与管理水平。

4.2.3 精益建设的特点

1. 以用户为"上帝"

建筑产品的最终客户是业主或买房者，如果与客户保持密切联系，将客户的要求在开始阶段就与设计结合起来，那么建筑产品就可以尽可能地满足用户的需求，真正体现用户是"上帝"的精神。不仅要向用户提供周到的服务，而且要洞悉用户的思想和要求，才能建造出客户喜欢的建筑物，只有真正地了解客户的愿望，才能建造出适应市场需求的房屋。

2. 以"人"为中心

精益建设充分重视"人"的主动性作用，强调"以人为本"的员工管理模式。精益建设思想主张推行独立自主的小组化工作方式，充分发挥一线员工的积极性和创造性，使他们积极为提高建筑产品的品质献计献策，一线工人是"零缺陷"目标实现的主要力量。对员工进行一定的教育和培训，结合制度规定，就可以保证员工的利益与企业的利益挂钩。下放部分权力，使人人有权，有责任、有义务随时解决碰到的问题。满足人们学习新知识和实现自我价值的愿望，形成独特的、具有竞争意识的企业文化。

3. 组织机构方面实行精简化

去掉一切多余的环节和人员。实现纵向减少层次、横向打破部门壁垒，将层次细分工，管理模式转化为分布式平行网络的管理结构。在建设过程中，采用先进的柔性建设组织，减少非直接现场建设工人的数量，使每个工人都真正对建设实现增值，而不是浪费人力在不增加价值的工作上。另外，采用JIT和看板方式管理建设流水，使得设备和人员都达到准时的目标，减少等待的浪费。

4. 团队工作和并行设计同时控制

精益建设强调以团队工作方式进行建筑产品的并行设计。团队是指由设计人员和承包商、供货商以及顾客和业主等人员组成的多功能设计组，对建筑开发和生产具有很强的指导和集成能力。综合工作组全面负责建筑项目的开发和建设工程，包括设计、建设组织和工艺设计、编制预算、材料购置、建设准备及投产等工作，并根据实际情况调整原有的设计和计划。

5. JIT工作方式

这种工作方式可以保证工作的准时完成，从而减少了下道流水等待的时间，它可以保障建筑产品的最后交付。为了实现这种准时的工作方式，应与供货商建立起良好的合作关系，相互信任，相互支持，利益共享，减少了因为材料不能准时到达而引起的窝工。

6. "零缺陷"的工作目标

这种目标看起来好像是不可能的，但是精益建设所追求的目标不是"尽可能好一些"，而是"零缺陷"，即最低的成本、最好的质量、最大化利润，只要全员都认真地执行精益建设原则，是可以接近这样的目标的。当然，这样的境界只是一种理想境界，但应无止境地去追求这一目标，才会使企业永远保持进步。

4.2.4　精益建设与传统建设管理的比较

精益建设与传统的建设管理方式在理论的方法特点和应用方面都有很大的区别，下面以表格形式，从业务控制、工作方式、用户关系等 17 个方面对比分析精益建设与传统建设管理的不同之处，具体见表 4-2。

精益建设与传统建设管理对比分析　　　　　　　　　　　　　　表 4-2

比较项目	传统建设项目管理模式	精益建设模式
业务控制	事后监督	动态控制
工作方式	顺序方式	并行工程
用户关系	不能结合用户要求	面向用户，体现用户价值
管理方式	中央集权	权力适当下放
质量观	检验部门事后把关	零缺陷，全面质量管理
生产方式	推动式，不考虑市场需求，容易产生大量库存，造成浪费	拉动式，充分考虑市场需求，很少库存，无浪费
优化范围	企业内部	联盟企业之间
对人的态度	"机械式"工作，无积极性	强调人的主观能动性和相互协调，有积极性
关注焦点	各种交易和合同	整个生产系统
管理目标	转化目标	转化，流和价值目标
决策权限	中央集权，上决策，基层执行	适当分权，基层人员参与决策
设计顺序	先产品设计，后过程设计	产品设计和过程设计集成在一起
产品设计	设计中考虑产品全寿命部分阶段	设计中考虑产品全寿命各个阶段
协作方式	被动协作	主动协作
计划制定	从上到下	从下到上
学习程度	学习只是偶然现象	学习融合在项目管理，企业管理和供应链管理过程
缓冲设置	仅使局部得以优化	旨在降低系统的不确定性

4.2.5　精益建设的优势及意义

从传送目标、项目目标、管理方式和控制系统四个方面简述精益建设的优势和意义。

1. 传送目标

精益建设有更完整的传送目标，可更好地达到项目的目标。精益建设建立了一套完整的传送体系，把顾客的要求输入项目中，设计师按其要求进行设计。在施工时如遇到问题，与设计师及顾客沟通交流，保证产品同时满足顾客和市场的需求。精益建设强调"流"的作用，在项目的开发阶段绘制价值流，在项目的设计与施工阶段运用工作流。在精益建设中工作流是使项目成为整体的通道，它减少了因单独行为而导致的不必要的浪费，最终尽可能完美地完成项目。

2. 项目目标

首先，精益建设以顾客的最大化价值为项目的最大目标，从而使顾客的价值得到更好的认识、肯定、创造和传递。其次，精益建设采用拉动式生产，在设计开始阶段就把顾客的要求融入到设计中；在设计施工阶段运用并行工程对设计和施工进行整合。最后，在设计和施工阶段，顾客可以参与并监督项目的全程实施，实现信息的透明化。由于产品是按顾客的要求进行设计的，必然会满足市场需求，避免了"缺陷"产品的产生。而在精益建设中由于使用信息平台，就可以避免信息不对称或不流通而造成的浪费。

3. 管理方式

精益建设的设计和施工过程与管理程序并行，以减少浪费的产生。精益建设在施工时，根据现场的实际情况运用 5S 现场管理方法进行管理，在管理时运用最后计划体系让管理者清楚地了解项目的执行情况，使管理和实际情况不脱节。

4. 控制系统

精益建设对项目的全寿命周期运用动态控制，更好地保证项目完成预定的目标。精益建设是根据生产管理的原理，结合建造的特点而产生的，它可应用于所有建造中，尤其适用于复杂的、不确定的、工期短的项目。

由于建造过程的唯一性、复杂性和不确定性，建设者对项目必须要进行动态的控制。精益建设根据现场的实际情况制定计划控制体系，而计划控制体系的关键是处理好可靠性和变化之间的关系，即在有变化的情况下仍然保证流水的可靠性。

4.3 精益建设的理论体系与原则

4.3.1 精益建设的理论基础

精益建设是以建筑生产理论为理论基础来构建整个项目交付体系的。建筑业的建造过程是在特定地点进行的特定生产过程，其建造生产管理过程也适用生产管理的基础理论——生产管理理论（TFV 理论）。生产管理理论一般可以分为三类，分别是：转换模型理论、流动模型理论和价值生产模型理论。

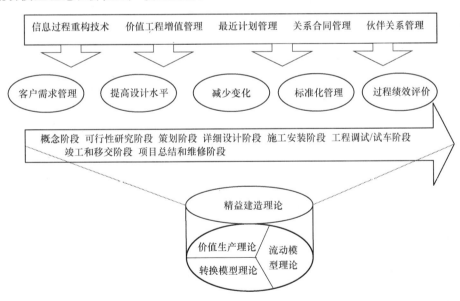

图 4-5　精益建设理论基础与技术架构

精益建设思想是在转换模型理论、流动模型理论和价值生产理论三种基础生产理论互相作用的基础上形成的，如图 4-5 所示。下面对这些理论进行简要介绍。

4.3.1.1 转换模型理论

转换模型（Transform Model）理论的观点来源于经济学，这一生产理论是依据经济学中的最初的生产观点，由 Rolatadas 和 Wortmann 提出的。最初的观点是"Walrasian 生产模型"，它把生产因素到最终的产品的过程描述为一个转换过程。这一模型本质上是由技术系数组成的，即假定某拟生产部件之间转换的频率和产品的数量。

按照转换理论，企业的生产系统包括输入、转换（制造）、输出和反馈四个环节，其运行程序如图 4-6 所示。

图 4-6　转换理论模型

生产系统的输入是指将生产诸要素以及信息投入生产过程，这是生产系统运行的第一个环节。生产系统的转换就是生产制造过程。这是生产系统运行的重要环节。生产系统的输出是转换的必然结果，它包括产品和信息两个方面的内容。

生产系统的反馈是将输出的信息回收到输入端或生产制造过程，其目的是与输入的信息进行比较，发现差异，查明原因，采取措施，加以纠正，保证预定目标的实现。由此可见，反馈执行的是控制职能。这一环节在生产系统中起着非常重要的作用。

任何一个工程项目均可作为一个多变量多输入、多输出的系统。该系统通过"投入"（信息、资金、技术、能量等生产要素），经过"转换"（即项目的建设实施和生产经营过程）变为"产出"（产品和提供服务），系统的"转换"过程受到环境条件的制约，通过反馈子系统进行调整控制，以达到系统运转的适应性。

4.3.1.2　流动模型理论

流动模型（Flow Model）理论定义为：生产是材料和/或信息从原材料到最终产品的一个流动过程。在这个流动过程中，材料被加工转化、被检查检测，并且在过程中不断地等待或移动。

流动过程可以用时间、成本和价值表示它的特点。价值表示它对客户需求的满足。在多数情况下，只有转化过程的活动是增加价值的活动。就材料流动而言，转化活动就是分解和组合、装配和拆卸，具体过程如图 4-7 所示。

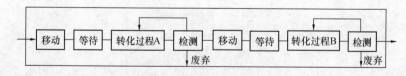

图 4-7　生产流动过程模型

（1）减少浪费。流动模型由四部分组成：过程、检查、等待和移动。四个部分中只有过程参与转化，其他的都不涉及，检查、等待和移动被认为是生产过程中的浪费。

（2）缩短生产周期。精益生产改进的基本原理就是通过减少不增加价值的时间压缩生产周期。生产周期表示特定的原材料在整个流程中的时间。生产周期压缩迫使减少检查、移动和等待时间。生产周期可以如下表示：生产周期＝生产时间＋检查的时间＋等待的时间＋移动的时间。

（3）单件化原则。生产周期和工作过程的关系的公式为：生产周期＝工作时间/产量。因此，通过减少工作时间，缩短了生产周期，而产量保持不变。

（4）推动和拉动。进一步研究发现推动和拉动就是生产系统中原材料的移动的控制。推式系统用计划安排工作，拉式系统根据系统数据确认工作，例如看板，用来标记工作过程。

4.3.1.3 价值生产模型理论

价值生产模型（Value Generation Model）的理论可以通过与转换模型进行比较得到更好的理解。这一理论是在1960年由Levitt提出并很快得到普及。价值生产模型认为生产过程是为最终顾客增加价值的过程，它强调生产企业与最终顾客之间关系的转变，企业生产目标应同最大化地满足顾客需求结合起来，消除企业与顾客之间的矛盾关系。

（1）需求获得。确保所有显性的和隐性的客户需求都被包含。显然，作为价值生产的第一步，获得客户的所有需求是必要的。

（2）需求的流动传递。确保在生产每阶段能够实现相关的客户需求，确保所有要求没有在转换到设计方案、生产计划和产品的生产过程中被忽略和误解。

（3）综合需求。确保客户的需求与交付给客户的成果有关系；确保生产系统的生产能力能够满足需要；确保给客户创造的价值能够测量。

在前面讨论分析了三种生产理论。这三个生产理论不是可以互相替换的、互相竞争的，而是局部的和互相补充的。他们分别关注于生产的某一方面的表现：转换理论集中于增加价值的转换活动；流动理论集中于不增加价值的活动；价值生产理论集中于从客户的角度控制生产，见表4-3。

三种生产理论的对比分析 表 4-3

生产理论	转换模型理论	流动模型理论	价值生产模型理论
生产概念	输入到输出的转换	由转换、检查、移动和等待所组成的物质流	通过对顾客需求的满足而创造价值的过程
主要原则	有效生产	消除浪费（非增值活动）	消除价值流失（追求价值最大）
实施方法	WBS，组织结构矩阵图	连续流，生产拉动，持续改进	需求分析法，质量功能配置（QFD）
理论应用	任务管理（合同管理）	流动管理（过程管理）	价值管理

基于生产TFV理论，精益建设从转换、流动和价值生产三个角度理解建筑生产过程，通过实施任务管理、过程管理和价值管理，在交付项目的同时，最小化浪费，最大化价值，如图4-8所示。

4.3.1.4 项目管理理论

除了上述三种基本理论以外，考虑到建筑项目管理的一般性，精益建设的理论基础还应包括项目管理理论。项目管理理论认为应该在生产系统总的管理活动中（即生产系统的设计、执行和提高）正确体现生产TFV理论的基本原则（如图4-9所示）。

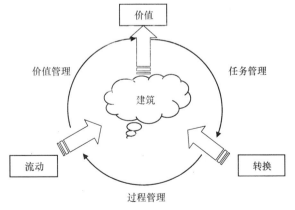

图 4-8 基于 TFV 的建筑管理模型

由于建筑产品的特殊性和一次性特征，建筑生产系统都不尽相同，精益建设认为应根据新的生产管理理论对每一个项目重新设计和构建生产系统，以实现三个基本目标：在交付建筑产品的同时最大化价值和最小化浪费。当一个生产系统可以在交付项目的同时最大化价值和最小化浪费，就称为精益项目。

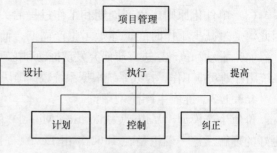

图 4-9　精益项目管理基本框架

4.3.1.5　基于建筑特殊性的管理

建筑生产过程具有一次性、动态性以及复杂性等特征，从项目管理的角度来看，这些特征都特别重要。建筑生产系统还需要考虑建筑的特殊性，例如一次性生产、现场生产和临时组织等。

精益建设把建筑看成一个复杂的、动态的和非线形的生产系统。作为一个复杂系统，本质上是不可预测的，但是可以自组织和自学习。复杂系统的基于合作和学习的管理不同于有序系统的管理。复杂系统由于在运行时是不可预测的，因此必须在系统实施的一开始就控制。这样就不仅需要从上至下的管理，还需要自下至上进行管理，而这种管理模式在很大程度上依赖于与复杂系统的自学习和自组织能力相一致的合作和学习。

4.3.2　精益建设的理论体系

精益建设追求零浪费、零库存、零故障、零缺陷，以顾客的要求为中心，最大限度地满足市场多元化的需要为宗旨，能够在最短的时间里提高建筑物的质量。它有一套完整的理论体系，主要包括拉动式（Pull）准时化（JIT）、全面质量管理（TQM）、团队工作法（Team Work）、并行工程（CE）、最后计划者体系（Last Planner System）、建设现场的5S管理和持续改进。这几个理论是一个整体，既相互联系又相互渗透。

4.3.2.1　拉动式准时化

1. 拉动式准时化的概念

拉动式建设就是以最终用户的需求为起点，以市场需求为依据，准时地组织每个建设环节。在拉动生产中依靠看板形式传递信息。准时化建设要求坚持以现场为中心，以质量为重点的原则，把工人的经济利益分配与人工作业率的多少相联系，要求每一道工序的工作衔接之间没有浪费。准时化的构造体系如图4-10所示。

JIT准时化建造方式是运用多种管理方法手段对建造过程中所涉及的人力、机料、方法、材料、环境、评测（5M1E）诸要素进行优化组合，做到以必要的劳动确保在必要的时间内按必要的要求完成必要的工作，消除无效的劳动和浪费，降低

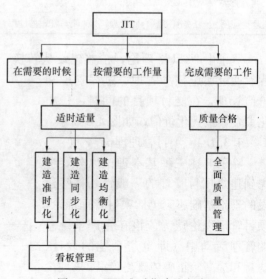

图 4-10　JIT 准时化建造方式

成本，提高建筑物的质量，以达到用最少的投入实现最大的产出的目的。准时化建设是一种全方位的系统管理工程，是拉动式建设思想的核心内容。

2. 看板管理的应用

看板管理是一种建设管理的方式，看板管理又是准时化建设的核心。看板管理以工作流为基础，要求以后道工序所需的工作向前道工序提出要求，直到原材料的准备工作，它是一种返流程的方法，可以避免不必要的浪费。它提供了一种信息平台向上道工序提出要求，使上道工序可以很快地做出响应，完成要求的工作。

4.3.2.2 全面质量管理

全面质量管理强调由过程管理来保障最终质量，从建筑设计阶段就进行质量管理，在每道工序对质量进行检验与控制。精益建设现场质量管理的基本观点是：质量是建造出来的，而不是检查出来的，认为一切建设现场外的检查把关及返修都不能创造附加的价值。质量管理不再是专业岗位，而是职工本职工作的一部分，预防性的质量控制要求尽早排除流水施工中的质量问题。

全面质量管理是质量的一个重要保证。建筑施工的现场管理是管理的中心，现场质量管理开展以"三自一控"、"深化工艺"、"3N"为主要内容的自律性质量管理活动。

4.3.2.3 团队工作

精益建设中强调团队协作精神，是精益建设成功的重要保证。精益建设将现行的矩阵结构变化到集成的面向过程的团队组织，这样减少了多重管理的费用，面向过程的控制不仅强调对项目外的用户负责，也强调对项目内的用户负责，即建设流水的下道工序的工作人员是上道工序的顾客。这种团队工作法以一种长期的监督控制为主，避免对每一步工作的核查，提高工作的效率。

在团队工作中，每位工人要积极参与，起到辅助决策的作用。另外，总包商与分包商之间要建立相互信任的关系，风险共担，利益共享，这不仅可以加快工程进度，而且当出现问题时，不会互相推诿而造成更大的损失和浪费。精益建设团队工作是建立在相互信任基础上的，以人为本，强调团队精神，积极调动每位员工的积极性。

4.3.2.4 并行工程

建设项目的寿命周期一般分为规划、开发、实施、收尾四个阶段。事实上，很多建设企业都是这样进行操作的，这里需注意各个时间节点的开始。并行工程的主要特色就是并行性，将可以并行的工作同时展开，节约时间。建设项目管理过程涉及很多的管理活动，这些活动在流程上不是串行的过程，就可以将很多工作并行开展。建设企业运用并行工程进行项目活动的情况如图4-11所示。

在并行工程管理模式中，计算机辅助项目管理信息系统的建立是十分重要的一个环节。项目进行过程中信息需要透明化并且沟通要及时，通过计算机辅助项目管理信息系统，可以保证信息传递的准时性，有助于各方参与者及时进行沟通，迅速反应。

4.3.2.5 最后计划者体系

1. 精益建设特有计划体系的提出

1993年，美国的布拉德和豪威尔提出了一种新的计划体系——最后计划者体系（Last Planner System 简称 LSP）。最后计划者的研究开始于改善每周工作计划（WWP）的任务分配，在未来工作过程中塑造、控制工作流，并最终运用在设计阶段。这个计划体

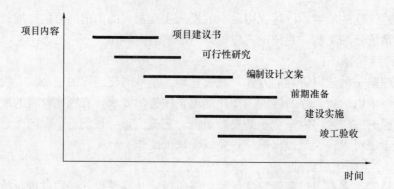

图 4-11　建设项目并行工程管理

系是一个很好的计划控制体系，它可以提高计划的可靠性。最后计划者体系的一个核心思想就是通过工作流上最后一个计划者来拉动计划的制定。最后计划者体系的计划体系运用长期计划和短期计划相结合来共同控制工作的完成。

2. 最后计划者体系基本内容

最后者计划体系共有四个级别的计划：拉动式综合计划（Master Pulling Schedule）、阶段式计划（Phase Schedule）、未来工作计划（Look ahead Plan）和每周工作计划（Week Work Plan）。

（1）拉动式综合计划。拉动式综合计划是整个建设项目的整体规划，从满足业主要求的设计阶段开始，把整个项目进行细化为各个分段，然后将各自独立的分段建立起一个有机的联系。

（2）阶段式计划。阶段式计划指的是在六周或者一个季度之内，通过各个部门的中期计划，来判断项目的各项安排是否合理，进而对项目进行阶段控制。

（3）未来工作计划。未来工作计划就是把工作流设定在一个可以达到的最优目标上，然后根据这个目标对工作流进行劳动力和相关资源的合理调配。

（4）每周工作计划。每周工作计划指的是做好充分的准备工作，在分配任务之前评估实现的可能性，充分发挥全体成员和团队的能力。

3. 最后计划者体系的衡量

在完成了项目之后，需要对最后计划者体系生成的计划的执行效果进行绩效测量。对生成计划质量的测量主要考察三方面：①工作次序安排是否合理；②工作量的设定是否合适；③计划的工作是否可行。最后计划者体系的关键绩效衡量指标"计划完成百分比"PPC（Percent Plan Complete）如下式所示：

$$PPC = \frac{\text{实际完成的工作量}}{\text{计划完成的工作量}} \times 100\%$$

4.3.2.6　施工现场的 5S 管理

5S 最早起源于日本，是指在生产现场中对人员、机械、材料、方法等生产要素进行有效的管理，这是日本企业独特的一种管理办法。5S 是日文 SEIRI（整理）、SEITION（整顿）、SEISO（清扫）、SEIKETSU（清洁）、SHITSUKE（素养）这五个单词的统称，取每个单词的第一个字母合为 5S，其具体特点分析详见表 4-4。

中文	日文	英文	特 点 描 述
整理	SEIRI	Organization	1. 区分要与不要的东西；2. 将混乱状态收拾成井然有序的状态
整顿	SEITION	Neatness	1. 物品摆放地点要求科学合理；2. 能迅速取出，能立即使用；3. 物品摆放目视化
清扫	SEISO	Cleaning	1. 谁使用谁负责清洁整理；2. 对设备的清扫，着重于对设备的维护保养
清洁	SEIKETSU	Standardization	1. 不要放置不用的东西，不将整齐的物品弄脏、弄乱； 2. 不仅物品、环境需要清洁，现场人员也要求清洁； 3. 现场人员要求形体和精神上清洁
素养	SHITSUKE	Discipline and training	1. 要求严守标准，强调团队精神；2. 养成良好的5S管理习惯

5S现场管理对生产企业管理，尤其施工现场管理的作用是十分显著的。5S管理是对时间、空间、资源等方面的合理利用，发挥它们的最大效能，创造出高效、物尽其用的工作场所。5S的运用可以有效地减少现场材料库存，降低设备的故障发生率，减少工作的寻找和等待时间，降低成本，提高建筑产品质量和建筑生产效率，缩短工期，提高安全系数，也能够很好地改善和提高企业的形象和员工的精神面貌。

4.3.2.7 追求完美（"零缺陷施工"）持续改进

企业管理理念和员工的思想非常关键，纵然永远达不到理想的完美状态，也要不断前进，只有以完美作为目标，才可以不断地进步，不断地消除浪费，减少在建造中出现的问题。

4.3.3 精益建设的理论实施架构

精益建设管理以降低项目成本、缩短项目移交周期、提高项目价值为目标，组织实施对整个项目的综合管理。

通过对项目整个建造过程的业主、设计单位、承包商和供应商等参与方积极倡导精益理论，普及CIMS（Computer Integrated Manufacturing Systems）现代集成制造系统理论和工程项目管理先进技术，促进整个项目参与方的管理理念整体提高。

在实施精益建设过程中，参与各方应积极转变项目管理理念，在项目实施过程中以项目的总体目标为项目参与方的主要工作目标；工程项目业主积极倡导精益建设理念；在项目的参与各方之间建立伙伴关系，推行伙伴关系的管理方式，建立有效的伙伴关系绩效评价体系，有效地监督控制伙伴关系的发展，促进项目实施精益建设；工程项目各参与方要努力创造合作环境，实现管理透明化，诱导各方合作，减少矛盾对立；在建造过程中对管理方式、方法要坚持持续改进，不断促进管理质量提高，进而为提高项目价值提供保证，如图4-12所示。

4.3.4 精益建设的基本原则

1997年Koskela提出精益建设的九项原则：

1. 通过系统地考虑客户需求增加输出价值

对传统产品生产的组织和控制总是倾向于弱化客户需求。在很多环节中，客户总是被

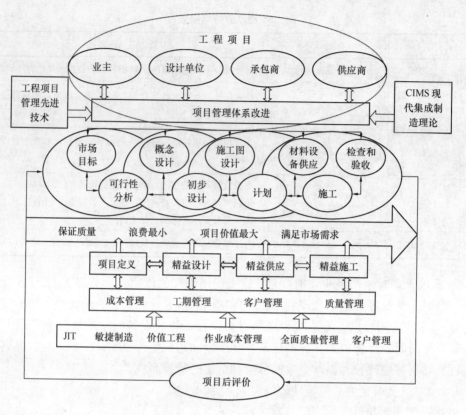

图 4-12　精益建设实施模型

忽视，客户需求也得不到明确化。项目的主要控制原则是降低各个阶段的成本，这样就阻碍了组织中交叉流动的最优化。

2. 减少可变性

减少过程可变性有两方面的原因。一方面，从客户的角度来说，保持产品的一致性是比较好的选择。Taguchi 认为，产品生产中任何偏离价值目标的误差都会造成损失，而对于用户和社会来说，这个损失将是误差的二次函数。因此，应该对减少可变性严格要求，而不是仅仅做到符合相关规定就可以了。另一方面，可变性，尤其是活动持续时间的可变性，增加了非增值活动的数量，这一点通过排队论可以得到验证。

3. 减少循环时间

一个生产流程可以通过循环时间来描述。循环时间指的是特定的材料走完整个流程所需要的时间，可以用下面的公式来表示：

循环时间＝生产时间＋检查时间＋等待时间＋移动时间

根据新的生产理念，改善流程的最基本的方法就是压缩循环时间，主要是缩短检查时间、移动时间和等待时间。在实践中，可以通过如下方法压缩循环时间：①减少产品的等待时间；②减少每批次的数量；③改变工厂布局，使产品移动距离最小化；④保持生产线的流动、顺畅和同步；⑤减少可变性；⑥将工序由顺序模式变为并行模式；⑦将关键的增加价值活动从其他活动中剥离出来；⑧从总体上解决控制问题，消除阻止生产线快速流动的障碍。

4. 通过减少阶段和部件的数量实现过程简化

过程简化包含两方面：一是减少产品组件的数量；二是减少流程中材料和信息的阶段数量。过程简化可以通过减少生产流程中的非增值活动或者对增值活动进行重新优化组合来实现。改变组织结构同样可以实现过程简化。对劳动力的垂直或水平分割经常会产生非增值活动，此类非增值活动可以通过组织的自我调节来消除。在实践中，可以通过如下方法实现过程简化：①通过巩固活动来缩短流程；②通过变更设计或预制构件来减少产品的组件数量；③实现部品、材料和工具的标准化；④实现退耦联接；⑤最小化控制信息的数量。

5. 增加输出弹性

乍看起来，增加输出弹性和过程简化似乎是相矛盾的。但是，已经有许多企业同时实现了这两个目标，关键因素是兼顾其他原则的产品模块化设计，尤其是循环时间的压缩和透明化这两项原则。增加输出弹性的方法主要有：①最小化批次数量以满足衔接需求；②降低安装和转换的难度；③在流程中延后定制时间；④培训多技能劳动力。

6. 增加过程透明度

过程缺乏透明度会增加误差出现的概率，降低错误的可见性，减少改善的积极性。因此，增加过程的透明性和可视性对设备的控制和改善有重要影响。这一目标可以通过一些组织方法或物理方法来实现，如实际测量、信息公开等。从理论上讲，透明度意味着网络信息和命令传达结构的分离，这在传统的组织理论中已得到验证，因此目标就变成了用自我控制来替代正式控制和相关信息的收集。增加过程透明度的方法有：①依据5S原则建立基本内务处理系统，以减少杂乱；②通过适当的布局和引导标识确保过程直接可视；③通过测量值使无形的属性可视化；④将过程信息融入到工作区域、容器、材料和信息系统中；⑤利用可视化管理确保每个工人能即刻辨认是否符合标准或出现了偏差；⑥减少相互依赖的生产单元。

7. 对过程进行持续改善

减少浪费和增加价值是一项内在的、增量的和反复的活动，因此必须保持连续不断地实施。以下有几种将保持连续不断地改善纳入制度化的方法：①监测改善的过程；②设定可延展的目标；③赋予每位员工持续改善的责任；保证每个部门都有稳定的改善，并对改善予以嘉奖；④将标准流程视为最佳实践，并且保持持续改善；⑤将控制和改善关联起来：以当前流程的控制问题和约束条件为改善的目标，改善的成效在于从源头上遏制问题发生而非消除问题产生的后果。

8. 平衡流程改善和转换改善

在对生产活动的改善过程中，转换和流程都需要被处理。如何平衡两者之间的关系？对于任何一个生产过程，其流程和转换都有着不同的改善潜力，可总结为如下规则：生产过程的复杂性越高，流程改善的影响就越大；生产过程的内在浪费越多，流程改善相对于转换改善获得的成效就越高。

9. 确定基准

与转换技术不同，最好的流程并不能在市场上购得，而是需要我们自己去探索试验。通常情况下，确定基准是对流程进行突破性改善的一个有效促进因素，它能克服系统中存在的顽疾以及根深蒂固的行为。通过确定基准可以发掘出生产过程中一些看似合理的缺陷。确定基准包含以下几个步骤：①熟悉整个流程，评估次级流程的优势和劣势；②了解产业龙头和竞争对手，找到、理解并对比最佳实践；③将最佳实践进行融合；将最佳实践复制、修正和融合到我们自己的次级流程中；④通过融合现存的最强项和最佳外在实践获得优势。

4.4 精益建设的内容

精益建设生产系统的设计和建立应该遵循以下原则：减少和消除流程中的不增值活动；系统考虑客户需求，增加建筑产品的价值；增加价值流动的稳定性，降低建筑生产流动过程的不确定性；通过减少不增值活动来减少价值循环的时间；简化生产过程；增加建筑产品的柔性（满足不同客户需要的能力）；增加生产过程的透明度；控制的重点集中到整个流程；持续改进。其基本内容如图 4-13 所示。

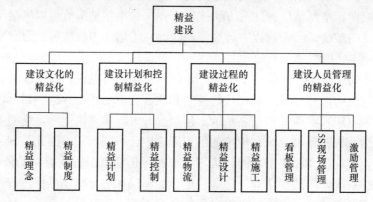

图 4-13 精益建设的基本内容

4.4.1 建设文化的精益化

建设文化的精益化，就是要在建设企业内部贯彻精益理念和实施精益制度。这是精益建设的基础。建设企业是建设过程活动的实施主体，只有建设企业有了精益的理念，才会在具体的项目中实施。这就要求各单位内部贯彻精益思想，如项目的参与各方都要有尽善尽美、不断改进的理念，不断优化价值链，而不能只是保持现状等。因此，实现精益建设要涉及企业的每一个部门，渗透到企业的每一项活动、每一件小事之中。各级人员要有做长期不懈努力的思想准备，才能保证企业的永续经营。

4.4.2 建设计划和控制的精益化

建设管理方法主要有两种：计划与控制。计划是为了达到预期目标，控制是为了接近目标，防止产生偏差。当发现建设可能产生的结果与计划不符或不可达到时，则需对整个建设过程进行重新计划。因为环境是动态的，建设系统是十分复杂的，好的计划和控制可以提高建设的可靠性，减少浪费。

在精益建设的思想中有一个完整的计划体系：

（1）阶段计划：一般是三个月的工作计划，这个计划是一个长期计划，可以使管理者控制总的建造进度。

（2）滚动周计划：详细计划下周的工作内容及以后六周的工作计划，有利于对每项工作都能进行准确控制。

（3）设计计划：项目的长期计划，是领导运行项目的需要，运用拉动的模式，从活动的结果开始进行计划，减少了浪费。

4.4.3 建设过程的精益化

4.4.3.1 精益物流

即通过建设物流的精益化实现物流的无缝连接。工程项目涉及资源种类繁多、数量巨大，占用大量工程建设资金，资源计划容易受外部因素影响，且通常材料的仓储地非常有限，所以，对供应实行精益的思想非常重要。

实行精益采购供应，可采用如下方法：

（1）和供应商形成战略联盟，相互信任，共享信息甚至包括成本透明化。

（2）建立需求拉动的物流流动方式，尽量实施准时送货，把库存的压力转移给供应商。

（3）伙伴式购买。

（4）建设单位要决策什么物品需要外购、什么物品内部提供，使价值链达到最优化。

（5）建立节点最短的供应链，最大限度地压缩中间供应环节，加大生产厂家直供比重，并对定点供应商实行动态管理，做到优胜劣汰，并建立以供应链为基础的新型战略管理思想。

（6）把材料分为零星材料和主材，零星材料采用零库存的管理模式。

4.4.3.2 精益设计

设计是实现功能的基础，要实现精益设计，可采用的方法有：

（1）明确设计、建设阶段各自的设计任务，设计阶段与建设阶段的设计接口，避免重复设计。

（2）无浪费设计评审。

（3）标准化设计变更程序。

（4）寻找设计方案的公共的、可复用的平台。

（5）不同的项目设计方案不可能相同，如何在公共的平台和定制化之间平衡，这就要求把个性的东西放在共性的后端。

（6）积极推广设计和建设总承包。

（7）设计时要辨清有效价值。只有客户愿意为之付费的功能才是有价值的功能，才能被称为有效价值。

4.4.3.3 精益施工

建造过程通常是建设过程中时间最长、投资最大的活动，也是实施精益建设的重点。应做好以下工作：

（1）精益的思想要求质量零缺陷，把次品率降到最低，在建造过程中实现质量零缺陷比较难，但是只有以零缺陷为目标才能不断改进质量。

（2）建造方在实施过程中把每项工作的过程、方法记录在案，请专家或根据经验优化实施过程，逐渐积累标准化建造过程。

（3）和建造单位建立合作关系，协助发展建造方，而不能以业主方的身份压迫建造方。

（4）直观的沟通和控制。建造过程中经常会出现意外情况，运用直观符号可以提高沟通效率和精确度。

4.4.4　建设人员管理的精益化

1. 看板管理

看板管理是精益生产方式中最独特的部分，在精益建设中运用该方式的思想，借助目前正在日益成熟的虚拟建设系统，改变过去传统的记录在各种表格上的方式，将每天的工作量、材料使用量、资金流入、流出情况输入到计算机的虚拟建设系统，使整个工程的建设进度、工具、人员、材料、库存、资金等所有情况，上至最高管理层，下至建设人员都能清楚迅速地了解，同时还可以和投标前的预算随时进行比较，及时纠偏，其准确程度可以以每小时来控制，避免返工、停工、窝工等造成的巨大浪费。

2. 5S建设现场管理

目前提升现场管理水平的方法中最简单、有效的是5S管理。5S管理是通过现场现物的规范，明确场所、方法、标识、定点、定容、定量及大量使用目视管理等方法、手段，构筑一个整洁、明了、一目了然的建设现场，其最终目的是提升人的素养，让全体员工养成革除马虎之心，认真对待每一件小事，按规定去执行的良好习惯。5S作为建设现场管理之基石，是推行精益建设的前提。

3. 建设人员激励管理

建设企业生产经营活动的主体是建设人员。建设人员是诸建设生产要素中最基本、最活跃并起决定性作用的因素。对人管理的好坏将直接关系到项目能否取得预期目标的实现。

建设企业的激励机制是企业采取的激励措施与激励效果之间的内在联系，主要包括企业管理层人员、项目管理人员和作业人员等方面的关系。其手段一般可分精神激励、物质激励和业务激励等几种。

4.5　精益建设的组织体系

4.5.1　精益建设组织的基本思想

精益建设组织，是指以精益化管理思想为指导的建设组织，也就是以实现准时化生产，即企业生产的各工序、各环节只在必要的时间，按必要的数量，生产必要的产品为目的的建设组织。这种建设项目管理组织一般按照目标性原则、精干高效原则、合理管理层次和管理跨度原则、业务系统化管理原则、弹性和流动性原则等组建原则设立，一般具有以下几个特点：零准备时间；零等待时间；尽可能短的搬运时间；产品质量全优；只完成规定的工作量，不允许超额完成任务。

要实现上述目标，企业在组织中必须做到：①部门间迅速充分的信息交流；②各部门劳动的同步化；③作业内容与方法的高度规范化和标准化；④各部门全体员工均须具有多种技能且充分协作；⑤现场操作人员对劳动中出现的和潜在的问题有充分的处理权；⑥全体员工均具有高度的责任感和参与意识。

4.5.2　精益建设组织的管理机构

通常由总承包公司成立工程项目部。项目经理受公司法人代表委托，组建由项目经理、项目总工程师、项目副经理组成的项目领导班子，负责该工程的领导、指挥、协调、决策等重大事宜，并对合同内工程的进度、成本、质量、安全和现场文明等负全部责任，配合合同外分包进行建设，随建设进度为之提供脚手架及建设机械等建设机具，负责现场内的协调工作，对现场安全文明建设统一管理。项目经理对公司负责，其余人员对项目经理负责。项目部按职能划分设置处室，组织完成业务系统工作，如图4-14所示。

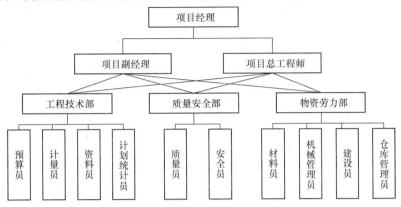

图4-14　精益管理机构设置

4.5.3　精益建设组织的实施

1. 对作业内容与方法进行规范化和标准化

在建设组织领域，就表现为要消除所有的不能使产品增值的无效劳动。为此就必须进行作业分析，实现作业内容和作业方法的规范化与标准化，为建设企业各环节建设的同步化创造条件。具体包括两个方面的工作：一是对所有作业进行增值性分析，保留那些能使产品增值的有效劳动，消除那些不能使产品增值的无效劳动；二是改进完善增值性劳动，实现作业内容和方法的规范化与标准化。

2. 实行小组作业制

小组作业制就是建设企业的生产组织以小组为单位，不仅组织生产，而且参与管理。具体做法就是把建设人员编成若干作业小组，并最大限度地把工作任务、责任和相应的权利转移到一线真正为产品增值的建设人员身上。作业小组不仅要完成建设任务，而且要保证建设质量、控制物质消耗、更换调试机械设备、搞好设备润滑保养和比较简单的修理，还要从事现场的改进改善工作。

实行小组作业制不仅可以克服职能专门化和精细化分工的缺陷，而且把责任和相应的权利有效地联系了起来，减少了管理层次，简化了工作程序，提高了办事效率，有利于现场建设人员独立自主地、创造性地完成任务，增强建设人员的责任感和参与意识。小组作业制还使企业建设人员不再是单纯的执行者，而且还是实实在在的管理者，这有利于缩小管理人员与建设人员的差别，增强企业的凝聚力。此外，小组作业制还为每位建设人员提供了能够充分表现自己的舞台，使其从简单重复的操作中解放出来，有利于企业人力资源的开发和利用。

3. 建设过程各环节能力均衡化

建设过程包含许多相对独立的环节，由于工艺设备、建设组织、人员配备等方面的原因，各环节建设能力往往不一致，这是导致企业建设过程中存在等待时间和返工的主要原因。要实现零等待时间、零返工的极限目标，就必须使企业建设过程各环节的能力达到均衡，并通过有效的制度来保持这种均衡。

4. 个人劳动定量化和定时化

建设过程各环节生产的均衡和同步有赖于按时按质按量地完成工作。只要有一名建设人员不按时按质按量地完成工作，不论是提前了还是拖后了，也不论是超额完成了任务还是没有完成任务，都将破坏整个建设过程的均衡和同步。因此，精益化建设组织要求每一名人员必须严格按规定的时间完成规定的工作量。

5. 建设人员技能多样化

精益化管理与现行企业管理的根本区别在于它追求的是极限目标，要把浪费降低到零，从而把保险系数也降低到零。在零保险的情况下要维持企业的正常运转，就必须使企业生产经营系统不出任何故障，或者当生产经营系统出现故障以后能在极短的时间内排除。表现在建设组织方面，就要求现场建设人员对建设中已出现的和潜在的问题有充分的处理权限和处理能力，处理权限通过实行小组作业制来解决，处理能力就只有通过加强人员培训来解决。

通过培训使企业员工具有多种技能，能从事多岗操作，对所使用的设备不仅要会操作，还要会修理。小组中的任何一名人员都可以顶替本组中其他人员的工作，使小组作业中无论是出现某个成员缺席不能正常工作，还是出现一般的设备故障，都不至于影响整个小组按时按质按量地完成生产任务。

4.6　精益建设的生产体系

4.6.1　精益建设生产体系的基本框架

精益建设系统可分为三个不同的层次。首先要在项目的各参与单位内部贯彻精益的理念；其次是在建设项目每个活动中实施精益建设，精益思想在建设项目活动中的实施可派生出精益供应、精益设计、精益施工等，然后是在各活动之间、从全局的角度实施。如图4-15 所示。

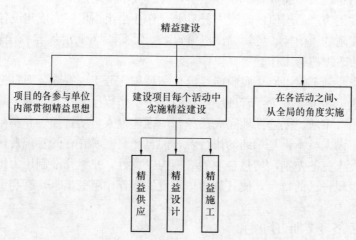

图 4-15　精益建设系统的基本框架图

4.6.2　精益建设的具体实施措施

1. 各参与方内部精益思想的实施

118

在各参与方内部实行精益思想是精益建设的基础。各参与方是建设过程活动的实施主体，只有参与方有了精益的理念，才会在具体项目中成功实施。这就要求各单位内部贯彻精益思想，例如项目的参与各方都要有尽善尽美、不断改进的理念，不断优化价值链，而不能只是保持现状等。

2. 建设项目活动中的精益建设实施措施

项目的建设过程包括前期准备、设计、施工、采购、运营等几个阶段。这些阶段中成本最高也最容易造成浪费的是设计、施工、采购供应这三个阶段，同时这三个阶段也是最值得运用精益思想的。在每一阶段实施精益思想都有很多措施和方法，且这些措施和方法是不断持续改进的。

（1）精益设计。设计是实现功能的基础，要实现精益设计，可采用以下方法：

①明确设计、施工阶段各自的设计任务和设计阶段与施工阶段的设计接口，避免重复设计。由于现场情况的不确定性，设计单位的设计方案在施工阶段现场经常要变更或完全重新设计，这样就造成了较大的浪费，所以要决策好哪些部分要在设计阶段设计好并细化，哪些只能在施工阶段设计。

②无浪费设计评审。在设计评审时，通常大家都不提出反对意见，这样评审会就只是在浪费时间，所以在设计评审时大家都要尽量提出反对意见，让评审会真正的有价值。

③标准化设计变更程序。精益的思想要求标准化，设计变更对工程的工期和投资都有较大的影响，且设计变更的类型和项目十分繁杂。因此在项目实施前，结合项目实际情况，制定出适用本项目的设计变更程序显得尤为重要。

④寻找设计方案的公共的、可复用的平台。个性化固然可以更多地吸引客户，但是共性化可以节约大量的时间和精力，产生巨大的经济效益，所以设计方案应尽量在公共的平台上发展，并且这个平台应是一个易于扩展的平台。

⑤不同项目的设计方案不可能会相同，如何在公共的平台和定制化之间平衡，这就要求把个性的东西放在共性的后端。

⑥积极推广设计和施工总承包。在传统的承包方法中，设计方和施工方是两个不同的实体，设计方如仅从自身利益出发，则很少会对设计进行优化。如将设计施工交与一方，让设计方和施工方成为一体，根据总承包通常采用总价合同的特点，总承包商就会有动力积极的对设计进行优化。

⑦设计时要辨清有效价值。只有客户愿意为之付费的功能才是有价值的功能，才能被称为有效价值。

（2）精益供应。工程项目涉及资源种类繁多、数量巨大，占用大量工程建设资金，资源计划容易受外部因素影响且通常材料的仓储地非常有限，所以对供应实行精益的思想非常重要。实行精益供应，可采用以下方法：

①和供应商形成战略联盟，相互信任，共享信息甚至包括成本透明化。建设方提携发展供应商，供应商不断改进更好地为建设方提供服务。

②建立需求拉动的物流流动方式，尽量实施准时送货，把库存的压力转移给供应商。

③伙伴式购买。传统的竞标采购方式不适合精益建设，人们通常认为通过传统的招标，采购方可以得到可行的最优价格。

④建设单位要决定什么物品需要外购和什么物品内部提供，使价值链达到最优化。

⑤建立节点最短的供应链，最大限度压缩中间供应环节，加大生产厂家直供比重，对定点供商实行动态管理，并建立以供应链为基础的新型战略管理思想。

⑥把材料分为零星材料和主材，零星材料采用零库存的管理模式，即不采购或采购很少，集中优势兵力（人力、财力），重点解决主材采购的难点。

（3）精益施工。施工过程通常是建设过程中时间最长、投资最大的活动，也是实施精益建设的重点。实行精益施工，可采用以下方法：

①精益的思想要求质量零缺陷，把次品率降到最低，在建设过程中实行质量零缺陷比较难，但是只有以零缺陷为目标才能不断改进质量。

②施工方在实施过程中把每项工作的过程、方法记录在案，请专家或根据经验优化实施过程，逐渐积累标准化施工过程。

③和施工单位建立合作关系，协助发展施工方，而不能以业主方的身份压迫施工方。

④直观的沟通和控制。施工过程中经常会出现意外情况，运用直观符号可以提高沟通效率和精确度。例如用红色代表突发事件，这样醒目的标记很容易让人注意从而采取相应的措施。

⑤让任务相互衔接。施工过程中有众多的参与方，各参与方应尽早协作且定义好清晰的交接流程，使各任务之间没有时间浪费，让价值流流动起来。

4.6.3 精益建设实施需要注意的问题

1. 明确精益建设的基础和目标

项目的建设是面向其结果的，其最终目标有：质量、进度、成本、安全、功能等，精益建设首先是建立在建设的基础上的，它首先要实现建设的目标，然后在此基础上优化，不能损害建设的基本目标。

2. 在精益建设过程中运用价值工程和价值管理等

在精益建设过程中，要充分考虑项目的价值工程。价值工程即是通过研究建设费用和功能之间的关系，来改进产品或系统，提高产品价值。精益建设的减少费用、降低成本的原则是建立在其功能和费用比最优的基础上，提高项目最终的价值。

3. 建设项目流程、结构分解标准化

精益建设要消除建设过程中的浪费，那么首先就要研究建设项目所涉及的一切活动。项目一次性和单件性的特点使得其流程都是一次性的，项目建设的结构化分解也是相对于每个项目自身而言的，没有标准化。精益建设减少建设项目的一切浪费的思想就要求把流程、结构化分解标准化，直接作为项目建设实施的依据和项目后评价的标准，消除那些盲目的不增加价值的活动。

4. 各参与方要建立共赢的关系

项目的建设过程涉及很多参与方，而这些参与方之间的利益是不一样的甚至是相互冲突的，在这些参与方的博弈过程当中，产生了很多由于不相互信任以及为了得到更多的利益而产生的不该产生的浪费，如何使建筑业的各参与方像制造业中的生产商和供应商之间保持稳定的、共赢的关系，这是精益建设发展的难点。

5. 从项目建设的全局出发

在项目的整个建设生命周期中，各活动之间是互相影响的，但是各活动的主体只是从自身利益出发，很少考虑到它的行为会怎样影响其他的活动，没有从项目建设的全过程来考虑。精益建设在各过程中不是孤立的，而是应该从全局来考虑，这就要求把各活动集成起来，控制整个项目建设的费用。

4.7 精益建设的应用案例

4.7.1 日本 FUKUDA 公司精益建设案例

4.7.1.1 公司简介

在日本大规模应用丰田生产系统的建筑公司是福田 FUKUDA 公司。FUKUDA 是一家新泻 Niigata 基础建筑公司，一年的销售额为 9.46 亿美元（2003 年）。秉持高效建设和减少费用的目标，公司在 2002 年将丰田生产系统引进建筑建设。为了引进系统，公司接受了咨询公司（CULMAN）的指导，该公司的前雇主为丰田摩托公司。这个精益建设系统被称作 FUKUDA 生产系统（FPS），其基本实施步骤如图 4-16 所示。

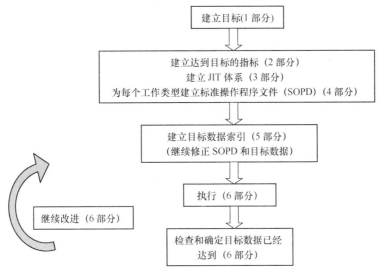

图 4-16　福田 FUKUDA 公司 FPS 步骤

4.7.1.2 FUKUDA 生产系统的内容

1. 建立目标

FPS 的最初目标是达到顾客的高度满意。为达到目标，应执行下面四项策略：保证个体质量完美；适当减少建筑定交货时间（30%）；建立费用标准，继续费用目标降低行为；通过公司和员工努力实现持续改进。

2. 建立达到目标的指标

传统的费用标准不需要总是明确行为的细节和持续时间，所以费用标准有时不很明确。FPS 使用分离材料费和人工费、评价标准单位、改变计量工作时间的方法等三种方法建立达到目标的指标体系。

3. 建立 JIT（及时）系统

建立材料分配设备，这样材料能及时运送到建设地。另外，建立及时材料分配网络来连接工地办公室、部门办公室和材料分配设备。需要的材料被及时运送到预定地点（如 A 地点 B 楼层 C 房间）。

4. 建立和评价 SOPD

标准运行程序文件（SOPD）是一本手册，描述了每一个类型工作的标准执行步骤（包括钢筋装配、框架组合和拆除、窗框安装等）来使建设浪费最小化。在手册中，每个工作部分的建设方法、预防和行为持续时间（小时、分、秒）同样被描绘，包括移动、预备工作、主要工作和工作日结束的清理工作。建设方法通过易懂的数据和图片混合来解释。预备工作是为了保证质量、安全和其他。工作持续时间通过工作类型数据的积累来确定。如果数据无法得到，就通过传统建设系统中工作部分的持续时间来确定。

5. 实施 PDCA 循环

PDCA 循环的过程如图 4-17 所示。

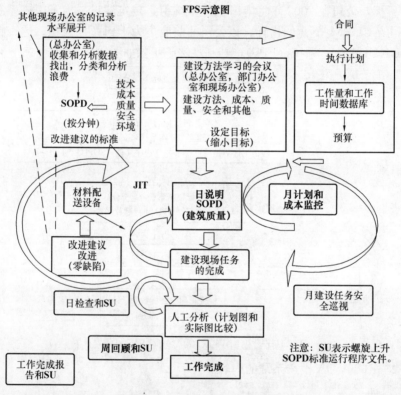

图 4-17　FPS 实施过程 PDCA 循环示意图

6. 检查执行是否达到目标

建筑中的浪费共分为了九种，并且针对各种浪费制定了明确的减少措施。对于目标是否达到，一定的检查和认可是必须的。如果目标没有达到，则会检查过程。如果目标达到，将生产步骤定为标准。为了把目标定在较高水平，还需要因素分析。主要的检查和认可项目有：改进建设程序和建设流程；人工—小时分析；程序步骤的标准；建立个体质量完美保证；检查建设废物量的减少程度。

4.7.1.3　FPS 的浪费和控制手段

下面是九种废品和浪费控制实例。

（1）产品缺陷和校正造成的浪费。缺陷产品的校正势必造成浪费。为了减少此类浪费，根据 FPS，工人在建造过程中须将质量融入到产品中，较好的一种实践方法是利用质量控制平台进行管理。现场工程师和班组长对是否存在质量缺陷进行最终把关,以消除由于缺陷校正造成的浪费。

(2) 过量生产造成的浪费。由于计划不周全,人、材、机的使用过程会造成浪费。为了防止此类浪费,在工作开展之前,要开会对具体施工方法进行讨论,同时,要对每天、每周、每月的计划进行现场复核。

(3) 现场加工造成的浪费。现场加工造成的浪费主要包括制造场地的占用和剩余材料的浪费。为了减少此类浪费,可将预制材料转移到现场外加工。

(4) 运输和移动造成的浪费。施工现场存在大量的场内运输和重复搬运。为了减少运输和移动造成的浪费,需要制定相应的规则来确保材料能够按照JIT的标准运送到需要的地点,并且使生产流程上的工人和材料数量最小化。

(5) 库存造成的浪费。为了消除不必要的库存,所需的材料和设备应及时运送到相应的地点。尽量缩小材料和设备的储存场地,同时,根据JIT存货清单系统可以消除在储存地翻找材料造成的行为浪费。

(6) 行为浪费。此类浪费是指建造过程中工序的净持续时间的浪费。以铺贴瓷砖为例,利用标尺和模具就可以缩短工序的净持续时间。

(7) 等待造成的浪费。等待造成的浪费发生在前一个工序完成与后一个工序开始之间。为了减少此类浪费,需采用JIT系统,雇佣多技能工人,根据建议改善活动。

(8) 废弃物处理造成的浪费。施工废弃物的产生不仅引起处理成本的增加,而且造成材料储存和搬运的浪费。为了减少废弃物,可采取以下几种措施:①废弃物减量化,包括对材料进行打包处理,指定运送到现场的包装材料的类型;②将可回收利用的材料放到运送材料的卡车上,将其运回材料供应厂重复利用;③建立废弃物排放目标,绘制周排放量曲线张贴在显著位置以激励工人减少材料的浪费。

(9) 管理和计划造成的浪费。由于计划不周全,时间被浪费在现场猜测计划、临时调整和处理突发事件上。通过制定详细的计划可以减少此类浪费。

4.7.1.4 如何实现精益目标

为了实现FPS的生产目标,采取了以下措施:训练工人;保持建设现场清洁如陈列室(如图4-18所示);在明显位置建立控制公告;激励减少浪费;建立和回顾SOPD;执行质量控制。

图 4-18 FPS 建设现场

4.7.1.5 FPS 与传统建筑系统的比较

FPS 作为一种创新的企业精益建设管理模式，具有传统建筑系统所没有的一系列优点，具体对比情况见表 4-5。

FPS 与传统建筑系统的比较

表 4-5

	传统建筑系统	福田的精益建设系统（FPS）
费用标准	材料费和人工费分离，但费用不会因细节降低	材料费和人工费分离，费用因细节降低
承包商和分包商，分包商之间的关系	执行中各自独立（每个分包商负责自己的部分）。各种工作之间的缓冲很大	执行中相互联系紧密。各种工作之间的缓冲很小
保持工地清洁	工人清理工地，并练习好举止。但并没意识到保持工地清洁，在显著地方放控制公告的重要性	工人清理工地，并练习好举止。渐渐意识到保持工地清洁如陈列室，在显著地方放控制公告的重要性
SOPD	程序强调建设安全	程序不仅强调建设安全，而且注意提高速度和消除浪费。会描述每一个工作部分的计划建设持续时间
计划目标数据的消息分发	计划目标数据告知工头	计划目标数据告知每一个能通知到的工人
评价计划和实际数据	在每日例会上评价和讨论计划和实际数据	计划和实际数据告知每一个能通知到的工人。在每日例会上具体评价和讨论数据
JIT 运输系统	运用此系统（城镇更新建筑）	建立材料运输线并改进系统的用途
改进建议	鼓励工人提出改进建议，有用的建议会被其他部门采用	同左。包括标准执行程序
PDCA 循环	每日、每周和每月使用 PDCA 循环。强调安全、进度和生产	每日、每周和每月使用 PDCA 循环。强调安全、进度和生产的额外改进

4.7.2 中国江苏电力建设第三工程公司精益建设案例

4.7.2.1 公司简介

江苏省电力建设第三工程公司成立于 1958 年，是专业从事火力发电厂、核电站工程建设的大型建筑安装综合型施工企业，具有电力工程施工总承包壹级施工资质，1000MWe 级民用核承压设备安装资格和焊接培训资质，压力管道 GA1、GB1、GB2、GC1 级安装资质，取得 GB/T 19001 质量管理体系、GB/T 24001 环境管理体系、GB/T 28001 职业健康安全管理体系认证，满足国家核安全法规 HAF003《核电厂质量保证安全规定》的核质量保证体系。

4.7.2.2 零极限管理的内涵

1. 在施工进度与合同工期上，实现准时投产，达到零误点

科学合理安排进度与工期，确保工程投产零误点。零误点是指工程竣工投产的时间，即在合同规定的时间内，只能提前而不能滞后。确保工程投产零误点的主要管理措施有：

（1）实行六级计划和三级报告的计划控制

①六级计划是：

□ 一级进度计划，即里程碑进度计划，由业主提供。

□ 二级进度计划，即工程综合进度计划。

□ 三级进度计划，即建设综合进度计划。

□ 四级进度计划，即六个月的综合建设滚动进度计划。

□ 五级进度计划，即月度建设进度计划。

□ 六级进度计划，即双周滚动计划，其中第一周为建设执行计划，第二周为建设准备计划。

②三级报告是指月报告、周报告、日报告。根据公司编制的《三级进度报告管理》工作程序，项目管理人员必须按时编制日报告、周报告和月报告。

（2）工序优化管理。通过对工序作业流程进行整理、分析，发现作业中存在的不经济、不均衡和不合理现象，并对其进行优化改善。

（3）运用模块式开发法，提高员工的核心专长和技能。十大工种的员工多数掌握了二至三个工种基本的专业技能。

（4）运用同业比较，刷新全国最短工期记录。

上述四项管理措施确保了工程竣工投产的零误点。

2. 在工程质量上，实现产品的零缺陷

建立全员质量管理，实现产品零缺陷。零缺陷是指不产生不合格、不接受不合格、不将不合格品流入下道工序，保证每一道工序、每一个工作行为都无缺陷。实行零缺陷的管理措施是：

（1）建立健全质量管理体系。确立了质量目标，建立了质量目标各级责任制。对质量目标逐层逐级进行分解，一直落实到班和个人，并把实现"零缺陷"列入了质量目标的检查体系之中。

（2）加强产品生产过程的质量控制。首先，坚持对每一个项目的设计图纸进行严格会审，从源头把住质量关。其次，对产品质量严格坚持三项制度：三级质量检验制度、工序质量控制制度和客户回访制度。

（3）分析改进质量管理工作。在开展质量管理活动中，各项工作首先作出计划，然后实施并检查实施效果，取得监测数据，进行系统分析，最终将成功的纳入标准，不成功的留待下一循环去解决。

3. 在文明建设、安全生产上，实现安全目标零事故

建立新的安全管理责任机制，实现安全生产零事故。零事故是指人身死亡事故、一般性机械设备事故、火灾事故、垮塌事故、职业中毒事故，负同等及以上责任的重大交通事故均为零。实现安全生产零事故的主要做法：

（1）建立责任到位、预防为主的安全管理体系

①责任到位，关键是落实"一书两制"，即安全风险抵押责任书、安全生产述职报告制和责任追究制。公司在逐层健全安全生产责任制的基础上，每年初组织全体职工逐层签订安全风险抵押责任书，并坚持安全生产述职报告制和安全生产责任追究制。

②预防为主，主要是建立预防为主的安全管理体系，并严格执行。

（2）施工现场实行"五化"安全管理。"五化"管理即安全管理制度化、安全设施标准化、物资堆放条理化、人的行为规范化、安全文明施工管理区域化。

"五化"中，安全管理制度化是用制度规范人安全；安全设施标准化是用设施辅助人安全；物质堆放条理化是用秩序引导人安全；人的行为规范化是用行为保护人安全；安全文明施工管理区域化是用管理监督人安全。

4. 在物流管理上，最大限度地降低库存、降低成本，实现物料零库存

打造物流管理新方法，实现物料零库存。零库存的含义是仓库储存某种或某些物品的数量很低的一个概念，甚至可以为"零"，即最大限度地减少库存，甚至无库存。不以库存形式存在，对降低施工企业的成本有重要意义。

（1）对供应商的管理办法。按物资的重要程度对供应商分三个层次进行管理，建立供应链。

在选择钢材类、水泥类等占用库存资金较大的主材物料供应商时，通过招标竞争，直接选用生产厂家（或地区代理商）作为第一层次供应商。在选择常用的五金、工器具、备用件等物料供应商时，选用具有一定经济实力和技术能力，并能提供一定的仓库设施，如货架、现场办公等库房设施的供应商或中间商作为第二层次。其余物料，则选用有经济实力、品种多、质量好的中间商作为第三层次。利用对信息流、物流、资金流的控制，达到将三个不同层次的供应商、制造商、零售商组合成为企业所用的供应链。

（2）对物料配置的管理方法

①设立虚拟库存，进行网上交易。根据计算机网络信息，了解到在何时何地、何领域存在何种、何数量的物资。把这些物资，通过网络联系或签约形成公司所需要的资源，解决了不用仓库保存的问题。

②编制物料需求计划，实行资源配置的动态管理。以季、月、周作业计划为基础，制定出相应的物料资源需求计划。用物料需求计划解决与作业计划规定的施工进度所需物料的需求问题，而不是随机的物料需求问题。按历史经验的预测和估计来制定物料计划是不适应"零库存"要求的。

（3）实行准时供应和即时配送。准时供应是供应商按照用户的要求，在计划的时间内实现用户所要求的供应。"计划的时间"大多是企业与供应商按照作业进度所需物料时间事先约定。因而，有利于供应商供货和接货的组织准备工作。

5. 在为客户服务上，实施客户满意战略，实现产品、服务的零投诉

推行客户满意战略（CS），实现客户零投诉。零投诉，是指公司在为客户实施工程建设服务过程中，通过产品质量零缺陷服务和进度工期零误点服务以及客户满意战略的实施，最大限度地满足客户服务的需要，使客户满意度达到100％而不产生投诉。

4.7.2.3 取得的主要成效

（1）实施零极限管理，加快了工程进度，缩短了工期，节约了人力，降低了成本。通过实施零极限管理，实现企业经济效益的三大经济指标逐年提高。

（2）提高了企业的创新能力和核心竞争力。通过实施零极限管理，实现了三个创新：一是资源配置方式的创新；二是安全管理机制的创新；三是物流管理方法的创新。

随着创新能力的提高，公司的成本管理、质量管理、进度管理、客户服务管理的能力有了提升；实现了企业核心竞争力的四大竞争优势：成本、质量、进度（交货期）以及新技术、新设备、新方法的运用明显增长，企业的核心竞争力有了显著提高。

（3）实施零极限管理，扩大了企业形象，企业知名度极大提高。公司先后荣获"全国五一劳动奖状"和"鲁班奖"；先后七次获得江苏省建筑工程质量最高奖"扬子杯"奖；2002年被授予"江苏省建筑业最佳企业"，2003年被授予"全国电力行业质量效益型先进企业"光荣称号。

思 考 题

1. 如何理解精益建设的特点？精益建设的核心思想是什么？
2. 精益建设的理论体系是怎样的？
3. 精益建设的基本原则有哪些？
4. 精益建设的主要内容有哪些？
5. 精益建设的组织体系是怎样的？
6. 精益建设的生产体系是怎样的？
7. 你认为实施精益建设建筑企业应当做好哪些基础性工作？
8. 你认为目前在我国建筑企业中推行精益建设有哪些困难？

参 考 文 献

［1］ James P. Womack，Daniel T. Jones，Daniel Roos. The Machine That Changed the World. Harper Perennial，1991.
［2］ James P. Womack and Daniel T. Jones. Lean Thinking. Free Press，2nd edition，2003.
［3］ 大野耐一. 丰田生产方式. 谢克俭，李颖秋译. 北京：中国铁道出版社，2005.
［4］ 杰弗里·莱克. 丰田汽车案例：精益制造的 14 项管理原则. 李芳龄译. 北京：中国财政经济出版，2004.
［5］ 李瑞进. 精益建造理论及其在工程项目中的应用研究. 天津大学硕士论文，2006.
［6］ 殷彬. 精益建造——建筑企业发展方向研究. 重庆大学硕士论文，2009.
［7］ 邱光宇. 精益建设的理论体系及其在我国建筑业运行的研究. 江苏大学硕士论文，2006.
［8］ 江苏省电力建设第三工程公司. 施工企业零极限管理. 施工企业管理，2005.
［9］ http：//www. iglc. net/.
［10］ http：//www. leanconstruction. org/.
［11］ 闵永慧，苏振民. 精益建造体系的建筑管理模式研究. 建筑经济，2007.

第 5 章 并 行 建 设 理 论

5.1 并行工程和并行建设

5.1.1 并行工程产生和发展

5.1.1.1 并行工程的产生背景

20世纪80年代以来，随着世界市场经济的形成与发展，世界范围内的市场竞争变得越来越激烈。竞争有力地推动着社会进步，但同时，也给企业造成了严酷的生存环境。任何企业都遵循着同一个竞争尺度，即用户选择原则。顾客对产品质量、成本和种类要求越来越高，产品的生命周期越来越短。谁能在最短的时间内把采用新技术生产出来的高质量低成本的产品推向市场，并提供良好的服务，谁就是竞争的胜利者。因此，企业为了赢得市场竞争的胜利，就要不断地提高企业效率，迅速地开发出高质量低成本的新产品，使其尽早进入市场。其中，时间为关键要素。

传统的产品开发模式是沿用"串行"、"顺序"和"试凑"的方法，即先进行市场需求分析，将分析结果交给设计部门，设计部门人员进行产品设计，然后将图纸交给另一部门进行工艺方法的设计和制造工装的准备，采购部门根据要求进行采购，等一切都齐备以后进行生产加工和测试。产品结果不满意时再反复修改设计和工艺，再加工、测试，直到满足要求。这种方法由于在产品设计中各个部门总是独立地进行，特别是在设计中很少考虑到工艺和工装部门的要求，制造部门的加工生产能力、采购部门的要求，以及检测部门的要求等，因此常常造成设计修改大循环，严重影响产品的上市时间、质量和成本。为了使企业及其产品具有较强的竞争力和生命力，20世纪80年代初，各国企业就纷纷研究新思想、新方法、新技术来探索新的产品开发模式。1982年美国国防部高级防务研究项目局（Defense Advanced Research Projects Agency，DARPA）开始研究如何在产品设计过程中提高各环节活动之间"并行度"的方法。1988年12月，美国国防部防御分析研究所（IDA）发表了非常著名的R-388研究报告，明确提出并行工程（Concurrent Engineering）的思想，把并行工程定义为对产品及下游的生产及支持过程进行设计的系统方法，至今这一定义已被广泛接受。

5.1.1.2 国外研究现状

并行工程自被提出以来，在国际上引起了各国的高度重视，其思想正在被越来越多的企业及产品开发人员接受和采纳，各国政府都在加大力度扶持并行工程技术的开发，把它作为抢占国际市场的重要技术手段。经过十多年的发展，并行工程已在一大批国际上著名的企业获得了成功的应用，如波音、洛克希德、雷诺、通用电器等大公司均采用并行工程技术来开发自己的产品，并取得了显著的经济效益。并行工程及其相关技术也成为了20世纪90年代的热门课题。并行工程在国外的研究与应用大致可以归纳为以下几个阶段：

（1）研究与初步实践阶段（1985～1992年）美国国防部支持的DARPA/DICE计划、

欧洲的 ESPRIT II&III 计划、日本的 IMS 计划等对并行工程进行了初步研究，其研究特点主要是理论的提出、研究与技术原理的验证。

（2）企业应用研究阶段（1991～1996 年）航空领域的波音 777 和 737-X，麦道、Northrop11-2 轰炸机，航天领域的 Lock head/Thad 导弹开发，汽车领域的 Ford2000 C3/P、Chrysler Viper、Renault 等，电子领域的 Siemens，DEC，HP，IBM，GE 等公司都对该理论进行了应用研究，其特点主要是与 CAD 等计算机技术相结合。

（3）新的发展阶段（1995 年以后）由于新技术不断出现，即可重用的产品开发方法、网络上的异地协同设计技术、设计中的虚拟现实技术、面向产品全生命周期的设计方法学、基于知识的产品数据重用、基于企业级的产品数据管理与共享技术等进一步对并行理论深化，其特点主要是随着 Internet 等信息化产品的出现，并行工程更具新的意义。

并行工程在国外已经广泛应用到了汽车、飞机、计算机、机械、电子等行业，其共同特点是通过并行工程的研究和应用，在不同程度上取得了显著的经济效益。如在波音 777 的开发过程中，波音公司采用数字化技术和并行工程方法，实现了 5 年内从设计到试飞的一次成功；洛克希德在 1992 年开始的新型号导弹开发中，采用并行工程的方法，将导弹开发周期从 5 年缩短到 2 年；法国的航空发动机公司 SNECMA 从 1990 年以来，把并行工程作为产品开发的基本方法，将航空发动机的开发时间从原来的 54 个月，缩短到 1992 年的 42 个月和 1998 年的 36 个月，到 2000 年时，已缩短为 24 个月。

目前在国外对于建筑行业中应用并行工程的研究也取得了一些成果，已经普遍承认了并行工程能够在不增加成本的基础上缩短工期，并且认为并行工程有可能会对建筑行业重新优化，给建筑行业注入活力和能量。

Love 和 Gunasekaran 的研究结论得出，在建筑工程项目中应用并行工程的基本要素是：①首先对设计和建筑过程中的下游环节进行识别；②减少或消除过程中的不增值活动并尽可能的交叉并行；③建立并授权多功能小组。

De la Garzaetal 提出了建筑企业应用并行工程的指南，认为并行工程可能会对建筑行业重新优化，使注重专业分工、过程分离的传统建筑行业获得更多效益。

Jaafari 的研究中提出在实施并行工程的时候建立项目管理系统的六个因素，这个管理系统在全生命周期中可以提前控制整个项目。同时也介绍了一个来自于并行工程的概念——并行建设（Concurrent Construction），并行建设是一种从项目概念提出到项目结束的整个过程中去整合项目计划和实施的方法。

欧盟首先在建筑行业研究并行工程的实现途径 ToCEE（Towards a Concurrent Engineering Environment）。ToCEE 的目标是发展一种能支撑并行工程运行的信息交换系统。这个系统被期望能提升工程质量、缩短施工周期、减少大约 20% 的成本，从而给欧洲建筑业带来利益。

5.1.1.3 国内研究现状

自从并行工程被引入我国以来，其研究与应用分为以下几个阶段：

（1）1992 年前：并行工程处于预研阶段。863/CIMS 主题和国家自然科学基金资助了一些并行工程相关技术的研究课题，如并行设计方法、产品开发过程建模与仿真技术、面向产品设计的智能 DFM 等。

（2）1993 年：863/CIMS 主题组织清华大学、北航、上海交大、华工和航天等 204 所单位，组成并行工程可行性论证小组，提出在CIMS实验工程的基础上开展并行工程的攻关研究。

（3）1995年5月：863/CIMS主题重大关键技术攻关项目——并行工程正式立项，投入大量资金，由清华大学牵头，上海交大、华工、北航和航天二院组成了联合课题组，开展并行工程方法、关键技术和应用实施的研究工作。

（4）1995年5月～1997年12月：并行工程项目处于攻关研究阶段。其主要内容有：①并行工程总体技术、并行工程环境建设；②并行工程的过程建模与管理技术；③CAx/DFx使能技术，如DFM、DFA、面向并行工程的CAPP、面向并行工程的计算机辅助工装系统设计（CAFD）、基于STEP的信息集成等；④支持并行工程的协同工作环境和产品数据管理技术。

（5）1998年起至今：主要进行航天并行工程攻关与应用，这是对并行工程已有攻关成果的进一步研究，研究与应用对象扩展至由产品总成、机械部分和电子部分组成的复杂系统，动力学及复杂控制系统等新技术的应用，将为今后虚拟产品技术研究奠定了基础。此间，并行工程在我国若干工厂得到应用实施如：西安飞机工业（集团）有限公司、齐齐哈尔铁路等。

大量的应用实践表明，并行工程在我国的制造业中的应用能使企业取得明显的综合效益以赢得市场竞争，包括：设计质量改进，使生产中工程变更的次数减少50%以上；产品设计及其有关过程的并行，使产品开发周期缩短40%～60%；多专业小组一体化进行产品及有关的过程的设计，使制造成本降低30%～40%；产品及其有关过程的优化，使产品的报废率及返工率下降75%。

但我国目前对并行工程在建筑业中应用的研究成果不多，主要有：

王惠明，齐二石结合我国建筑行业的现状及发展前景，进行了并行工程应用的必要性与合理性分析，提出了以并行生命周期设计和建造模型为基础的概念框架，其内容包括三个层次：设计阶段，设计/建筑一体化工具，知识基础和数据库。

东南大学项目管理研究所的毛鹏等结合大型工程多项目群（Multi-programme）的特征以及实施方式，探讨基于并行工程的多项目群建设管理模式，重点分析在实施过程中对信息流通的需求变化，提出了建立集成项目群团队管理模式，构建信息及交流平台。

清华大学对并行工程的4D使技术在施工管理中的应用研究取得了显著成果。

5.1.2 并行工程和并行建设的定义

1988年12月，美国防御分析研究所并行工程小组给出了如下定义：并行工程是一种集成产品及其相关过程（包括制造过程和支持过程）并行设计的系统化方法，这种方法试图使产品开发人员在设计一开始就考虑到产品生命周期中从概念形成到产品报废处理的所有因素，包括质量、成本、进度、计划和用户的要求。

目前，国内的专业杂志中，对于并行工程的定义有如下描述：

并行工程是为探求加快产品的开发，提高产品质量的最有效的方法而提出的。并行工程是一种系统的集成方法，它采用并行方法来处理产品设计及其相关过程（包括制造过程和支持过程），使得产品开发人员从一开始就能考虑到产品整个生命周期的所有因素，包括质量、成本、进度及用户需求。并行工程中"并行"的概念包括纵向和横向两个方面。纵向以产品为主线，使产品的设计、分析、制造、装配过程并行；横向指协同阶段相关设计任务的并行化。

并行工程（Concurrent Engineering，CE）亦称同步工程（Simultaneous Engineering）或生命周期工程（life-cycle Engineering），它是一种系统化方法，它在设计产品的同时，同步地设计与产品生命周期有关的过程，力求使产品开发者在设计阶段就考虑到从概念设计到投放市场的整个产品生命周期中的所有因素，包括设计、分析、制造、装配、检验、维护、可靠性、成本和质量等，以达到提高质量、降低成本、缩短开发周期的目的。

从以上定义可以看出，并行工程是一种并行设计的系统化方法，它是面向产品的全生命周期进行设计的，力图使项目人员一开始就考虑到产品开发生命周期，它把产品开发的各个活动看成是一个整体、集成的过程。组织跨部门、多学科的开发小组，在一起并行协同工作，从全局优化的角度出发，对产品设计、工艺、制造等上下游各方面进行同时考虑和并行交叉设计，及时全面评价产品的设计，反馈改进意见和改进产品设计，使生产周期明显缩短，制造成功的几率增加，以期达到降低产品成本，提高产品质量和缩短开发周期的目的。

关于并行建设，国内还没有对其进行过系统的研究，因此我们借用英国 Chimay J. Anumba 教授的观点，认为在建设领域的并行工程（也就是并行建设）可定义为：旨在优化设计和施工过程，通过集成设计、制造、施工和安装活动以及最大限度地达到各项工作活动的并行和协同，实现缩短工期、提高质量和降低成本的目标。

5.1.3 并行工程的特征

从国内外学者对并行工程的定义可以看出，并行工程有以下三个特征：

1. 并行性

并行设计是并行工程的主要组成部分，在强调产品设计过程并行进行的同时，强调设计过程与评价过程的并行，及时对设计方案进行全面的评价，产生阶段性的评价结论，从而保证产品设计质量和工作效率。可以说并行工程是设计相关过程并行化、一体化、系统化的工作模式。

2. 协同性

这一特征是由并行工程的实质所决定的。并行工程不仅追求实时、并行的行动，而且需要一个尤缝集成的、协同的多功能小组来解决制造中的复杂问题。现代产品越来越复杂，产品的开发设计需要多学科、跨部门、全生命周期的协作。要想在尽可能缩短生命周期的情况下开发出高质量、低成本的产品，关键是更好的发挥掌握现代先进技术的人的群体协作，组成集成产品开发团队和支持团队进行协同工作的环境，把产品开发过程看成是个有机系统，消除串行模式中各部门间的壁垒，使各部门协调一致，提高团体效益。

3. 集成性

并行工程是一种系统集成方法，是以信息集成为基础，逐步向产品开发过程集成的方向发展，是指将产品开发的各个环节有机地组织结合，统一各种信息的描述和传递，协调各环节有效运行。并行工程集成性的特点主要体现在以下几个方面：

（1）信息集成：在开发的各个环节内可以进行双向信息交流与数据共享，既能接受信息，也能为其他环节提供相关信息。

（2）功能集成：设计环节不仅要为制造环节提供工艺规程，而且还要对可制造性、可装配性进行综合分析与评价，为后期的设计修改减少必要的反馈。

（3）过程集成：在产品开发前期，能够从产品全生命周期角度出发设计产品及其相关过程。

（4）人员集成：在优化和重组产品开发过程的同时，实现多学科、多领域专家群体的协同工作，形成一个集成的产品开发团队。

5.2 实施并行建设的可行性分析

5.2.1 建设项目现行的管理模式分析及存在问题

建设项目的管理模式是指项目建设过程中的基本组织方式及在完成项目过程中各参与方的角色分配及其合同关系，甚至项目后期的运作方式，其对项目的成功有着非常大的影响。主要有以下几种：

1. DBB 模式

DBB 模式即设计—招标—建造（Design-Bid-Build），这是一种传统的建设工程项目管理模式。该管理模式在国际上最为通用，世界银行、亚洲开发银行贷款工程项目及以国际咨询工程师联合会（FIDIC）的建设工程项目多采用这种模式。其最突出的特点是强调工程项目的实施必须按照设计—招标—建造的顺序方式进行。首先由业主委托专业技术人员进行前期的各项相关工作，等到项目评估立项后再进行设计，同时着手施工招标文件的准备，之后通过招标选择承包商，业主和承包商订立工程施工合同后组织施工。这种管理模式要求只有在一个阶段结束后另一个阶段才能开始，所以是明显的分阶段管理模式。DBB 管理模式，如图 5-1 所示。

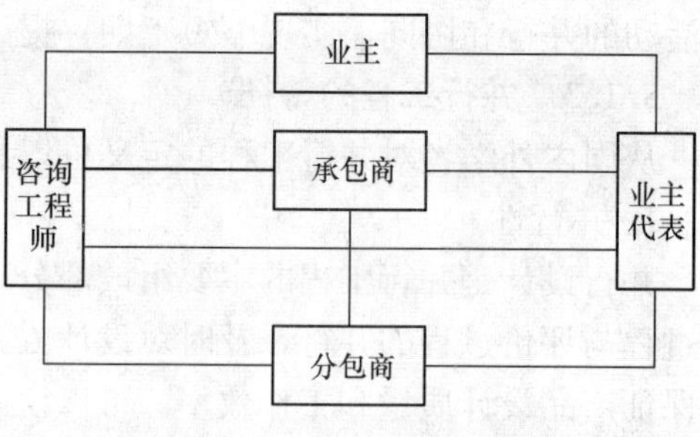

图 5-1　DBB 管理模式示意图

2. EPC 模式

EPC 模式即设计—采购—建设（Engineering-Procurement-Construction），又称"工程总承包"或"交钥匙工程模式"，是指通过招标等方式来选择一总承包商，由其承担工程项目的设计、采购、施工、试运行等工作。这种方式在招标与订立合同时以总价合同为基础，设计、建造总承包商对整个项目的总成本负责。在这种模式下，业主只负责整体的、原则的、目标的管理和控制，不能对工程进行全程的控制。总承包商对整个项目的成本工期和质量负责，加大了总承包商的风险，同时总承包商更能发挥其主观能动性。但是由于实力有限，总承包商通常会将一部分工程再分包给专业的分包商，彼此之间再签订合同，依然没能突破传统的分段式管理模式。EPC 管理模式，如图 5-2 所示。

3. CM 模式

CM 模式即建设—管理模式（Construction-Management）。在这种模式下，业主在项目开始阶段就雇用施工经验丰富的咨询人员即 CM 经理，

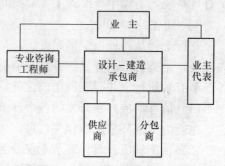

图 5-2　EPC 管理模式示意图

参与到项目中来，负责对设计和施工整个过程的管理。它打破了过去那种设计图纸完成后，才进行招标建设的连续建设生产方式。其特点是，由业主和业主委托的工程项目经理与工程师组成一个联合小组共同负责组织和管理工程的规划、设计和施工。完成一部分分项（单项）工程设计后，即对该部分进行招标，发包给一家承包商，由业主直接按每个单项工程与承包商分别签订承包合同。CM 管理模式，如图 5-3 所示。

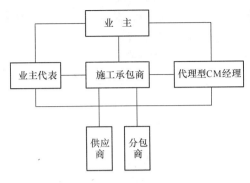

图 5-3　CM 管理模式示意图

　　CM 模式的优点是可以缩短工程从规划、设计、施工到交付业主使用的周期，节约建设投资，减少投资风险，业主可以较早获得效益。缺点是分项招标导致承包费用较高，因而要做好分析比较，认真研究分项工程的数目，选定最优结合点。另外，由于建设过程实现了"有条件的边设计边施工"，因此也带来了建设过程中的不确定性。

　　以上的前两种管理模式是建设项目管理中常用到的模式，各种模式都有自己不同的优点，适用于各种特点的建设项目，但同时这些管理模式也存在着各自的缺点。建设项目的主要参与者有业主、咨询专家、设计单位、施工单位、监理单位、供应商等，在现行的管理模式中，他们之间是以一系列相互分离的合约构成的交易

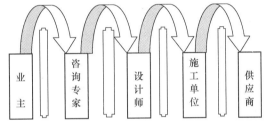

图 5-4　现行模式下的"抛过墙"信息传递方式

关系，其间的工作流动和信息传递采用的是一种"抛过墙"方法，如图 5-4 所示。

　　第三种 CM 模式在一定程度上解决了串行方式的周期长、不够灵活的问题，但也带来了过程不确定的风险。如何充分发挥 CM 模式快速灵活特点，同时减少建设过程中可能发生的冲突、返工的风险，是 CM 模式实施的关键。

5.2.2　实施并行建设的必要性

　　由于现行建设项目管理模式所存在的问题，致使建设项目出现工期拖延、质量不高、效益低下等现象，究其原因，主要是建设过程各个阶段的集成度不高。因此为了提高建设项目的生产效益，需要将分散的建筑过程和管理组织进行整合。为实现这种整合，人们已努力制定了各种战略，而这些战略的共同特点是都采用了信息技术，并吸收了制造业中的各种概念。

　　制造业兴起的并行工程刚好为上述管理方式提供了解决冲突和返工问题的思想和方法，通过组织集成与及时有效的信息沟通，克服建设项目中存在的组织、技术和管理等方面存在的问题，更好地适应现代化工程项目复杂性的需要，对建设项目的全寿命周期过程进行科学、系统的管理。

　　其实在早期建设项目进行管理时，已应用了一些类似于并行工程的思想，如"快速路径"建设（fast track construction），这是一种通过把项目的设计和施工阶段叠加而压缩项目周期的方法。在"快速路径"建设中，设计、采购、施工、运行的叠加使得每一阶段的设计完成后，相应的施工就尽可能快的开展，但是单纯的过程叠加只会增加不可预料的

因素，而不可预料的因素最终将增加建筑成本。所以，这种"压缩"计划使建设项目工期缩短的同时也增加了费用。

相对而言，并行工程是一种"缩减"计划，这种计划使工期缩短的同时不增加费用。所以，"快速路径"建设方法只强调了对进度目标的优化，而没有考虑到费用目标以及质量目标，存在片面性。目前施工阶段普遍使用的网络计划技术，也从进度的角度反映了并行思想，但是此项技术只是专注于为提高施工进度而服务，并未应用于建设项目的整个生命周期内，具有局限性。因此，建设项目的管理迫切需要一种基于工程项目全生命周期考虑，有效地节约成本和缩短工期，保证高质量的新方法。

并行工程是一种集成地、并行地设计产品及相关过程的系统化方法，在建设项目中引入并行工程的思想，对项目建设的全过程按照并行工程的思想进行规划和管理，改变了当前建设项目管理中划分若干阶段的传统模式，从建筑项目全寿命周期的角度进行规划，使项目自始至终统筹考虑并行集成化系统管理，从而消除了传统的串行模式中各个部分之间的壁垒，使各部分能协调一致地工作，加快了工程建设速度，尽早发挥投资项目的经济效益。因此，建设项目引用并行工程是增强建筑企业市场竞争力的必然趋势。

5.2.3 实施并行建设的合理性

（1）并行工程应用于制造业中，以加速产品设计开发过程为目的、综合考虑产品生命周期各环节，将产品的开发周期缩短 70%。而建筑业与制造业有一定的相似之处，建筑业的设计和建设过程相当于制造业的产品开发设计阶段，建筑工程项目强调设计阶段对项目全生命周期的决定性作用，并行工程也强调产品开发设计阶段的重要性，注重设计与制造的并行。既然并行工程能够成功地提高制造业生产效率，应用于建筑业也应该能够产生同样的效果。

（2）建设项目的管理目标与并行工程的最终目的恰好吻合。建设过程的完整性、业主的满意度、时间、费用和质量等目标都是需要改进的。而且建筑业的目标，尤其是工期的目标以往相当难以实现。在建筑行业引入并行工程管理思想可以提高建筑过程的集成度、缩短工期、提高工程质量、降低工程成本、加强售后服务、提高用户满意度。

（3）建筑项目管理的自身优势可以和并行工程的优越性形成互补，共同促进建设项目的合理开发与建设，见表 5-1 和表 5-2。

现行项目管理模式与并行建设项目管理对比　　　　　　　　　　　　　　表 5-1

	传统项目管理模式	并行建设项目管理
过程	阶段性、顺序开展	并行、阶段之间很好地衔接
组织	面向职能的层级式纵向管理组织	扁平化、减少管理链和管理环节
合同	基本为双边合同，契约关系	基于团队的多方协议，盟约关系
目标	各方目标不一致，所示各自利益最大化	共同的目标，项目整体利益与各方利益联系
合作	局限于单个项目，以专业分工为合作基础	倾向于长期合作，优势互补
沟通	被限定在一定的范围内	通过统一的信息平台进行更高效率的沟通
资源	资源共享受到限制	容易实现资源共享
风险	相对较小，但往往风险与收益不平衡	不确定因素多，强调风险共担
冲突	彼此不信任，利益不一致容易造成冲突	彼此信任，冲突限定在可控程度
变更	较多	明显减少
效果	三大控制实施难度大，难以令各方满意	费用降低，工期减少，质量提高，并且持续改进

| 应用并行建设项目管理的潜在优势 | 表 5-2 |

潜在优势	具 体 特 征
速度	更快捷的项目执行，较短的开发和实施时间
成本	较低的项目成本
市场响应	较快的反应时间和对变化市场和用户要求的快速响应
可预见性	项目计划，时间进度和预算的较高准确性
质量	通过有效的技术转移，获得最终产品的较高的总体质量
风险	较低的实施风险
复杂性	具有执行高水平系统和项目复杂性的能力
创新	高水平的产品和工艺创新
顾客满意	增加以用户为中心的开发

5.3 并行建设实施的项目组织模式

5.3.1 并行建设实施的项目组织结构
5.3.1.1 并行建设的项目组织结构特点
（1）由业主和项目管理者联合组成工程指挥部，业主参与整个项目的设计和建设过程并占主导地位。工程项目的发起人是业主，最终用户一般也是业主，这一特点决定了业主在参与工程项目的设计与管理中处于主导地位。并行建设实施的项目组织结构，如图 5-5 所示。

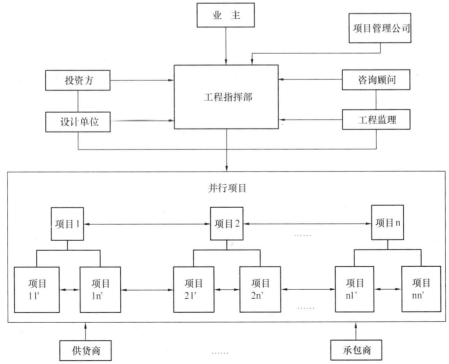

图 5-5 并行建设实施的项目组织结构

（2）组织结构简化，减少中间环节，工作效率高。

（3）采取了并行作业方式，建设周期缩短。

（4）强调并行工作小组从设计到工程建设全过程的协同作业。

（5）对各并行项目的计划和控制以信息流的垂直流动和反馈来进行，同时各并行项目可发生横向交流，以实现资源共享和互补。

（6）有利于建立业主、项目管理者、承包商和供应商之间的新型合作关系。

（7）有利于降低建设成本。

5.3.1.2 建立利于并行工程实施的跨部门组织机构

并行工程强调过程的集成，集成就意味着要打破部门间的界限，加强各个部门之间的信息沟通和交流。在串行工程中，信息的流动是单向的，信息量也较少，而在并行工程中，信息的交流和沟通量很大，而且是多向的，所以建立一个有利于信息交流沟通的组织管理模式是实施并行工程的首要条件。在基于并行工程的建设项目实施过程中，为了能够充分考虑到任务之间的相互关系，使各个活动并行交叉进行，建立一个跨部门的多学科的项目团队（Integrated Project Team，IPT）来领导实施项目管理是十分必要的。

IPT 应包括来自潜在顾客、房地产开发商（业主）、设计、投资方、施工、工程监理、物业管理等各部门的人员，甚至还包括材料供应商或协作公司的代表。从各个主要参与方中分别选出一至两名专家或负责人与业主代表一起组成项目团队，由项目经理担任 IPT 负责人。IPT 作为一个集成化的组织，组织中人员并不是简单的拼凑和组合，在成员构成的设计过程中，要在充分考虑成员之间专业技能的互补以及成员与工作之间最佳匹配的基础上建立起来的一种高效率集成组织。IPT 是项目的决策机构，其决策核心会随着工程任务阶段进展而进行动态调整。主要进行各参与方之间工作的协调与控制，以提高建设项目生命周期各阶段人员之间的相互信息交流和合作。利用集体的指挥协同工作，通过仿真模拟技术，能够在项目设计早期就充分考虑影响项目的所有因素，为整个项目的实施服务，确保项目组织的努力目标与业主需求保持一致。目前，美国许多公司实施并行工程时都是采用这种跨部门多专业开发组织方式进行工作，如波音公司开发 777 飞机，麦道导弹系统公司完成先进标枪式发射体项目，洛克希德航空系统公司对 P7A 巡航飞机的设计等，都是采用这种小组工作方式，并取得了良好效果。根据项目团队成员聚集和沟通的方式不同，可以采用以下两种实施类型：

1. 实体小组

在这种小组工作方式中，小组各成员是真正物理上聚集（physically collocation）在一起，譬如在同一个办公室，面对面地设计、开会、交流方案、讨论各种设计问题等。成员们完全是处于同一个物理空间（physical space），这是最常见的一种形式。

2. 虚拟小组

这种小组并不是面对面地聚集在一起工作，而是通过计算机网络相互联系。譬如，在项目管理师、业主代表、设计师、建造师、采购师等部门人员面前都有一台计算机，这些计算机是通过计算机网络联系在一起。在计算机中有一个公共的、统一的产品概念和数据库等，他们每个人的设计、参数、条件等可以被其他成员通过计算机看到，成员可以通过网络相互沟通，甚至在计算机屏幕上开会等。因此这种方式完全可以打破地域上的限制。不仅同一公司中不同办公室的人员可以组成这样的小组，而且分布在不同公司、城市、国家、洲的成员也可以通过这种先进的网络系统聚集。只是这种聚集不是面对面（face-to-face）的，不是处于同物理空间的，而是通过网络和计算机空间来实现。目前在美国的许多计算机软硬件公司和有关大学研究所正在大力开展这方面软硬件系统的研究，如位于美国西弗吉尼亚大学的并行工程研究中心（CERC），但真正在公司企业投入实际应用的较少。

5.3.1.3 开发规划阶段的组织模式

并行工程强调在建设项目前期规划设计阶段，就要考虑其项目全生命周期中的所有过程，通过加强开发项目参与各方之间的信息沟通和交流，实现并行设计以及系统集成和整体优化。在开发项目实施前期协调好项目中各参与主体的利益关系，通过群体决策使整个项目实施过程和最终开发成果能更好地满足各方参与主体的利益。此阶段实施并行工程的建设项目的组织模式建议如图 5-6 所示。

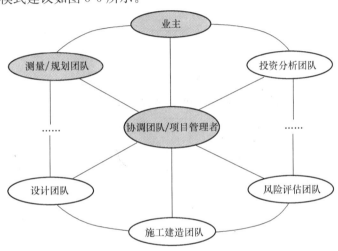

图 5-6　设计阶段的建设项目的组织模式

图 5-6 中的灰色部分是这个过程的核心管理组织，此阶段其他团队的人员要积极配合该核心组织进行工作，各团队间也要互相配合、共担责任、积极沟通、技能互补，及时并友好地提出自己领域方面的建议，使开发规划工作尽快高效做完，以尽快投入下一轮工作状态。"……"表示还有其他的团队参与，企业根据具体需求适当增减。

5.3.1.4 施工阶段的组织模式

施工阶段是建设项目实施的关键阶段，同时设计与施工的并行是实现并行工程的建设项目的核心阶段，在这个阶段业主、设计人员、建造人员通过与参与建设项目的其他部门人员的合作，使得在最优化的基础上实现设计工作与施工工作并行。此阶段实施并行工程的建设项目的组织模式如图 5-7 所示，灰色部分是这个过程的关键团队。

传统的组织模式下设计阶段与施工阶段是完全分开的，而在并行工程组织模式下，无论是设计团队还是施工建造团队都要服从协调团队/项目管理者的指挥，并与其他团队相互配合，在保证工程质量的前提下尽量缩短项目周期、节省项目成本。

5.3.2　并行建设应用的体系架构

并行建设体系架构总体结构划分为四个域：组织管理域、过程管理域和信息管理域以及支撑域，如图 5-8 所示。组织管理域的主要任务是进行针对并行产品开发的组织重构，

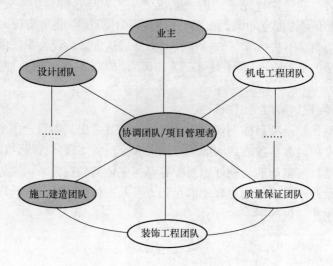

图 5-7　施工阶段的建设项目的组织模式

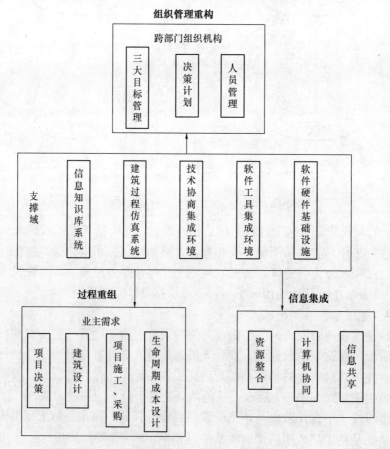

图 5-8　并行工程体系架构图

通过建立跨部门组织机构，以尽可能满足业主需求为目标，对整个建设过程进行计划、控制及优化。这一领域的建立可以充分考虑项目参与各方的利益，寻求项目整体利益的最大化，同时能够在项目的进行过程中协调项目参与各方之间的矛盾，增进沟通。此时，支撑域要给予信息技术的支撑，如利用商业化的 4D 模拟软件来进行工程早期的冲突检测与管理，利用网络技术来提高项目参与各方的交流与协调等。过程管理域的主要任务是按照并行工程的原理和方法对建设过程进行并行重组。将传统建筑业的串行式作业方式（前期决策及规划、设计、招标、施工、交付使用）进行重新组合，使各阶段合理有序并行交叉进行，包括对项目的决策、设计以及施工/采购阶段进行交叉搭接，在项目的起始阶段制定项目目标计划，在设计阶段就开始编制施工计划等。并行分配资源，减少非增值环节，避免过程管理当中的不必要冲突和返工现象，使整个项目从全生命周期考虑实施。对于这一领域，支撑域可以提供建筑过程仿真系统、技术协商集成环境、软件硬件基础设施等技术，以支持建设项目的成功重组。信息管理域的主要任务是对各阶段信息加以集成和共享，使得产品开发过程中的信息流畅通，在建设过程的各个环节内可以进行双向信息交流与数据共享，既能接受信息，也能为其他环节提供相关信息，使每个成员相互学习，相互积极交流。

5.3.3 并行建设实施的基本流程

传统的建设项目实施过程遵循串行式的工作流程，各部门相互独立，各阶段界限明确，信息流向单一，设计阶段无任何后续工作过程的人员加入，致使设计方案容易脱离实际，为后续施工工作带来困难；施工过程中出现的问题只有到了具体的相应阶段才暴露出来，造成开发商不满和返工现象严重，增加了建设成本；整个建造过程缺乏统一的有效的管理，造成组织责任无法落实，影响建设效率。

并行工程要求在建设项目实施过程中，将项目前期规划、结构设计、施工、运营维护等结合起来，在项目的规划设计阶段就考虑后期的施工工作，强调建设过程的集成。建设项目参与各方相互配合协作，工作信息能够得以交流和反馈，使工程管理流程透明化和高效化，各参与方可以及时了解彼此的进度，以达到必要的进度配合。一旦项目设计方案给出，建筑材料采购，施工的工艺，销售都可以及时得到有关信息，然后做必要的调整，减少后期不必要的大量工程变更，进而缩短了整个工期，同时也可以提高建筑产品满足顾客要求的程度。图 5-9 所示为传统建设项目工作流程和实施并行工程建设项目工作流程对比。

5.4 并行建设的项目协同工作

所谓协同，就是指协调两个或者两个以上的不同资源或者个体，使它们一致地完成某一目标的过程或能力。这样，"协同"概念就有着广泛的含义，不仅包括人与人之间的协作，也包括不同应用系统之间、不同数据资源之间、不同终端设备之间、不同应用情景之间、人与机器之间、科技与传统之间等全方位的协同。协同的本质就是打破资源（人、财、物、信息、流程）之间的各种壁垒和边界，使它们为共同的目标而进行协调的运作，通过对各种资源最大的开发、利用和增值以充分达成一致的目标。

5.4.1 建设项目团队协同建设的三个阶段

项目团队的协同建设分为三个阶段，协同的基础阶段（也称思想协同阶段）——协同的成熟阶段（也称行为协同阶段）——协同应变改进阶段（也称应变协同阶段）。这三个阶段是一个项目团队在项目生命周期进行的时序中从低级到高级达到协同卓越境地的递进

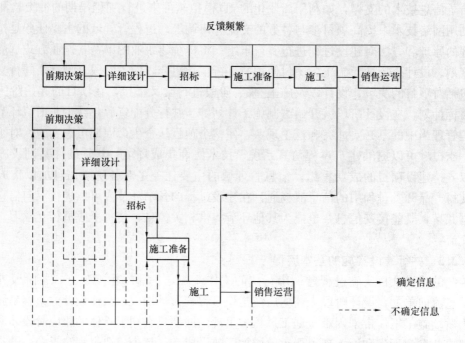

图 5-9　传统建设项目工作流程和实施并行工程建设项目工作流程对比

过程。

5. 4. 1. 1　项目团队协同的基础阶段

在基础阶段主要是根据团队任务建立团队，并树立项目团队的共同目标，建造团队成员合作的基础。

1. 基础阶段特性

见表 5-3。

项目团队协同基础阶段特性　　　　　　　　　　　　　　　　表 5-3

思　想　协　同
1. 学习项目管理基础知识
2. 对项目背景、内容进行了解
3. 统一对本项目目标的定义（包括对组织的意义，对团队成员的意义）
4. 团队成员间达成初步共识
5. 确定项目采用的沟通方法、管理方法及工具
6. 本项目培训系统的开发和建立

学习项目管理基础知识、认识项目目标的产生背景、内容是项目团队协同工作的根本；统一对团队与个人情况的认知是团队协同工作的开始；沟通方法、工具与培训系统是协同的条件。

2. 方法与过程

如图 5-10 所示。

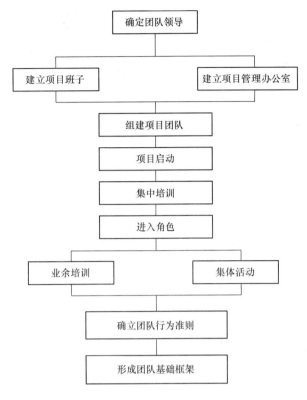

图 5-10　项目团队协同基础阶段过程

5.4.1.2　项目团队协同的成熟阶段

在思想协同阶段沟通的基础上已经形成了团队的基础框架，在项目团队协同的成熟阶段即真正进入了项目团队的行为协同。在团队协同工作的过程中需要有一个统一的综合管理方法来进行规范，从而更好地实现工作协同。

（1）成熟阶段特性

见表 5-4。

项目团队协同成熟阶段特性　　　　　　　　　　　　　　　表 5-4

行　为　协　同
1. 制定统一的综合管理方法形成
2. 项目工作流协同一致
3. 建立良好的团队文化
4. 团队成员及时沟通确保信息流通畅
5. 卓越骨干形成
6. 团队领导人用于解决内部冲突次数明显减少

（2）方法与过程

如图 5-11 所示。

这里的培训是指推行非正式项目管理统一方法以及关键技术的培训。非正式项目管理方法是指综合方法中用一般指导方式及检查表的格式来编写方法，简单而高效，减少了许

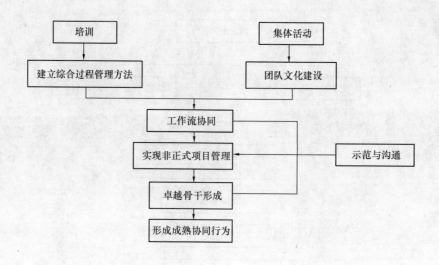

图 5-11　项目团队协同成熟阶段过程

多繁复的书面工作。团队文化建设贯穿于整个过程，是项目团队协同进入应变阶段的基石。

5.4.1.3　项目团队协同的应变改进阶段

1. 项目团队协同应变的需求

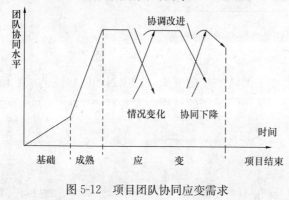

图 5-12　项目团队协同应变需求

随着项目目标的不断改进，以及新技术的出现，市场、资源的变化都会引起项目变更，使得项目团队原有工作秩序发生变化，导致团队原有协同程度下降。为了保证团队能够高效的协同工作，就要求团队具有较强的整体协同应变能力，改进自己的工作，使团队协同水平上升。这种持续改进不断提升团队协调水平的应变需求如图 5-12 所示。

2. 协同应变改进阶段的特性

见表 5-5。

项目团队协同应变改进阶段特性　　　　　　　　　　　　　　表 5-5

应　变　协　同
1. 团队整体学习能力增强
2. 协同应变机制建立
3. 团队协作文化深入，协作风气形成
4. 工作调整时间缩短、衔接顺畅

3. 方法与过程

如图 5-13 所示。

142

其中业余小组为一种工作情况观察研究小组，综合各种信息，为团队成员提供自由活动场所，逐步建立协同应变预警机制。

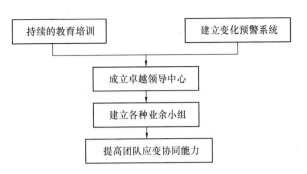

图 5-13 协同应变改进阶段过程

5.4.2 计算机支持协同工作环境

并行设计就是 IPT 成员共同合作、协同完成设计任务的过程。为了使团队内的信息能准确顺畅交流，需要有硬件设施及其支撑系统，为团队工作的运行提供物质上的支持和最基本的保证。一般来说，团队工作的硬件设施应该包括：计算机设备，包括服务器、工作站以及其他一些外设；数据库设备及其管理系统；网络设备及其协议；信息交流环境，如视频会议系统、共享白板、实时语音共享、电子邮件等。通过这些硬件设备在网络环境下利用计算机辅助系统把支持产品开发的工具和团队集成在统一的环境中，在信息集成的基础上，实现对设计、制造过程的控制和管理。随着计算机网络技术的发展，利用计算机支持协同工作环境（Computer Supported Cooperative Work，简称 CSCW）来完成并行设计已成为并行设计的发展方向。

计算机支持协同工作环境可以定义为这样的计算机系统，它支持一组用户参与一个任务，并提供给他们访问共享环境的接口，即一个任务、多个用户，多个用户组成用户群，利用计算机网络作为信息交换的通道，共同协作完成一项任务，CSCW 为这个用户群提供协同支持。CSCW 的目的就是在计算机环境下提供对人们群体工作的支持，因此，通信、合作、协调是 CSCW 的三要素。CSCW 的基础是通信，形式是合作，关键是协调。CSCW 具有支持通信、支持信息集成和协同任务管理等功能。如图 5-14 所示为计算机支持协同工作环境基本构成图

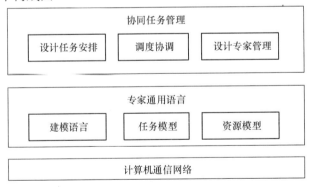

图 5-14 计算机支持协同工作环境基本构成图

在异构的分布式环境中，信息交流处于核心地位，通过计算机网络协议可支持参与设计的多方专家以各种形式进行通信。多方专家之间交流的基础，是建立统一的、一致的信息模型并以此来描述任务信息和资源信息，保证每个专家所使用的工程语言和术语可以没有歧义地被理解。在计算机支持协同工作环境下，协同任务管理是安排设计任务调度的核心。通过协同任务管理达到充分利用资源，满足设计任务约束的目的。如图 5-15 所示。

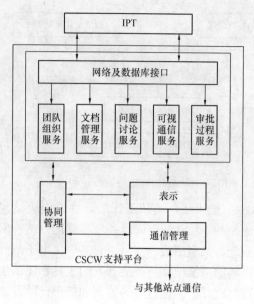

图 5-15　基于 CSCW 并行设计系统体系结构图

基于计算机支持下的并行设计具有如下特点：

（1）多专家参与，体现并行工程的思想。并行设计首先是设计任务的完成是由两个或两个以上的设计专家参与，充分利用每个专家独特的专业背景和专业经验，提高整个团队的整体效率。

（2）同步与异步并存。由于并行工程的并行设计分为组间和组内协同，组内成员的工作紧密联系，协同一般要求同步进行。而组之间的设计工作可能需要隔一段时间才进行协同，所以协同可以异步进行。

（3）异地协同。在计算机支持协同环境下，分布于异地的专家通过计算机网络，在设计思路、设计形式和设计过程等问题上进行交流，共同达到设计的目标。

5.5　并行建设的项目团队建设

团队化工作方式是实现并行工程多学科产品开发人员协同工作这一思想的组织模式。团队，是由为数不多的人根据功能性任务组成的工作单位，主要特征是团队成员承诺共同的工作目标、方法，并相互承担责任，这也是团队和群体的主要区别。团队往往由技术人员、生产人员、工艺人员、财务人员、营销人员、用户等众多参与方组成，而不再是以往的仅由一部分技术人员组成的一个设计组。由于团队集中了各方面的人才及各种可能的信息来源，团队工作方式避免了过去那种人员单一所造成的考虑问题的片面性，可以在设计阶段通过计算机网络、信息工具充分交换彼此的信息，并行地进行产品设计，并对设计进行可制造性、安全性、售后服务、产品报废处理等与下游阶段相关的评价和综合考虑。

国际上有很多团队合作开发产品的成功案例，如：波音 777 的研究团队由来自设计、生产、维护、市场、服务、财务及客户的专家组成；摩托罗拉牵头的通信卫星网络计划，包括了中国、法国、澳大利亚、俄国、印度等许多国家的大公司，来自这些国家的专家们以团队的方式协同工作，从而实现降低成本，缩短周期，提高质量的目的；印第安纳州的 EDYS GRAND 冰激凌工厂在 1990 年采用团队方式，使公司成本下降了 39%，生产效率提高了 57%。

5.5.1　并行建设的项目团队模式

目前我国建筑工程项目管理中实行的组织团队模式仍然是基于分工与协作关系基础上的传统的组织方式，它是面向管理职能的层级式纵向组织。这种按部门划分的组织方式和管理方法、工资奖励机制等很难适应并行工程方法。因此，在建筑工程项目管理中要实施并行工程，首先要解决的是并行工程的组织团队模式问题。作为一种系统化的工作模式，并行工程打破了组织内部各机构单元的界限，强调建立一种扁平化的跨部门、多学科、多

功能的组织团队。基于并行工程的
建设项目团队包括建筑市场、工程
设计、工艺、生产技术准备、采购、
维修服务等各部门人员，甚至供应
商和用户代表。采用这种并行团队
模式能大大提高工程项目生命周期
各阶段人员之间的相互信息交流与
合作。基于建设项目的并行工程组
织团队模式，如图5-16所示。

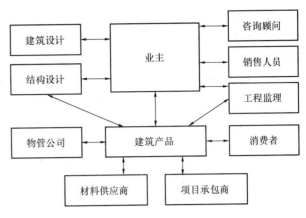

图5-16　基于建设项目的并行工程组织团队模式

　　建设项目团队中包括：业主、
设计、咨询、监理、采购、承包商、
物管等涉及整个项目活动的各个方
面的人员。通过这个由多方利益群体及多学科、不同知识结构的人员构成的团队，从形式
上构建出一个整体化组织团队，这个组织团队是建设工程项目中实施并行工程的主体。这
种并行团队的组织模式与以往单一的管理团队不同，避免了由于前期未考虑某些参与主体
利益而导致开发工作在随后的一些环节中出现的问题。并行团队的组织构架，有助于在项
目实施工作前期协调好项目中各参与主体的利益关系，通过群体决策使整个项目实施过程
和最终的建筑产品都能更好地满足各方参与主体的利益。能在工程设计时及早地考虑到工
程的施工方案、工艺、质量、成本、市场等问题，缩短工期，降低工程成本。在工程项目
开发过程中，一般按照工程进度的不同阶段组成相应的工作团队，并且需要一个在建设项
目全寿命周期内负责统一指挥和协调的团队，所以整个建设项目的组织团队具有两级结
构，如图5-17所示。

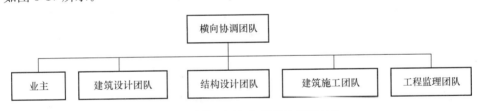

图5-17　建筑项目组织团队的两级结构

　　横向协调团队负责所有工作团队的指挥与协调，其主导着各团队的工作方向，所以横
向协调团队中应设立团队发起人、团队领导、团队成员、团队促进者和团队记录员等几种
角色。他们的职责如下：①团队发起人：作为团队的指导者，负责团队的任务分工，并选
择团队的领导。通常发起人是直接负责团队工作的上一层管理者。发起人不直接管理或控
制团队或团队的工作，但起决策和支持作用。②团队领导者（项目经理）：保持团队关注
自己的任务。提供团队与机构其他部门间的重要联系。③团队成员：负责执行团队所做出
的决策。与其他成员共同合作以成功达到团队的目标。④团队记录员：捕获团队的思想和
决定，并记录团队的所有观点，记录时应保持中立。⑤团队促进者：通常业主在团队外寻
找一个受过训练和有经验的人来行使促进者职责，协助团队工作，以确保团队成员平等
参与。

5.5.2 项目团队组建原则

组建团队时还应满足以下十条原则,这是由著名学者 Lyndall Urwick 在 20 世纪 20～30 年代提出的关于企业组织机构设置的原则,但这些原则并没有随着时间的推移而过时,至今仍在沿用,而且对于新形势下的团队的组建仍然值得借鉴。这些原则如下:

(1) 目标原则。任何团队都必须体现某个有关的企业目标,否则这个团队就是多余的。

(2) 专业化原则。团队内每个成员的行为应尽可能承担单一的专业化职能。

(3) 协调原则。团队的组织工作本身的目的就是有利于协调和团结一致。

(4) 权威原则。每个团队需要有团队的领导,作为团队的权威,但这种权威只能达到一定的范围,不能滥用。

(5) 责任原则。团队中的每个成员都有明确的职责,并对其任务负责。

(6) 明确性原则。每个成员职务的内容,包括任务、权力和责任与其他成员的关系都应该明文规定、公布众知。

(7) 相应原则。每个成员的权与责必须相适应。

(8) 控制广度。团队的规模要适度,尽量减小团队的规模。

(9) 平衡原则。团队成员的任务应当适度,相互的工作量平衡,奖惩得当。

(10) 连续性原则。尽量延长团队的寿命,不要随着一个项目的完成而立即解散团队,而应该看这个团队或者其中一部分成员是否能够继续完成下一个项目,以减少团队成员之间的磨合时间,保持团队的工作惯性,提高团队的工作效率。

5.5.3 团队的组织

5.5.3.1 小组成员和组长的选拔

项目团队中人员的选择应该根据并行工程的要求,小组成员应具备以下条件:

(1) 一定的专业技术能力。并行工程项目团队是一个跨专业小组,应根据项目任务的阶段性要求,对各方面专业人员的需求做出规划,然后从各部门挑选具备一定专业技术能力的人。

(2) 较宽的专业知识面,对工程项目的开展具有整体意识。小组成员对工程项目相关专业要有一定的了解,这是项目小组协同工作的基础。只有具备较宽的专业知识面,小组成员才能站在工程项目全寿命周期的高度来完成自己的任务。

(3) 团队合作精神。团队合作是并行工程的灵魂,团队合作精神的实质是要把整体利益放在个人利益之上,把局部利益置于整体优化之下,要具有和所有团队成员荣辱与共的思想意识。

(4) 一定的人际沟通能力。小组成员之间要进行沟通协作才能保证信息流的通畅,所以要求小组成员要具有良好的与人合作和人际沟通的能力。

(5) 较强的学习适应能力。并行工程是新生事物,不同于传统的工作方式,有许多方面需要学习和适应,要不断根据外界市场、技术以及企业内部的各种变化,了解新知识、掌握新技能、树立新观念。学习的观念、态度和能力是小组成员必备的素质。

团队组长除具备小组成员应有的基本素质外,还应具有很强的计划、领导、组织、协调以及处理冲突的能力。同时还应该具备较强的实际生产、开发和管理的经验。作为团队的领导,组长要对团队的任务负全部责任,而且还要负责团队成员任务的划分和分配、团队内部关系的协调、定期召开团队会议、对团队成员的工作情况进行监督和评价，并可根据团队成员的工作状况，对团队成员进行奖惩，以调动团队成员的积极性。组长同时还要负责与团队外部环境的交流，如向上级汇报进度、与其他团队进行意见的交换等。

5.5.3.2　人员的培训

并行工程涉及工作方式、组织机构和人员管理的变革，以及新技术工具的引入等各个方面，因此必须加强学习和培训。西方企业实施并行工程时很重视有计划有要求的培训。如波音公司开展并行工程的主要方法是建立跨部门多专业的产品开发小组，并规定每个成员必须学习 8 小时有关小组内合作的训练课程。美国国防部专门开发了一套培训课程用于给签约公司的人员进行培训。并行工程对我国建筑企业还是一个较新的概念，因此要对其原理、概念、技术系统以及管理方法等各方面进行培训，具体包括：并行工程的基本概念和总体框架；在建设项目中并行工程实施技术；并行工程实施的组织结构改革；并行工程实施的人力资源管理；CE 实施对原有工程项目管理体制的冲击和克服办法；并行工程会议组织方法；并行工程项目团队内部合作交流和解决问题方法。通过培训，使得团队成员对并行工程、自己在并行团队中担纲的角色、并行团队的任务、具体的工作方法等有充分全面的认识。

培训可以由专家对这些课程进行直接讲授或采用参与式教学方式。对于有些课程，可以结合本企业的实际情况加以讨论。在某建筑工程公司进行培训时，对于 CE 的基本概念和方法直接讲授，而讲实施 CE 在组织和人力资源管理方面的障碍时则采用相互讨论的方式，鼓励企业各部门听课人员对开展并行工程的组织和人的问题进行讨论，然后介绍一些大型企业的障碍并加以对比分析。这样使听课人既学习了基本理论，又发表了自己的看法，理解就更深刻，就会使培训进入良性循环。除此之外，还可让技术人员在不同部门之间流动，使它们了解工程全寿命过程各阶段的技术问题。

5.5.3.3　人员的绩效评价和奖酬

1. 绩效评价

构造完善的绩效评估体系是并行工程在建筑工程项目上成功实施的必要保证，只有建立一套完善的绩效评估体系才能对相关人员形成持续有效的激励机制，确保并行团队成员能够发挥出最大的潜力。一般企业在刚实行并行工程时，往往采用以客观结果为导向（object result-oriented）的绩效评价方法。它是企业根据制定的产品开发网络计划中的任务进度、质量等客观指标，对小组及其成员进行考核评价。在绩效评价时，除考虑最终结果外，还应考虑过程因素，如工程修改次数（Engineering Change Orders，ECOs）就是衡量产品设计过程中改动的多少，能说明并行工程运行的质量。另外，还应考虑主观因素，如客户或成员的满意度、成员的行为变化等。为此，本文提出并行工程环境下绩效评价的二维模型（见表 5-6）。

（1）面向最终客观结果的评价。这种评价的主要指标是新产品开发的时间、质量、成本，以及今后的市场占有率和竞争力。一般是企业的高层并行工程领导小组考核各分小组，再由各分小组长考核每个成员。

（2）面向中间客观结果的评价。主要指标是产品及其零部件设计开发中的工程修改次数（ECOs）。对该参数的监测和控制能更优化设计过程，加强团队工作。只有保证和控制了中间的工程修改次数，才能确保最后的产品质量、时间和成本要求。

人员 项目	主 观	客 观
过程	团队成员态度、行为	修改次数
结果	业主满意度 团队成员满意度 各职能部门满意度	项目开发周期 工程质量 建设成本等

（3）面向最终主观结果的评价。主要指标是最终用户满意度、小组成员满意度以及企业各部门的满意度。评价这几个参数能更加了解并行工程在企业运行中的问题，以便今后小组、成员以及其他与小组发生关系的职能部门作出改进和提高。

（4）面向中间主观结果的评价。这种评价的主要指标是小组成员行为的变化，这些行为都是有利于并行工程的。福特公司在对小组组长和成员进行绩效评价时，列出了以下十一种行为：①创新/冒险（innovation/risk-taking）；②团队工作（teamwork）；③鼓励/重视多样化（encouraging/valuing diversity）；④沟通/公开/坦率（communication/openness/candor）；⑤连续改进（continuous improvement）；⑥计划/设置优先内容（planning/priority setting）；⑦解决问题（problem－solving）；⑧领导（leadership）；⑨顾客响应（customer responsiveness）；⑩技术特长（technical expertise）；⑪人的管理/发展（people management/development）（这点只对管理人员）。打分人员包括每个被评人员的下属、同事、上级和顾客等。对每种行为的评价还规定了三种等级，并在表上留有让评判人提建议的地方。只有保证和控制好组长和成员之间的中间行为，才能确保团队协作的顺利进行，以及达到项目的质量、时间和成本指标。

2. 奖酬方法

（1）基于团队进行奖酬。在并行工程环境下，需要成员之间协同工作，所以要将小组作为一个整体来进行奖励，这样更适合培养小组的团队精神，提高整体士气，避免小组成员之间的过度竞争和隔阂，而影响团队整体的效率。另一方面，在奖励团队整体时也可能会挫伤团队中优秀者的积极性，影响其工作斗志。所以对那些为整个小组作出了突出贡献的成员也要进行额外奖励。做好整体奖励和个人奖励之间的平衡工作，才能使团队更加高效的运行。

（2）基于知识进行奖酬。在并行工程环境下，成员主要从事知识性、创造性的工作，因此基于知识的奖酬方式可能更适合。在日益发展的知识经济时代，新产品的价值主要取决于其所包含的独占性知识、技术和信息量，而不在于它所包含的原材料、能源或体力劳动时间。在基于知识奖酬制度下，对成员的奖酬主要根据员工所掌握的、与工作有关的知识和技能高低来决定，从而激励员工不断学习新知识、新技能、掌握新信息，使小组永保创造性，以适应市场的急剧变化。

（3）奖酬时将最终结果和中间结果并重考虑。中间结果包括主观和客观两个方面。对主观中间结果进行奖酬及对组员的正向行为进行奖酬，这样才能确保团队协作的实现；对客观中间结果进行奖酬及根据工程的修改次数进行奖酬，有利于确保产品最终的质量、时间和成本等。两种结果都是并行工程运行好坏的重要标志与保障，所以要将主观结果与客观结果并重考虑。另外，还要考虑奖酬的时间间隔。对于时间较长的项目，应增加激励次数，而不能只在最后完成时才进行奖酬。

（4）物质奖酬和精神奖酬同时考虑。大多的奖酬方式是通过物质奖酬来表现，其实这是远远不够的。根据马斯洛（Maslow）的"需要层次论"，物质只是人们较低层次的需要，成员被小组或企业重视和认可有时能起很大的激励作用。认可式的奖励包括登报宣传、公司会议表扬、颁发荣誉证书、赠授礼物等多种形式。赫兹伯格（Herzberg）关于激励"双因素论"也认为，物质是一种"外在奖酬"，它对人的激励是有限的，而人们"对工作本身的兴趣以及从中得到的快乐"对人则有根本性的激励作用。因此，要为员工提供更多掌握新技术参加新工作的机会，让员工根据自己的兴趣爱好选择项目团队，赋予员工一定的自主选择权，让其在完成一项自己喜欢的工作后得到更多的满足感，这就是对其最好的奖励。

（5）奖酬时考虑与小组相关的部门。并行工程运行需要企业各相关部门的支持与协作。协调好小组与各部门间的合作关系，在对小组进行奖酬的同时，还应考虑与小组相关的其他部门，以实现企业的整体目标。传统的奖酬制度是以独立的各部门为目标制定的。这种体系必将导致组织运行的不完善，阻碍并行小组工作的顺利进行。当各部门为了赢得数字目标而争用有限的资源时，相互合作是很难实现的。为达到并行工程以整体优化为目标的目的，必须重新调整原奖酬体系，使它能够考虑小组和各部门之间的合作。

思 考 题

1. 什么是并行工程？它具有哪些特征？
2. 你认为在建设项目上实行的可行性和必要性是什么？
3. 适应并行工程的建设项目组织模式有哪些？
4. 基于并行工程的建设项目协同工作的内容是什么？
5. 并行工程的项目团队组建有哪些要求？
6. 你认为实行并行建设的主要困难是什么？

参 考 文 献

[1] V. Jagannathan, J. Cleetus, R. Kanna etc.《Computer Support for Concurrent Engineering》. Technology and Practice，9，1991.

[2] Winner R I, Pennell J P, et al. The role of concurrent engineering in weapons system acquisition. Alexandria, VA：Institute for Defense Analysis, U. S. A, 1988.

[3] 蒋工亮. 基于并行工程的快速工程设计体系研究[J]. 工程设计 CAD 与智能建筑，1999.

[4] 王宏典. 并行工程及其关键技术[J]. 江苏机械制造与自动化，1998.

[5] 马世骁，张国忠，徐万红等. 论并行工程及其应用实例[J]. 机械设计与制造，2003(4)：110-112.

[6] Anumba CJ, Evuomwan NFO. Concurrent engineering in design-build projects [J]. Construction Management and Economics，1997.

[7] 陈林，苏振民. 建设项目设计与施工整合的动因与机制[J]. 建筑经济，2007，No. 5：31-33.

[8] Sanvido VE, Medeiros DJ. Applying computer-integrated manufacturing concepts to construction[J]. Journal of Construction Engineering and Management，1990，116(2)：365-379.

[9] 张玉云，熊光楞，李伯虎. 并行工程方法、技术与实践[J]. 自动化学报，1996，22(6)：745-754.

[10] 林嫔，贺昌政. 面向并行工程的客户关系管理[J]. 管理评论，2004(1)：50-54.

[11]　何清华. 虚拟组织在建筑业中的应用——虚拟建设[J]. 建筑施工, 2000.

[12]　王红涛, 王效俐. 并行工程在建筑工程管理中的应用[J]. 经济论坛, 2006 (16)：73-75.

[13]　陈守科, 韦灼彬. 基于并行工程的建设项目管理模式研究[J]. 建筑管理现代化, 2004 (1)：2-5.

[14]　杜栋. 协同、协同管理与协同管理系统[J]. 现代管理科学学报, 2008, 2, 1-2.

[15]　陈国权. 并行工程管理方法与应用[M]. 北京：清华大学出版社, 1998.

[16]　桂维民. 管窥我国工程项目管理的现状和走势[J]. 理论导刊, 2003, No. 4：22-24.

[17]　白庆华, 何玉林. CIMS 中的系统集成和信息集成[M]. 北京：电子工业部出版社, 1997.

[18]　曹健, 张友良, 赵海燕等. 基于 Agent 的产品并行开发过程管理系统[J]. 中国机械工程, 1999, 10(4).

[19]　John M Kamara, Chimay J Anumba, Nasa F O Evbuomwan. As-sessing the suitability of current briefing practices in construction within a concurrent engineering framework[J]. International Journal of Project Management, 2001, 19(6)：337-351.

[20]　Institut fur Bauinformatik, TU Dresden. Towards a Concurrent Engineering Environment in the Building and Engineering Structures Industry, http：//cib. bau. tu-dresden. de/tocee/summary-FromAnnex. htm.

[21]　吴其伦, 卢丽娟, 钱刚毅. 项目团队的协同三阶段[J]. 科技进步与对策, 2004(4)：77-79.

第6章 虚拟建设理论

虚拟建设是随着虚拟现实技术在建筑业中的不断应用而逐渐形成的一种新的建筑生产方式，它的出现有望解决建筑业生产力水平低下的状况。同时，它也是一种新型工程项目建设模式，实现了对传统建设方法、模式的改造和提升，极大地提高了工程项目建设和管理的效率。

6.1 虚拟的含义

目前在学术界和实业领域，虚拟经济、虚拟社区、虚拟银行、虚拟图书馆、虚拟企业、虚拟组织、虚拟团队、虚拟教学等概念纷纷涌现并频繁出现，"虚拟"概念被广泛应用。但是，究竟"虚拟"是什么，却是众说纷纭。

《虚拟地理环境——在线虚拟现实的地理学透视》中以哲学、美学和词源学的观点，探讨了虚拟的实质和特征，认为："虚拟起源于哲学思维，滥觞于艺术创作，最后落实到技术实践。虚拟是一种依托于现实的延伸，其中有合理的逻辑的组分，也有完全虚幻的梦境。正是由于这种自由翱翔的思想的超越，成为人类文明进步的驱动力"，"虚拟既是一种演绎的方法，又是一种归纳的手段。""'虚拟'一词，与人的意识、想象有关，其涵义是表示凭想象构建不一定符合事实（规律）的事物或现象。所以，基于计算机技术的'虚拟'，可以结合人脑的想象和计算机（电脑）的表达和技术，在计算机、网络信息空间里构建现实世界中将要发生的、可能要发生的或不可能发生的事物与现象。"

也有学者总结了一部分国外学者对虚拟的解释：

（1）利用光学原理来解释：不真实，但有真实的样子（unreal，looking real）。

（2）非真实的，由信息和通讯技术支持的。

（3）潜在地呈现（potentially present）。只有一定机会才会呈现，否则处于非活动状态。

（4）尽管没有得到正式承认或认可，却具有相同的本质或效果（being such in essence or effort though not formally recognized or admitted）。

（5）直接来源于信息技术中的"虚拟内存"。所谓"虚拟内存"，指的是计算机硬盘上的某部分空间，可以当做计算机内存使用，实际物理上内存并不存在（computer memory，separate from the main memory of a specific machine，that can be used as an extension of the machine's main memory）。

美国传统辞典（双解）对虚拟的解释是：实质上的，实际上的；虽然没有实际的事实、形式或名义，但在实际上或效果上存在或产生的（existing or resulting in essence or effect though not in actual fact，form，or name）。该词源自拉丁语，其原意是指"因某种天生的美德或力量从而发挥效用"。而 virtual 则表示潜伏的存在，它具有一种力量倾向，及具有向显现存在（实际的存在）行动的能量，但不拥有任何可感觉的具体物质形态。

在虚拟团队的研究中，有学者从组织管理角度总结了"虚拟"一词的新的含义：

（1）虚拟不是以实体的现实表现形式存在，而是以实现组织目标这一本质形式存在，或可以理解为以"类似"实体组织的目标实现方式而存在。

（2）在全然不同的"虚拟现实"——或更精确的说法是"数字现实"领域中，组织呈现巨大的力量。

（3）建立在实体基础上的虚拟，即虚拟组织在实现目标过程中，仍然需要消耗必要的资源采取跨越时间和空间的方式通过网络等媒介方式实现互动。

上述各种有关"虚拟"的说法涉及技术和组织管理两个层面，可以据此进行分类。结合本章研究的对象和目的，归纳上述各种说法，本章研究的"虚拟建设"涉及下列"虚拟"含义：

（1）由计算机技术支持的，非真实的，或不消耗真实资源，但却有相同的本质和效果。即构建一个具有真实世界主要特征/属性的可视化数字世界，来模拟仿真现实世界。

（2）在虚拟世界里对现在和预期未来可能状态的一种逼真（或真实）模拟/仿真，还包括从现在到预期未来可能实现过程的模拟/仿真；虚拟世界可以是纯数字的（虚的，是未来的，或想象的），也可以是虚（数字的）实（真实的）结合的。

（3）可以虚拟/模拟下列各种环境：①模仿现实世界的环境。如各种建筑物及其周围环境。这种现实世界，可能是已经存在的（如已经建成的建筑），也有可能是设计好但还没有建成的（如设计中的建筑），或者是曾经存在，但由于种种原因发生了变化，现在已经消失或受到了破坏（如阿房宫、圆明园等）的。②人类主观构造的环境。环境是虚构的，存在于设计师的头脑中，三维模型可以完全是虚构的，如设计师对最新设计概念的表现和演绎。③现实世界中人类不可见的环境。如结构计算中的应力分布，客观存在，虽然人类的视觉、听觉等不能感觉到，但可以加以科学可视化。

（4）虚拟企业（组织）的含义，即打破了企业（组织）的有形界限，利用外部资源虚拟扩展本企业（组织）的边界/能力，并进行整合和集成，以达到迅速满足顾客需求、提高市场竞争力的目的。

6.2 虚 拟 现 实 概 述

虚拟建设源于虚拟现实技术，同时也具有非常明显的建筑业自身发展烙印，它的运用和发展都是以项目为起点，满足不同项目的不同需求。但是从虚拟现实技术应用的轨迹来看，虚拟建设是建筑业借鉴制造业的先进理念与技术而逐步发展完善起来的。

6.2.1 虚拟现实的含义

虚拟现实（Virtual Reality，简称为 VR）这一名词是美国 VPL Research 公司的奠基人发明家 Jaron Lanier 于 20 世纪 80 年代初所提出。这是他在实地建造这种类型的环境中领悟而创造出来的一个称呼。现在，这一名词日渐流行并被学术界和技术界所承认。

"虚拟现实"是由"虚拟"和"现实"两个相对立的元素组成，名词创造者的用意是以"虚拟"两字说明利用 VR 技术所产生的局部世界并非是真实的，而是人造的，是虚构的；以"现实"两字说明，虽然这一局部世界是人造的，但它对进入这一局部世界的人来说，在感觉上是与进入了现实世界相同，具有真实世界的视觉、听觉和触觉。它融合了数字图像处理、计算机图形学、人工智能、多媒体技术、控制技术、传感器、网络以及并行处理技术等多个信息技术分支的最新发展成果。VR 技术的特点在于，由计算机产生一种人为的虚拟的环境，这种虚拟的环境是通过计算机构成的三维空间，或是把其他现实环境编制到计算机中去产生逼真的虚拟环境，从而使得用户在多种感官上产生一种沉浸于虚拟环境的感觉。

VR 技术实时的三维空间表现能力，人机交互式的操作环境以及给人带来的身临其境感受，将一改人与计算机之间枯燥、生硬和被动的现状。它不但为人机交互界面开创了新的研究领域，为智能工程的应用提供了新的界面工具，为各类工程的大规模的数据可视化提供了新的描述方法，同时，能为人们探索宏观世界和微观世界以及由于种种原因不便于直接观察的事物的运动变化规律，提供了极大的便利。

VR 技术不但已开始在房地产、军事、医学、设计、考古、艺术、娱乐等诸多领域得到越来越广泛的应用，而且还给社会带来了巨大的经济效益。因此，有关人士认为：20世纪 80 年代是个人计算机的时代，90 年代是网络、多媒体的时代，而 21 世纪初则将是VR 技术的时代。

6.2.2 虚拟现实技术的定义和基本特征

到现在为止，世界上还没有关于虚拟现实技术的普遍适用的定义，但一般可以归纳为：虚拟现实技术是指利用计算机生成一种模拟环境，并通过多种专用设备使用户"投入"到该环境中，实现用户与该环境直接进行自然交互的技术。

1993 年，美国科学家伯亚第（G·Border）在世界电子学年会上发表的《虚拟现实系统和它的应用》中，提出了"虚拟现实技术的三角形"，如图 6-1 所示，它简明地表示了虚拟现实技术具有的 3 个最基本的特征，即 3 "I" 特征，它们分别是浸没感（Immersion），交互性（Interactivity）和构想性（Imagination）。

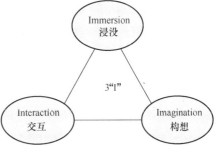

图 6-1　虚拟现实技术的 3 "I" 特性

（1）浸没感（Immersion）——又称临场感、沉浸感，指人沉浸在通过计算机技术产生的虚拟环境中，被虚拟的世界所包围，具有和在真实环境中一样的感觉。浸没感被认为是 VR 系统的性能尺度。

（2）交互性（Interactivity）——指在虚拟环境中，体验者不是被动地感受，而是可以通过自己的动作改变感受的内容。例如在建筑中按照自己的意愿穿行，打开或关上房门等。交互性是虚拟现实模型与通常的 CAD 系统所产生的模型及传统三维动画的最大不同。

（3）构想性（Imagination）——强调虚拟现实技术应具有广阔的可想象空间，可拓宽人类认知范围，不仅可再现真实存在的环境，也可以随意构想客观不存在的甚至是不可能发生的环境。

虚拟现实技术的 3 "I" 特性使人们摆脱了以往只能从外部观测计算机的运行结果，发展到可以沉浸在计算机所创建的虚拟环境中；摆脱了以往只能与计算机进行单一的数字化的交流方式，而可以使用多种不同的方式进入虚拟环境，和虚拟世界中的场景、物体进行交互，利用人本身对接触事物的感知和认知能力，以全方位的方式获取各种表现形式的信息；在虚拟的环境中，人们还可以充分发挥自己的创造性思维，构想出真实世界所缺乏的或不存在的虚拟场景。总之，虚拟现实技术的目的是让各种计算机技术实现的系统能够更好地为人们服务，满足人们的各种需要，而不是强迫人们去适应计算机。

6.2.3 虚拟现实系统的构成和分类

1. 虚拟现实系统的构成

虚拟现实系统的通用模型表示如图 6-2 所示。用户通过传感装置直接对虚拟环境进行操作，并得到实时三维显示和其他反馈信息（如触觉、力反馈等）。当系统与外部世界通过传感装置构成反馈闭环时，在用户的控制下，用户与虚拟环境间的交互可以对外部世界产生作用。

一个典型的虚拟现实系统主要包括以下几个组成部分：虚拟环境、现实世界、3D 模型、建模模块、传感器和检测反馈装置、用户。其中，虚拟环境是可以交互的虚拟环境，涉及模型构筑、动力学特征、物理约束、照明及碰撞检测等；计算机环境涉及处理器配置、I/O 通道及实时操作系统等；建模模块负责提供实时构造和参与虚拟世界的能力，涉及建模、物理仿真等；输入输出设备则用于观察和操纵虚拟世界，涉及跟踪系统、图像显示、声音交互、触觉反馈等。虚拟现实系统主要由以下六个模块构成，如图 6-3 所示。

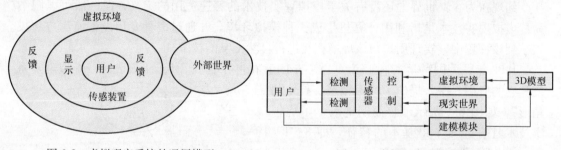

图 6-2　虚拟现实系统的通用模型　　　　　　图 6-3　虚拟现实系统的构成

2. 虚拟现实系统的分类

按照虚拟现实系统功能的不同，可以分为三种类型：

（1）桌面式 VR 系统。桌面式 VR 系统由一台普通的计算机系统组成，使用者通过键盘、鼠标便可与虚拟环境进行交互。例如苹果公司推出的快速虚拟系统（Quick Time VR），是采用 360 度全景摄影来生成逼真的虚拟情景，用户在普通的电脑上，利用鼠标和键盘，就能真实地感受到所虚拟的情景。这种系统的特点是结构简单、价格低廉，易于普及推广。

（2）沉浸式 VR 系统。沉浸式 VR 系统是一套比较复杂的系统。使用者头戴头盔、手戴数据手套等传感跟踪装置与虚拟世界进行交互。因为使用者的视觉、听觉与外界完全隔离，因此可以全身心地投入到虚拟现实中去。例如，在消防仿真演习系统中，消防员会沉浸于极度真实的火灾场景并做出不同反应。常见的沉浸式 VR 系统有：基于头盔式显示器的系统、投影式 VR 系统、远程存在系统等。这种系统的优点是用户可完全沉浸到虚拟世界中去，缺点是系统设备尤其是硬件价格相对较高，难以大规模普及推广。

（3）共享型 VR 系统。共享型虚拟现实系统是利用远程网络，将异地的不同用户联结起来，共享一个虚拟空间，多个用户通过网络对同一虚拟世界进行观察和操作，达到协同工作的目的。例如，异地的医科学生，可以通过网络，对虚拟手术室中的病人进行外科手术。

6.2.4　虚拟现实系统的体系结构

随着计算机技术和网络技术的飞速发展，虚拟现实系统的体系结构也由非分布式虚拟现实系统向分布式虚拟现实系统发展，两者的主要区别是分布式虚拟现实系统的计算机资源、计算负载和用户是分布的。

1. 非分布式虚拟现实体系结构

非分布式虚拟现实体系结构一般采用真实用户环境 VUE（Veridical User Environment）模型。VUE 是由一个事件驱动，按照一组规则来处理并发事件的虚拟现实系统，系统中包括 3 个 VR 部件：设备服务器（Device Servers）、应用进程（Application Processes，也作为一种服务器进程来管理）、会话管理（Dialogue Manager），如图 6-4 所示。其中，设备服务器管理输入输出设备；会话管理是设备服务器的客户程序，同时又是应用进程的服务器，它定义了虚拟世界的交互规则，并协调、传递输入设备服务器产生的事件到应用程序，然后将响应事件传递到输出设备服务器，会话管理通过异步消息传递来与其他服务器通信，并按照规则传递事件。

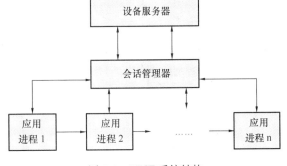

图 6-4　VUE 系统结构

2. 分布式虚拟现实体系结构

分布式虚拟现实（DVR）系统是一个支持多人实时通过网络进行交互的虚拟现实系统，每个用户在一个 VR 环境中通过联网的计算机与其他用户进行交互。

DVR 系统具有以下几个特征：①共享的虚拟工作空间；②伪实体的行为真实感；③支持实时交互、共享时钟；④多个用户以多种方式通信；⑤资源信息共享以允许用户自然操纵环境中的对象。

数据模型按结构一般分为集中式和复制式。集中式结构比较简单，同步操作只在中心服务器上完成，实现比较容易，但输入、输出都要广播给其他所有工作站，对带宽要求较高，对使用人数有一定的限制；复制式结构所需带宽较小，没有用户限制，但结构比较复杂，在维护和状态一致性方面比较困难，需要有控制机制来保证用户得到相同的输入事件序列。

按数据库可分为统一的局部数据库和不同的局部数据库。统一是指组成虚拟世界的所有对象是完全相同的，虚拟场景是唯一的，不同用户可以观察虚拟空间的不同部分。不同是指系统中的局部虚拟世界不必共享相同的对象集，各个局部数据库中的内容可以不相同。

在 DVR 平台中，常使用单个计算机作为主机，维护虚拟环境的状态，每个工作站负责图形生成的计算工作并提供与用户的接口。

基于上面的分析，人们建立了一个 DVR 系统的通用参考结构模型，如图 6-5 所示。该模型把整个 DVR 系统分为 7 个组成部件：

（1）分布式系统服务：包括名字服务、服务代理、时间服务、资源查找服务。

（2）安全服务：包括授权检查和鉴定服务。

（3）对象支撑服务：包括对象管理器和计算管理器，对象管理器提供面向对象数据的管理，计算管理器对对象管理器存储的轻载对象提供运行环境。

（4）核心 VR：包括碰撞检测、空间管理、模拟模型构建。

（5）非核心 VR。

（6）用户接口服务：包括输出驱动器（图像、声音等）、输入驱动器和用户代理。

（7）其他支撑服务：包括事件管理、数据库支持、三维图形等。

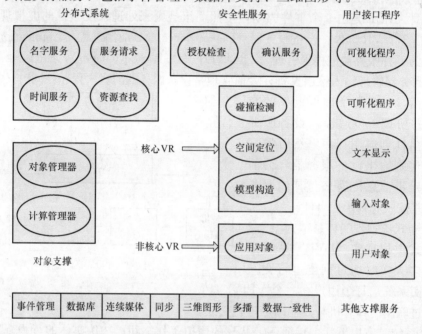

图 6-5　DVR 通用参考结构模型

6.3　虚拟现实在建筑业中的应用

虚拟现实技术在建筑业的应用主要有以下几个方面：①在建设项目经济评价与可行性研究的应用；②在房地产项目的应用；③在工程项目招标投标的应用；④在项目施工中的应用；⑤在物业管理中的应用。

6.3.1　建设项目经济评价与可行性研究中的应用

虚拟现实技术从工程项目的可行性研究和经济评价阶段就有广阔的用武之地。市场经济下一切由卖方市场变为买方市场，不确定因素增加，投资风险更大，对经济分析要求更高，投资项目的经济评价显得更加重要。业主需要通过大量的方案优化提高项目竞争力，通过不确定性分析充分估计项目的风险，提高投资决策的准确性。这种预测和优化计算量十分巨大，一般用计算机仿真技术解决。虚拟现实技术用于可行性研究的方案优化，减少

156

了工程造价及所需的时间，对多种方案进行优化使投资和战略决策更具有科学性。

一般认为传统意义上的计算机仿真分析是虚拟现实技术的初级阶段。系统、模型和计算机是仿真（Simulation）系统的三要素。仿真技术应用的关键是模型的建立。系统模型是将实际系统抽象成物理模型、数学公式或方块流程图。然后，将系统模型转变成计算机能接受的逻辑流程图，称为仿真模型转变成计算机接受的流程图，即计算机仿真模型。仿真实验就是将系统的仿真模型编制成仿真程序在计算机上运行。一个建设项目可以有多种融资策略和产品组合方案，业主必须对若干个可行方案进行选择，以达到最优，如成本最低、工期最短、效率最高等。虚拟仿真技术可以把建设项目在数学上归纳为一定约束条件下的优化模型，运用高速计算机可快速求出可行解。在复杂建设项目系统中，许多环节都具有随机性，我们同样可以在统计的基础上将随机事件概率引入仿真系统中，这样可以从仿真结果中得到相应的单因素、多因素的风险评价、经济分析与评价。

6.3.2　房地产项目中的应用

目前，我国房地产尤其是住宅发展经历着以数量为主向数量和质量并重发展的阶段，房地产产品，不仅是一套住房的概念，而且已扩大到一个社区的概念。从卖方市场到买方市场，房地产业的大盘竞争将是未来几年中国各地房地产的热点之一。大规模社区能最大限度地利用资源，降低开发成本。消费者的社区意识、环境意识等的增强，使开发大型生态型社区成为房地产开发的必然趋势。开发商争相在品牌、开发模式、规划设计、景观设计、建筑设计、室内装修产业化、社区配套智能化上下工夫。如何形象生动的把未建成的住宅社区呈现在用户面前，并激发用户的购买欲，虚拟现实技术提供了有效的途径。

虚拟现实技术可以把开发项目的规划设计、景观设计、建筑设计、室内装修的文化理念和主题充分展示出来。采用虚拟现实技术，可先用计算机建造一座虚拟房屋，在设计人员与建设方讨论设计方案时，让建设方到虚拟建筑物里看一看建筑的各个角落，可以打开建筑物内的门、窗体验一下建筑物的采光、环境等，建设方可以很容易地提出修改意见或选择方案。在推销房屋时，一般的购房者通过虚拟环境浏览系统可以领略到小区建成后的全貌，也可以模拟各种可能的情况，体会智能建筑的奥妙；可以走入住宅楼的房间中去参观房屋的构局，选择室内装修设计。虚拟现实技术生成的虚拟房地产，把图纸上理想社区变成身临其境视觉上的存在，使开发理念不再是流于文字表述，正所谓百闻不如一见。这对房地产的营销、广告策划和整个项目的成功起到推波助澜的作用。虚拟房地产必将带来房地产营销和广告推广手段的重大变革。

6.3.3　在项目招投标中的应用

建筑业是我国的支柱产业，我国建筑市场的过度竞争已是长期的事实。现代建筑工程项目的运作，业主处于绝对有利的地位，业主和承包商在信息的占有上是不对称的，业主和承包商需要互相了解。通过互相了解，业主选择有技术、有资金保证、有信誉的承包商，承包商选择有实力的业主。在有限的时间内，如何使业主和评标的专家很好的了解投标文件的编制和被认可的程度直接关系到承包商有没有入选的机会。因此，承包商在注重投标文件的技术可行、报价合理的同时，也非常注重投标文件的包装，尤其是大型工程、国家重点工程和国际工程的招标投标，往往在项目企划阶段就已经开始这方面的运作。业主方面，由于开发项目越来越大，需要用多种方式来融资，也需要让合作者了解自己。虚拟现实技术为在短时间内，充分的展示本企业的形象和项目运作的技术路线和方法提供了有效的途径。

6.3.4 在施工管理中的应用

现代土木建筑工程的结构新颖，追求建筑整体环境的个性，如预应力结构创造的大跨度空间，超高层建筑、复杂地质条件下的地下结构等。地下结构开挖、大体积混凝土、超高结构转换层的施工、大跨度钢结构的吊装和就位都是需要进行严密的设计和计算的；在必要时，还要对员工进行培训。对于这些工作，只依靠施工技术人员多年积累的实践经验或习惯作法，施工方案设计的质量是难以保证的。虚拟现实技术应用于复杂的建筑施工，能有效地保证建筑施工方案的可行性、经济性、施工过程的安全性，并有利于施工管理的动态控制。同时，在虚拟环境中对施工人员进行培训，能保证复杂结构施工安全高效。

基于虚拟现实的复杂结构施工方案设计利用虚拟现实技术，在虚拟的环境中，建立周围场景、结构构件及机械设备等的三维 CAD 模型（虚拟模型），形成基于计算机的具有一定功能的仿真系统，让系统中的模型具有动态性能，并对系统中的模型进行虚拟装配，根据虚拟装配的结果，在人机交互的可视化环境中对施工方案进行修改。这不仅能够以三维图形的形式动态、实时地显示施工方案实施的全过程，还能让方案设计人员沉浸在虚拟的环境中，根据自己的思想随时调整、优化施工方案，直至得到理想的结果。施工过程中，各工序间的协调配合是不容易做到的，而在虚拟施工中，可以对方案反复进行试验，得出一些具体的参数，以指导施工。

6.3.5 在物业管理中的应用

城市化进程和房地产业的迅猛发展带来了物业管理的兴起和繁荣。随着社会经济的发展，人们对居住社区的要求越来越高，居住社区的发展和建设呈现了大型化、智能化、设施复杂化、园林化的这些特点，使得物业管理工作内容多样化、复杂化，基于空间数据的管理内容增多，即管理工作很多时候要在图纸上进行，而查找图纸的繁杂和图纸内容表达的片面、陈旧难以满足人们对物业管理快速、实时性的要求。物业管理可视化、信息化是业主和从业人员的共同要求。

数字城市囊括了城市规划、房地产、交通、管网、人口通信等方面的所有信息。在此基础上，虚拟物业和智能化物业管理信息系统成为可能。现代社区及其智能化住宅是数字城市的有机组成部分。虚拟物业基于 GIS（Geographic Information System）技术建立了包括楼宇、绿化、地上地下管线设施、安全和防灾设施、住户的基本信息等详尽的管区内的基本数据库。管理人员可以任意查询业主的信息，管区内的楼宇工程图纸和建设验收情况。如果有业主要求修理门窗、配电线路，通过虚拟物业系统就可以马上显示门窗的型号和 3D 图形、配电线路和信息，并迅速为修理人员提供业主的信息，如楼盘号，在管区内的具体位置等。这样就提高了物业管理的工作效率，对发展大型物业公司，降低运营成本，提高物业公司的经营利润是有利的。

6.4 虚拟建设的发展

虚拟现实技术首先应用于机械制造领域。正是基于虚拟制造技术的基础和启发，才提出了虚拟建设理论，为此我们首先介绍虚拟制造。

6.4.1 虚拟制造的概念

虚拟制造（Virtual Manufacturing，VM）是美国在 1993 年率先提出的一个全新概念，这一概念最初提出与虚拟现实的出现密切相关。虚拟制造的概念，虽然得到学术界普遍认可，但是对它应包含的内容却没有达成共识。主要因为虚拟制造研究的出发点、侧重点以及应用场合等方面的不同，从而对虚拟制造的理解也各有区别。因此，虚拟制造技术的内涵到现在为止还没有一个统一的定义，比较有代表性的有：

佛罗里达大学 Gloria J. Wiens 等人对虚拟制造的定义侧重于虚拟制造与实际制造过程的相似性，认为虚拟制造与实际制造一样在计算机上执行制造的全过程，其中虚拟制造模型是在实际制造之前，用于对产品的功能及可制造的潜在问题进行相应的预测——该定义的目标是预测，着眼于结果。

美国空军 Wright 实验室定义的虚拟制造技术是仿真、建模和分析技术及运用的综合技术，以增强各层制造设计和生产决策与控制。该定义着眼于运用手段。

马里兰大学 Edward Lin 等人认为虚拟制造技术是一个用于增强各层控制与决策的综合性、一体化的制造环境。该定义着眼于制造环境。

大阪大学认为虚拟制造技术是采用模型来代替实际生产制造过程中的对象活动与过程，与实际制造系统具有技术上的相似性与信息上的相容性。该定义着眼于制造模型。

东京大学 Kimura 教授领导的小组认为，对所有制造活动的建模与仿真就是虚拟制造。该定义着眼于制造技术的功能。

清华大学肖田元教授领导的课题小组认为虚拟制造技术是实际制造过程在计算机上的真实显现，即采用计算机仿真技术和虚拟现实的技术，在高性能计算机及高速互联网的支持下，实现网络计算机上的群组协同工作，从而完成产品设计、工艺流程规划、加工制造、产品性能分析、质量检验，以及各级过程的控制与管理等产品制造的本质过程，以提高产品制造过程中各级的决策与控制性能。该定义着眼于制造技术的全方位预测。

虚拟制造作为信息时代制造技术的重要标志，它是不断吸收信息技术和管理科学的成果而发展起来的，这里的"制造"是一种广义的概念，即一切与产品相关的活动和过程，亦称之为"大制造"（Big Manufacturing），这是相对于传统的狭义制造而言的。"虚拟"的含义则是这种制造虽然不是真实的、物化的，但是在计算机上实现制造的全部内容。可以认为虚拟制造不是一成不变的技术，而是一个不断吸收各种高新技术，不断丰富其内涵的动态技术系统，它通过计算机虚拟环境和模型来模拟生产各场景和预估产品功能、性能及可加工性等各方面可能存在的问题，从而提高了人们的预测和决策水平，它为工程师们提供了从产品概念的形成、设计到制造全过程的三维可视及交互的环境，使得制造技术走出主要依赖于经验的狭小天地，发展到了全方位预报的新阶段。它不是原有单项制造仿真技术的简单组合，而是在相关理论和已积累知识的基础上对制造知识进行系统化组织，对工程对象和制造活动进行全面建模，在建立真实制造系统前，采用计算机仿真来评估设计与制造活动，以消除设计中的不合理部分。

6.4.2 虚拟建设的理论基础

建筑业与制造业在很长一段时间内被认为是不相同的两个工业体系。由于一直强调这种差异性，使得建筑业自身的生产和管理体系被独立开来，并形成和发展出了自身的生产和管理理论。建筑业与制造业都是伴随着人类文明进步而发展的两大传统产业，两者之间一直有着紧密的联系。建筑业属于土木工程学的范围。传统的土木工程定义为运用数学、物理、化学等基础科学知识和力学、材料等技术科学知识以及土木工程方面的工程知识来研究、设计、修建各种建筑物和构筑物的一门学科。土木工程在英语里称 Civil Engineering，直译为民用工程，原意是与"军事工程"相对应的。历史上，土木工程、机械工程、电气工程、化工工程都属于 Civil Engineering，因为它们都具有民用性。由此可见它们的渊源其实是相近的。

在古代科技不发达的手工业时代，建筑业与制造业两者的区分是不明显的。在过去的土木结构物中，各个构配件如砖、石、木、金属制品等都是手工制造业的产品，而房屋建筑过程就是这些手工制造品的装配。在农业社会中，这些行业都属于工匠之列，并没有专业化的分工。随着工业革命的发展，各种新兴技术的兴起，社会的工业化进程取得了极大的飞跃，建筑业与制造业都在各自领域内出现了革新。制造业中出现了工厂、机器、动力设备、生产流水线以及现代管理组织和方法，在此基础上，根据产品的特性，制造业出现了各种专业化分工；而建筑业中出现的新材料（水泥、钢材、玻璃、硅等）、新设计理论、新设备（电气、空调、电梯、消防等）以及对建筑物的使用新要求（办公、住宅、商业等分工），同样使得建筑业分工更专业，设计师与施工师分离，投资、设计、施工、维护、销售各个环节出现专业化分工，这些形成了建筑业自身较完善的协作体系，并产生了建筑管理理论，从而促使了土木工程建筑业成为与制造业并行和独立的两个行业。由于这种分工，使得建筑业在教育和工程实践中与制造业等行业隔离开来，围绕建筑业从开发（Development）、建设（Construction）到后期物业管理（Facility Management）形成了独立的体系。

随着现代科技的发展，学科间的融合与交叉是一大趋势，人们逐渐认识到孤立地、封闭地去研究某一专业领域是没有前途的，殊途而同归这一哲学思想同样也适合于科学研究，建筑业也面临同样的问题。

我们知道建筑业与制造业在生产和管理上目前仍存在着较大的差距，如果把这种落后的原因仅仅归结于建筑产品的特殊性是不全面的。我们不能仅强调建筑业的个性，而更应关注建筑业与其他行业尤其是制造业的共性，通过共性，移植其先进技术和管理理论，发展建筑业。

为了能够解决长期困扰建筑行业的由于其自身特殊性而带来的诸多弊端和阻碍；为了弥补建造业，尤其是施工领域高新技术运用基础理论的不完备；为了应用包括制造行业在内的其他行业的先进技术，各国土木工程师已经开始了对建造理论从本质上的反思和构建。其中 Lauri Koskela 关于建造业的 TFV 理论为我们将虚拟技术引入建造业提供了基础理论雏形。

Lauri Koskela 在《探索生产理论及其在建筑工程领域中的应用》中，尝试解决两个问题：①是否存在一个统一的生产理论；②将这种生产理论应用到建筑业是否会加深对建造过程的理解和提高建造的水平。

在文中他提出了关于生产的三个概念：①生产可以看作是从输入到输出的转化过程（Transformation），那么生产管理就是要将这种转化过程分解为一些基本要素，并尽可能高效地实现这些要素。②把生产看做是包括等待、检验、移动等无效活动在内的流（Flow），那么生产管理就是要尽可能地减少其中的无效流。③把生产看做是客户需要的实现（Value），那么生产管理就等于将客户的需要准确反映在设计上，并使生产与反映这种需要的设计保持一致。他把这种理论称为 TFV（Transformation－Flow－Value）理论。

Lauri Koskela 还对建筑工程生产活动中存在的弊病，诸如建筑行业长期落后于制造业的生产力；职业安全性明显比其他工业更加恶劣；施工质量也更加不容易控制等及其原因做了剖析，并通过对工程实例的分析，说明将这种生产理论应用于建筑行业对建造理论研究和实际工作都有新的指导意义。

从这个角度我们可以将建筑行业与其他工业统一建立在相同的生产理论之上。这为我们的虚拟建设提供了理论基础，因为任何企业都按一定的体系进行生产和运营，并在此基础上实现其虚拟集成；体系的优劣直接关系到虚拟系统实施的成败。这种生产理论使建筑行业的虚拟化具有了理论上的可能性。更重要的是，它为建筑行业利用其他行业，尤其是制造业的先进技术和理论模式提供了理论根据和实现方法，成为虚拟建设的基础理论。

6.5 虚拟建设的概念

6.5.1 虚拟建设概念辨析

目前关于虚拟建设并没有统一的定义，各个专家学者以及学术组织均提出了自己的概念。

1. 美国发明家协会概念

美国发明家协会于 1996 年首先提出了虚拟建设的概念，即 Virtual Construction is an approach to the design-build process incorporating electronic connectivity and upside-down management techniques。对此概念的理解可以分为三个层次，一是设计和施工相结合（项目总承包）。二是通过电子技术进行信息沟通。三是业主→设计→施工→供货的纵向命令和控制关系转变为业主方、项目管理方、设计方、供货方的横向协作联系，并认为虚拟建设是一种适应当今知识经济社会的工程项目管理新模式，运用虚拟组织原理，借助现代信息和通信技术的支持，采用无层级、扁平化的管理组织方式，及 D＋B 的生产组织和管理方法，通过基于网络的共享项目信息系统，可以实现工程项目建设成本低、质量好、进度快、协调好，运用信息和知识使建筑产品增值的目的。

概念来自虚拟组织原理在工程建设领域的应用，侧重于组织管理方面，涉及的时间范畴主要是项目建设实施阶段，认为以项目利益为重的思想是虚拟建设模式下项目文化的核心理念，项目利益不仅包括业主的利益，还包括最终用户的利益，社会公众的利益及参与各方的利益等。采用"D＋B"的生产组织方式是虚拟建设模式的一大特征，有利于设计与施工过程的集成，有利于统一设计与施工各方的目标，有利于统一组织和协调设计与施工各方的行为，有利于统一管理设计与施工过程中的信息和知识，有利于设计与施工各方之间及时、有效地进行信息沟通和知识共享，平等、信任和共享是虚拟建设模式的思想，在虚拟建设的组织内，只有参与各方能平等协商，相互之间才可能建立信任与合作的工作关系，只有参与各方能共享与项目建设有关的信息和知识，才能共享项目建设的利益，并最终取得对参与各方互惠互利的结果。

2. 信息技术角度概念

从信息技术革命已对现代土木工程带来巨大的冲击和影响，以及加快施工生产的信息化是改造和提升传统建筑业、促使施工生产进步与发展的方向来看，虚拟建设技术就是基于计算机与信息技术的应用和借鉴先进制造业的技术而提出的概念，是实际建造过程在计算机上的本质实现。它采用计算机仿真与虚拟现实、建模等技术，在高性能计算机及高速网络的支持下，在计算机上群组协同工作，对建造活动中的人、材、物、信息流动过程进行全面的仿真再现，发现建造中可能出现的问题，在实际投资、设计或施工活动之前即可采取预防措施，从而达到项目的可控性，并降低成本、缩短开发周期，在增强建筑产品竞争力的同时，增强各企业在各级建造过程中的决策、优化与控制能力。不难看出，虚拟建设技术是一种跨学科的综合性技术，它包括产品数字化定义、仿真、可视化、虚拟现实、数据集成、优化等。虚拟建设不消耗现实资源和能量，所进行的过程是虚拟过程，所生产的产品也是虚拟的。

从上述定义可以看出，借助虚拟建设技术，工程师能够像在真实环境下一样对建设过程进行分析和优化设计，在计算机中对建筑产品进行各种实时分析，如力学分析、工效分析、干涉分析、施工工艺分析等，然后迅速地修改建筑物的外观、结构、材质和施工工艺等。这种功能为建造商提供了前所未有的技术手段，使他们更快、更全面地了解想象中的产品施工过程，提高了他们的竞争力；还能使业主、设计者和施工者在策划、投资、设计和施工前能够首先看到并了解建造的过程和结果。

虚拟建设系统是现实建造系统在虚拟环境下的映射，与真实产品的生命周期一样，虚拟建设产品的生命周期应覆盖规划设计和施工管理等过程，因此可通过统一建模，建立以设计为中心（设计主导型）的系统，以施工为中心（生产主导型）的系统以及以管理控制为中心（管理主导型）的子系统，构成完整的虚拟建设系统。虚拟建设是对施工过程中的各个环节进行统一建模，形成一个可运行的虚拟建设环境，以软件技术为支撑，借助于高性能的硬件，生成数字化产品，形象地再现施工建造的全过程。它是数字化形式的广义建造系统，是对实际建造过程的动态模拟。虚拟建设具有高度集成、敏捷灵活、分布合作、高度并行等特点。

3. 综合性概念

有的学者把以上两方面的内容综合在一起，提出了新的虚拟建设的概念。该概念把虚拟建设分为两个层面，一个是技术层面的虚拟建设，另一个是组织管理层面的虚拟建设。

技术层面的虚拟建设是借助于虚拟现实技术等计算机技术进行辅助设计、建模、可视化设计、施工效果、施工过程模拟，施工方案可实施性检验等，在计算机虚拟环境中对工程项目建设过程进行全面的模拟仿真再现，可取得下列效果：在一个设计、施工方案实施前评价其效果和运行性能；方便而经济地比较各种方案的优劣；可大幅度降低项目风险等。这些效果都是利用计算机模拟或虚拟而获得的，不消耗真实的资源和能量，具有可逆性、可重复性，产品和过程都是虚拟的，因此称为"虚拟建设"。又由于上述成果着重解决项目建设过程中某一阶段的技术问题，以及虚拟环境、可视化系统开发过程中的计算机技术实现问题，因此称为技术层面的虚拟建设。

组织管理层面的虚拟建设是将虚拟组织原理引入工程项目建设领域，多个企业在现代计算机信息技术的支持下相互协作而共同完成产品（工程项目）的实现过程，这些企业各具专业特长（如擅长大型体育场馆设计、钢结构制作安装等），他们可以组成项目联营体，也可以形成总分包关系，但都在项目实施过程中贡献自己的核心能力；单个企业不具备项目建设所需的全部专业能力，但他们整合在一起就能具备。这些为实施具体项目而整合在一起的企业形成一个临时性的企业联盟，或形成一个临时性网络，或形成一条响应特定市场机遇的供应链，但对顾客而言，这个临时性的企业联盟有统一的可辨识的标识，他们通过信息技术的链接实现技术、成本、市场机遇的共享。联盟具备的能力大于任何一个单个企业所具备的能力，借助于联盟的帮助，任何一个盟员的能力都扩大了，"虚拟"了。这是项目建设中的一种组织管理策略或管理模式，是虚拟组织原理在项目建设中的应用，也可以称为"虚拟建设"。

6.5.2 虚拟建设的内涵

综合国内外专家学者对虚拟建设的理解，虚拟建设的内涵可以从狭义（微观）和广义（宏观）的角度来理解。

1. 狭义的虚拟建设

从狭义（微观）上理解，虚拟建设是指在计算机技术和信息技术基础上，利用VRML、AutoCAD、3DSMAX 等软件，系统仿真技术，三维建模理论以及用 LOD 算法优化虚拟系统，对建筑物或项目事先进行模拟建设，进行各种虚拟环境条件下的分析，以提前发现可能出现的问题，提前采取预防措施，以达到优化设计、节约工期、减少浪费、降低造价的目的，或者应用 JavaScript 语言扩展虚拟世界的动态行为，提前为顾客提供一个可以观看，可以感觉，可以视听的虚拟环境。从这个角度可以看出，虚拟建设的第 1 层含义是在虚拟的环境下对项目进行建设，并尽早的发现可能出现的问题，不断地修改方案直到建设项目的整个过程符合建设者和顾客的要求。这有助于项目管理者对实际建设过程有一个事先的了解，并对建设过程中容易出现问题的地方加强管理，以最终达到节约工期和造价的目的。微观虚拟建设的第 2 层含义是虚拟现实在建设领域的应用。在建筑和规划学科领域，使用虚拟现实演示单体建筑、居住小区乃至整个城市空间，可以让人以不同的俯仰角度去审视或欣赏其外部空间的动感形象及其平面布局特点，感受整个小区建成以后的环境（包括交通、绿化、音乐以及小区的周边环境）。它所产生的融合性，要比模型或效果图更形象、完整和生动。

2. 广义（宏观）虚拟建设

从广义（宏观）上讲虚拟建设指的是一种组织管理模式，承包商为适应市场变化和顾客需求，基于计算机和网络技术的发展，敏锐地发现市场目标，在 Internet 或 www 上寻找合作伙伴，利用彼此的优势资源结成联盟，共同完成项目，以达到占领市场实现双赢或多赢的目的。随着建设项目的不断优化，建设水平的不断提高，顾客对项目的要求也越来越高，不仅需要建筑企业及时有效地完成项目的本身建设，还要求建设企业参与项目的前期策划以更好地对项目进行管理和监控，同时，还要求企业参与项目的后期运营和维护。从企业内部的角度来看，现在国内的建筑企业往往拥有某一方面（比如说土建或安装）比较强的优势，但对其他方面比如说设计、物业管理和商业运营缺乏经验或能力技术达不到要求的标准。对于大型的综合性比较强的或技术要求比较高的项目，单个企业很难独立有效地完成，这就要求各企业利用自己的优势资源联合起来，共同开发项目。

6.5.3 虚拟建设的优点和局限性

任何一种模式都有利有弊。有利，人们才愿意采用并推广；有弊，人们才有革新的动力，使之完善或升华，从而达到新的完美的境界。这是社会、科技进步的普遍规律，工程建设模式的变革也不例外。虚拟建设具有下列优点：

（1）符合经济、信息和智力全球化的趋势，符合学科交叉集成的趋势，使工程承包商获得新的工程项目建设方法/技术，使其能以一种新的工程项目建设组织和管理模式较快适应市场变化，满足顾客需求。

（2）技术的先进性。虚拟建设以最新科技作为技术支撑，最大程度地实现"主动控制"，使顾客建设意图在项目策划/计划阶段就得到有效沟通和可靠保证。当工程项目正式实施时，更是充分发挥先进技术的作用，保证项目保质保量、高效地完成。狭义虚拟建设是高新技术在工程项目建设过程中的最集中应用，能将设计概念/思路、施工方案、关键工序等可视化，基本上不消耗真实的资源和能量，却能在数字空间本质地显现项目设计、施工的全过程，这是传统方法所无法实现的，是经济而优化的。技术先进所带来的优势和好处将随着虚拟建设模式的广泛采用而得到显现。

（3）组织运营灵活。广义虚拟建设的实施，使承包商在利用外部资源、扩展自身能力方面具有较大的灵活性，这种灵活性保证承包商在不需要较大投入的前提下就能够完成以前独自所无法完成的项目，项目任务完成后，虚拟组织又能够方便地解体。组织运营的灵活，能够保证承包商将所有资源用在核心能力的培育和发展上，包括对外部资源进行整合集成的能力，并可以使承包商能在短时间内形成较强的竞争力，实现对市场机会的敏捷响应。

作为一种新的建设模式，虚拟建设还存在一些局限性：

（1）在IT方面的一次性投入会较大，而投资所带来的收益只会在今后的诸多项目实施中缓慢体现，这也导致许多承包商不愿意对IT进行投资。计算机技术的快速发展可能会导致以前的投资成为一种沉没成本，这会加大承包商在IT投资方面的风险。但VC实施，特别是狭义虚拟建设的实施，要求承包商必须在计算机软硬件方面进行大量的投资，否则，虚拟建设根本无法实现。中建三局为实施上海正大广场钢结构施工的虚拟建造，专门购置了具有优越三维图形处理的SGI工作站（硬件），以及仿真软件、建模软件和编程软件，软硬件全部为国外产品，一次性投资大，入门级的系统往往也要数十万美金以上。另外，系统的使用需要特殊设计的输入工具和演示设备，这些工具和设备专业性强，移动不方便。特别地，由于没有现成的、成熟的虚拟建设软件，承包商还需要在软件制造方面进行大量的投资，一般都是外包给软件供应商，但能否达到预期效果，存在较大的不确定性。我国建筑承包商在IT方面的投资起步较晚，设计承包商好于施工承包商，但拥有自主知识产权软件产品的并不多。时至今日，我国对建筑企业信息化程度的衡量指标仍然是每个企业拥有的计算机台数！建筑企业信息化道路还很漫长。总之，要实施虚拟建设，需要承包商在IT方面进行大量的投资。

（2）狭义虚拟建设的应用受制于虚拟现实等计算机技术水平的发展。虚拟现实技术研究人与场景的融合技术、物体对象的仿真技术（几何仿真、物理仿真、行为仿真）、三维建模技术、图形图像实时生成技术、多维信息表示/实时处理/并发处理技术等，还涉及高性能计算机图形处理硬件问题，其中任何一项技术都需要进行大量的研究，世界各国学者都在进行相关方面的科研攻关工作。这给基于虚拟现实技术的虚拟建设实施带来了一定困难，虽然虚拟建设对于虚拟现实技术的要求不需要如军事、航空航天领域要求那么高，但需要将已有技术与建筑业相结合，进行交叉集成，这方面有大量的工作要做。目前见诸报道的只有中建三局提出并实施的数字化施工体系，该系统部分实现了虚拟建设的功能，如场景虚拟巡游、钢结构施工虚拟实现等。该系统是针对特定项目定制的，而不是通用的和适合任何项目的；只针对个别施工方案的模拟，而不能涵盖设计、施工建造全过程；是单机的，而不是远程的和基于网络的。总之，已有的虚拟现实技术在建设领域的应用，远未达到普及和成熟的地步。

（3）需要高素质的技术和管理人才，要求承包商的决策层应具备先进管理理念，管理层应掌握先进的管理技术和沟通技巧，技术人员业务能力强，并能不断进行技术创新。这一点不是每一个承包企业都具有和所能做到的，但却是适应未来竞争所必需的。企业是由人组成的，由人运营并为人服务的系统，组建由人，经营发展由人，人是企业生存和发展中最为关键的因素，企业中各类人员的素质对企业的发展起着至关重要的影响。由于虚拟建设是一种新的建设模式，其发展尤其需要高素质的人才来支撑，其中的狭义虚拟建设是一种项目建设新手段/方法，更多地涉及技术问题，只要加大技术投入，培养既掌握工程建造技术又懂得 IT 技术，并能将两者有机集成的人才，相对容易实施；广义虚拟建设涉及经营管理理念，是一种思想，是管理模式的创新，也涉及技术问题，但更主要的是要求技术管理人员的思维方式和管理模式的转变，相对实施难度较大。因此，虚拟建设实施要求承包商必须拥有相应素质的人才，否则，虚拟建设实施将困难重重，举步维艰，并极有可能导致项目失败。

（4）广义虚拟建设运作蕴涵高风险。市场机会的不确定导致市场风险依然存在，虚拟建设模式的使用使这种风险在虚拟伙伴之间得到了重新分配。由于虚拟合作的临时性、动态性，导致虚拟建设运作风险增大，合作伙伴可能中途退出（虽然可以通过合同契约加以防范，但盟主与伙伴毕竟是不同的利益主体）；这一个项目的伙伴可能会变成下一个项目的竞争对手；虚拟建设运作期间，本企业的能力（甚至是核心能力）存在技术外泄和核心能力丧失的可能，即技术/知识产权风险将大大增加；合作伙伴之间存在文化差异、组织行为差异，管理成本高。因此风险管理是虚拟建设的重要管理内容。

（5）作为一种新的建设模式，没有成熟的经验可以借鉴，国内外的承包商都在摸索和实践，"应用只是刚刚开始"，对我国承包商来说，一方面存在有利条件：国内外承包商处在同一起跑线，竞争起点相同，为入世后我国承包商赶超国外承包商提供了机会；另一方面存在不利因素：缺乏完整体系和理论指导以及经验借鉴，国内承包商由于现有资金、人才、制度等方面的限制，应用虚拟建设的实践步伐可能会较慢，也很有可能会走弯路。我国的工程承包商，特别是大型承包商，应抓住我国"建筑业正处于历史上最好的发展时期"这样一个历史机遇，加大创新投入，用于实践，力争在虚拟建设方面有所建树。总之，我国承包商实施虚拟建设的道路漫长。

当然，我国建筑企业采用和实践虚拟建设模式，并非没有一点基础和可能性。目前，我国一些大型建筑企业集团建立了自己的设计研究院，这为施工企业的技术人才培养和蓄纳创造了条件。我国施工企业的工程技术人员已具有一定的软件研发能力和应用水平，省、市级建筑施工集团已成为开发和应用施工定额软件、施工管理软件的主力。高等院校和科研机构也积极开发了多种工程施工中所需的计算机辅助设计软件，另外在工程实践方面对计算机的工艺集成控制技术也有不少探索和应用，并取得了丰硕的成果。仿真技术的应用使仿真软件取得了飞速发展，新的并行计算方法、新的仿真平台和编程技术使其具有更好的可扩展性，因而能被更多的领域所使用，同时仿真系统的微机化探索已经取得不少进展，基于 PC 机的虚拟现实应用开发工具软件正在飞速发展，如 Sense8 公司的 WTK、Superscape 公司的 VRT 等，虚拟现实在微机上实现已有可能。通过开发通用和集成型工程软件（模块），必将降低单项工程的开发造价和加快软件的普及。实行校企（研）联合是加快建筑业科技进步、推进施工现代化的一个重要捷径。建筑企业采用与专门科研院所合作的方式，充分利用高等院校的科研实力和人才优势，建立起长期的合作伙伴关系，积极开发和应用虚拟仿真系统。面对信息革命和日益发展的高新技术，建筑业必须勇于吸纳新技术并积极改造，以努力促进施工技术的进步和发展，实现现代化，这是建筑施工企业适应知识经济时代、增强竞争力的唯一途径。

6.6 虚拟建设的核心技术

从技术的角度看，除了虚拟现实技术之外，要实现虚拟建设技术的发展策略，就必须使各种先进技术相互衔接、协调发展。正是在这些相关先进技术的支撑下，虚拟建设才能得以最终实现并可能得以广泛应用。

6.6.1 建模技术

虚拟产品建模特别强调产品在计算机上的本质实现，强调对产品开发全过程的支持，这就要求：产品模型具有可重用性，因此必须建立产品主模型描述框架，随着产品开发的推进，模型描述日益详细，但始终可保持模型的一致性及模型信息的可继承性；实现虚拟建设过程各阶段和各方面的有效集成，因此，要求实现产品模型数据的有限组织与管理。

6.6.1.1 产品建模方法

虚拟建设的核心问题之一是产品建模问题。从本质上说，虚拟建设是多学科无缝集成仿真，而各应用领域的仿真模型是从不同的视角以及不同的抽象程度上对同一个建筑产品信息进行描述和表示，它们之间难以进行真正的数据共享和重用，因此需要一个集成的虚拟模型对建筑产品相关的信息进行组织和描述。适用于虚拟建设的集成模型必须满足以下三个要求：

（1）它必须保证建筑产品信息的完整性，能够对不同抽象层次上的建筑产品信息进行描述和组织。

（2）不同的应用能够根据它提取所需的信息，衍生出自身所需的模型，并且能够添加新的信息到建筑产品模型，保证信息的可重用性和一致性。

（3）它应该支持自上向下设计，特别是概念设计和设计变更。

根据虚拟建设中对产品模型的需求，我们可以将整个模型分为核心模型和各种分析模型。核心模型在产品的设计过程中交互式建立，主要由功能描述模型和实体模型组成。功能模型用产品定义单元 PDU（product definition unit）及其相互关系来描述建筑产品的结构和功能，它建立在 CAD 实体模型基础之上，其他模型可以从核心模型衍生出来。我们把 PDU 定义为具有确定工程语义的产品结构单元。根据建筑产品具有层次结构的特点，把 PDU 的最小粒度定义在特征级，最高粒度则是结构级，中间为构件级。并不是所有的形状特征都被定义为 PDU，只有那些具有确定工程语义和建筑产品结构功能密切相关的形状特征才被定义为 PDU，比如梁、柱、板、剪力墙等。所有的构件都被定义为 PDU，因为它们几乎都能独立地完成某种确定的功能，而且逐渐变得标准化。一般的构件可能还要分成几个重要的特征级 PDU，以便更进一步确定结构和功能的关系。对于一些复合构件，这种划分就更有意义了。另外，施工中的接口都是构件的一部分特征，也要在构件的下一级 PDU 中进行定义。当然，有一类构件是不必要再细分的。

最低粒度的 PDU 可以为其上一级粒度 PDU 提供接口。如果这些接口未被使用，它则成为自由端，并作为接口传递到比它更高一级的 PDU。这些接口的定义对于实现施工的自动化和机械化，以及保证施工精度都有着十分重要的意义。可以看出，这种定义并不要求具有同样粒度的 PDU 才具有连接关系，这大大提高了模型描述的灵活性。事实上，在我们的工作中，需要描述建筑物不同构件的连接关系时，尽管他们不属于相同粒度的 PDU，我们并不为其层次关系担心。

6.6.1.2　数字化产品组织与管理

建筑产品的虚拟建设意味着对产品数据模型进行操作和处理，包括了各种工程分析（如有限元分析、运动学分析、动力学分析、可制作性分析、可安装性分析、可施工性分析等）信息的添加，修改。基于 PDU 定义的产品核心模型是支持虚拟建设的基础模型。为实现虚拟模型信息的添加和修改，以及模型信息的一致和可重用，必须解决模型信息的有效组织与管理。产品数据管理（以下简称 PDM）技术可用于虚拟建设环境下产品模型信息的组织。PDM 是用来管理所有与产品相关的信息和过程的技术，与产品相关的信息包括构件信息、产品结构配置信息、文档、CAD 文件、审批信息等；与产品相关过程管理，即对过程的定义和管理，包括信息的授权、审批和分配等。PDM 系统为企业提供了一种管理和控制所有与产品相关的信息和过程的机制。

从项目实施的角度来看，可以将虚拟模型分为三类，即基础模型、设计模型及施工模型。基础模型可归纳为静态描述和动态描述两个方面。设计模型是建造过程中，各类实体对象模型的集合，目前设计模型描述的信息有结构明细表、形状特征等静态信息。而对虚拟控制系统 VCONS 来说，要使建造过程中的全部活动集成，就必须具有完备的设计模型，所以虚拟建设下的设计模型不再是单一的静态特征模型，它能通过映射、抽象等方法提取建造活动所需的模型。施工模型将工艺参数与影响施工的属性联系起来，以反应施工模型与设计模型之间的交互作用。施工模型必须具备以下功能：计算机工艺仿真、施工数据表、施工规划、统计模型以及物理和数学模型。

基于 PDM 管理，可以从"三棵树"来实现三类模型的组织与管理，分别称之为中性树、设计树及施工树，其中中性树对应于由 PDU 定义的基础模型，设计树对应于设计模型，包括在基础模型基础上添加的工程分析模型、运动学分析模型、动力学分析模型、施工分析模型等。施工树对应于施工模型。这三棵树的层次结构相同，只是树的结点上包括的信息不同。这样就较好地解决了虚拟产品开发模型信息的组织和管理。

6.6.2　仿真技术

计算机仿真（Computer Simulation，以下简称 CS），就是构造出一个"模型"（包括实际模型和虚拟模型）来模仿实际系统内所发生的运动过程，这种建立在模型系统上的试验技术称为仿真技术，或称之为模拟技术。它是建立在系统工程、计算机科学、控制工程等学科基础上的，以概率论与数理统计为基础的学科。

它应用计算机对复杂的现实系统经过抽象和简化形成系统模型，然后在分析的基础上运行此模型，从而得到系统一系列的统计性能。由于仿真是以系统模型为对象的研究方法，它在模型上进行试验，不会干扰实际生产系统，同时仿真可以利用计算机的快速运算能力，用很短时间模拟实际生产中需要很长时间的生产周期，因此可以缩短决策时间，避免资金、人力和时间的浪费，而且安全可靠。计算机还可以重复仿真，优化实施方案。仿真的基本步骤为：研究系统→收集数据→建立系统模型→确定仿真算法→建立仿真模型→运行仿真模型→输出结果并分析。

仿真技术的应用已有多年的历史，在军事、航空、机械、建筑、石化等众多工程领域已经有了广泛的应用，并渗透于工程系统研究的各个阶段，取得了良好的经济效益。那么虚拟建设与传统的建造仿真有何联系又有何区别呢？就仿真的本质而言，其核心组成部分只是一个计算、调度的过程。仿真并不一定需要表现过程，只要通过对模型的计算最后给出一系列的数据即可，这就是数值仿真（Numerical Simulation）。其优点是对设备要求不高，运算速度快，但不直观，不易验证仿真程序的对错。

为数值仿真的过程及结果增加文本提示、图形、图像、动画表现，可使仿真过程更直观，结果更容易理解，并能够验证仿真过程是否正确，这种仿真被称为可视化仿真（Visual Simulation）。在此基础上再加入声音，就可得到狭义上的多媒体仿真。一般多媒体仿真系统具有表现视、听的功能，但不一定具有三维界面（有些具有三维界面，但一般是静态的，不能自由变换视角），不具备交互功能，不支持触、嗅、味知觉。如果再加入上述功能，就得到了 VR 仿真系统。当然，一个系统只要具有三维界面，具有交互功能，并且能够在三维模型中自由转换视角，就可称为是基本的 VR 系统。

由此可见，仿真是对真实物理系统在某一层次上的抽象，所以从都是模拟真实环境的关系这一点看，计算机仿真技术与 VR 技术有一定的相似性，但在多感知性方面，当前的 CS 技术大都还以数据报表为主，可视性不强。从存在感方面，CS 基本上将用户视为旁观者，也不具有交互式的现实性。可是 VR 作为仿真的发展趋势，其概念间的区别必将逐渐模糊。

虚拟建设需要仿真技术，而且广泛地采用了仿真技术。没有仿真技术，不通过仿真建模和设计仿真算法，就不可能实现方案的优化选择，虚拟建设也就失去了其存在的价值。但是，虚拟建设是建造仿真技术的进一步发展。虚拟建设将仿真成果表现得更为充分和具体，将仿真过程的操作变得更简单易行。以前仿真系统的建立和分析都需要专业的仿真人员进行，而矛盾在于仿真工程师不懂得他所进行仿真的专业知识；而专业工程师又对仿真学一无所知。即使面对一堆仿真结果（数据和报表），他也很难做出决策。借助于虚拟现实技术，使得仿真具有交互功能和直观界面，系统仿真必将有更大的发展。

简单地说，VR 是以仿真技术为基础的，仿真引擎是 VR 的核心。这里按虚拟系统建立的不同目的，可将其分为 VR 仿真系统和 VR 应用系统两类。如果目的在于研究具有不确定性的某一类系统的表现特征，重点关注仿真的过程及结果，要根据仿真的过程及结果来辅助决策，这样的 VR 系统我们称为 VR 仿真系统；如果目的在于解决某种实际问题，一般只关心结果，这样的 VR 系统则可称为 VR 应用系统，如影视效果的虚拟系统。当然在建设工程领域的 VR 都应属于 VR 仿真系统。

通过前面的讨论可以看出，VR 系统虽然是多学科的综合体，但它是以仿真技术为核心的，所以也可把它看作是一种类型的仿真系统，无论是真实世界的还是虚构世界的仿真，虚拟现实可以看做是三维仿真模型的高级用户界面。

所以，要建成性能优良的虚拟建设系统的核心还是要进行合理的仿真建模和仿真算法设计。我们在建筑行业应用仿真技术已经有较长的历史，其主要应用在结构计算仿真和施工阶段的仿真。结构计算本身是通过本构、平衡和协调关系建立相关方程，所以可以顺理成章地建立起正确的数学模型用于仿真。施工过程的仿真一般采用离散事件建模分析，它涉及基础、结构和装饰工程施工等。在基础工程中，仿真系统主要针对土方施工、基坑支护结构施工、大体积混凝土施工等问题展开研究。例如：在土方施工的仿真系统中，建立的专用仿真模型有：现场数据模型、体积计算模型、施工方案模型、现场图形模型、输入输出模型、协调模型等。而结构工程施工中的仿真系统主要包括：施工方案、项目管理、机器人施工模拟等子系统。虚拟建设系统中的仿真还涉及项目开发阶段，比如：建筑的建模仿真、规划设计过程仿真、设计思维过程和设计交互行为仿真等，以便对设计结果进行评价，实现设计过程早期反馈，减少或避免产品设计错误。

6.6.3 优化技术

仿真技术与优化技术是结合在一起的。它是我们构建虚拟建设系统的最终目的。优化技术即将现实的物理模型经过仿真过程转化为数学模型以后，通过设定优化目标和运算方法，在制定的约束条件下，使目标函数达到最优，从而为决策者提供科学的、定量的依据。

应用优化原理进行建筑工程的规划、设计、施工、管理时，我们希望能全面、综合地考虑到在技术上、经济上、运行中、时间上的最优。因此，在建筑工程的各个阶段推广应用优化原理和方法，都会取得显著的技术效果和经济效益。

这是因为任何一个工程项目都是一个多目标的系统工程。评价一项工程项目不仅要看它技术上的可靠性和先进性，还要看它经济上的合理性，时间上的高效性。而要做到以上几点，就应该用系统分析的观点，以整体最优为目标，对各项方案进行技术经济分析，制定适宜的设计、施工方案。采用优化的方法，使工程的各组成部分相互协调、相互配合。

优化技术研究在一定数量的人力和物力资源条件下，如何恰当地运用这些资源达到最有利的目的，这种问题用数学语言来表达，就是在一组约束条件下寻找一个函数（称为目标函数）的极值问题。它使用的方法包括：线性规划、非线性规划、动态规划、运筹学、决策论和对策论等。其中，特别要提到网络技术。过去，工程中编制生产计划或施工进度表常采用横道图表，这种图表直观易懂，但各项工作之间的相互联系不易表现。五十年代美国出现的以网络技术为基础的"关键路线法"和"计划协调技术"早已应用于工程实践中并为广大土木工程师所熟悉。而这种以工序所需的工时为基本时间因素，用来表达各项工作任务的全貌，指明对全局有影响的关键项目，并对工作做出合理安排的网络技术，在工程领域真正革命性的影响在于它的出现使得对工程的仿真和优化成为可能，更加简便易行。

6.7 虚拟建设的实施平台

虚拟建设既涉及与项目开发有关的工程活动的虚拟，又包含与企业组织经营有关的管理活动的虚拟。我们按照这种思想制定出虚拟建设的结构，并将虚拟建设系统构建在虚拟规划平台、虚拟施工平台，虚拟企业平台和基于虚拟产品管理的集成虚拟建设平台等四类不同层次的平台上。下面我们从这三个层次，论述开展产品全过程的虚拟建设技术及其集成的虚拟建设环境的研究。

6.7.1 虚拟规划平台

这里的规划，包括从概念形成、初步设计、详细设计到施工方案的设计，以及对所设计的建筑产品进行全面的评估。它的输入仅是产品的构思，系统通过完成概念设计、详细设计和可施工性评估后得到产品的数字模型，并设计该"软产品"的施工工艺和施工计划，完成概算和预算。其中概念设计和可施工性评估是该系统最重要的功能，若发现设计中存在的潜在问题，可以以多种形式估算出它的影响。

6.7.1.1 概念设计与虚拟原型

在产品开发的早期阶段，如概念设计时，不必进行详细的分析，这一阶段所考虑的重点是外观、总体布置以及建筑功能。现有的 CAD 系统主要集中在如何支持详细设计活动，它们为在计算机上表达产品的结构形状提供了较为成熟的处理手段，但对表达概念设计的有关信息上却显得苍白无力。在这个平台上，主要注重概念设计这一设计中的关键及如何将概念设计阶段的设计分析工具与概念设计系统紧密结合起来。概念设计系统应能有效地帮助设计者建立和管理有关的构思和方案，这些构思和方案最终能产生施工性好的产品。

实现概念设计的有效手段是虚拟原型技术。虚拟原型是利用虚拟现实技术在可视化方面的强大优势以及可交互式地探索物体的功能，对建筑物的外观、环境、功能、施工等方面进行交互的建模与分析。虚拟原型必需能够反映物理原型的特性，包括外观、空间关系以及力学性质（包括建成后和施工中的力学性质）。设计者或用户应能从不同的角度，以不同的比例观察虚拟原型，还能够通过操纵原型对建筑物的功能进行定性的判断。虚拟原型技术可用来快速评价不同的设计方案和施工方案，与物理原型相比较，虚拟原型生成速度快，产生的原型可被直接操纵与修改，且数据可被重新利用。运用虚拟原型技术，可以减少甚至取消物理原型的制作，从而加速产品的开发进程。虚拟原型的应用主要体现在：

1. 建筑概念设计

在这种情况下，虚拟原型的形状能够直观、方便地被改变，即数据模型在实时反馈的作用下可被交互地改变。此时，集成的建模工具必须方便易用，并借助于类似"陶塑"的思想，利用数据手套，用户可指向模型上需要改进的地方，通过实时的碰撞跟踪功能按照手部的运动来改变模型的形状。这一功能对于产品开发时的概念设计有重要意义。

2. 施工方案设计

主要考虑的问题有运动学特性、动力学特性和技术经济特性。对物体进行精确的运动跟踪，并辅以力反馈、图形反馈或声音反馈可有效地完成施工方案设计、优化。

3. 产品功能评价

利用虚拟现实的漫游特性和实时交互性，相关人员可以对虚拟原型的各方面，包括视觉效果、各构件间的几何关系等进行评价。这样，他们在产品开发过程中即可提出修改意见，而不必等到产品开发后期不能进行大的修改时才提出有关意见。

6.7.1.2 概念设计信息的管理

对建筑物及其构件而言，概念设计信息是以产品相似性信息的形式进行管理和查寻的。对设计历史、设计目的等非几何设计信息进行建模，并集成到概念设计系统中，可有效辅助设计者建立并管理最终能产生功能完备、施工性好的结构形状的构思或方案。

该平台支持产品的并行设计、工艺规划、制作装配及维修等过程，进行可施工性的分析（包括性能分析、费用估计，工时估计等）。它是以全信息模型为基础的众多仿真分析软件的集成，包括力学、热力学、运动学、动力学等可建造性分析，应具有以下研究环境：

（1）基于产品技术复合化的产品设计与分析，除了几何造型与特征造型等环境外，还包括运动学、动力学、热力学模型分析环境等。

（2）基于仿真的构件加工制造分析，包括工艺生成优化、工具设计优化等。

（3）基于仿真的建造过程碰撞干涉检验及运动轨迹检验——虚拟建筑、虚拟设备、虚拟机器人及它们各自的运动轨迹包络、优化等。

（4）材料加工仿真，包括产品设计，施工过程温度场、应力场、流动场的分析，工艺优化等。

（5）产品虚拟安装，根据产品设计的形状特征，精度特征，三维真实地模拟产品的安装过程，并允许用户以交互方式控制产品的三维真实模拟安装过程，以检验产品的可施工性。

6.7.2 虚拟施工平台

主要是对实际生产过程进行仿真，包括工厂里构件和半成品的制作过程仿真和现场施工流程仿真两个层次。它能根据现场施工流程的变化为设计者评估施工方案或修改原方案提供支持，也将为优化建造过程和改进建造系统提供有关信息。它的输出是对产品质量、进度和成本的合理估算。

6.7.2.1 虚拟加工制作过程仿真

我们将描述加工制作过程的解析模型与材料和设备的实体模型结合，构造虚拟加工制作过程。在虚拟加工中解析模型可以表达加工的物理过程，而实体模型表示加工过程的几何形状。因此，给定设计好的构件、所用设备及加工的工艺规程，可以在计算机上进行如下工作：

（1）验证工艺规程得到的构件的正确性。在此情况下，采用工件的实体模型和解析模型来模拟加工制作过程，所选定的设备按照设定的工艺规程进行加工活动，由此检查构件大样的正确性。

（2）验证工艺规程中确定的参数是否合理可行。预测所选择的参数是否会导致一些不希望的结果出现，如尺寸超差、过度磨损、精度不足、裂缝开展、应力集中等。发现加工工艺中不合理的地方，并加以改进，以达到设计要求。

在以上工作的基础上，就能准确评估一个工艺规程的优劣，而且基于该评估，可以确定合适的加工条件以改进甚至优化工艺规程。利用虚拟加工，可以改进对加工时间和加工成本的估算精度，更好地和工程进展相匹配。此外，对加工物理过程的建模将允许对所加工的构件的质量进行预测，而这项工作在实际加工中需加工一些构件后才可以得到结论。这些信息对结构设计者和施工工艺设计者来说都是非常有用的。前者可用它修改设计以改进其可操作性或优化其结构形式，后者可用它来调节加工参数，改进甚至优化工艺规程。而且所有这些工作都可以在设计和制订工艺方案的初期进行，从而不会增加生产成本。

6.7.2.2 施工流程仿真

主要是制订施工方案、具体的生产计划、规划材料、机具等资源需求和对所制定的方案进行评估。它除了为评估产品的可生产性提供有关信息外，同时能为工程的竣工提供更为精确的成本信息和工期信息。它的核心工作主要是通过对施工方案规划与进度计划和质量检验的集成，实现对多工艺方案进行评估以确认最终的合理方案，包括选择合适的合作伙伴。该平台还将支持生产环境的布局设计及设备集成、产品远程虚拟测试、项目生产计划及调度的优化，进行可生产性分析。具体地说，应包括：

（1）虚拟生产环境布局。根据产品的工艺特征、生产场地、加工设备等信息，三维真实地模拟生产环境，并允许用户交互地修改有关布局，对生产动态过程进行模拟，统计相应评价参数，对生产环境的布局进行优化。

（2）虚拟设备集成。为不同厂家的生产设备实现集成提供支撑环境，对不同集成方案进行比较和优选。

（3）虚拟计划与调度。根据施工的工艺特征，生产环境布局，模拟产品的生产过程，并允许用户以交互方式修改施工过程和进行动态调度，统计有关评价参数，以找出最满意的施工计划与调度方案。

6.7.3 虚拟企业平台

企业具有一定的结构体系并在此基础上进行运营，在此平台上的虚拟建设系统也应该是在一定的结构体系上构成和运行。因此，结构体系的优劣直接关系到虚拟建设技术实施的成败。下面我们从分析通用意义上的企业体系入手，分析虚拟建设的企业体系及其应有的特征，并在此基础上实现建筑企业的虚拟集成。

6.7.3.1 合理构建虚拟建筑企业体系

通过上述分析，我们认为系统的、合理的虚拟建设系统体系结构，不仅应把虚拟产品开发过程中的规划、设计、施工，包括生产调度、质量管理等环节有机地集成起来，实现项目开发全过程的信息、功能和过程集成，实施项目开发活动的并行运作，还要充分体现人在建造活动中的能动性，达到人、组织、管理、技术的协同工作，同时也要支持生产经营活动和生产资源的分布式特性，它应能提供一个开放性强的技术框架，并能理顺其单元技术的关联机理。该体系应具有层次化的控制方法和"即插即用"的开放式结构，同时支持异地分布的建造环境下产品开发活动的动态并行运作。

作为建立合理虚拟建设体系的初步研究，在此采用5层协议的虚拟建设系统总控体系，这5层协议分别是：界面层、控制层、应用层、活动层、数据层。

（1）界面层：产品开发小组成员可以用文本、图形、超文本、超媒体等方式，通过统一的图形人机交互界面，向虚拟建设系统请求服务以便进行开发活动，或从系统获取信息以进行多目标决策或群组决策。人机交互界面是本层的主要组成部分，是实现操作者能沉浸虚拟环境所需的数据输入输出的人机和谐接口。

（2）控制层：基于网络，将通过界面层传送来的服务请求等工作指令，转化为一定的控制数据，以激发本地或远程应用系统的服务；该层同时对分布式的系统内多用户进程的并发控制等进行管理；该层也记录虚拟建设系统中现场的状态信息。

（3）应用层：由虚拟产品设计（包括 CAD、DFX、FEA 设计仿真等）、虚拟产品施工（包括建造系统建模、布局定义、施工仿真等）组成，也对产品开发过程中应用功能模块进行管理。

（4）活动层：实现应用层中的各种应用过程的逐步分解，使其由标准的活动组成，并以类似进程的思想执行这些活动。活动可以用统一的 W4H（When、What、Who、Where、How）形式描述。

（5）数据层：数据层对产品开发过程中所有的活动所需处理的静态和动态设计、建造知识和模型等进行公共管理。这些知识、模型以分布的数据库形式存放。

（6）虚拟总线：基于网络协同控制的虚拟总线是构成虚拟建设系统有机整体并确保其有效运行的支持平台，以进行控制指令、状态和公共数据的正确数据采集、传输与调度。

6.7.3.2　虚拟建筑企业体系应具备的特征

在上述体系结构指导下，为开发相应的虚拟建设系统，应采取相关技术来理顺虚拟建设系统单元间的关联机理，规划系统的运行模式及实现机制，使体系具有如下特性：

（1）开放性：虚拟建设系统首先是一个工具集，对已有建造体系和并行工程的哲理与虚拟建设技术综合考虑，建立基于"即插即用"技术和异种软件间标准数据接口的体系，以实现体系的开放性。具体表现为系统功能的易扩展性、系统硬件的开放性、系统软件的开放性。

（2）分布性：通过 Internet/Intranet 连接的、位于不同网址上的工程人员根据不同的许可共享产品设计、施工和管理所需的数据、知识、资源信息，使用分布性的应用工具，进行虚拟产品设计及修改。

（3）动态性：虚拟建设系统可以动态地运行操作，以支持产品开发过程中的所有活动。企业的不同资源可以分别属于开发不同产品的不同虚拟建设系统，虚拟建设系统应能灵活地根据产品实施方案，进行企业对象和生产活动的映射。

（4）并行性：在虚拟建设环境的分布式特性的控制下，由于建造资源共享和开发过程的并发运行，项目开发活动不再是一个单步式的、严格串行的顺序过程。能以"虚拟并行运作"描述这个过程，其核心要素是：基于进程思想的活动。

（5）集成性：虚拟建设体系下的数据管理是一项综合性的技术，模型和数据管理就是要以有效手段管理产品开发过程中的相关模型、数据和知识，并提供宏观信息管理和控制的机制，也包括模型的标准化和可重用性技术、模型间的信息交互和共享。

（6）人机和谐性：虚拟现实技术的应用极大地增强人与计算机的交互方式，使人可以沉浸到制造系统的虚拟环境中，强调人在虚拟建设系统运行中的作用。

6.7.3.3　基于虚拟系统的建筑企业集成

企业能否在瞬息万变的市场竞争中快速适应市场和用户需求的变化，以最快的速度向市场和用户提供优质低价产品，取决于企业的整体竞争能力，即取决于企业信息集成、智能集成、资源集成、技术集成、过程集成、串并行工作机制集成、组织管理集成以及人机集成等多集成的能力，而虚拟建设系统为企业的多集成提供了一种途径。

通过虚拟建设系统实现建造企业的集成，使其能够在急剧变化的竞争环境中，面对各种用户需求，动态优化和调整项目开发过程，合理调配和利用企业资源，提高产品开发效率，降低产品成本和提高产品质量。

根据虚拟工程项目设计状态的改变，利用功能模型和面向对象方法对开发活动进行分析，确定开发活动的功能以及相互之间的依赖关系，在此基础上建立各个层次的过程活动网络，然后根据企业资源等现有条件，动态地拟定或改变开发过程，利用 Petri 网等分析算法对过程进行分析、仿真、调整和优化，建立开发过程管理所需的过程模型，合理组织和利用人、财、物、时间和空间等各种资源，实现整个项目开发过程的集成。在项目开发过程模型的生成过程中，应尽可能实现产品开发过程的并行化，保证关键的设计活动优先执行，并通过不完整设计信息的交换，使后续开发活动在前面开发活动结束之前就提前开始，实现串并行工作机制的集成和项目开发过程的管理、控制与协调。

根据企业资源、技术、人员素质等方面的条件以及产品开发活动的要求，动态地将企业的建筑产品开发人员以及设备、技术等资源，以人为中心组成集成智能单元，进而组成集成智能小组。依此类推，构造面向虚拟产品的虚拟开发部门，由虚拟建设企业对各个产品开发部门进行管理和协调，形成有效的以人为中心的建造企业组织管理模式。

信息集成是实现基于虚拟建设系统的企业集成的基础，它为整个企业范围内的产品开发人员之间、产品开发人员与用户之间、开发人员与合作伙伴之间的通信以及信息、知识和数据交换与共享提供具有建造语义的集成基础结构。通过虚拟建设系统在人与系统之间、人工智能与非人工智能的技术与工具之间、设计人员之间、现实世界与虚拟的计算机建造环境之间、不同的项目开发过程之间、不同的知识来源之间等建立连接的纽带，实现智能集成，并利用各种人工智能技术和工具，面向整个项目开发过程，对企业各个层次、各个方面的产品开发人员、用户和合作伙伴之间的并行协同工作提供全方位的智能支持，是提高项目开发活动决策和控制能力的必需条件。

虚拟建设系统在信息集成和功能集成的基础上，通过对整个项目开发过程的建模、管理、控制和协调，对企业资源、技术、人员进行合理组织和配置，面向项目的整个生命周期，实现企业战略与经营、工程设计和生产活动的集成（纵向集成），以及在项目开发的各个阶段虚拟环境下多学科小组的分布式并行协同工作（横向集成），从而实现项目开发过程的集成，达到快速适应市场和用户需求的变化，以最快的速度向市场和用户提供优质低价产品。通过虚拟建设系统对建造企业进行多方面集成，企业在复杂多变的竞争环境下，通过不断调整组织结构，优化运营过程，合理配置人、财、物资源，革新技术和提高人员素质等，以便为企业提供系统的方法和途径，从而提高了企业自我调节、自我完善、自我改造和自我发展的能力。

思 考 题

1. 结合书中介绍的虚拟含义，阐述对虚拟的理解，并思考在建筑业中哪些方面能用到虚拟这一概念？

2. 什么是虚拟现实技术？它的构成体系是什么？

3. 虚拟现实技术在建筑业中得到了日益广泛的应用，除了本章中的介绍外，还有哪些方面能体现虚拟现实的优势？

4. 虚拟建设与虚拟现实的关系如何？

5. 虚拟建设的核心技术是如何协同工作的？

6. 虚拟建设对现代工程项目的管理有着怎样的影响？

参 考 文 献

[1] 王贵虎，周红. 虚拟现实技术在工程管理中的应用. 西部探矿工程，2006，2(118)：269-271.

[2] 陈铁成，陆惠民. 虚拟建设的发展、内涵与组织管理流程. 建筑管理现代化，2005，6(85)：23-26.

[3] 张利，陶全军. 论建筑业与制造业生产和管理模式的趋同性. 建筑经济，2001，11(229)：7-9.

[4] 张利，张希黔，陶全军，石毅. 虚拟建设技术及其用用展望. 建筑技术，2003，5(34)：334-337.

[5] 郑磊. 虚拟建设内涵研究. 建筑技术，2005，4(36)：248-249.

[6] 彭勇. 虚拟建设(Virtual Construction)——新型的工程项目管理组织模式. 基建优化，2001，22(1)：11-12.

[7] 郑磊. 虚拟建设及其实施的理论问题研究. 东南大学博士学位论文，2005.

[8] 张宏胜. 虚拟建设在钢结构工程施工中的研究与应用. 重庆大学博士学位论文，2004.

[9] 钱玲. 可重构虚拟制造系统研究. 南京理工大学博士学位论文，2005.

第7章 建设供应链管理理论

随着建筑业的快速发展，建筑产品的规模越来越大，建筑技术越来越复杂，建筑业的从业企业必须建立建设供应链，依靠建设供应链管理使供应链成员企业各自贡献自身的核心竞争力，通过优势互补，实现共赢。因此，建设供应链管理理论已经成为现代建筑生产管理理论的重要内容。

7.1 供应链管理基本原理

7.1.1 供应链和供应链管理的概念

7.1.1.1 供应链的概念

供应链管理的概念是在 20 世纪 80 年代由美国学者提出来的。早期的认识局限于企业内部资源的优化利用，是一个制造企业的内部过程。随着市场经济的发展，企业要想发展，就必须与其他企业合作，将原来企业内部所进行的制造、组装、销售过程转变成由供应链中的不同企业来进行。正如马士华等对供应链所下的定义："供应链是围绕核心企业，通过对信息流、物流、资金流的控制，从采购原材料开始，制成中间产品以及最终产品，最后由销售网络把产品送到消费者手中的将供应商、制造商、分销商、零售商，直到最终用户连成一个整体的网链结构和模式。"

然而，至今并未形成一个完全统一的概念。国内外的学者站在不同的角度给出各自对供应链的定义。如 Lin 等认为供应链是包括供应商、制造商、销售商在内，涉及物流、资金流、信息流的企业网络系统。而 Christopher 认为，供应链是一个组织网络，所涉及的组织从上游到下游，在不同的过程和活动中对交付给最终用户的产品或服务产生价值。蓝伯雄认为，供应链是原材料供应商、零部件供应商、生产商、分销商、零售商、运输商等一系列企业组成的价值增值链。中华人民共和国国家标准《物流术语》中也有对供应链的定义，即供应链是生产和流通过程中，涉及将产品或服务提供给最终用户活动的上游与下游企业所形成的网链结构。

综上所述，供应链的核心概念可以概括为：

供应链是指在产品或服务的生产及流通过程中所涉及的将产品或服务提供给最终用户的上游与下游企业，包括供应商、制造商、批发商、零售商以及最终的客户组成的企业组织网络，该网络涉及上下游企业间的各种活动和相互关系，包括企业间的信息流、物流（服务流）和资金流等。

7.1.1.2 供应链管理的概念

1. 供应链管理的基本概念

从供应链的概念中可以看出，供应链的产生是由于企业发展需要与其他企业合作来实现，因此，为实现这种合作所带来的益处，就必须通过管理来实现这种合作。这也就是供应链管理。供应链管理实际上强调供应链节点企业之间需要建立战略合作伙伴关系，集成使用各企业资源，通过各企业贡献各自的核心竞争力，优化与整合，建立适应供应链节点企业协调运作的合作机制、决策机制、激励机制和自律机制来协调整个供应链上各企业的生产与管理活动，从而提高供应链的整体绩效，同时优化与均衡供应链上各节点企业的利益分配，通过供应链管理实现各节点企业的合作共赢。

虽然对供应链管理的认识学者们基本达成共识，但对供应链管理的定义也有不同的论述。如中华人民共和国国家标准《物流术语》对供应链管理（supply chain management，SCM）定义是：供应链管理是指利用计算机网络技术全面规划供应链中的商流、物流、信息流、资金流等，并进行计划、组织、协调与控制。美国生产和库存控制协会（API-CS）第九版字典中对供应链管理的定义是：供应链管理是计划、组织和控制从最初原材料到最终产品及其消费品的整个业务流程，这些流程链接了从供应商到顾客的所有企业。

综上所述，供应链管理的概念可以概括为：

供应链管理是指利用系统原理和计算机网络技术对供应链中的物流、信息流和资金流进行集成化管理，整合与优化供应链中所涉及企业的资源，对整个供应链实施计划、组织、协调和控制，从而充分发挥各企业的核心能力，实现整个供应链的整体绩效最优化，并保证供应链中成员企业取得相应的绩效和利益，来满足顾客需求的整个管理过程。

供应链管理作为物流一体化管理的扩展，不仅是一种运作管理技术，而且是一种管理战略。目前，供应链管理更加强调供应链合作伙伴关系和供应链集成与协调。它通过供应链上节点企业之间的紧密合作来集成和管理改善供应链实现。可见，它可以使供应链中的合作伙伴达成共识，构筑互利发展的供应链联盟。

2. 供应链管理的内涵

从上述对供应链和供应链管理的论述中可以看出，与传统管理模式相比，供应链管理实际上包含了丰富的涵义。

（1）供应链管理把供应链中所有节点企业看成一个整体，它涵盖了从供应商到最终用户的采购、制造、分销、零售等职能管理领域和过程。供应链管理把产品在满足客户需求的过程中对成本有影响的各个成员单位都考虑在内了。

（2）供应链管理强调和依赖战略管理，供应链管理实际上是企业适应环境变化的一种新的经营战略。同时，供应链管理是围绕把供应商、制造商、仓库、配送中心和渠道商有机结合成一体这个问题来展开的，因此它不仅包括企业战略层次的活动，也包括战术层次和作业层次的活动。

（3）供应链管理通过管理库存和合作关系来达到对最终客户的高水平服务。它通过协调供应链成员之间的关系，同时增加供应链各方的利益来实现从产品管理向顾客管理的转变。

（4）供应链管理强调根据顾客的状况和需求，决定服务方式和水平，它强调快速响应顾客需求，以顾客需求为中心的"拉式"管理。

（5）供应链管理的目的在于追求整个供应链的整体效率和整个系统费用的有效性，总是力图使系统总成本降至最低。因此，供应链管理的重点不在于简单地使某个供应链成员的运输成本达到最小或减少库存，而在于通过采用系统方法来协调供应链成员以使整个供应链总成本最低，使整个供应链系统处于最流畅的运作中。

7.1.2 供应链管理的任务

1. 供应链结构设计

供应链的网络结构主要包括：供应链的长度（即所包含的层面数）、各层面供应商或客户的数量、各层面之间的联系方式。供应链管理的首要任务就是要确定该网链中不同节点间的不同关系、类型、关系的紧密程度和联系形式。识别与核心业务密切相关的关键供应商或客户，与之建立战略合作伙伴关系，以巩固企业间的关键业务联系。供应链管理要综合考虑供应链的总体目标、背景环境以及企业能力等因素，确定供应链中各节点之间的恰当关系。供应链结构设计包括供应商选择和供应链物流系统设计。

2. 整合供应链

整合供应链也就是集成化的供应链管理流程设计与重组，具体来讲，包括内部供应链整合，即对各节点企业内部集成化供应链管理流程设计与重组，使企业内部的采购、制造、运输、存储和销售五个环节能够互相配合并进行整体计划与管理，包括外部整合，即外部集成化供应链管理流程设计与重组，从供应商的供应商到客户的客户的全部过程，包括外购、制造分销、库存管理、运输、仓储、客户服务。充分进行信息交换，并达成统一计划安排，从而跨越企业界限，实现跨企业的充分协作，以追求和分享市场机会。

3. 通过机制建设来改善供应链管理质量

供应链管理的质量取决于供应链成员合作的紧密程度，这就需要进行一系列的机制建设，包括合作机制、协商机制、绩效评价和利益分配机制以及激励与约束机制等，进而使供应链成员企业共享价值观，实现合作共赢。

4. 建立高效率顾客响应系统

供应链管理的最终目标就是要建立一个具有快速反应能力的和以客户需求为基础的系统，使供应链成员企业以业务伙伴方式合作，提高整个供应链的效率，而不是单个环节的效率，从而大大降低整个系统的成本、库存和物资储备，同时为客户提供更好的服务，这就是高效率的顾客响应系统。因此，供应链管理就要运用 Internet 技术，实现供应链成员企业之间的快速信息传递，实现对客户需求的快速响应。

5. 降低供应链的不确定性

大型的生产系统日趋复杂，在供应链中，不同的供应商以其不同的方式将原材料、零部件送到生产现场，经过复杂的生产过程生产出各种中间产品和最终产品，再将最终产品送至客户。这个过程中，涉及不同的企业和许多环节，这些复杂的生产过程带有不确定性。同时，在整个过程中，还涉及许多运输环节，能否准时，也具有不确定性。因此，为了减少这些不确定性就会增加库存，从而加大成本，进而影响对客户的服务。而供应链管理的目的就是要通过各企业和各环节的密切配合，既减少库存，同时又提高对客户的服务水平。这就必须降低供应链的不确定性，建立供应链的风险预警和防范机制以及信息共享机制。

6. 有机组合物流、信息流和资金流

供应链管理就是要对供应链中的物流、信息流、资金流进行计划、组织、协调和控制工作，从而把众多企业的各个环节的信息连接在一起，使得各种业务和信息能够实现集成和共享。

7.1.3 供应链管理的核心理念

1. 系统与全局最优的理念

供应链是一种由多个企业组成的企业系统，供应链管理对该系统进行集成化管理，因此系统的观点、全局最优的思想成为供应链管理的首要理念。供应链管理强调企业在充分发挥合作伙伴的优势技术和能力，以提高自身的竞争优势的同时，通过企业间共同目标的优化与商务效率的提高，将供应链上的贸易伙伴组成一个协调运作的企业系统，在既定的顾客服务水平前提下，通过对企业经营过程进行优化、重组，追求供应链总体效益和总体效率的优化，降低供应链总成本，实现客户价值最大化。供应链管理扩展了传统的内部企业管理活动，成为一种新的企业管理哲学。

2. 客户理念

客户是企业经营的导向。努力实现客户价值最大化，按顾客的期望提供他们真正想要的产品或服务，以市场需求拉动生产是提高企业竞争力，实现供应链整体效益最大化的根本保障。供应链管理通过有效的管理体系，实现将顾客所需的正确的产品或服务在正确的时间，按照正确的数量、正确的质量、正确的状态送到正确的地点（即 6R）的目标。

3. 优势互补、战略合作理念

优势互补是指供应链上的企业各自具有自己核心优势，通过战略合作形成多种核心业务的有机组合。这种理念强调企业在加强自身的核心能力建设的同时，应当与其他企业建立长期的合作关系，强调相互之间的信任和合作，利益分享，风险共担。供应链管理追求供应链上各企业双赢（win-win）的目标，而不是传统的"大而全、小而全、只竞争不合作"的企业发展模式。

4. 现代化管理手段与技术理念

供应链管理涉及多个利益主体（企业），各利益主体组成了一个复杂的、动态的网络体系。要实现供应链的有效运作，必须借助于先进的现代化管理手段和技术，特别是应当充分利用信息技术和通信技术，建立企业间的信息沟通与共享机制。实践经验也证明，完善的信息共享机制是实现企业间群体决策，快速响应市场需求，提高供应链管理效率的关键因素。

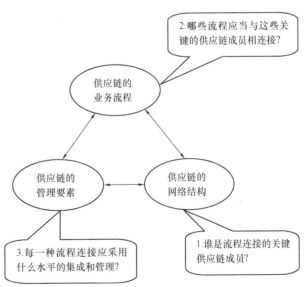

图 7-1 供应链管理框架：要素与关键

7.1.4 供应链管理的框架

供应链管理框架由供应链结构、供应链的业务流程和供应链管理的组成要素三个相互紧密联系的部分所组成，如图 7-1 所示。供应链的结构是由供应链成员及成员之间的联系所组成的网络，业务流程是指为客户产生具体价值输出的活动，管理要素是那些使业务流程跨越整个供应链得到集成和管理的管理变量。

7.2　建设供应链与建设供应链管理的基本概念

7.2.1　建设供应链的基本概念

7.2.1.1　建设供应链的不同定义

建设供应链的研究始于 20 世纪 90 年代，Koskela 提出的将制造业新的管理模式应用到建筑业的思想标志着建设供应链管理的雏形。对建设供应链的认识基本上也是从制造业供应链概念推演而来的。

然而，学者们站在不同的角度，对建设供应链给出了各自不同的定义。归纳国外学者对建设供应链的定义，比较有代表性的有：Muya 等从功能划分的角度将建设供应链划分为三种供应链，即基本供应链、支持供应链以及人力资源供应链。其中，基本供应链提供直到最终建筑产品的一体化物料配送，支持供应链提供便于工程建设所需的设备、专门技术和物料；人力资源供应链提供劳动力供应。Vrijhoef & Koskela 则从项目实施过程角度将建设供应链划分为永久性供应链和临时性供应链。永久性供应链独立于任何具体的工程，临时性供应链则是为了一个具体的工程组建的。Fernie 从项目实施的相关组织角度定义建设供应链是"为了满足业主多样化需求形成的在同一行业运作的组织网络"。Keesoo 则定义工程项目供应链是"由项目业主、承包商和分包商等组建的工程交付网络"。Ofori 同时从组织和过程角度来定义建设供应链是"包括从原材料获取到建筑物的最终废弃和处理为止的全过程中所有的业务过程和组织"。Love 等定义建设供应链是"包括用户和设计开发、服务和物料采购、物料生产与配送、设施管理等经济价值功能的设施和活动网络"。Vrijhoef & Koskela 则认为建设供应链是"从业主的有效需求出发，以总承包商为核心企业，通过对信息流、物流、资金流的控制，从中标开始一直到施工、竣工验收以及工程售后服务的将原材料供应商、工程机械设备供应商、分包商、业主等连成一体的功能性网链结构模式"。但无论从什么角度对供应链进行定义，基本上是以工程项目为对象来进行定义的。

我国学者对建设供应链的研究主要从 2000 年以后开始，建设供应链的概念不同的学者给出的定义也不相同，如王要武、薛晓龙提出广义和狭义两种建设供应链的定义，广义的建设供应链定义是指从业主产生项目需求，经过项目定义（可行性研究、设计等前期工作）、项目实施（施工阶段）、项目竣工验收交付使用后的维护等阶段，直至扩建和建筑物的拆除这些建设过程的所有活动和所涉及的有关组织机构组成的建设网络。狭义的建设供应链定义是指以承包商为核心，由承包商、设计商和业主围绕建设项目组成的一个主要包括设计和施工两个关键建设过程的建设网络，如图 7-2 所示。

刘振元等认为，工程供应链包括两个层次的含义：第 1 层次的含义是以工程建设的某些具有专业特色的专项子工程（如土建工程、机电工程、信息工程等）或工作包的建设需求为目标而构建的由原材料供应商、组件供应商、专业分包商、承包商和工程业主所构成的工程网络组织，称为专业工程供应链。第 2 层次的含义是以工程建设项目的需求为目标而构建的专业工程供应链的集合体，称为集总工程供应链。

7.2.1.2　本文的定义

供应链是围绕核心企业来建立的，而到底谁应当是核心企业存在着两种不同的观点，

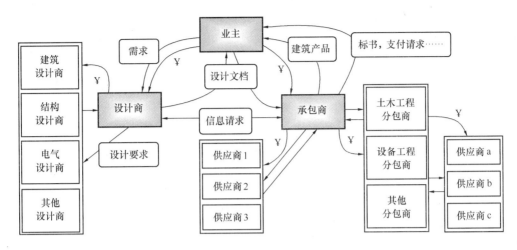

图 7-2　建设供应链网络模型

一种观点认为应当以总承包商作为核心企业来构建建设供应链，这种观点占主导地位。但也有另一种观点认为应当以项目业主或者代表业主的项目管理公司作为核心企业来构建建设供应链，业主应当在供应链协调整合中起主要作用。这两种观点应当说都有道理。如果不考虑谁为核心企业，那么建设供应链可以定义为：

建设供应链是指为满足业主需求，由建筑产品生产全过程中所涉及的各个企业，包括咨询单位、设计单位、承包企业、分包企业、材料与设备供应企业、监理企业以及业主等所组成的企业组织网络。

然而，随着建筑业的发展，建筑产品的复杂性越来越大，以工程项目总承包为特征的建筑生产模式越来越成为工程建设的主要模式。因此，以总承包商作为核心来构建建设供应链，并实现建设供应链的有效管理，成为总承包商战略管理的重要内容。如果站在总承包商企业层面来定义建设供应链，则可以将建设供应链定义为：

建设供应链是从为业主提供更好的产品与服务角度出发，以建设总承包商为核心企业，通过对项目层与企业层的信息流、物流、资金流的有效整合与控制，构建的由每个项目的设计商、材料供应商、设备供应商、专业分包商、劳务分包商、第三方物流商等组成的项目设计生产协作组织并与项目业主（包括其所聘请的监理单位）相连接所构成的临时性项目供应链与相对稳定的企业战略性合作伙伴所共同组成的复杂的功能性网络。

7.2.2　建设供应链管理的基本概念

研究供应链，目的是对其进行有效管理。关于建设供应链管理也存在着不同的观点。Vollman 等认为建设供应链管理是"旨在管理与协调从原材料供应商到最终用户的整条链中的一系列活动过程"。而 Akintoye 等则认为供应链管理是"以一种有效率的方式对信息流、活动、任务和过程的战略管理过程，包括企业将符合质量要求的建筑产品和服务交付给用户的过程中的不同的组织网络和上下游供需链接网络"。

建设供应链管理（construction supply chain management，CSCM）可以从两个层面上加以界定。一个是独立的企业层面，关注的是企业生产过程的运作管理问题。另一个是产品层面，关注的是基于客户需求组织产品生产所涉及的全部过程管理问题。建设供应链管理既强调企业内部的跨部门集成化管理，更强调企业外部跨公司的集成化管理。建设供应链管理通过建立企业间共同的战略目标，完善的信任与合作机制，协同的工作模式和信息共享机制，达到提高企业绩效，快速响应客户需求，从而增强企业核心竞争力的目标。

综上所述，建设供应链管理可以定义为：

建设供应链管理是指以承包商为核心，采取设计商、承包商、分包商、业主和供应商之间协作双赢的商务战略，借助先进的信息技术，对建设项目生产过程（设计、采购、施工等）中所涉及的所有活动（物流、信息流、资金流和人流）和参与方进行集成化统一管理。建设供应链管理既强调企业内部的跨部门集成化管理，也强调企业外部跨公司的集成化管理。通过建立企业间共同的战略目标，完善的信任与合作机制，协同的工作模式和信息共享机制，以最小的成本，创造客户最大价值，达到提高企业绩效，快速响应客户需求，从而增强企业核心竞争力的目标。

7.2.3 建设供应链的基本特征

1. 用户驱动性

建筑产品呈现为一种用户订制化的特征，因此，用户订制的方式（工程承发包模式）不同，直接带来建设供应链中节点企业和企业间的关系的变化。在工程总承包模式下，建设供应链中总承包商的供应商包括设计商、专业分包商、劳务分包商、材料供应商和设备供应商。而在传统的工程承发包模式下，建设供应链中设计商则不是总承包商的供应商。因此，用户驱动性使建筑总承包商必须以满足业主需求来构建和管理供应链。

2. 临时性、动态性与相对稳定性并存

建筑产品的订制化特征，带来建设供应链是以项目供应链为基础所构成的企业供应链，其中项目供应链上各参与方以项目为基础签订合同构建合作关系，项目供应链中各参与方的合作关系与项目周期等长，不同的项目供应链上的节点企业不尽相同，因此呈现明显的临时性和动态性特征，但是从整个总承包商所构建的建设供应链来看，企业之间的合作关系又呈现出一种经常化特点，即具有相对稳定性。

3. 项目型合同

联结建筑企业供应链成员间的纽带主要是以项目为基础的合同和协议，因为项目的临时性特征，单纯从项目型合同的角度来看待合作时，难于使项目成员间形成实现供应链整体效益最大化所需的供应链成员间信赖、承诺、合作以及信息共享。

4. 供应链成员数量多且构成复杂

一个建筑产品的生产过程涉及的参与方有可能几十家、几百家甚至更多，视建设项目的规模大小而定。而且，供应链成员中包括总承包商、专业分包商、劳务分包商、材料供应商、设备供应商、监理公司、设计单位、业主等不同单位，更不用说企业的所有项目，因此造成建设供应链管理的难度非常高。

5. 外部制约性

建设供应链的构建中，受到外部的制约条件影响很大。例如，招投标制度、监理制度、资质管理、分包审核以及指定分包、业主的性质等，都决定了建筑企业不可能完全自主确定供应链成员企业，并且建立长期稳定的合同关系。

7.2.4 总承包商供应链管理战略的核心思想

供应链管理是纵向非一体化管理思想的一个典型代表。供应链管理本质上要达成供应链上的节点企业以自身的核心竞争力进行战略合作，实现合作共赢。供应链管理就是要通过有效的协调管理供应链系统实现整个供应链绩效最优。从建筑产品生产过程来看，可以占据核心地位的企业应当有房地产开发企业、建筑总承包商、工程管理企业等几类企业。其中以总承包商为核心企业构建供应链是多数研究者的观点。比较得到认可的定义是，建设供应链是在满足业主有效需求的前提下，以建设总承包为供应链核心企业，通过有效地控制供应链上的信息流、物流、资金流，从总承包商签订总承包合同开始，直至工程竣工验收，交付使用以及保修完成的工程建设全过程，将材料供应商、设备供应商、分包商、业主等连结成的一个整体功能性网链结构。

总承包商的供应链管理是以工程项目为载体，为提供业主满意的工程建设产品而采取的一种对工程项目所有参与者协同集成化的管理模式。其主要任务是计划、合作及对专业分包商、劳务分包商、材料和设备供应商等供应链各节点企业之间资金流、信息流、物流的有效控制，以及对建设实施全过程合作各方的关系进行有效管理。

研究建设供应链的目的是为了使建筑业向其顾客提供满意建筑产品来研究建筑产品生产商，如何更好地组织设计与生产活动。这里所说的建筑产品生产商也就是我们通常所说的设计单位、工程总承包单位、施工单位。建筑业与制造业存在很大的不同点在于，建筑业是建筑产品生产商，先直接从顾客处竞争获取订单（设计合同、承包合同等），然后再由顾客监督（监理制）下组织订制产品的设计与生产活动。因此，就每一个建筑产品的设计与生产过程来说，确实是一种临时性、一次性活动（项目）。这也是研究者们研究建设供应链时一般以项目为基础来进行研究的原因。然而，如果仅从项目供应链的角度来研究供应链，就无法跳出临时性的框架。以临时性为特征的合作，很难实现真正意义的合作。因此，本文认为建设供应链必须从企业层面来研究，放到建筑总承包商企业的战略层面来看，建筑总承包商的生产活动由若干个项目所构成，每一个项目有一个特定的顾客，总承包商组织若干个材料供应商和设备供货商与租赁商，若干设计商、专业分包商和劳务分包商，也可能还有若干第三方物流服务商等组成设计生产协作组织共同完成总承包企业所承接的各个建设项目，达到顾客满意。这时，建筑总承包商竞争力越强，企业的项目就会越多、越大、项目利润也会越高。从企业层面来看，建筑总承包商所构建的设计生产协作组织的成员企业的合作就不是以临时性、一次性为基本特征了，而是合作好的企业就会呈现经常性合作的特征。也正是放在企业层面来考虑建设供应链，也才能解释建筑总承包商实行集中采购模式的益处。

供应链管理战略的精髓在于通过企业实施供应链管理使供应链各成员企业实现供应链上的协同性运作，从而取得供应链整体最优的绩效水平，达到提高供应链整体竞争力的目的。因此，建筑总承包商供应链管理的战略任务是在合理构建项目设计生产协作组织的基础上，确立企业战略性合作伙伴，并通过集成管理及其 IT 技术的支持，使项目设计生产协作组织成为一个有机整体，协同决策，协同运行，从而实现每个项目供应链整体效益最大化基础上的设计生产协作组织的整体效益最大化，并使设计生产协作组织内各成员企业分配到合理的利益，以保障各成员企业有足够的动力为整体效益最大化而努力。

7.3 建筑企业供应链设计

7.3.1 建设供应链设计的策略与原则

7.3.1.1 建设供应链设计的策略

建设供应链管理的目的实际上就是要通过企业之间紧密合作，使得供应链上各成员企业通过优势互补，实现整个供应链的整体绩效和效率最大化，同时保证各成员企业的利益。为实现此目的，就必须减少成员企业之间的合作成本，否则，传统的企业管理模式就会优于供应链管理模式。因此，建设供应链的设计应当采取降低（最小化）供应链成员企业间合作成本的策略，同时需要考虑进度、质量、安全等方面的约束。建设供应链上成员企业之间的合作成本由机会成本、交易成本和生产成本三部分所组成，即：

$$TC = CC + CT + CP$$

其中，CC 是机会成本，即供应链上的成员企业因为参与到某一供应链而在市场上因失去其他机会而产生的成本。它取决于供应链的竞争能力，并可以通过改变组织模式来减少。CT 是交易成本，它取决于建设供应链上企业间的组织结构和合作关系，决定了供应链的运作效果，是供应链管理的结果。供应链企业间的交易成本可以通过有效的供应链管理来减少。CP 是生产成本，即完成建筑产品的所有费用之和，取决于供应链上各企业的计划与控制效率，它可以通过供应链开发来减少。三者之中，机会成本是前提，因为如果建筑业供应链企业失去了机会，也就不存在交易成本与生产成本。显然，CC 越小，表明该供应链的竞争力越强；CT 越小，表示供应链管理越成功，即供应链企业间具有高度的信任、良好的合作与流畅的信息交流；CP 越小，说明企业的管理与生产协调功能越好。

建筑企业内部成本按不同的分类标准可分为不同的类别，基于供应链的建筑企业合作成本亦可进行类似的划分。如按内容可分为材料成本、人工费、运输成本、机械设备成本和其他变动成本。按成本计算的时间可分为目标成本、设计成本、计划成本和实际成本。建设供应链企业的合作成本与单个企业内部成本无论是项目还是数量上都有不同之处。在项目上合作成本中添加了供应链系统设计成本、维持成本和信息沟通成本等；在数量上，诸多成本项目的相对比重发生了变化，如材料采购成本、库存持有成本大大减少，而供应链管理信息系统成本、订单管理成本等相关管理成本却有所增加。

7.3.1.2 建设供应链设计的原则

在供应链的设计过程中，应遵循一些基本的原则，以保证供应链的设计满足供应链管理思想得以实施和贯彻的要求。

1. 自顶向下和自底向上相结合的设计原则

在系统建模设计方法中，存在两种设计方法，即自顶向下和自底向上的方法。自顶向下的方法是从全局走向局部的方法，自底向上的方法是从局部走向全局的方法；自上而下是系统分解的过程，而自下而上则是一种集成的过程。在设计一个供应链系统时，往往是先由管理高层做出战略规划与决策，而这种规划与决策要依据市场需求和企业发展规划来进行，然后由下层部门实施决策，因此供应链的设计是自顶向下和自底向上的综合。

2. 简洁性原则

简洁性是供应链的一个重要原则。建设供应链的一个重要特征就是要实现对客户的快速响应。因此，就需要供应链的每个节点都应是简洁的、具有活力的、能实现业务流程的快速组合，比如推动实施 JIT 模式。

3. 优势互补原则

企业实施供应链管理管理战略的一个重要原因就是希望通过供应链上各成员企业的优势互补，通过强强联合，来取得一个单独企业所无法实现的竞争优势。因此，建设供应链的各节点企业选择应遵循强－强联合的原则，达到实现资源外用的目的，每个企业只集中精力致力于各自核心的业务过程，作为其核心竞争力，每个成员企业具有自我组织、自我优化、面向目标、动态运行和充满活力的特点，从而可以实现供应链业务的快速重组。

4. 协调性原则

建设供应链整体绩效的优劣在很大程度上取决于建设供应链上成员企业之间合作关系实现的程度，即是否形成了充分发挥系统成员和子系统的能动性、创造性及系统与环境的总体协调性。因此建立战略伙伴关系的合作企业关系模型成为实现建设供应链最佳效能的保证。

5. 降低不确定性原则

不确定性在供应链中随处可见，由于不确定性的存在，导致需求信息的扭曲，导致供应链上成员企业的不协调。因此要预见各种不确定因素对供应链运作的影响，减少信息传递过程中的信息延迟和失真，增加透明性，减少不必要的中间环节，提高预测的精度和时效性。

6. 创新性原则

创新设计是系统设计的重要原则，没有创新性思维，就不可能有创新的管理模式，因此在供应链的设计过程中，创新性是很重要的一个原则。然而在创新设计时还应注意以下几点：一是创新必须在企业总体目标和战略的指导下进行，并与企业的战略目标保持一致；二是要从市场需求的角度出发，建立供应链本身不是目的，通过供应链管理来综合运用各成员企业的能力和优势，从而实现对市场需求的最大化满足，实现企业的竞争优势才是目的；三是发挥企业各类人员的创造性，集思广益，并与其他企业共同协作，发挥供应链整体优势；四是建立科学的供应链和项目评价体系及组织管理系统，进行技术经济分析和可行性论证。

7. 战略性原则

建设供应链的建模应有战略性观点，不能仅从一个项目的层面来考虑问题，必须站在一个战略高度来进行认识，要通过企业的供应链管理来实现企业的战略。因此供应链建模时必须体现在供应链发展的长远规划和预见性，供应链的系统结构发展应和企业的战略规划保持一致，并在企业战略指导下进行。

7.3.2 建设供应链设计的步骤

建设供应链设计的步骤可以归纳为以下五个步骤。

1. 外部分析

主要包括对建筑市场的现状和未来发展趋势的分析，对潜在客户的预测与分析，对材料供应商、设备供应商、分包商、监理企业、咨询企业、设计企业等潜在节点企业情况的调查与分析等。通过分析，确定外部市场对建筑企业的要求，明确建筑企业可供建立供应链的外部资源情况，从而有利于确定供应链设计目标，构建竞争力强的供应链体系。

2. 内部分析

主要包括对企业战略需求分析和对建立建设供应链，实现供应链管理的要求，以及目前企业供需管理的现状，企业已实施供应链管理，则分析供应链的现状以及目前存在的问题以及影响供应链设计的阻力等情况。

3. 明确建设供应链设计目标

在内外部分析的基础上，根据企业发展战略的需要，针对所存在的问题，提出建设供应链设计的目标。通常设计目标应当包括提高企业核心竞争力目标、增加业主（客户）价值目标、提高质量、进度、成本、环境和安全等建设绩效的目标等。

4. 建设供应链成员的选择

主要包括材料供应商、设备供应商和分包商等供应链成员的选择与评价方法的确定，成员间协作协议的制定等。

5. 建设供应链子系统设计

子系统设计包括生产设计（需求预测、生产能力、生产计划、生产作业计划和跟踪控制、库存管理等问题）、信息管理系统设计、物流管理系统设计等。

6. 供应链模拟与评价

建设供应链设计完成后，在实施之前应当采用模拟的方法，对供应链系统进行评价与分析，以便发现问题。如果达不到预先设计的目标，就需要对原设计进行调整，甚至需要推翻原来的设计，重新进行设计。

7.3.3 建设供应链合作伙伴的选择

供应链合作伙伴关系在供应链内部两个或两个以上独立的成员之间形成的一种协调关系，以保证实现某个特定的目标或效益。建设供应链整体绩效的实现依靠的就是供应链上成员企业的紧密合作，尤其是供应链上具有战略意义的重要企业之间的合作。因此，合作伙伴选择与合作伙伴关系的建立是建设供应链构建的核心。

7.3.3.1 合作伙伴关系建立的流程

建设供应链上核心企业在建立供应链时，进行合作伙伴识别和建立合作伙伴关系的过程如图7-3所示。

1. 分析市场环境

企业一切活动的驱动源来自于市场需求。建立基于信任、合作、开放性交流的供应链长期合作关系，必须首先分析市场竞争环境。目的在于找到针对哪些产品市场开发供应链合作

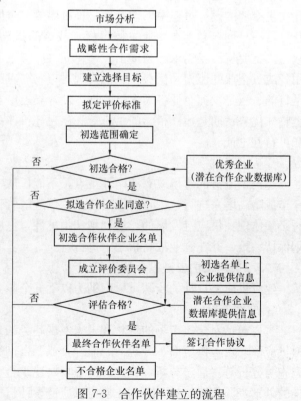

图 7-3 合作伙伴建立的流程

186

伙伴关系才有效，必须知道现在的产品需求是什么，产品的类型和特征是什么，以确认用户的需求，确认是否有建立供应链合作伙伴关系的必要。如果已建立供应链合作伙伴关系，则应当根据需求的变化，在建设供应链合作伙伴关系建立流程中分析供应链合作伙伴关系变化的必要性，从而确认合作伙伴评价选择的必要性。同时分析现有合作伙伴的现状，分析、总结企业存在的问题。

2. 战略性合作需求分析

从总承包商的企业战略出发，来分析企业核心业务中哪些业务需要外部资源支持来进行才能更加具有竞争优势。如在分包商的选择上就要分析企业的核心业务中哪些业务的技术是企业自身缺乏而需要拥有专门技术优势的专业分包商的支持，分析哪些分包业务（包括专业分包和劳务分包）与企业核心业务的密切程度高，可以用合作频率、合作时间、专业分包工程合同价占项目总价的平均比率、或劳务分包合同价占项目人工费的平均比率来进行衡量，则这样的分包业务就是企业战略性的分包需求业务。

3. 确立合作伙伴选择目标

建筑企业必须建立实质性的目标，而且必须确定合作伙伴评价程序如何实施、信息流程如何运作、谁负责。其中降低成本是主要目标之一，合作伙伴的选择不仅仅只是一个简单的评价、选择过程，它本身也是建筑企业本身和企业与企业之间的一次业务流程重构过程，实施得好，它本身就可带来一系列的利益。

4. 制定合作伙伴评价标准

合作伙伴综合评价的指标体系是建筑企业对要进行合作的企业进行综合评价的依据和标准，是反映企业本身和环境所构成的复杂系统不同属性的指标，按隶属关系、层次结构有序组成的集合。根据系统全面性、简明科学性、稳定可比性、灵活可操作性等原则，建立供应链环境下建筑企业合作伙伴的综合评价指标体系是本章的重点。

5. 确定初选范围，进行初选

在市场分析和战略性合作需求分析的基础上，确定需要选择合作伙伴的业务范围。在调查得到的潜在合作企业数据库中选择符合初选范围的拟合作企业，形成初选合作伙伴企业名单。

6. 初选合作企业的参与

一旦建筑企业决定进行合作伙伴评价，企业必须与初选合作伙伴企业名单中初步选定的企业取得联系，以确认他们是否愿意与本企业建立合作伙伴关系，是否有获得更高业绩水平的愿望，是否愿意配合企业合作伙伴的选择评价工作，如果愿意，则将其列入拟选分包商名单。

7. 成立评价委员会

建筑企业必须设立一个评价委员会来控制和实施合作伙伴评价。组员主要由企业内质量安全管理、招投标与合同管理、施工、财务、信息管理等与供应链有关的主要业务部门人员组成，根据需要也可以聘请外部专家，共同组成评价委员会。组员必须有团队合作精神、具有一定的专业技能。同时，还需要评价委员会得到企业最高领导层的支持。

8. 进行评价

根据拟定的评价指标和评价标准，由初选名单上企业和潜在合作企业数据库提供信息，评价委员会进行评审，最终确定评审合格的合作企业名单。在这个过程中，待评企业的信息的准确性是非常重要的,这需要参评企业的支持和建筑企业对参评企业的信息搜集和积累工作的成果。

9. 实施合作伙伴关系

与选出的合作伙伴企业进行磋商,对战略合作的各个方面进行协商,正式达成战略合作意向,并签署战略伙伴协议。

在实施供应链合作伙伴关系的过程中,市场需求将不断变化,可以根据实际情况的需要及时修改合作伙伴评价标准,或重新开始合作伙伴评价选择。在重新选择合作伙伴的时候,应给与原合作伙伴足够的时间适应变化。建筑企业可根据自己的实际情况分析自己所处的流程位置,找出在建立供应链合作伙伴关系上存在的不足和值得改进的地方。

7.3.3.2 合作伙伴选择标准体系的制定

合作伙伴选择是一个复杂的过程,主导企业在从多个候选企业中选择合作伙伴时,要多方面的权衡各种因素,全面考察候选企业,最终做出最优的选择。因此,建立一套完善的选择标准体系就显得非常重要。标准体系的制定应当遵循目的性、科学性、全面性、定量与定性相结合、可扩展性、可操作性等原则。

表7-1为一位研究者给出的一种三层建设供应链合作伙伴选择标准体系以及各指标的量化方法。第一层为目标层,即建设供应链合作伙伴选择;第二层为准则层,第三层为指标层。

建设供应链合作伙伴选择标准体系准则层、指标层及各指标的量化方法　　　　表7-1

准则层		指标层	指标量化方法
产品竞争力	产品质量	质量体系保证	专家评估
		产品合格率	在一定时期内合格产品数占总采购量的百分比
		返修退货比率	一段时间内累计返修退货数量占总销售量的比例
	成本与价格	定购成本	经营数据
		运输成本	经营数据
		库存成本	经营数据
		产品价格	经营数据
		成本费用利用率	利润总额/成本费用总额,反映一定时期内投入产出的效率
	交货绩效	准时交货率	在一定时期内准时交货次数占总交货次数的百分比
		订货满足率	在一定时期内实际送达的订货数量占总订货量的百分比
		接受紧急订货的能力	专家评估
	市场影响度	市场占有率	产品销售量/市场上同类产品的销售量
		销售增长率	某一时期对于上一时期的销售额的增长情况
	敏捷性和柔性评价	产量柔性	反映企业在赢利的条件下变动其产出水平的能力,用顾客需求落入产出范围的概率来表示
		交货柔性	反映企业变动计划交货期的能力,用交货期内的宽余时间占交货期的比例来表示
		组合柔性	用在给定时期内企业能够生产的产品种类数来表示
		创新时间	统计值
		适应性范围	专家评估
	服务水平	服务态度	问卷调查
		服务响应速度	统计值
		技术服务水平	专家评估

准则层		指标层	指标量化方法
企业内部竞争力	财务状况	流动比率	参考财务报表
		总资产报酬率	参考财务报表
		净资产收益	参考财务报表
		资产负债结构	参考财务报表
	人力资源	职称构成	中高级职称人数/职工总数
		学历构成	大专以上学历人数/职工总数
		人均培训费用	培训总费用/职工总数
		人均培训时间	∑（培训时间×培训人数）/职工总数
		员工合作协调能力	专家评估
	生产与研发能力	劳动生产率	一定时期内，产品产值/职工人数
		科研费用率	科研费用/销售收入
		新产品开发成功率	一定时期内供应商成功开发的新产品数占总开发数的百分比
		技术领先度	专家评估
	信息技术	技术开发软件实施	专家评估
		信息管理系统实施	专家评估
		计算机掌握率	熟练掌握计算机的职工人数/职工总数
		信息标准化程度	专家评估
	企业信誉	还贷信誉	统计值
		履行合约	履行合约数量/签约总数
		企业地位	专家评估
		领导形象	专家评估
		企业忠诚度	专家评估
企业外部环境		政治法律环境	专家评估
		经济技术环境	专家评估
		自然地埋环境	专家评估
		社会文化环境	专家评估
供应链密切度		历史合作时间	指双方已经进行过交易、合作的时间，统计值
		交易的频率	双方交易往来的次数，统计值
		历史合作深度	指双方合作的层次深度，专家评估
		合作的贡献	专家评估
		企业兼容性	双方在发展战略、企业文化、信息平台、管理体制等方面的融合性，专家评估

7.4 建筑企业供应链运行管理

7.4.1 建设供应链运作参考模型

7.4.1.1 供应链运作参考模型 SCOR 简介

SCOR（Supply-Chain Operations Reference-model）是由国际供应链委员会（SCC）

开发支持的适合于不同工业领域的供应链运作参考模型。1996 年两个位于美国波士顿的咨询公司——Pittiglio Rabin Todd & McGrath（PRTM）和 AMR Research（AMR）为了帮助企业更好地实施有效的供应链，实现从基于职能管理到基于流程管理的转变，牵头成立了国际供应链委员会，并发布了供应链运作参考模型。

SCOR 是第一个标准的供应链运作参考模型。SCOR 模型主要由供应链管理流程的一般定义、对应于这些流程的性能指标基准、供应链"最佳实施"（best practices）的描述以及选择供应链软件产品的信息四个部分组成。SCOR 为供应链的改进提供了一个集成的、启发式的方法模型，它的主要功能是提供一组理解供应链业务流程和评价供应链绩效的工具，并发布供应链的最佳实践典范及其指标，以其作为标杆，提供评价企业外部供应链性能的手段和实现最佳实践的软件工具。

1. SCOR 基本管理流程

SCOR 模型描述了满足顾客需求的所有阶段的企业活动，由计划（Plan）、采购（Source）、制造（Make）、交付（Deliver）和退回（Return）五个基本流程组成，如图 7-4 所示。通过分别描述和界定这些供应链流程模块，SCOR 模型就以最通用的标准把一个实际上非常简单或是极其复杂的供应链流程完整地描述出来。

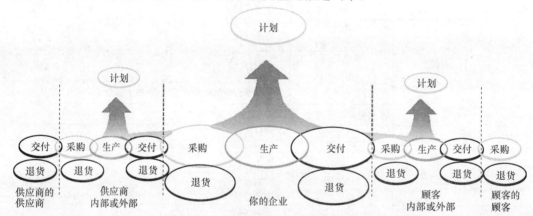

图 7-4　SCOR 的五个基本流程

2. SCOR 的层次和内容

SCOR 模型按流程定义的详细程度可分为三个层次，每一层都可用于分析企业供应链的运作，但并不专门解决某个特定组织如何执行它的业务，设计它自己的系统/信息流。在第三层以下还可以有第四、五、六等更详细的属于各企业所特有的实施流程描述层次，这些层次中的流程定义不包括在 SCOR 模型中。

第一层：最高层。该层次包括计划、采购、制造、交付和退回五个基本流程的描述，旨在定义供应链运作参考模型的范围和内容，并设定企业供应链性能和目标的基础。在 SCOR 7.0 版本中，体现企业供应链绩效表现的主要性能指标包括：①可靠性：完全执行订单表现；②响应速度：订单完成周期；③灵活性：供应链上游的灵活性，供应链上游的适应性，供应链下游的适应性；④成本：供应链管理成本，商品销售成本；⑤资产：现金流周转时间，供应链固定资产收益率。

第二层：配置层（流程细目）。配置层上定义有三种不同类型的流程，具体为：计划类型、执行类型和使能类型。其中，P计划属于计划类型。计划类型旨在安排预期资源，平衡一个计划期的需求和供应。执行类型的工作流程由改变物料产品状态的计划或实际所引发，包括S采购、M制造、D交付和R退回等工作流程。使能类型的流程，包括各种准备工作、维护性工作或管理信息工作，保证各项工作的正常开展。根据SCOR基本工作流程和流程类型的关系，可以给出包含30个供应链管理核心流程细目的配置工具箱。管理者可以从SCOR配置工具箱中选择合适的流程，用来具体配置符合实际的供应链。

第三层：流程元素层（流程分解）。该层次定义了企业在目标市场上成功竞争的能力，包括：流程因素定义；流程因素信息输入、输出；流程绩效测量指标；可以应用的最佳实践；需要支持最佳实践的系统能力；系统软件或工具。第三层把第二层的每个流程细目分解为详细的流程元素信息，包含处理流程、输入输出、输入源和输出终端。企业根据所分析的每个流程元素的各个绩效指标的值，对比最佳实践，找出绩效表现不佳的流程元素加以改进，以达到不断改善企业内、外部流程的目的。

7.4.1.2　建设供应链运作参考模型

关于建设供应链运作参考模型CSCOR（Construction Supply-Chain Operations Reference-model）并未有具有权威的机构来发布，但已经有一些研究人员进行此方面的研究工作。本章是目前一些研究成果的介绍。

以建设供应链中材料采购来进行分析。在建筑业中采购材料的方式有多种，主要包括：①业主采购部分材料，如电梯、门窗等，其他材料由承包商集中采购或者由承包商和分包商各自采购；②业主不负责采购材料，由承包商和分包商各自采购部分材料；③所有材料均由承包商集中采购。对应于不同的材料采购方式，建设供应链也应不尽相同。下面以所有材料均由承包商集中采购方式为例，分析建设供应链中的各个主体内部和主体之间的业务流程，建立一个基本的建设供应链框架。

对于承包商集中采购所有材料这种情况来说，供应商和分包商参与到建设供应链中的业务流程都是交付和回收/MRO（Maintenance，Repair，Overhaul），即供应商交付和回收退回的材料、设备和其他物料，分包商则是向承包商交付分包项目并负责保修，从这一层面来看，分包商也可以看作供应商中的一员，因此本章把两者合为一个整体。

参考SCOR的五个基本管理流程，以承包商为核心构建了建设供应链运作参考模型基本框架，如图7-5所示。该运作模型包括六个基本管理流程：计划（Plan）、采购（Source）、建设（Construction）、交付（Delivery）、退回（Return）和回收/MRO（Receive/MRO）。该模型包括从业主/投资方公布招标书，承包商进行投标报名开始，一直到承包商交付竣工并对项目维修检查的整个过程的所有流程。

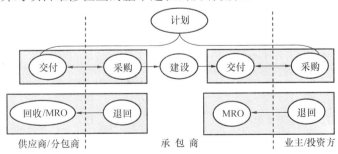

图7-5　建筑业的基本业务流程

从图中可以看出，建设供应链业务流程基本框架中并不是所有主体都包含了以上六个基本业务流程，这是由于本框架是以承包商为核心企业，即框架内的业务流程都应与承包商直接有关，而供应商/分包商的采购、制造/建设流程以及业主的销售、交付流程与承包商没有直接关系，因此本框架中承包商涉及全部业务流程，而供应商/分包商只有交付和回收/MRO流程，业主只有采购流程和退回流程。

1. 计划

根据实际要求平衡各方资源，为整个建设供应链制定计划，包括施工规划、需求计划、采购计划（材料、设备、劳务等）、进度计划、财务计划（预算、成本）等。

2. 业主与承包商之间的采购←→交付流程

业主与承包商之间的采购是以招投标的形式进行的。具体的采购←→交付流程如表7-2所述。这个流程还应该包括合同管理、对业主的绩效评估管理、固定资产管理、财务管理等。

业主与承包商之间的采购←→交付流程　　　　　　　　　　　　　　表 7-2

业　　主	承　包　商
（1）发布招标书	（2）投标报名、制作并递交投标书
（3）开标、评标、议标和定标	（4）中标
	（5）签订合同
	（6）提出验收申请
（7）组织验收	（8）验收通过后，对验收资料进行整理和归档
（9）付款	（10）开具发票并接受付款

3. 承包商与分包商/供应商之间的采购←→交付流程

承包商与分包商/供应商之间的采购包括一般形式和招投标形式的采购，具体的采购←→交付流程见表7-3。其中，招投标形式的采购是从第（1）步开始，而一般形式的采购则从第（5）步即签订合同开始。另外，该流程还应该包括合同管理、固定资产管理、需求管理、订单管理、运输管理、财务管理和对分包商/供应商的网络管理和绩效评估管理等。由于建筑项目的一次性和临时性，此处按照采用JIT生产制考虑，实现零库存，因此该流程中不涉及库存管理。

承包商与分包商/供应商之间的采购←→交付流程　　　　　　　　　表 7-3

承　包　商	分包商/供应商	
（1）制定招标计划，制作、审核和发布招标书	（2）投标报名、制作并递交投标书	
（3）开标、评标、议标和定标	（4）中标	
（5）签订合同		
（6）制定材料或分包计划，填写采购申请单，经批准后发出采购订单，确定各种材料和分包项目的交付时间	（7）接收、输入和检查客户订单，即接收客户订单，并将其录入订单处理系统，检查客户信用并确认可以按照订单配置和提供精确价格 （8）保留资源并承诺交付时间 （9）合并订单，即对订单进行分析、分组，以最低的成本和最好的产品/服务完成订单等	
（11）验收，并对验收资料进行整理和归档 （12）付款	分包商	供应商
	（10）完工后向承包商提出验收申请	（10）按运输路线合并装车送货，必要时在施工现场进行产品测试和安装
	（13）开具发票并接受付款	

4. 建设

建设流程的执行主体是承包商,其内容包括:①按计划或实际情况安排建设生产活动,即进度安排,施工现场布局,材料、设备、人员等资源的安排等;②按计划或实际情况发放材料,即把工程机械设备、采购品或在制品(如原材料、构成件、中间成品等)从仓储地点(如供应商、分包商、现场等)发送到特定的使用地点;③按计划或实际情况建造和检验,即利用发送过来的工程机械设备、材料,按照设计商的设计方案进行施工生产,并对完成的工程及时检验的一系列活动;④对建筑主体进行装修、装饰;⑤项目竣工,清理现场。另外,建设流程还应包括人力资源管理、运输管理、进度管理、施工安全管理、生产绩效管理等。

5. 承包商与分包商/供应商之间的退回——→回收/MRO 流程

退回流程是指退回有缺陷产品、剩余产品或 MRO 产品。回收流程是指接收退回的有缺陷产品、剩余产品或 MRO 产品。MRO 流程是指对退回的 MRO 产品进行维护(Maintenance)、修理(Repair)、检查(Overhaul)。具体的退回——→回收/MRO 流程见表 7-4。

承包商与分包商/供应商之间的退回——→回收/MRO 流程　　　　　表 7-4

	承 包 商	供 应 商
退回 ↓ 回收	(1) 鉴定和检查供应商发送过来的产品的质量和数量,如有缺陷或者有剩余则向供应商传达需要退货的信息 (3) 安排缺陷或剩余产品的装车并退回给供应商 (6) 把退货信息输入系统记录在案	(2) 确认缺陷或剩余产品可以退回 (4) 接收退回的产品并向承包商传递接收信息 (5) 转移缺陷或剩余产品至特定地点
	承包商	分包商/供应商
退回 ↓ MRO	(1) 验收分包商完成的工程或供应商的产品,如在质量上和数量上不符合合同规定,则向分包商/供应商传达需要维修或返工的信息 (3) 再次验收,若合格则确认验收,否则返回第 (2) 步	(2) 确认维修或返工的信息,进行维修或返工并把相关信息录入系统 (4) 验收完毕后,在合同说明的 MRO 期限和范围之内,按合同要求对工程进行定期或不定期的检查,如有问题则进行维修或返工并把相关信息录入系统

6. 业主与承包商之间的退回——→MRO 流程

业主与承包商之间与承包商与分包商/供应商之间的退回——→MRO 流程基本相似,具体见表 7-5。

业主与承包商之间的退回——→MRO 流程　　　　　表 7-5

业 主	承 包 商
(1) 验收工程,如发现工程在质量上和数量上不符合合同规定,则向承包商传达需要维修或返工的信息 (3) 再次对工程进行验收,若合格则确认验收,若不合格则返回第 (2) 步	(2) 确认维修或返工的信息,进行维修或返工并把相关信息录入系统 (4) 验收完毕后,在合同说明的 MRO 期限和范围之内,按合同要求对工程进行定期或不定期的检查,如有问题则进行维修或返工并把相关信息录入系统

7.4.2 建设供应链绩效评价

7.4.2.1 建设供应链绩效评价的原则

为了科学、客观地反映供应链的运营情况，有必要对供应链的绩效建立有效的评价方法，并确定相应的绩效评价指标体系。目前对建设供应链绩效评价的研究取得了一系列的研究成果，许多研究者提出不同的评价方法和评价指标体系。不论如何进行评价，都应当遵循如下原则，才能保证评价结果的合理性。

（1）整体性原则。评价指标要能反映整个供应链的运营情况，对整个供应链的综合绩效水平进行评价，而不是仅仅反映单个节点企业的运营情况。

（2）重点性原则。评价指标要突出重点，要对关键绩效指标进行重点分析。

（3）全面性原则。评价指标体系不仅要反映整个供应链的整体绩效，还应当能够对每个节点企业的绩效和其对整个供应链的贡献度进行衡量。

（4）实时性原则。应尽可能采用实时分析与评价的方法，要把绩效度量范围扩大到能反映供应链实时运营的信息上去，因为这要比仅做事后分析要有价值得多。

7.4.2.2 建设供应链绩效评价的作用

为了能评价供应链的实施给企业群体带来的效益，方法之一就是对供应链的运行状况进行必要的度量，并根据度量结果对供应链的运行绩效进行评价。因此，供应链绩效评价主要有以下作用。

（1）用于对整个供应链的运行效果做出评价。主要考虑供应链与供应链间的竞争，为供应链在市场中的存在（生存）、组建、运行和撤销的决策提供必要的客观依据。目的是通过绩效评价而获得对整个供应链的运行状况的了解，找出供应链运作方面的不足，及时采取措施予以纠正。

（2）用于对供应链上各个成员企业做出评价。主要考虑供应链对其成员企业的激励，吸引企业加盟，剔除不良企业。

（3）用于对供应链内企业与企业之间的合作关系做出评价。主要考察供应链的上游企业（如供应商）对下游企业（如制造商）提供的产品和服务的质量，从用户满意度的角度评价上、下游企业之间的合作伙伴关系的好坏。

（4）除对供应链企业运作绩效的评价外，这些指标还可起到对企业的激励的作用，包括核心企业对非核心企业的激励，也包括供应商、制造商和销售商之间的相互激励。

7.4.2.3 建设供应链绩效评价的方法与指标

为了达到这些目的，供应链的绩效评价一般从三个方面考虑：一是内部绩效度量，二是外部绩效度量，三是供应链综合绩效度量。内部绩效度量主要是对供应链上的企业内部绩效进行评价，常见的指标有：成本、客户服务、生产率、良好的管理、质量等。外部绩效度量主要是对供应链上的企业之间运行状况的评价，主要指标有：用户满意度、最佳实施基准等。综合供应链绩效的度量主要从用户满意度、时间、成本、资产等几个方面展开。

对于建设供应链绩效评价的研究有许多研究成果，学者们提出不同的评价方法和评价指标。如某研究者提出从工作流管理能力、信息流管理能力、资金流管理能力和价值流管理能力四个方面来对建设供应链绩效进行评价。

7.4.3 建设供应链的激励与约束机制

供应链企业间的关系实际上是一种委托—代理关系，事实上就是居于信息优势与处于信息劣势的市场参加者之间的相互关系。对于委托人来讲，只有使代理人行动效用最大化，才能使其自身利益最大化。然而，要使代理人采取效用最大化行动，必须对代理人的工作进行有效的激励。因此，委托人与代理人，即承包商和供应商或承包商和分包商以及承包商与业主之间的利益协调关系，就转化为信息激励机制的设计问题。所以说，如何设计出对供应链上的各个节点企业的激励与约束机制，对保证供应链的整体利益至关重要。

7.4.3.1 激励与约束可能方式

1. 激励

激励可以分为目标激励、榜样激励和合作机会激励三种。目标激励是指通过经济补偿和奖励等方式激励供应商或分包商积极努力工作以实现总承包商的计划目标的方式。如对供应商或分包商为配合总包进度计划的调整而赶工期造成追加成本予以经济上补偿同时给予额外奖金，再如对分包商运用新技术改进工艺，提高质量水平和加快施工进度而提高的成本给予一定的补偿和奖励等。榜样激励是将激励机制与过程评估、目标控制结合起来，在工程进行过程中定期进行分包商在质量、进度、安全、成本控制、文明施工等方面的评估，并将评估结果公开展示，对评估优异者进行适度宣传，树立典型，使分包商受到精神上的鼓励。合作机会激励是将项目分包商或供应商合作绩效评估与供应商或分包商选择机制结合起来，建立合作企业数据库，根据合作企业的合作绩效评估结果来影响是否继续合作。从激励的形式来看表现为契约激励、收益激励与声誉激励，即建立激励与约束相结合的合同，形成风险分担，收益共享的机制的显性激励，同时与信用市场的声誉机制的隐性激励相结合。

2. 约束

约束包括压力约束、纠偏约束和协调约束三种。压力约束主要是指通过法律、监督等手段强迫供应商或分包商按要求完成合同任务。纠偏约束是指总承包商对供应商或分包商未能达到合同要求的质量、进度、安全等目标而施行经济处罚，以使其调整其资源投入，以减少目标偏差，控制系统向整体目标方向运行。协调约束是指总承包商通过一定的协调手段和方法来协调供应链成员企业之间的协作关系，使各成员企业遵守统一规则和标准。约束的形式可以分为规范约束、处罚约束与风险约束。所谓规范约束是指通过建立一系列准则和标准，按其监督和验收。所谓处罚约束是指对未达到合同约定的目标标准而进行经济处罚。所谓风险约束是指将项目与供应或分包有关的风险转移给供应商或分包商承担。

7.4.3.2 建设供应链激励与约束机制的特点

1. 供应链企业激励的主体与客体的变化

激励主体是指激励者；激励客体是指被激励者，即激励的对象。供应链企业激励的主体已从传统企业最初的企业主、企业管理、委托人转变为今天供应链中的核心企业。相应的供应链企业激励的客体也从传统企业最初的蓝领、白领、代理人转变为供应链中的上下游企业。因此供应链管理环境下的激励主体与客体的内涵与传统企业有着很大区别，主体与客体的关系已从原来的单一关系变为以下一些关系：核心企业对成员企业的激励；下游企业对上游企业的激励；上游企业对下游企业的激励；供应链中不直接发生关系但间接发生关系成员企业之间的相互激励；每个企业根据员工对供应链管理所作贡献大小的激励。

2. 供应链企业激励目标的变化

供应链企业目标是追求整个链的效益最大。供应链管理模式下，建筑企业激励目标主要是通过某些激励手段调动合作伙伴的积极性，兼顾合作双方的共同利益，消除由于信息不对称和败德行为带来的风险，使供应链的运作更加顺畅，实现各个建筑企业共赢的目标。供应链企业相互之间的利益应通过建立激励机制使其不再矛盾对立，而是趋于一致，也就是说，供应链企业为了实现整个系统的整体效益最大化，必须紧密协作，精细分工，共同对建筑产品的成本、质量以及进度进行控制。

3. 供应链管理模式下考核指标的变化

现在西方越来越多的公司已将供应链及其他营运环节的评估纳入到奖励机制中，以期提升效率，改善财务表现。实施这一激励机制的直接原因是各公司发现在供应链管理运作中普遍存在问题。如果公司能够在公布计划的同时制定激励措施，管理层可以向员工传达改革重要性的信息，激励员工并且改变他们的工作习惯。重建激励机制，将供应链目标融入其中，意味着告别传统的供应链管理手段，并且许多激励措施都与降低供应链成本相挂钩，这是公司供应链管理方法的重大改变。

7.4.3.3　建设供应链激励与约束的途径

1. 建立合理的供应链协议

供应链协议是将供应链管理工作进行程序化、标准化和规范化的协定，为激励目标的确立、供应链绩效评测和激励方式的确定提供基本依据。供应链协议通过严格的规定保证企业的安全性，界定违规以补充法律；通过将组建（加入）供应链的过程程序化来减少组建（加入）时间；通过结算来调整因优化而产生的收益与负担；通过对外保持一定的开放性及对内运用期货形式的订单以增加企业的主动性；通过企业间有效的竞争淘汰企业，通过供应链间竞争淘汰供应链，保持淘汰机制。

2. 选用适当的激励模式

在供应链管理模式下，激励的手段是多样化的，除了传统的物质、精神激励外，还有信息激励等多种手段。不同的供应链可以根据其具体情况从下面几种模式中选取适当的模式。

（1）价格激励。在供应链环境下，各个建筑企业在战略上是相互合作关系，但是各个企业的利益不能被忽视。供应链的各个企业间的利益分配主要体现在价格上。价格包含供应链利润在所有企业间的分配、供应链优化而产生的额外收益或损失在所有企业间的均衡。供应链优化而产生的额外收益或损失大多数时候是由相应企业承担，但是在许多时候不能辨别相应对象或者相应对象的错位，因而必须对额外收益或损失进行均衡，这个均衡通过价格来反映。

（2）订单激励。供应链获得更多的订单是一种极大的激励，在供应链内的企业也需要更多的订单激励。比如，一个施工企业有多个材料供应商，多个供应商竞争来自于该施工企业的订单，多的订单对供应商是一种激励。

（3）信息激励。在信息时代，信息对企业意味着生存。企业获得更多的信息意味着企业拥有更多的机会、更多的资源，从而获得激励。一个建筑企业如果能够快捷地获得合作企业的需求信息，本企业就能够主动采取措施提供优质服务，这必然使合作方的满意度大为提高，从而双方建立更好的信任关系。信息激励模式可以在某种程度上克服由于信息不对称而使供应链中的企业相互猜忌的弊端，消除了由此带来的风险。

（4）组织激励。在一个较好的供应链环境下，企业之间的合作愉快，供应链的运作也顺畅。也就是说，一个良好组织的供应链对供应链本身及供应链内的企业都是一种激励。

7.5 建设供应链风险管理

建设供应链成员企业之间的合作往往因为信息不对称、信息扭曲、市场不确定性、政治、经济、法律等因素的变化而导致各种风险的存在。能否加强对供应链运行中风险的认识和防范，已经成为关系到建设供应链管理能否取得预期效果的重大问题。

7.5.1 建设供应链风险的分类

国内外学者已有不少人对供应链风险问题进行了研究，包括风险的类别、起因及特征等。归纳起来，可以将供应链上的企业面临的风险分为内部风险（Indigenous Risks）和外部风险（Exogenous Risk）两大类，如图7-6所示。

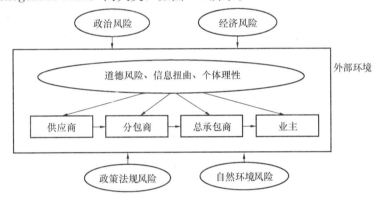

图 7-6　建筑供应链风险分类

7.5.1.1 外部风险
外部风险主要有自然环境风险、政治风险、经济风险和政策法律风险四种。

1. 自然环境风险

自然环境风险主要有水灾、雪损害、火山爆发、山体滑坡、火灾、地震、闪电、雷击、风暴、陨石、冰、外界物体倒塌、空中运行物体坠落以及地质风险等。

自然环境风险不但影响建设工程的施工现场进程，同时也影响供应链中各个节点企业的经营活动，是最直接的风险。建设供应链一端连接着资源，一端连接着工程施工现场，供应链上所涉及企业的地域可能遍及全球，因此，供应链上企业的活动受到自然环境的影响是可想而知的，整个供应链必然承受自然环境影响的风险。

考虑到自然环境风险还包括地质风险，不同的工程项目处于不同的地理位置，有着不同的地质环境，将与项目有关的所有地质情况都勘探清楚是不经济或者是不可能的。因此，在实际项目施工过程中，可能发现实际的地质情况与勘探结果出入较大，导致设计变更以及其他处理费用，从而带来项目的成本提高和工期延长的风险。

2. 政治风险

政治风险包括宏观和微观两种。宏观风险主要是指全局性的政治事件，如政变、军事冲突、罢工、恐怖主义以及政权更迭等的影响。微观风险主要是指政府干预和管制行为等，如税收管理、价格管制以及劳动就业限制等对建筑业的影响。

3. 经济风险

经济风险是指由于国内外政治格局、金融秩序和产业链结构等发生变化给供应链带来的风险。

建筑业是与经济的关系密不可分的，经济方面的任何风吹草动，都会影响到建筑业的变化。首先，国内外政治格局的变化通常导致各种利益的重新布局和各种资源的重新分配，从而带来相应产业的供应链的经营目标发生变化，那些不适应这种变化的供应链将面临巨大的风险。其次，由于国内外金融秩序的动荡也往往会对供应链的资金筹集、投资及其他经营管理活动产生极大影响，使供应链的经营风险增加，第三，产业链结构变化也会使得供应链的经营风险增加，如新材料与新技术的出现，可能导致生产流程发生变化，在竞争中占有技术先机的供应链就会占有利地位，而竞争对手经营风险则会大幅增加。

4. 政策法规风险

政策法规风险是指由于政府的宏观调控或体制改革引起的政策方向、法规的调整而导致的建设供应链风险。

首先，经济体制的变革，导致供应链在决策、筹资、财务管理等各环节的风险因素增加，会给供应链节点企业经营管理的目标、内容和财务管理等产生大的影响而带来更大的风险。其次，当国家经济政策发生变化时，往往会对供应链的资金筹集、投资及其经营管理活动产生极大影响，使供应链的经营风险增加，如国家对房地产业实行的限购等一系列政策，导致从事房地产商品房建设的建设供应链风险增大。第三，建设供应链面临的法律环境的变化也会诱发供应链经营风险。由于法律法规的调整、修订等不确定性，导致供应链上节点企业的各项经营活动的变化，形成供应链风险的外在发源地。

7.5.1.2 内部风险

供应链内部风险是指从材料设备供应商、分包商、总承包商、监理企业直到业主、最终用户这一整体网链内部以及该网链中各个环节在生产施工过程中可能出现的各种风险。

供应链中的任何一个环节出现问题，都将给整条供应链及供应链上的其他成员带来灾难性的后果。加强供应链内部风险因素的分析，对于发现、解决供应链在运营过程中存在的问题，促进供应链的发展具有至关重要的意义。供应链内部风险包括：供应链成员能力风险、供应链成员协作风险。

1. 供应链成员能力风险

成员能力风险是指合作企业是否有足够的能力完成相应功能，以保证供应链的正常运营以及供应链目标的正常实现。供应链管理的一个重要的方面，就是利用业务外包，把有限的资源集中在企业的核心竞争力上，以获取最大的投资回报，那些不属于企业核心能力的功能则被弱化或者外包，即交给具有相对优势的合作企业去完成。因此，供应链上的节点企业都应当是各具优势的企业，通过优势互补，形成一个具有整体优势的企业网链，共同应对外部竞争。因此，网链的效率将取决于链上效率最低的一环。能力最薄弱的节点企业限定了网链整体的最大通过能力和效率，成为整个供应链的瓶颈。非瓶颈节点企业高于瓶颈效率的生产只会导致阻塞或者断流，使效率更低。于是非瓶颈节点将不得不放慢节奏，只能跟着瓶颈的节拍前进，本可以得到更大效益的资源得不到充分利用。因此在建设供应链中，所选择的合作企业是否具有足够强的能力成为整个供应链是否具有竞争力的重大风险。

能力风险另一种解读是能力未能及时更新，或者说能力的过时。供应链是动态的、发展的，节点企业所拥有的核心能力不会永远占有优势。因此，供应链上的节点企业必须不断提高核心能力，使企业在创造价值和降低成本方面比竞争对手更优秀。若企业仍满足于维持原状，优势不在，就会成为制约供应链发展的风险。

2. 供应链成员协作风险

建设供应链的利益要通过供应链上各节点企业贡献各自优势，通过合作，形成一个有机配合的整体，从而实现整个供应链的总体利益最优。因此，能否通过合作成为有机整体成为供应链能否实现最终目标的关键。因此，建设供应链管理的核心就是对整个供应链中各个参与组织、部门之间的物流、信息流与资金流进行计划、协调和控制。在供应链成员合作过程中，可能出现的协作风险主要表现为：

（1）组织和管理方面的协作风险。这主要是由于建设供应链上的各个节点企业具有各自不同的企业文化和管理模式，在相互协作中可能会出现一些在管理和组织方面的冲突，这就可能导致组织协调失衡，管理失控。同时，供应链管理模式要求在迅速变化的经营环境中各节点伙伴企业的组织结构应该能灵活地根据需要快速调整，如果各节点企业特别是核心企业的组织结构不能与整个供应链的要求相适应，则也会导致供应链的失败。

（2）沟通方面的协作风险。由于联络渠道的阻塞或相互主动沟通的积极性不足等方面的沟通问题，就会导致建设供应链上各环节工作不能很好配合，从而导致时间的拖延、费用的增加、质量的缺陷等风险。例如，由于设计单位的设计没有及时地到达承包商，或者设计者的意图没能很好地与承包商进行沟通，导致施工不符合要求以致返工，给供应链造成成本的增加和时间的损失。

（3）信用问题导致的协作风险。供应链的各成员企业是以契约的形式联系起来的，各个企业的合作也是建立在信任基础上的。然而，由于存在信息不对称性的情况，不排除个别伙伴企业出现单方面违约，或搞弄虚作假、欺骗伙伴等不守信用情况的发生，从而导致协作风险。

（4）流动性带来的协作风险。它包括伙伴合作的退出以及合作伙伴企业中核心人员的流失和变动。伙伴企业一些核心技术人员的流失，将直接导致伙伴企业核心能力的削弱，而伙伴企业的核心管理人员的变动，则会导致对供应链的重视程度的不同，更严重的可能是核心伙伴的中途退出，这更会导致项目延误，甚至供应链的解体。由于建筑业的特点，使得流动性相对于其他行业尤甚，流动性带来的协作风险更加应当引起重视。

（5）技术衔接和核心技术外泄问题的协作风险。供应链管理强调的就是企业间优势互补来实现合作共赢，然而由于供应链各个伙伴企业所采取的技术思想、技术平台不同，导致各个合作伙伴的成果在相互集成时很可能出现技术衔接上的困难。而且，各个伙伴企业必须拿出自己的核心能力来参与合作，在合作过程中就有可能存在核心技术外泄的危险。

（6）信息风险。当供应链规模日益扩大，结构日趋繁杂时，信息传递延迟以及信息传递不准确的可能性都会增加，并且信息技术之间的差异也会很大，这会使整个供应链有可能因为人为原因和技术原因两种信息问题所带来的协作风险而陷入困境。人为原因主要是指信息不对称或不完全，使得人们利用自己一方信息优势的问题，而技术问题是指通过技术实现信息沟通的问题。

信息系统标准和系统接口问题是信息管理的重要技术问题。供应链的建立需要在伙伴之间采取统一的通信基础系统，因为伙伴间的协作需要相互间信息的共享和传递，但不同伙伴间可能使用各自不同的硬件、软件工具（包括数据库、操作系统等），甚至信息表示的语义和语法等也存在着差异，因而能否保证各个伙伴间信息标准和通信协议的统一是保证供应链信息传递的关键。另外，系统风险也还涉及数据的加密、解密，基础系统的防侵袭能力等安全问题。

（7）资金风险。建筑业常见的一个问题是，某些建筑企业在生产运营中可能会占用上下游企业大量的资金，如果其财务状况不够稳健，将随时导致对整条供应链的致命打击，如建设单位让承包商垫资进行工程建设，总承包商让供应商、分包商垫资。一旦某一个节点企业出现资金危机，都可能导致工程不能正常进行，从而危害到整个供应链的有序运行。

（8）利润分配的风险。建设供应链中的各个节点企业是一个利益共同体，在建设工程供应链整体利润一定的条件下，某些企业利润的提高会导致其他企业利润的降低，为了整个供应链的总体利益最优，就会使某些节点企业的获利水平过低，这将直接导致该节点企业消极合作甚至退出供应链，使供应链崩溃。因此，利益分配问题将直接影响整个供应链的良好运行和生存。

7.5.2 建设供应链风险的特性

与一般的建筑企业风险不同，建设供应链风险具有其自身的独特性，归纳起来，具体包括以下几个方面的特征。

1. 互动博弈与合作性

建设工程供应链风险主要来自组成供应链系统各环节之间的关系，它由各环节之间潜在的互动博弈与合作造成。供应链中各成员企业作为独立的市场主体有各自不同的利益取向，相互之间因为信息不完全、不对称，又缺乏有效监督机制，各成员企业为了争夺系统资源，追求自身利益最大化，势必展开博弈。同时，由于各成员企业之所以组成供应链，就是为了形成优势互补，提高竞争能力，又会在部分信息公开、资源共享的基础上，又进行合作。

2. 具有"牛鞭效应"

在建设供应链中，由于各节点企业之间信息相对封闭，造成建设供应链上企业对工程材料等需求信息或者其他工程信息的曲解会沿着下游向上游逐级放大的现象出现，即所谓"牛鞭效应"。供应链越长，中间非价值生产过程越多，牛鞭效应越严重，供应链效率越低下。

3. 传递性

由于建设供应链主要以项目供应链的形式存在，而一个项目从决策、设计到招投标、施工以及竣工验收、交付使用全过程由多个节点企业共同参与，因此风险因素可以通过供应链流程在各个企业间传递和累积，并显著影响整个供应链的风险水平。

4. 复杂性

建设工程供应链管理要求建立一种机制，用以协调位于供应链上的所有材料设备供应商、专业分包商、设计商等的资源。以最低的成本和最小的时延向业主交付合格的工程产品或服务。然而建设工程供应链管理有其特殊性，建设工程项目具有周期长、规模大、涉及范围广以及参与企业多等特点，这导致了其风险因素数量多并且种类繁杂，而且大量风险因素之间关系错综复杂。然而管理的主体（总承包商）并不能控制供应链上的所有资源，虽然整个供应链是一个利益共同体，但供应链上的企业毕竟是一个个独立的经营主体，有其各自的经营战略、目标市场、技术水平、运作水平以及各自的企业文化等，甚至存在一个企业同属多个相互竞争的供应链的情形，所有这一切都会增加供应链运作中的不确定性，从而导致风险产生。从工程的特点、供应链构成特点及供应链管理的要求看，供应链风险更具复杂性。

5. 动态性

供应链因外部客观环境或内部结构而产生风险，这些风险决不会客观静止，而会随着风险处理的正确性与及时性与否，使供应链风险降低或升高，有的风险得到控制和处理，但同时在新的阶段又会产生新的风险。正因为供应链风险的动态性，星星之火的小风险，有可能变成燎原之火的巨型风险。况且建设工程进行过程中设计变更比较多，其供应链风险与工程变更的联系比较密切，某方面的设计变更可能使该方面的风险增加，同时减少了其他方面的风险。

7.5.3 建设供应链风险管理体系的构成

建设供应链风险管理体系可以由风险评估系统、风险监控系统、风险管理机构三个部分所构成。

1. 风险评估系统

建设供应链风险评估系统的作用在于评估风险发生的可能性的大小以及风险的后果所带来的损失的大小。这个系统首先建立一套用于反映供应链整体以及各组成单元的风险指标集合，即风险评估指标体系。然后，在此基础上，构建评估程序和评估办法，形成以监控系统采集的数据作为网络输入，对当前建设供应链运行状况进行评估的系统。

2. 风险监控系统

建设供应链风险监控系统是建立在供应链运营基础上的一种管理工作。它是通过在时间上和空间上对供应链运营的全过程进行数据采集、监督和控制的系统。该系统的运行，确保建设工程供应链企业运行过程和建设项目施工过程的整体优化。

3. 风险管理机构

由于供应链中的成员企业具有各自独立、平等的法人地位，因此成员企业间的协调管理不能靠行政命令的方式、方法。为了有效地分析、监测、监控、规避、分担建设工程供应链在运营过程中的风险，使供应链在低风险的状态下运行，有必要组建一个专门的供应链风险管理机构。同时，由于供应链的风险防范牵涉供应链的整体运营及不同成员之间的利益，由此所导致的成员之间的矛盾冲突及管理协调工作也需要由专门的机构来负责。因此，建立一个风险管理机构对于供应链的风险管理尤为重要。

从供应链中的组织结构来看，建设供应链风险管理机构的规模可根据工程规模、工程特性、工程技术的复杂程度、创新程度来决定。大小应视成员企业多少及风险管理的成本和利益（避免风险的损失）的比较而定。

风险管理机构的职责应当包括：

（1）制定有关供应链风险管理机制和防范的条例，对有关的合同体系进行检查、审核和完善。

（2）收集有关的工程施工现场信息、经济及政策信息，并进行分析预测，指导供应链并协助成员企业做好相关方面的风险防范。收集与供应链相关的市场信息，并进行分析预测。

（3）运用风险预控工具监督供应链体相关风险的各项指标。对各方面反馈的风险信号做出决策。

（4）监督成员企业的异常活动，协调成员间突发的矛盾和冲突，增强成员企业间的敏捷信息关系。

（5）辅助成员企业做好各自独立的风险防范工作。

（6）对供应链的例外风险做出反应和决策。

（7）协助成员企业做好供应链解体的风险处理工作。

7.5.4　建设供应链风险防范的措施

针对建设供应链企业合作存在的各种风险及其特征，应该采取不同的防范对策。以下是一些可行的风险防范措施。

1. 建立战略合作伙伴关系

建设供应链管理要实现预期的战略目标，客观上要求供应链成员企业进行合作，形成共享利润、共担风险的双赢局面。因此，与供应链中的其他成员企业建立紧密的合作伙伴关系，成为供应链成功运作、风险防范的一个非常重要的先决条件。这就要求建设供应链的成员企业从一个项目层面的合作关系上升为较为长期的战略合作伙伴关系，从而加强供应链成员间的信任。同时，加强成员间信息的交流与共享，并建立正式的战略伙伴合作机制，从而实现在供应链成员间实现利益分享和风险分担。

2. 加强信息交流与共享，优化决策过程

供应链企业之间应该通过相互之间的信息交流和沟通来消除信息扭曲，从而降低不确定性、降低风险。

3. 建立合理的利益分配机制，加强对供应链成员企业的激励

对供应链企业间出现的道德风险的防范，主要是通过尽可能消除信息不对称性，减少出现败德行为的土壤，同时，要积极采用一定的激励手段和机制，使合作伙伴能得到比败德行为更大的利益，来消除代理人的道德风险。

4. 柔性化设计

柔性设计是消除由外界环境不确定性引起的变动因素的一种重要手段。由于供应链合作中存在需求和供应方面的不确定性，供应链企业合作过程中可以通过在合同设计中互相提供柔性，部分消除外界环境不确定性的影响，传递供给和需求的信息。

5. 加强风险的日常管理

供应链的风险的管理必须建立有效的风险防范体系，并使之持续地良好运行。这就需要加强风险的日常管理，建立预警机制。当风险评估体系中，某个或某些指标偏离正常水平并超过某一"临界值"时，发出预警信号，从而及时采取应对措施。

6. 建立风险应急处理机制

在预警系统做出警告后，应急系统及时对紧急、突发的事件进行应急处理，以避免给

供应链带来严重后果。通过应急系统，化解供应链合作中出现的各种意外情况带来的风险，减少由此带来的实际损失。

思 考 题

1. 供应链和供应链管理的核心问题是什么？
2. 供应链管理的主要内容是什么？
3. 建设供应链与制造业企业供应链的不同在哪里？
4. 建设供应链设计时应考虑的重点因素是什么？
5. 简述建设供应链运行管理的 SCOR 模型。
6. 你认为建设供应链管理应如何进行风险管理？
7. 你认为在我国建筑企业实施供应链管理存在的主要问题是什么？
8. 你认为实行供应链管理，对建筑企业内部管理的影响是什么？

参 考 文 献

[1] 王要武，薛小龙. 供应链管理在建筑业的应用研究. 土木工程学报. 2004(9)：86-90.

[2] 马士华，林勇，陈志祥. 供应链管理. 北京：机械工业出版社，2000.

[3] 赵刚. 供应链管理(第 2 版). 北京：电子工业出版社，2007.

[4] 骆温平. 物流与供应链管理. 北京：电子工业出版社，2002.

[5] 赵林度. 供应链与物流管理理论与实务. 北京：机械工业出版社，2002.

[6] 陈畴镛. 电子商务供应链管理. 大连：东北财经大学出版社，2002.

[7] 叶少帅，杜静. 建筑企业实施供应链管理的关键因素. 建筑管理现代化，2003(4)：5-9.

[8] 王挺，谢京辰. 建设供应链管理模式(CSCM)应用研究. 建设经济，2005，(4)：45-49.

[9] 全国建筑企业职业经理人培训教材编写委员会. 全国建筑企业职业经理人培训教材(试用)[M]. 北京：中国建筑工业出版社，2006.

[10] 薛小龙，王要武. 国外建设供应链管理研究综述. 哈尔滨工业大学学报(增刊)，2004，(12)：45-49.

[11] 杨晓林. 工程建设总承包商与分包商合作关系管理研究. 哈尔滨工业大学博士论文，2010.

[12] Akintoye, A., McIntosh, G., & Fitzgerald, E. A survey of supply chain collaboration and management in the UK construction industry [J]. European Journal of Purchasing and Supply Management. 2000，6(3-4)：159-168.

[13] Marcus P. S., Eduardo L. I. and Carlos T. F., Integating Strategic Project Supply Chain Members in Production Planning and Control. Proceedings IGLC-15, July 2007, Michign, USA：159-169.

[14] Vrijhoef, R., & Koskela, L. The four roles of supply chain management in construction [J]. European Journal of Purchasing and Supply Management，2000，6(3-4)：169-178.

[15] Fernie, S., Root, D., & Thrope, T. Supply chain management theoretical constructs for construction [C]. Proceedings of the CIB W92 Procurement Systems Symposium on Information and Communication in Construction Procurement, Santiago, Chile, 2000：541-556.

[16] Keesoo, K., Boyd, C. P., et al. Agent based electronic markets for project supply chain coordination [EB/OL]. http://www. igee. umbc. edu/kbem/kinal/kim. pdf, 2002-12-27.

[17] Ofori, G. Greening the construction supply chain in Singapore [J]. European Journal of Purchasing and Supply Management. 2000，6(3-4)：195-206.

[18] Love, P. E. D. , Irani, Z. , & Edwards, D. J. A seamless supply chain management model for construction [J]. Supply Chain Management: An International Journal. 2004, 9(1): 48-56.

[19] Wang Yaowu and Xue Xiaolong, (2004). Improving construction performance through supply chain management. Journal of Harbin Institute of Technology (New Series). 11(5): 528-532.

[20] Briscoe, G. H. , Dainty A. R. J. , Millett, S. J. , and Neale, R. H. , (2004). Client-led strategies for construction supply chain improvement. Construction Management and Economics, 22(2), 193-201.

第8章 建设物流管理理论

8.1 建设物流与建设物流管理

8.1.1 物流概念的产生

物流是商品经济和社会生产力发展到较高水平的产物，随着人类经济社会的发展，当商业从手工业中分离出来以后，物流从过去的谷种储藏、驿道运输等早期的生产活动，逐渐发展成为融合运输业、仓储业、货代业以及信息业等的复合型服务产业。

现代物流泛指原材料与产成品从起点至终点的流动，以及其相关信息有效流动的全过程，是运输、仓储、装卸搬运、加工、包装、配送、信息等方面的有机结合，从而形成完整的物料供应链。

物流涵义的广义与狭义之分。广义的物流是指针对物资在原材料产地、生产企业、销售企业、最终消费者之间的流通过程的有效控制。狭义的物流是指仅对商品销售过程中的物流进行管理，即在生产企业、销售企业以及最终消费者之间进行的物资流通管理活动。

8.1.2 建设物流的概念及其特征

现代物流已经分化为"产品物流"和"工程物流"两大类型，尽管这两大类型都具有物流的共同属性，但在供应链特征、运作模式、管理内容、决策方法以及对特种设备和技术的要求等诸方面却有着很大的不同。

工程建设物流，就是围绕工程项目，由物流企业提供某一环节或全过程的服务，目的是通过物流的专业技术服务，给予投资方最安全的保障和最大的便利，大幅度地降低工程成本，加快工程项目的建设速度。

8.1.2.1 建设物流的基本概念

工程建设过程实质上就是工程物资的消耗过程。任何一个工程的建设都伴随着大量实物的流动。实物流动贯穿于整个工程建设过程的各个阶段，是工程建设得以顺利实施的重要保障。建设物流是由"工程建设"和"物流"两个基本要素组成，这两个基本要素以其独立形态存在时，有其一般性的含义，当两者以前者修饰并限定后者的关系结合在一起之后，其含义便有了一定的范围约束，不再完全遵循原来的解释。在实践中，工程物流主要解决工程建设项目这一具有综合型复杂内容的物流组织，其特点是高风险、强时效、一次性，一般需要多种特殊设备、多种运输方式、多家不同企业协作进行。

建设物流，即围绕工程建设，由物流企业提供某一环节或全过程的服务，目的是通过物流企业的专业技术服务，给予投资方最安全的保障和最大的便利，大幅度地降低工程成本，保证工程项目的如期完成，它可以包括工程建设的设备采购、拆卸、包装、移动、装箱、固定、海运、空运、陆路运输、拆箱、安装、调试、废弃、回收的全过程。

结合物流的概念以及建设物流的属性和特点，认为建设物流是指：为满足工程建设项目的需要，物资、材料、设备、服务以及相关信息从供应方到建设方的有效率的流动过程。根据实际需要，将运输、装卸、搬运、仓储、中转、配送、起重吊装、信息处理等基本功能实现有机地结合。

8.1.2.2 建设物流的分类

建设物流的类型可以按照不同的角度进行划分：

1. 宏观建设物流与微观建设物流

宏观的建设物流是指工程建设领域内总体的物流活动，是从社会再生产总体的角度来认识和研究物流活动。宏观的物流主要研究工程建设过程物流活动的运行规律以及物流活动的总体行为。

微观的建设物流是指建设单位、总承包商、分包商以及物资供应商所从事或参与的实际的、具体的物流活动。在整个物流活动过程中，微观物流仅涉及系统中的一个局部、一个环节或者一个地区。

2. 社会建设物流与企业建设物流

社会建设物流是指超越单个工程建设项目及其供应商，以整个社会的建设领域为范畴，以面向社会工程建设生产为目的的物流。由于其较高的社会属性，往往由大型的物资供应商或者供应联盟为建设生产提供物流服务。

企业建设物流是从企业的角度上研究与之有关的物流活动，是具体的、微观的建设物流活动的典型领域，主要由物资供应商、运输企业、仓储服务提供商、总承包商等建设物流相关企业组成的物流生态圈。

3. 国际建设物流与区域建设物流

国际建设物流是指工程建设在外国进行的情况下，为克服国际工程建设物资需求与供应之间的空间距离和时间距离，对建设物资所进行的物理性移动的一项国际物流活动。国际建设物流是不同国家之间的物流，这种物流是国际工程项目的一个必然的组成部分，国际工程中的部分物资最终通过国际间的物流来实现。国际建设物流是现代物流系统中的重要领域，随着我国国际工程项目的增多，近年来得到了极大的发展，是一种新的物流形态。

区域建设物流是指一个国家范围之内一定区域内的工程建设物流系统，区域物流的参与主体是由工程建设项目周边的物资供应商、运输企业等构成的，如一个城市的工程建设物流，一个经济区域的建设物流都属于区域建设物流。

4. 一般建设物流和专业建设物流

一般建设物流是指物流活动的共同点和一般性，建设物流活动的一个重要特点是涉及全社会的广泛性，建设物流系统的建立及物流活动的开展必须具有普遍的适用性。

专业建设物流是指在遵循一般物流规律的基础上，带有制约因素或者专业特点的特殊应用领域、管理方式、特殊劳动对象以及特殊机械装备特点的建设物流，如按照物资的特殊性划分有混凝土的物流、钢筋物流、危险品物流等；按照数量及形体不同划分有多品种、少批量、多批次的物资物流，超长、超大、超重的产品物流等。

8.1.2.3 建设物流的特征

建设物流是工程物流中最有代表性、最常见、所占比例最大的一类。与其他物流形态相比，建设物流一般需要大量采购和运输，情况多变，技术复杂，不确定性因素较多。同时，由于它的系统性，使得每一个环节对整个项目的进程都会产生影响。

建设物流主要有如下基本特征：

1. 短期性

实施的短期性是建设物流最主要的特征，同时也是建设物流与其他物流的最大区别。所谓短期性，可能是一次性，也可能是短期少量的重复性，总之，建设物流一般是短期行为。例如，水电站的建设，需要安装 4 台机组，工期 3 年，建设物流由此展开，项目完成后，建设物流也随之结束。

2. 整体性

任何一次建设物流都有确定的，与其他以往任务所不同的目标，其目标主要有以下两种。

时间目标：任何一次建设物流都具有明确的开始时间和完成时间要求。

成果要求：即预期的物流建设服务结束后，指定的物资在事先拟定的合同要求下安全抵达目的地。成果性目标是明确的，它是建设物流的最终目标，在建设物流的实施中，它可分解成为不同的目标要求（如规定的时间内等），它是建设物流全过程的主导目标。

3. 独特性

从整体而言，世界上没有两个相同的建设项目，建设项目的独特性可以表现在每次建设项目的目标、环境、条件、组织和过程等方面。由于建设项目自身的独特性，其物流方案的制定也应是独一无二的，需要的工程物流服务也是独特的，每次装卸工具的选择，运输的线路、方式和工具的选择都要通过时间的勘测和严密的计算才能确定。

4. 综合性

综合性是建设物流服务的内在要求。综合性主要表现为建设物流实施过程中工作关系的广泛性及操作的复杂性。因为建设项目经历的环节多，需协调的部门关系复杂，不仅涉及规划，还涉及运输、交通、卫生、消防、环境等部门，使得相应的物流活动也具有了综合性色彩。随着我国与世界经济的接轨，大型的跨国建设项目不断涌现，因此有的工程物流项目还涉及海关、国际运输代理等部门。

5. 风险性

建设项目有时涉及大量的大型设备和设施，它们的运输和装卸具有很大的难度和风险，但这些设备和设施对整个工程的构成一般都起着决定性的作用。因此，整个项目也蕴含着较大的风险。

8.1.3 建设物流管理活动的构成

建设物流活动包括采购、运输、仓储、装卸等众多功能要素。按照它们在建设物流活动中的重要性划分，这些主要的管理对象可分为主要管理对象以及辅助性管理对象。

8.1.3.1 建设物流活动的主要管理对象

1. 采购

采购，顾名思义，就是购买的过程，是建设单位、承包商等经济组织为了维持正常的生产、经营和服务而向外界购买原材料或相关服务的过程。采购主要的目标是：获取所需数量和质量的产品和服务；以尽可能低的成本获取这些产品和服务；确保供应商按要求供货，提供其他相关服务；巩固与供应商之间良好的供需关系，寻找替补供应商。

采购引起物料向建设项目内流动，故而也称内向物流，它是工程建设项目与供应商相联系的重要环节，所以，往往也被称为采购与供应管理。供应是指供应商或卖方向买方提供产品和服务的全过程，供应与采购是互相依存、相辅相成的。采购是建设单位、承包商或者建设项目的其他组织对相关需求物资获得的途径，而供应是对这种需求的满足。只有需求的存在，供应才有意义；没有供应，采购需求也就无法得到满足。

采购可以分为建设单位采购、总承包商采购与分包商采购；按照采购地域，还可以分为区域采购和国际采购。采购的对象可以是钢筋、混凝土、机械设备等建设用物资。科学合理的采购可以降低工程建设的成本，降低企业经营成本，从而降低整个社会的成本，提高生活质量。在供应链中，一个建设项目往往既是采购者，又是供应商；既要向上游的供应商采购所需的原材料、零部件，在建造完成的项目以后还要供应给下游的企业或者消费者。

2. 仓储

仓储是建设物流体系中唯一的静态环节，相当于物流系统中的一个节结点，起着缓冲和调节的作用，其主要的载体是建设项目或者企业的仓库。

在建设物流系统中，仓储功能包括了对进入物流系统的货物进行堆存、管理、保管、保养、维护等一系列活动。仓储的作用主要表现在两个方面：一是完好地保证建设用物资的使用价值和价值，而是为将物资配送给建设项目，在物流中心进行必要的加工活动而进行的保存。

随着工程项目规模的扩大，建设物资由少品种、大批量物流进入到多品种、小批量或多批次、小批量的建设物流管理模式，仓储的功能也从重视保管效率逐渐变为重视发货和配送效率。

根据仓储的使用目的，工程建设项目的仓库形式可分为：

(1) 配送中心（流通中心）型仓库：具有发货，配送和流通加工的功能。

(2) 储存中心性仓库：以储存为主的仓库。

(3) 物资中心型仓库：具有存储，发货，配送，物资管理，流通加工功能的仓库。

建设物流系统的现代化仓储功能的设置，是以建设项目支持仓库的形式，为工程建设项目的各方主体提供稳定的建设物资和材料供给，将施工企业独自承担的安全储备逐步转为社会承担的公共储备，减少企业经营的风险，降低物流成本，促使工程建设的相关单位逐步形成零库存的生产物资管理模式。

3. 运输

运输是实现物资实体由供应方向需求方的移动，也是创造空间价值的过程。建设项目的物资运输工具包括车、船、飞机等，相应的运输方式有铁路、公路、航空等。

运输是建设物流的核心业务之一，也是物流系统的一个重要功能。选择何种运输手段对物流效率具有十分重要的影响，在决定运输手段时，必须权衡运输系统要求的运输服务和运输成本，可以用运输机具的服务特性作为判断的基准：运费、运输时间、频度、运输能力、货物的安全性、时间的准确性、适用性、伸缩性、网络性和信息等。

8.1.3.2 建设物流活动的辅助性管理对象

1. 包装

为使建设物流过程中的物资完好地运送到建设项目现场，并满足建设单位和承包单位的要求，需要对建设用物资进行不同方式、不同程度的包装。物流活动中的包装分为工业包装和商品包装两种。工业包装的作用是按照单位分开产品，便于运输，并保护在途物资。商品包装的目的是便于最后的销售，如一些装修用物资需要进行必要的商品包装。因此，包装的功能体现在保护商品、单位化、便利化等几个方面。

2. 装卸搬运

装卸搬运是运输和保管而产生的必要物流活动，是对运输、保管、包装、流通加工等物流活动进行衔接的中间环节，以及在保管等活动中为检验、维护、保养所进行的装卸活动，如建设用物资的装上卸下、移送、拣选、分类等。装卸作业的代表形式是集装箱化和托盘化，使用的装卸机械设备有吊车、叉车、传送带和各种台车等。在建设物流活动的全过程中，装卸搬运活动是频繁发生的，因此是物资损坏的重要原因之一。对装卸搬运的管理，主要是对装卸搬运方式、装卸搬运机械设备的选择和合理配置，尽可能减少装卸搬运次数，以节约物流费用，获得较好的经济效益。

3. 流通加工

流通加工功能是在物品从生产领域向消费领域流动的过程中，为促进物资使用、维护物资质量和实现物流运营的高效率，对物资进行加工处理，使物品发生物理或化学性变化的功能。这种在流通过程中对物资进一步的辅助性加工，可以弥补建设单位、物资部门、承包单位生产过程中加工程度的不足，更有效地满足工程建设项目的需求，更好地衔接生产和需求环节，使流通过程更加合理化，是物流活动中的一项重要增值服务，也是现代建设物流发展的一个重要趋势。

流通加工的内容包括装袋、定量化小包装、贴标签、配货、挑选、混装、刷标记等。流通加工功能的主要作用表现在：进行初级加工，方便建设项目的使用；提高原材料的利用率；提高加工效率以及设备的利用率；充分发挥各种运输手段的最高效率；提升建设用物资，提高收益。

4. 信息处理

现代建设物流管理是需要依靠信息技术来保证物流体系正常运作的。涡流系统的信息服务功能包括进行与上述各项物流管理活动有关的计划、预测、动态的信息及有关的费用信息、生产信息、市场信息活动。物流信息活动的管理，要求建立信息系统和信息渠道，正确选定信息科目和信息的收集、汇总、统计、使用方式，以保证其可靠性和及时性。

从信息的载体及服务对象来看，信息处理功能还可分成物流信息服务功能和商流信息服务功能。商流信息主要包括进行交易的有关信息，如货源信息、物价信息、市场信息、资金信息、合同信息、付款结算信息等。商流中交易、合同等信息，不但提供了交易的结果，也提供了物流的依据，是两种信息流主要的交汇处；物流信息主要是物流数量、物流地区、物流费用等信息。物流信息中的库存量信息，不但是物流的结果，也是商流的依据。

信息服务功能的主要作用表现为：缩短从接受订货到发货的时间；库存适量化；提高搬运作业效率；提高运输效率；提高订单处理的精度；防止发货、配送出现差错；调整需求和供给；提供信息咨询等。

8.2 建设物流管理战略及经济性分析

8.2.1 建设领域企业物流战略类型

所谓物流战略是指建设领域的企业为了寻求物流的可持续发展，就建设物流发展目标以及达到目标的途径与手段而制定的长远性、全局性的规划与谋略。建设物流战略的制定，就是在上述目标下，工程建设项目的相关单位在从建设物资生产到建设项目整个物流过程管理和控制所采用的手段和方法。

建设领域的相关单位在从事生产时可以选择适当的发展战略。社会经济的发展促进了各个单位生产经营战略的多样化，尤其是随着社会分工的不断细化，管理方法的不断创新以及现代科学技术的发展，诞生了一系列新的概念和管理工具，使得建设领域的相关单位的发展战略得以不断创新，能够更加科学合理地应对市场带来的挑战。

总体上，建设物流的各个参与主体考虑的是生产、供应以及使用诸多环节的紧密环节，同时考虑到经济效益、运营效率以及物流活动的可持续发展，现阶段适合工程建设领域的物流战略主要有以下几种类型：

1. 准时制物流战略

准时制物流战略是指建设物流管理做到准时采购、准时配送和准时建设。这一概念来自于准时制管理（Just-In-Time，JIT）。

JIT 是产生于日本丰田公司的一种生产方式，其核心理念是："在需要的时间，按需要的量生产所需的产品"。这种生产方式的核心是追求一种无库存或使库存达到最小化的生产系统，为此而开发了包括"看板管理"在内的一系列具体方法，并逐渐形成一套独具特色的生产经营体系。JIT 是一种以市场需求为核心的"拉动式"管理体系，这一观念的确立可以促使企业按市场规律办事，严格按客户需求组织采购、运输、流通加工、配送等活动。在多品种、小批量、多批次、短周期的建设需求的压力下，建设单位、承包单位、物资供应单位以及仓储中心等都要调整自己的生产、供应、流通流程，按下游的需求时间、数量、物资结构以及其他要求来组织好均衡建设、供应和流通。

准时物流战略是建立在正常的贸易秩序之上的。该战略的合理运用，由于在项目建设过程中实现同步化，上下道工序的衔接紧凑能够减少项目物资的积压，加快施工进度，提高劳动生产率和设备利用率。但是正常的经济秩序的某一环节一旦出现问题，JIT 物流战略对建设系统因故障产生的不均衡承受能力非常有限，会给工程建设项目带来很大的损失。另外，由于准时制物流战略对生产布局有特定要求，要求供应商就近布置等问题，在一定程度上会影响 JIT 作用的发挥。

2. 一体化物流战略

工程建设领域中，并不是所有的相关单位都需要建立自己的物流体系，工程建设物流企业中，也不是每一个企业都能涵盖所有物资的流通。因此，企业之间的协同发展显得极其重要。企业之间在物流管理方面的协作，就是一体化物流战略的主要内容。

一体化物流（Integrated Logistic）是 20 世纪末最有影响的物流趋势之一，其基本含义是指不同职能部门之间或者不同企业之间通过物流上的合作，达到提高物流效率、降低物流成本的效果。一体化物流战略包括两种形式：垂直一体化物流和水平一体化物流。在两种一体化物流战略中，垂直一体化物流是目前研究最多、应用最广的一种物流战略模式。

（1）垂直一体化物流战略。垂直一体化物流要求建设单位或承包商将提供产品或运输服务等的供货商纳入管理范围，并作为物流管理的一项中心内容。垂直一体化物流要求企业从物资到施工现场的每个过程实现对物流的管理；要求企业利用企业的自身条件建立和发展与物资供应商和施工单位的合作关系，形成联合力量，赢得竞争优势。垂直一体化建设物流的设想为解决复杂的物流问题提供了方便，而雄厚的物质技术基础、先进的管理方法和通信技术又使这一设想成为现实，并在此基础上继续发展。

随着垂直一体化物流的深入发展，对物流研究的范围不断扩大，在企业经营集团化和国际化的背景下，美国人 Michael Porter 首先提出了"价值链"的概念，并在此基础上，形成了比较完整的供应链理论。供应链是指涉及将产品或服务提供给最终消费者的所有环节的企业所构成的上、下游产业一体化体系。这一阶段，垂直一体化物流已经不再是传统上的建设物资需求方和上游供应商的管理，而是面向供应链，将整个供应链上的所有环节的市场、分销网络、建造施工过程和采购活动联系起来，以实现客户服务的高水平与低成本，赢得竞争优势。

（2）水平一体化物流战略。水平一体化物流战略是一种虚拟经营物流产业战略，它是指物流企业通过与同行企业进行联合或合资，对现有资源进行强化组合，实现两个或两个以上企业优质管理的组合，形成产业新优势，以提高物流运营效率，降低建设物流活动成本，进而提高市场占有率和市场竞争能力。水平一体化物流战略的使用者大多是建设领域的物资供应单位。例如，不同的物资供应单位可以利用同样的装运方式进行不同类型商品的共同运输。当物资配送范围接近，而在某个时段内物流量较少时，几个企业分别进行物资供应显然不经济。于是就出现了一个企业在装运本企业物资的同时，也装运其他企业的物资。从企业经济效益上看，它降低了企业的运营成本；从社会效益来看，它减少了社会物流过程的低效率活动。在建设物流活动中，不同物资的物流过程不仅在空间上是矛盾的，而且在时间上也是有差异的。要解决这些矛盾和差异，必须依靠掌握大量物流需求和物流供应能力信息的信息中心。此外，实现水平一体化的另一个重要的条件，就是要有大量的企业参与并且有大量的商品存在，这时企业间的合作才能提高物流效益。当然，产品配送方式的集成化和标准化等问题也是不能忽视的。

以下两个原因促使了建设领域一体化物流战略的发展：

首先，建设用物资的极大丰富，消费者对建筑产品的消费呈个性化、多样化发展趋势，客观上要求建设领域的相关单位在物资生产、经营和配送上必须充分应对消费者个性化的需求，这推动了多品种、少批量、多频度的配送，从而衍生出了物流一体化的战略思维。

其次，一些中小企业从经营成本、竞争压力以及技术资源等诸多因素考虑，对建设物资的配送等活动投入有限，在市场经济的背景下，常常借助于已有的或正在发展中的物流系统进行生产经营。这样，建设领域的物流企业的协同发展就有了广泛的基础，并能得到大多数中小企业的认同。

3. 第三方物流战略

"第三方物流"是指物流活动由独立于供方和需方之外具有专业技能的第三方企业进行管理的一种物流业务模式。第三方物流企业通过与第一方或第二方的合作来提供其专业化的物流服务，它不拥有商品，不参与商品买卖，而是为顾客提供以合同为约束、以结盟为基础、系列化、个性化、信息化的物流代理服务。

当一体化物流每个环节同时又是其他一体化物流系统的组成部分时，以物流为联系的企业关系就会形成一个网络关系，即物流网络。这是一个开放的系统，企业可自由加入或退出，尤其在业务最忙的季节最有可能利用到这个系统。物流网络能发挥规模经济作用的条件就是一体化、标准化、模块化。实现物流网络首先要有一批优势物流企业与生产企业结成共享市场的同盟，把过去那种直接分享利润的联合发展成优势联盟，共享市场，进而分享更大份额的利润。同时，优势物流企业要与中小型物流企业结成市场开拓的同盟，利用相对稳定和完整的营销体系，帮助生产企业开拓销售市场。这样，竞争对手成了同盟军，物流网络就成为一个生产企业和物流企业多方位、纵横交叉、互相渗透的协作有机体。而且由于先进信息技术的应用，当加入物流网络的企业增多时，物流网络的规模效益就会显现出来，这也促使了社会分工的深化，"第三方物流"的发展也就有了动因，整个社会的物流成本会由此大幅度的下降。

4. 精益物流战略

精益思想是指运用多种现代管理方法和手段，以社会需求为依据，以充分发挥人的作用为根本，有效配置和合理使用企业资源，最大限度地为企业谋求经济效益的一种新型的经营管理理念。精益物流（Lean Logistics）起源于精益制造（Lean Manufacturing）的概念。它产生于日本丰田汽车公司在 20 世纪 70 年代所独创的"丰田生产系统"，后经美国麻省理工学院教授研究和总结，正式发表在 1990 年出版的《改变世界的机器》一书中。

精益物流是精益思想在物流管理中的应用，是物流发展中的必然反映。因此可以说，所谓精益物流是指：通过消除生产和供应过程中的非增值的浪费，以减少备货时间，提高客户满意度。

作为一种新型的生产组织方式，精益制造的概念给物流及供应链管理提供了一种全新的思维方式。它包括以下几个方面：

（1）以客户需求为中心。要从客户的立场，而不是仅从企业的立场，或一个功能系统的立场，来确定什么创造价值，什么不创造价值。

（2）对价值链中的产品设计、制造和订货等每一个环节进行分析，找出不能提供增值的浪费所在。

（3）根据不间断、不迂回、不倒流、不等待和不出废品的原则制定创造价值流的行动方案。

（4）及时创造由顾客驱动的价值。

（5）一旦发现有造成浪费的环节就及时消除，努力追求完美。所以，作为 Just In Time 的发展，精益物流的内涵已经远远超出了 Just In Time 的概念。

8.2.2 建设物流经济分析的价值度量

物流的流动过程是时空统一的过程。物流是依托于物资的流通过程建立起来并为物资的流动过程服务的产业系统，其产业活动最终的结果是实现物资由供应地向建设项目的流动，使建设项目在恰当的时间获得需要的物品。而在物资的流通过程中，由于物资的空间转换所产生的效益就是空间价值，它是第三方利润源最为重要和核心内容之一。而时间本身是一种不以人们意志为转移的自然状态，物流时间价值的把握同样是与经济效益紧密相连的。

8.2.2.1 建设物流的空间价值

1. 建设物流空间价值的内涵

建设物流空间价值是在物资的流动过程中由于物资的空间转换所产生的价值。从供给方的角度来看，空间价值就是物资实现空间转换前后给供给方带来的收益的差额。如建设用物资在外地的销售价格高于本地所带来的额外收益等。从需求方的角度来看，空间价值是由于物资的空间转换所带来的效用满足和消费者剩余的增加。效用满足是指当地没有的物资但又是工程项目需求的物资流动到当地，并且产生了相应的效用。消费者剩余的增加源于经济资源的比较优势所产生的、区域之间的替代产品或同质产品的价格差，如建设项目以比本地商品低的价格购买到了外地生产的同质产品，消费者剩余增加。

根据空间价值的内涵，可以知道度量空间价值的关键就是实现物资的空间转换所产生的相关收益和所发生的相关成本费用的考察，两者的差额就是空间价值。

2. 空间价值的相关收益

与空间价值相关的收益可以从两个方面考察，即收益的显性部分与隐性部分。显性部分是产品在异地实现的销售收入，这里用 I_x 表示。显性部分主要受物资的销售量、市场的空间位置以及相关市场环境等因素的影响。收益的隐性部分是指因物资空间转换而给供给方带来的、不容易直接计量的那部分收益。例如借助物流服务体系的连接使供给方的销售渠道得到拓展，营销网络进一步完善，市场范围不断扩大，能够在更大的市场空间内搜寻获利机会或者活动伙伴等。这会给供给方带来不小的潜在收益。因为这部分收益可能是诸多因素共同作用的结果，不容易计量，可以根据实践经验，或者通过与供给方的协商来量化收益的隐性部分，也可以通过专家打分确定一个权数赋予显性部分 I_x 加以量化，这里用 I_y 表示。

3. 空间价值的成本费用

与空间价值相关的成本费用就是借助物流服务实现产品空间转换与创造空间价值所发生的一切价值消耗。

首先，由于物资实现空间转换，流向异地以较高的价格进行交易，从而丧失了在当地或者原交易地以原有价格进行交易的机会，这里造成的机会成本可以归于空间价值的成本部分，用 C_j 表示。

其次，为实现物资空间转换所进行的物流活动要发生一定的成本消耗，它与物流服务的品质相对应。物流活动的成本消耗主要是在运输、包装、搬运装卸过程中发生的相关的人、财、物的投入，其成本构成可以表示为：

$$C_z = C_r + C_w + C_q$$

式中，C_z 为物流活动的总成本；C_r 为物流活动发生的人力成本（包括作业人员的工资、福利、奖金等）；C_w 为物流活动耗费的物料成本（包括燃料的消耗、包装材料的投入等）；C_q 为物流活动投入的资金成本（包括资金的投入及其占用成本等）。

最后，物流活动实现期间还会发生一定的时间成本。

在物流创造物资的空间价值过程中，消除空间差异的活动必然会消耗一定的额外时间，从而相对于本地货源交易地的交易而言，由于物流作业环节的存在，使产品交易延迟，物资的价值不能立即实现。而在这段时期内所发生的产品占用资金的机会成本以及包括物资潜在损失在内的其他成本等就是与空间价值创造相关的时间成本，其成本构成可以表示如下：

$$C_s = C_h + C_g$$

式中，C_s 为时间成本；C_h 为产品占用资金的机会成本；C_g 为包括货物潜在损失在内的其他相关时间成本。

4. 空间价值的度量

在相对收益与成本进行计量的基础上，物流空间价值可以用下面的公式最终加以度量：

$$V = I_x + I_y - (C_j + C_z + C_s)$$

对于建设物流的各个参与方而言，物资供应商要为建设项目创造更大的空间价值，以此来不断拓展自己的业务空间和获利空间。

8.2.2.2 建设物流的时间价值

1. 建设物流时间价值的内涵

时间价值是一个综合概念，泛指因对时间的管理所获取的收入扣除相应的资源占用成本和资源消耗成本后的剩余。建设物流时间价值的内涵是指在物流时间中增加相关收入，减少资源占用以及资源消耗的成本。

时间价值形成的最基本特征是通过把握最佳的建设物流时机实现最佳的整体价值。物流系统功能整合的基本目标之一就是能协调物流各进行环节，以减少各环节衔接时的空隙。在实践中许多物流服务如多式联运、协调运输和仓储的关系以及配送的协调与合作等，都是以缩短物流过程，提高物流的整体效率，给客户带来更高的价值为基本目标的。以上部分从构成实质上解释了时间价值的主要组成部分，即资金时间价值、时间协调价值等。

2. 资金时间价值

建设物流是以建设物资的流动过程为主线建立起来的服务体系。在市场经济条件下，物资的流动过程本质上是相关利益主体为实现价值增值而引发的价值创造及价值实现的过程。资金时间价值的理论，是把资金时间价值的内涵定义为资金的机会成本。资金被某一项经济活动占用后必须放弃其他投资机会的获利可能，这一获利可能就是资金的机会成本。资金被占用时间越长，则放弃的其他获利机会越多。资金时间价值的另一常规解释是资金周转时效的收益。一笔资金投入到某一产业活动后，在其他条件不变的情况下，资金周转速度越快，则获利效果越好。

建设物流挖掘资金时间价值主要有两个途径。第一个途径是尽可能缩短物资流动过程，缩短物资在采购、运输、加工、库存过程的时间占用。第二个途径是尽可能减少物流过程的资金占用水平，具体地说就是在权衡得失的基础上，尽可能减少运输途中占用资金、存货占用资金、结算占用资金等。这是现代物流业发展最为普遍的寻利渠道。在发达的物流系统的支撑下，许多建设项目参与单位建立起了供货系统、运输系统，使各种建设物流战略成为了可能。

3. 时间协调价值

时间协调价值是指通过协调相关物资的流动时间而获得的价值。从该价值形成的机理看，时间协调价值的内涵仍然是资金时间价值，但时间协调价值的挖掘价值有其自身的特征，其价值并不是缩短某项物流过程的时间占用，而是通过协调相关的若干种物资的流动时间，缩短由这类物资组合而成的产品的生产周期。例如建筑砂浆的生产需要凝胶材料、细集料以及外加剂，每种物资采购并运达施工现场需要2d的时间，砂浆的加工时间需要1d的时间。若先购买凝胶材料并将凝胶材料运达后再去采购细集料，细集料运达后再去采购外加剂，砂浆的加工周期需要一周的时间（三种物资采购用 6d，加工用 1d）。若同时采购凝胶材料、细集料以及外加剂三种物资，加工周期仅为 3d。原来凝胶材料、细集料以及外加剂三种材料占用资金的时间分别为 7d、5d 和 3d，现在三种材料占用资金的时间均为 3d。这样的效果并不是因缩短三种材料采购、运输时间或产品加工时间而形成的，而是通过协调采购和运输的时间而获得的。

当建设过程用到数十种、上百种甚至更多的原材料、配件，并且用料时间各异时，协调好各种材料、配件的流动时间，对于减少资金占用、提高资金周转效率具有十分重要的作用。

8.2.3 建设物流管理对象的经济分析

8.2.3.1 建设物流采购经济模型

1. 定量采购模型

建设物资的定量采购是指预先规定一个订货点 R，当库存下降到该订货点时，马上按照预先确定的订货量 Q（一般用经济批量法确定）发出订单，经过交货周期 LT 收到订货。此方法每次订购的数量不变，订购时间由需求量来确定。

定量采购模型中，库存水平可定义为目前库存量加上已订购量减去延期交货量，为使建立的模型易于理解，便于计算，做如下假设：

（1）对建设物资的需求是固定的，且在整个时期内保持一致。

（2）提前期（从订购到收到货物的时间）是固定的。

（3）单位物资的价格是固定的。

（4）存储成本以平均库存为计算依据。

（5）订购或生产准备成本固定。

（6）所有对物资的需求都能满足。

定量采购模型订货量的确定通常依据经济批量的方法来确定，即以总库存成本最低时的经济批量为每次订货时的订货数量，在该模型中：

年总成本＝年采购成本＋年订购成本＋年存储成本

即：

$$TC = DC + (D/Q)S + (Q/2)H$$

式中，TC 为年总成本；D 为每年需求量；C 为单位产品成本；Q 为订购批量（最佳批量称为经济订购批量 Q）；S 为订购成本；H 为单位产品的年均存储成本。

总成本 TC 对 Q 求导数，并令其等于 0，即可求得最优经济批量 Q。

$$Q = \sqrt{2DS/H}$$

因为该模型假定需求和提前期固定，且没有安全库存，则在订购点 R 为：

$$R = d \times L$$

式中，d 为日均需要量（固定值）；L 为用天表示的提前期（固定值）。

定量采购模型可用图 8-1 表示。

建设物资定量采购的作业程序如图 8-2 所示。

具体的作业步骤：

（1）确定应采购商品的现有库存量。

（2）根据建设生产的需求确定物资的需求数量。

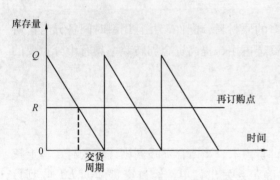

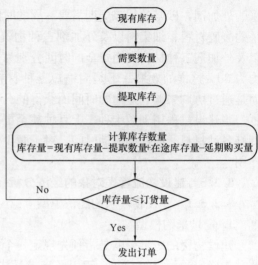

图 8-1　建设物资定量采购模型　　　　图 8-2　建设物资定量采购的作业流程

（3）如果现有库存能满足建设生产的需求，为需求方提供物资。

（4）计算库存数量：

库存量＝现有库存量－提取数量＋在途库存量－延期购买量

（5）当库存量小于或等于物资的需求量时，向供应商发出订货单，请求订货。

2. 定期采购模型

定期采购是指预先规定一个订购时间，按固定的时间间隔检查储备量，并随即提出订货，补充至一定数量。这种方法订购时间固定，而每次订购的数量不定，按实际储备量情况而定。

定期采购模型中，不同时期的订购量不尽相同，订购量的大小主要取决于各个时期的使用率。它仅在盘点期进行库存盘点，因此为了防止由于某一期的过大需求导致库存降至零的情况发生，本模型需要设定安全库存。

订货量＝盘点期和提前期内的平均需求＋安全库存－现有库存

其中：

盘点期和提前期内的平均需求＝预测的日平均需求量×（两次盘点间隔期＋订购与收到货物之间的提前期）

安全库存＝既定服务水平下的标准差倍数×盘点期与提前期期间需求的标准差

定期采购模型的作业步骤：

（1）确定应采购商品的现有库存量。

（2）根据建设生产的需求确定物资的需要数量。

（3）如果现有库存量能满足生产时需求，则为需求方提取货物。

（4）如果现有库存量不能满足用户的需要，则看是否达到采购期。

（5）如果没有到达采购期，则只能延期购买。

（6）如果到达采购期，则计算库存数量和采购数量，向供应商订货。

基本流程如图 8-3 所示。

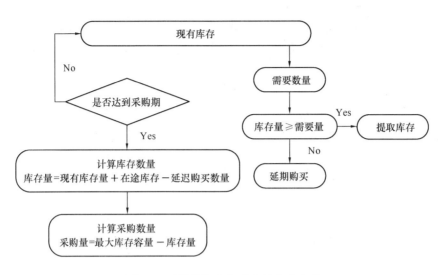

图 8-3　建设物资定期采购的作业流程

3. 定量采购与定期采购的比较

建设物资的定量采购注重于"量",定期采购的核心则在于"期",其采购原理有很大差别,见表 8-1。

建设物资定量采购与定期采购的区别　　　　　　　　　　　　表 8-1

要　素	定量采购模型	定期采购模型
采购量	每次采购量相同	每次采购量不同
何时订购	在库存量降低到再订购点时	在盘点期到来时
库存记录	每次出库都做几轮	只在盘点期做记录
库存大小	较小	较大
作业所需时间	由于记录持续,所需时间较长	简单记录,所需时间较短
物资类型	昂贵、关键或重要物资	品种数量大的一般物资

8.2.3.2　经济订购批量模型

经济订购批量(Economic Order Quantity,EOQ)法是从建筑施工项目本身节约费用开支的角度来确定物资经常储备的一种方法。与物资有关的费用主要包括订购费用和保管费用两大类。从节约保管费用来说,应该增加采购次数,从而减少每次采购数量;从节约订购费用来说,应减少采购次数,增加每次采购量。这表明,采购与持有成本是相互制约的,如图 8-4 所示,两者的成本曲线有交点,在此交点处总成本曲线达到最低点,它所对应的订购量就是经济订购批量。

经济订购批量法是在保证生产正常进行的前提下,以库存支出的总费用最低为

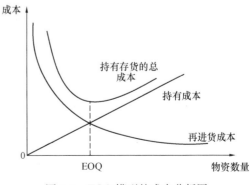

图 8-4　EOQ 模型的成本分析图

目标，确定订货批量的方法。常见的几种经济订购批量模型有：不允许缺货的经济批量模型、一次订购分批进货的经济批量模型、允许缺货的经济批量模型等。这里着重介绍不允许缺货的经济批量模型。

不允许缺货的经济批量是最简单的经济批量模型，也是最常见的。模型要求满足以下假设条件：①物资的需求是固定，且在整个时期内保持一致；②提前期是固定的；③单位产品的价格是固定的；④所有的相关成本是固定的，包括储存成本和订购成本等；⑤所有的物资需求都能满足，且不允许延期交货。在现实的工程建设中，同时满足这些假设条件几乎是不可能的，但这些假设提供了一个非常好的研究起点，可以使问题简化。

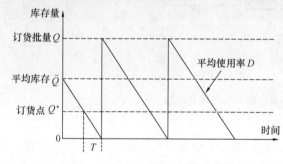

图 8-5　不允许缺货的经济批量订购模型

不允许缺货的经济批量模型如图 8-5 所示，该模型实际上反映了库存量和时间之间的一个关系。

由图 8-5 可以看出，订购批量为 Q 也是库存量的最大值，订货点为 Q^*，平均库存量为 $\overline{Q}$，$\overline{Q}=Q/2$，订货提前期为 T，d 为单位时间平均需要量，所以根据前面的假设条件有：

再订购点 $Q^* = d \times T$

按照 EOQ 模型的原理，目的是使得总费用最低，而总费用又包括订购费用和保管成本。所以：

$$总成本＝物资成本＋采购成本＋储存成本$$
$$物资成本＝物资单价\times需要量$$
$$采购成本＝每次采购成本\times该期的采购次数$$
$$储存成本＝平均库存量\times该期单位储存成本$$

设 D 为年需要量，C 为单位物料采购成本，H 为单位存货的年成本，S 为一次订货的业务成本，则每年的订购次数可以用年需要量除以每次订货的批量得到，即为 D/Q，则每年的储存成本为 $QH/2$，每年的采购成本为 DS/Q，总成本用 TC 表示如下：

$$TC = DC + DS/Q + QH/2$$

对 Q 求导，令其一阶导数等于 0，具体过程如下：

$$\frac{\mathrm{d}TC}{\mathrm{d}Q} = 0 + (-DS)/Q \times Q + H/2 = 0$$

则最佳批量：

$$Q = \sqrt{\frac{2DS}{H}}$$

最佳批次：

$$n = D/Q = \sqrt{\frac{DH}{2S}} \quad （取近似整数）$$

最佳订货周期：

$$t = \frac{365}{n} = 365 \times \sqrt{\frac{2S}{DH}}$$

【例 8-1】　某建筑施工企业对硅酸盐水泥的年需要量 $D=2500$ 单位，订购成本 $S=80$ 元/次，存储成本 $H=12$ 元/单位·年，提前期 $T=7$ 天，单价 $C=120$ 元/单位，求经济订货批量、再订购点和年总成本。

218

解：$Q = \sqrt{\dfrac{2DS}{H}} = \sqrt{\dfrac{2 \times 2500 \times 80}{12}} = 182.6 \approx 183（单位）$

再订购点 $Q^* = dT = (2500 \div 365) \times 7 = 47.9 \approx 48（单位）$

最佳批次 $n = D/Q = \sqrt{\dfrac{DH}{2S}} = \sqrt{\dfrac{2500 \times 12}{2 \times 80}} \approx 14（次）$

最佳订货周期 $t = \dfrac{365}{n} = 365 \div 14 \approx 26（天）$

年总成本：

$$TC = DC + DS/Q + QH/2 = 2500 \times 120 + 2500 \times 80/183 + 183 \times 12/2$$
$$= 302190.9（元）$$

8.2.4 建设物流的成本控制

成本控制对建设生产活动有着重要的意义，降低物流投资和运营成本是物流系统设计的主要目标之一。由于物流系统各要素存在交替损益关系，因此在建设物流系统设计中需要综合考虑各种成本，使建设物流成本得到有效控制。

8.2.4.1 建设物流成本的构成

按照建设物流功能进行分类，大体可以分为实物流通费用、信息流通费用和物流管理费用三大类。

1. 实物流通费用

实物流通费是指为完成商品、物资的物理流通而发生的费用，并可进一步细分为包装费、运输费、保管费、装卸搬运费、流通加工费和配送费。

（1）包装费是指建设用物资在运输过程中，为保证物资在运输过程中避免破损的包装保护费用，以及建设物流中的逆向物流在文明施工的要求下做的必要包装处理所花费的费用。

（2）运输费中，除委托运输费外，还包括由工程建设项目相关企业自有运输工具进行运输的费用，伴随运输的装卸费用除外。

（3）保管费用中，既包括委托储存的仓储费用以外，还包括工程建设项目相关企业自有仓库储存时的保管费用。

（4）装卸费用可以按照包装装卸费、运输装卸费、保管装卸费和流通加工装卸费等来区分，并最后加总为建设物流装卸费用。

2. 信息流通费用

信息流通费用通常是指因处理、传输有关的物流信息而产生的费用，其中包括订货管理、储存管理等有关费用。

在工程建设项目相关单位内部进行传输、处理的信息中，要把物流有关的信息和物流以外的信息的传输、处理区分开来往往是极为困难的，但在物流成本的计算上却是极为需要的。

建设物流是经过信息技术整合的，实现建设用物资从最初供应方到需求方移动的物理过程，信息技术是建设物流系统中的纽带。信息技术将原来割裂的供应链中各个环节整合在一起，为满足人们对物资流通过程的及时性要求，借助信息网络技术，最大限度地将原先实现物资空间位移的运输、仓储、包装、装卸等环节整合在一起，以系统整体应对建设物流的需求。随着越来越多的企业全面地使用物流信息系统软件，物流信息流通费用在整个物流成本中的比重将增大。

3. 物流管理费用

物流管理费用一般是指进行物流的计算、调整、控制所需要的费用，既包括物流作业现场的管理费，也包括建设物流管理部门的管理费。

按照功能的不同进行分类可以辨别出各项物流环节的耗费成本，能够明确建设物流管理的瓶颈所在，通过功能物流成本的构成比例或总金额与上一单位时间进行比较，弄清增减原因，研究制定整改方案。

8.2.4.2　建设物流系统的交替损益关系

1. 建设物流交替损益关系的内涵

"交替损益"（Trade off）是指两种目的对同一种资源产生两种不同结果时，为了更好地完成一种目的，而可能需要对另一种目的的完成做出部分牺牲，这种目的间的关系，就是"交替损益"关系。从建设物流的角度出发，交替损益可以理解为改变物流系统中任一要素都会影响到其他要素，系统中任一要素的增益都将对系统其他要素产生减损作用。

建设物流系统中，存在着广泛的交替损益的关系，典型的交替损益关系可以归纳为：建设物流服务水平与建设物流成本之间存在的交替损益关系；构成建设物流系统的各子系统之间存在交替损益关系；各子系统的活动费用之间存在交替损益关系。

2. 交替损益环境下最小总成本的建设物流系统设计

通过过于简化的假设来分析建设物流系统并不能涵盖建设物流总成本整合的复杂性，在实际操作中，建设物流系统的总成本构成是十分复杂的，因此建设物流系统规划时需要将所有变量联系起来。下面介绍一种最小总成本建设物流系统的设计方法。

（1）建立起点服务水平

为了建立一个起点服务水平，需要按照所期望的库存可用性与能力绩效政策对建设物流系统进行系统重组。通常的做法是，在现有订单的进入和处理系统上获得客户服务能力，在现有设施的标准订货完成时间上进行仓库运作，在最小成本运输方法的能力上确定运输发送时间等。给定这些假设，现有的周期速度与协调的服务被当做衡量客户服务绩效能力的初始尺度。

（2）以最小总成本进行建设物流系统设计

在最小成本系统里，从客户订单的安排到发送货物所流逝的时间，预期要比为改进总体服务绩效而修正过的其他网络所达到的平均数要长些。然而，在所有网络里，与仓库设施邻近的物资需求方都会得到快速的发送。由于最小成本的定位是向高需求集中的地区倾斜的，因此，相当数目的物资需求方会被置于获得快速发送的位置。

（3）建设物流服务敏感度分析

在最低成本设计出物流网络系统后，可以通过某些对物流成本或客户服务水平增减较为敏感的方法来尽可能降低成本或提高物流服务水平，这就是服务敏感度分析。

最小成本设计之所以需要修正，通常是想通过改进服务，防止客户流失。根据帕累托法则，20%的顾客为企业带来80%的利润，因此，物流服务需要关注的是关键客户的期望一直以来是如何得到满足的，以及未来应如何满足。建设物流系统要保证获得最大利润的客户得到最好的服务，如果有客户没有得到所期望的服务，物流系统就必须进行修正以提高服务能力。

一个建设物流系统基本服务能力主要可由三种方法予以增加或减少：改变系统中仓库数目；改变一个或多个工作周期以增加运作的速度或一致性；改变安全库存政策。

① 选址修正。建设物流系统仓库结构建立的服务可以在不改变工作周期或安全库存政策的情况下实现。例如，系统原先有 5 个仓库，能向 42% 的客户提供 24h 连续服务。如果增加 9 个仓库，则可以使服务客户由 42% 增加到 84%。但需要注意的是，随着物流网络中仓库数量的增加，总成本会急剧增加，于是每一个新设施所获得的服务回报的增加会很少。

② 工作周期修正。可以通过对工作周期的某些方面进行修正，使服务的速度与一致性依特定的市场或客户的变化而进行变动。例如采用议价运输，通过采用更短的工作周期来增加服务的决策，但同时会增加可变成本。而通过增加仓库服务改进则会提高固定成本并导致总体系统缺少灵活性。

③ 安全库存修正。改变服务的方法之一是增加或减少一个或多个仓库中的安全库存货量。在总系统中增加安全库存将使平均库存成本曲线向上移动，并增加客户服务可用性。当服务增加时，为取得每一个相应增加的可用性所需的安全库存也将增加。

8.3　建设物流系统规划

8.3.1　建设物流系统规划的提出

建设物流系统规划是建设物流管理的关键环节，是一个围绕工程建设所涉及的物流活动进行详细设计的过程。建设物流的系统规划，是把建设物流系统的各个子系统联系起来作为一个大系统进行整体的设计和管理，以最佳的结构、最好的配合，充分发挥其系统功能和效率，实现整体物流系统运行合理化和物流系统化的总目标。

在建设管理精益化趋势的背景下，建设物流的管理需要改变过去粗放式的物流管理模式，将某些物流管理环节外包给更为专业的物流服务提供商，这样就必须建立诸如供应链之类的物流系统，形成建设物流供应联盟形式的虚拟企业。这就必须对物流系统进行新的规划，对工程建设环节从物流的角度进行再造。

建设物流规划的重点在于现有物流资源的改造和利用，通过对自身组织结构、物流管理流程以及各个物流环节的改造，使得建设物流系统更好地利用外部物流资源，避免过多地进行物流资源的建设，满足工程建设精益化的要求。

8.3.2　建设物流系统的结构

8.3.2.1　建设物流系统的水平结构

工程建设物流系统的水平结构如图 8-6 所示，根据建设物流活动发生的先后次序，可将其划分为四部分：建设物资生产物流、供应物流、建设物流和废弃回收物流。

8.3.2.2　建设物流系统的垂直结构

建设物流系统通过管理层、控制层和作业层三个层次的协调配合实现其总体功能。建设物流系统的垂直结构如图 8-7 所示。

管理层：其任务是对整个物流系统进行统一的计划、实施和控制，包括的主要内容有物流系统战略规划、系统控制和绩效评定，以形成有效的反馈约束和激励机制。

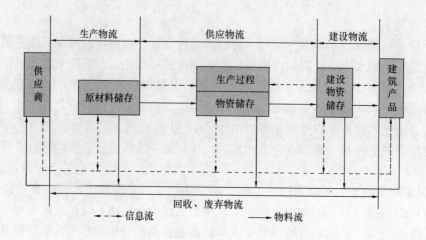

图 8-6　建设物流系统的水平结构

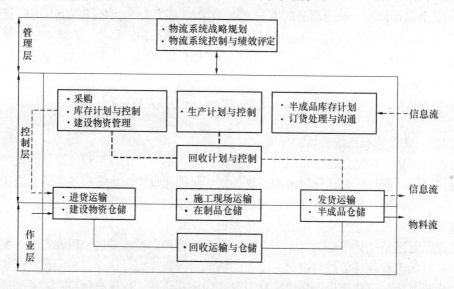

图 8-7　建设物流管理系统的垂直结构

控制层：其任务是控制建设物资的流动过程，主要包括订货处理与沟通、库存计划与控制、生产计划与控制、建设物资管理、采购等。

作业层：其任务是完成物料的时间转移和空间转移，主要包括进货运输、建设现场的装卸搬运、保管、流通加工等。

由此可见，建设物流活动渗透到了工程建设项目的所有建设活动和管理活动中，建设物流相关环节的合理规划是建设物流系统构建的关键。

8.3.3　建设物流系统规划流程

建设物流系统中的每一个环节都需要进行有针对性的规划，并且要与整体物流规划过程中的其他组成部分互相平衡。建设物流规划流程如图 8-8 所示。

1. 确定建设物流管理目标

进行建设物流系统规划，首先要确定物流管理的战略目标，如降低建设成本、减少固定资产投入、改进材料供应服务水平等，然后进行物流成本分析。目标定位直接决定建设物流模式的选择，例如，对于建设物流规划设计来讲，比较常用的目标有两种：一是建设物流资源投入最小，常常采用减少物流固定资产投入，引入第三方物流服务商的模式，这一模式中建设物资使用方对物流管理的控制力下降，对整个供应链的整合能力提出了较高要求；二是建设物流服务水平最高，往往需要物资需求方投入较多的物流资源，如高效的仓储系统、较好的信息系统等，这一规划适合于大型建设项目，工期要求较高的项目。

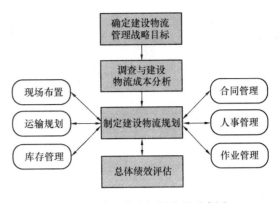

图 8-8　建设物流规划流程示意图

2. 调查研究和物流成本分析

对规划对象现实的物流和非物流情况进行调查，找出问题，为制定改进目标或提出新的目标做准备，调查内容包括以下若干主要方面：①物流情况的调查；②储运方法的调查；③储运情况的调查；④储运工艺和建设工艺的调查；⑤外部衔接的调查；⑥非物流情况的调查。是指除物流之外的一切关系，如建设管理、后勤服务，对外联系，建设工地的总体布局、地质条件等情况，各作业单位之间的人事、组织、计划和业务方面联系的情况及它们之间的密切程度等。全部情况调查完毕后，绘制出整个系统的物流图和相互关系图，为规划设计分析做准备工作。

然后对实现上述企业战略目标所需要的物流成本进行分析，进行物流成本分析时还要注意从企业的全局利益和长远利益来考虑。

3. 制定方案

一旦确定了系统目标并分析了系统的制约因素，下一个阶段就是根据这些数据资料的分析设计出系统方案。根据物流成本分析结果制定适合建设项目的物流规划方案，如现场布置、运输规划、库存管理、合同管理、人事管理和作业管理。

4. 选择方案

方案评估阶段，对各方案进行评估，选择合适方案。

5. 实施方案

方案实施阶段，该阶段涉及设计、建设，并将大型、专门的设施投入运行、培训等项目。

6. 评估方案

实效评估阶段，对实施方案进行追踪监测，对物流规划方案实施的总体业绩和效果进行评估，分析方案实施前后的变化，及时对物流规划方案进行调整。提出评估报告，作为方案修正的依据。

8.4　建设物流管理的框架

施工现场的建设用物资的供应通常有着各种各样的问题，对其生产力有巨大的影响。从物流观点来审视建设过程，可以改善建筑业生产力。合理的建设物流管理能够确保建设生产过程中材料流动的总体战略。图 8-9 所示描述了工程项目物流管理的模型框架，通过控制从供应商到施工现场以及施工现场内部的物资流动，来改善建设生产现场组织和整体建设过程。

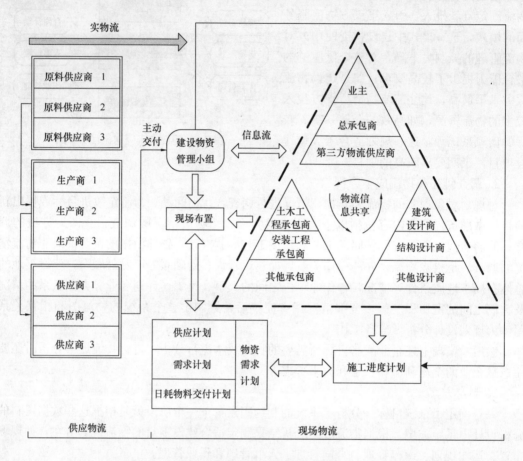

图 8-9　建设物流管理框架模型

8.4.1　建设物流核心要素的管理模式

工程建设项目消耗的建筑材料主要包括钢筋、钢材、水泥、木材、砖瓦、砂石以及建筑构配件、商品混凝土等。这些建筑材料具有体积大、质量重、价值相对低、占用较大场地等特点。建设物流活动的效率主要体现在采购和存储两个环节，因此在建设物流系统的运行过程中，建设用物资的供应模式以及对库存系统的管理方式是影响整个物流系统的主要要素。在此，主要介绍建设物流系统的物资供应模式以及在供应链环境下建设物流库存系统的管理模式。

8.4.1.1　工程建设项目供应物流的模式

1. 建设单位供材制物流模式

指由建设项目的建设单位通过招标、采购、运输、仓储等业务活动，将工程项目所需的主要物资供应给承包单位。为了避免工程实施过程中，由于材料价格波动造成建设单位与承包单位之间的纠纷，建设单位在与承包单位签订合同时，就明确规定了向承包单位供应材料的基础价格，承包单位按照基础价格进行投标报价和工程款的结算。实行建设单位供材制模式，必须在建设单位内部设立物资管理部门，配置必要的物流设施，如仓库、运输车辆等。物资管理部门既是建设单位的物资供应管理部门，也是供应物流运作的实施机构。除进货运输作业可由供货单位或由其委托运输公司承担外，其他物流作业基本由物资管理部门完成。

该模式的优点如下：①建设单位供材对保证工程质量和进度还是比较有效的；②由建设单位集中供材，在大型建设项目中，往往由于材料需求量的规模效应而获得较低的价格。建设单位供材制物流模式的缺点如下：①建设项目、特别是大型建设项目的建设单位团队往往是临时组建的，项目结束后就解散了，是一次性、临时性的项目组织，因此是一种非专业化的机构进行专业管理，管理效率低下，经验远不如专业的物流企业；②为了工程项目的建设，需要设立专门的物资部门、配置专用物流设施，而项目完工后又需要处理设施，人员需要重新安置，因此，这种模式大大增加了物流成本；③建设单位需要协调与材料供应商、承包单位在材料采购供应方面的关系，协调成本比较高。

建设单位供材制物流模式是传统的项目物流供应模式，已经越来越不适应市场经济环境下工程项目管理模式的变革需要。

2. "建设单位＋承包单位" 供材制物流模式

指由建设单位招标确定材料供应商和供应价格，承包单位根据建设单位确定的供应厂家和价格组织进货并承担物流作业；建设单位根据承包单位的进货数量和进货时间向供货厂家支付货款，并定期从承包单位的工程结算款中抵扣，同时收取一定的管理费。

该模式的优点如下：①是对前一种模式的改进，避免了建设单位设置物资部门造成浪费和承担风险，在一定程度上解决了物流效率不高和协调成本降低的问题；②采取这种物流模式时，建设单位统筹供货厂家从而保证了材料质量；③建设单位影响材料价格，就从材料成本的角度控制了工程建设成本；④这种模式把材料消耗量和物流费用的风险转移给了承包单位。这是我国工程建设项目中采用的较多的一种物流管理模式。其缺点如下：①大型工程建设项目的承包单位众多，势必造成物流作业分散，规模效益差；②承包单位主营业务是工程施工，对现场的物流作业有一定的作业管理能力，但从材料供应的全局和全过程角度考虑物流合理化就显得不足；③在组织大型建设项目的物流方面，承包单位的物流设施专业性明显不足。

3. "建设单位＋供应商" 供材制物流模式

指由建设单位招标选择材料供应商和供应价格，供应商从材料生产厂家购进材料并组织物流业务，然后根据工程项目的进度要求，按时、按品种、保质、保量将材料配送到指定的施工现场。

该模式的优点和 "建设单位＋承包单位" 供材制物流模式的优点基本相同。其缺点如下：①这种模式只是将物流服务从承包单位转移到了供应商。由于供应商不是材料生产厂家，而是以提供商流服务为目的，从购销差价中获取收益，因此增加了一个商流环节；②这种模式由于增加商流环节使供应链拉长，对保证质量和及时供货可能存在不利；③大型工程建设项目的材料供应都是大批量的，增加一个商流环节，往往会增大材料供应成本。如果能直接从生产厂家进货，减少商流环节，可以节约材料供应成本。

4. "建设单位＋生产厂家＋第三方物流企业" 供材制物流模式

指由建设单位招标选择材料生产厂家和确定材料价格，物流业务委托给第三方物流企业或由生产厂家委托给第三方物流企业（物流服务商）。后一种情况中，生产厂家在投标时应向建设单位提供与第三方物流企业签订的委托协议。第三方物流企业根据工程项目的进度要求，按时、按品种、保质、保量将材料配送到指定的施工现场。

该供材制物流模式除了具有上述第2、3种模式的优点外，还具有如下优点：①减少了商流中间环节，利用了专业化的物流企业，商流和物流成本都会优于前面三种模式；②如果第三方物流企业由材料厂家委托，建设单位只需协调承包单位和材料供应厂家两方即可，协调工作简单；③以充分发挥第三方物流企业的专业化服务优势，降低物流成本。其缺点主要是指如果第三方物流企业直接由建设单位委托，则建设单位需要协调承包单位、材料供应厂家和物流服务企业三方之间的关系，协调工作量最大。

5. "工程总承包商＋生产厂家＋第三方物流企业"供材制物流模式

工程总承包是指工程总承包商接受建设单位委托，按照合同约定对工程项目的勘察、设计、采购、施工、试运行（竣工验收）等实行全过程或若干阶段的承包。工程总承包主要有如下方式：①设计采购施工（EPC）/交钥匙总承包（TK）；②设计—施工总承包（D—B）等。

"工程总承包商＋生产厂家＋第三方物流企业"供材制物流模式是指总承包商通过招标选择材料生产厂家和确定材料价格，物流业务委托给第三方物流企业或由生产厂家委托给第三方物流企业（物流服务商），总承包商承担物流运行的监控工作。

该模式除了具有第4种模式的优点外，还具有如下优点：①由于建设单位把材料的采购权委托给了总承包单位，可以精简建设单位在材料采购方面的组织机构和人员，集中精力控制材料采购的总成本和工程建设总成本，因此，可以降低建设单位的建设管理成本，提高建设单位对工程建设的管理效率；②可以充分发挥总承包商在材料采购方面的丰富经验，可以降低材料采购成本，选择合理的工程材料；③可以充分发挥总承包商在协调工程进度、众多分包商的物资需求、现场物资的堆放与物资供应方面的丰富经验；④可以充分发挥第三物流企业的专业化服务优势，降低物流成本。

目前，在国际工程项目承包模式中，工程项目总承包模式是普遍采用的。由于项目总承包商在材料物资的招标、采购、选型、匹配、供需协调等方面的集成优势和规模优势，实行"工程总承包商＋生产厂家＋第三方物流企业"模式可以给工程建设项目的实施带来增值效益。因此，这种物流模式在国际工程项目中已经得到越来越广泛应用。建设物流供材模式对照，见表8-2。

建设物流供材模式对照表　　　　　　　　　　　　　　　　　表8-2

建设物资供应模式	优　点	缺　点
建设单位供材制	● 保证质量及进度 ● 规模效应，低价进货	● 临时性项目组织，管理效率低下 ● 需设立庞大的物资管理部门 ● 多方协调成本高
建设单位＋承包单位	● 避免了建设单位设置物资部门的浪费和风险 ● 建设单位统筹供货厂家 ● 建设单位影响供货价格 ● 风险转移	● 规模效益差 ● 物流管理能力有限 ● 物流设施瓶颈

建设物资供应模式	优　点	缺　点
建设单位＋供应商	● 避免了建设单位设置物资部门的浪费和风险 ● 建设单位统筹供货厂家 ● 建设单位影响供货价格 ● 风险转移给供应商	● 供应商这一新增环节赚取供销差价 ● 增加了供应链长度 ● 大量供货时，成本明显升高
建设单位＋生产厂家＋第三方物流企业	● 减少了供货中间环节 ● 协调工作简单 ● 利用 3PL 的专业化服务	● 若建设单位委托第三方物流企业，则协调工作量大
工程总承包商＋生产厂家＋第三方物流企业	● 精简建设单位采购方面的机构和人员 ● 降低甲方建设管理费用 ● 发挥总承包商的统筹管理能力 ● 发挥 3PL 专业化服务优势	● 建设单位对供材的控制有限

8.4.1.2　库存系统的管理模式

建设物流系统是一个复杂系统，子系统与子系统之间，子系统内部都存在着复杂的关系，研究建设物流管理方式的主要目的之一，是降低整个建设物流成本，提高建设物流的管理效率。建设物流库存子系统是整个物流系统内最重要的部分，连接着采购及物资供应等环节，因此库存子系统的目标是实现建设供应链上的各个单位的无缝连接，消除供应链企业之间的高库存现象。通过增加企业之间的信息交流与共享，减少不确定性因素对库存的影响，增加库存决策信息的透明性、可靠性和实时性。基于这样的思路，介绍在供应链环境下库存系统的管理策略。

1. VMI 管理系统

长期以来，建设物流流通系统中的库存是由供应链上的参与主体各自管理，流通环节中的每一个单位都是各自管理自己的库存，建设单位、施工单位、物资供应商、设备供应商都有各自的库存，各个供应链环节都有自己的库存控制策略。由于各自的库存控制策略不同，因此不可避免地产生需求的扭曲现象，从而无法使供应商快速地响应用户的需求。

供应商管理用户库存（vendor managed inventory，VMI）打破了传统的各自为政的库存管理模式，体现了供应链的集成化管理思想，适应市场变化的要求，是一种新的有代表性的库存管理思想。

VMI 管理思想运用在建设物流库存系统的管理中，是在建设物资的需求方与供应商之间建立一种合作性策略，优化建设物资的可获性，在一个相互统一的目标框架下由供应商管理库存，这样的目标框架被经常性监督和修正，以产生一种连续改进的环境。

该策略的关键措施主要体现在如下几个原则中：

（1）合作精神（合作性原则）。在实施该策略时，相互信任与信息透明是很重要的，供应商和物资需求方都要有较好的合作精神，才能够保持较好的合作。

（2）双方成本最小（互惠原则）。VMI 不是关于成本如何分配或谁来支付的问题，而是关于减少成本的问题。通过该策略使双方的成本都获得减少。

（3）框架协议（目标一致性原则）。双方都明白各自的责任，观念上达成一致的目标。

如库存放在哪里，什么时候支付，是否需要管理费，要花费多少等问题都要回答，并且体现在框架协议中。

（4）连续改进原则。使供需双方能共享利益和消除浪费。VMI 的主要思想是供应商在用户的允许下设立库存，确定库存水平和补给策略，拥有库存控制权。

实施 VMI 策略，首先要改变订单的处理方式，建立基于标准的托付订单处理模式。首先，供应商和建设物资需求单位一起确定供应商的订单业务处理过程所需要的信息和库存控制参数；然后建立一种订单处理的标准模式，如 EDI 标准报文；最后把订货、交货和票据处理各个业务功能集成在供应商一边。

库存状态透明性是实施供应商管理用户库存的关键。供应商能够随时跟踪和检查到工程建设项目的库存状态，从而快速地响应市场的需求变化，对企业的生产（供应）状态做出相应的调整。

2. 联合库存管理

联合库存管理（joint managed inventory，JMI）是一种供应链集成化运作的决策代理模式，它能够把工程建设过程中的决策权代理给供应商，由供应商整合物资中间供应商的库存决策权。联合库存管理是一种风险分担的库存管理模式。

传统的库存管理，把库存分为独立需求和关联需求两种库存管理模式来进行管理。关联需求库存问题采用物料需求计划（MRP）处理，独立需求库存问题采用订货点办法处理。一般来说，产成品库存管理为独立需求库存问题，而半成品等过渡性建设用物资的库存控制问题为关联需求库存问题。图 8-10 所示为传统的供应链活动过程模型。在整个供应链过程中，从供应商、制造商到分销商，各个节点企业都有自己的库存。供应商作为独立的企业，其产品库存为独立需求库存。制造商的材料、半成品库存为关联需求库存，而产品库存为独立的需求库存。工程建设项目的施工单位为了应付施工过程中的不确定性也需要库存，其库存也为独立需求库存。

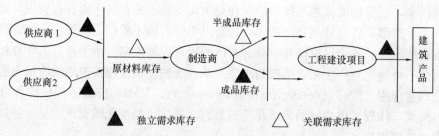

图 8-10　传统的建筑供应链活动过程模型

联合库存管理是解决供应链系统中由于各节点企业的相互独立库存运作模式导致的需求放大现象，提高供应链的同步化程度的一种有效方法。联合库存管理和供应商管理用户库存不同，它强调双方同时参与，共同制定库存计划，使供应链过程中的每个库存管理者（供应商、制造商、工程建设项目）都从相互之间的协调性考虑，保持供应链相邻的两个节点之间的库存管理者对需求的预期一致，从而消除了需求变异放大现象。任何相邻节点需求的确定都是供需双方协调的结果，库存管理不再是各自为政的独立运作过程，而是供需连接的纽带和协调中心。图 8-11 所示为基于协调中心联合库存管理的供应链系统模型。

基于协调中心的库存管理系统和传统的库存管理模式相比，有如下几个方面的优点：

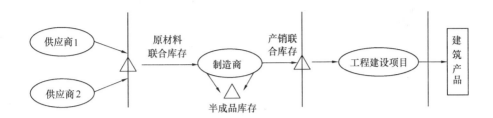

图 8-11　基于协调中心联合库存管理的供应链系统模型

①为实现建设供应链的同步化运作提供了条件和保证；②减少了供应链中的需求扭曲现象，降低了库存的不确定性，提高了供应链的稳定性；③库存作为供需双方信息交流和协调的纽带，可以暴露建设供应链管理中的缺陷，为改进供应链管理水平提供依据；④为实现准时采购以及精益建造管理创造了条件；⑤供应链上的节点企业能够共享资源同时分担市场风险。

建设物流的联合库存管理系统把供应链系统管理进一步集成为上游和下游两个协调管理中心，从而部分消除了建设供应链界面处的不确定性和需求信息的扭曲现象所导致的物流系统的库存波动。通过协调管理中心，供需双方共享需求信息，因而起到了提高供应链的运作稳定性作用。

8.4.2　建设物流供应环节的管理

工程建设项目的供应物流管理与传统物流管理相似，供应物流系统的基本模式和环节在上一节做了详细的阐述。本节着重介绍建设物流中现场物流与供应物流的交界面，即供应商的主动交付。

根据建设生产的特点，将建设物资需求计划分为三个层级，即供应计划、需求计划和日耗物料交付计划。建设用物资的供应商通过早期参与设计过程、以往的经验以及工程建设项目主要参与方的信息共享，掌握工程建设项目的这三种计划，了解即将交付的物资需求。因此，他们可以主动通知项目有关管理人员可能存在的交付问题。项目管理人员根据已经发现的物资问题，相应调整生产计划。通过赋予供应商按时交付现场每一作业所需物资的责任，提高建设物流的供应效率和效果。

主动交付的时间控制可以采用项目管理中常用的参数——时间缓冲器，来确保某项作业所需物资按时到达。因此，供应商根据物资需求计划，按照缓冲天数进行物资的交付。某一单项工程周计划，如图 8-12 所示，假定项目的时间缓冲器为两天，某供应商交付钢筋所需时间是两天，另一供应商交付建筑用砖的时间是一天。则对周五的作业，钢筋供应商应该在作业开始前四天发货，砖供应商则应提前三天发货。

8.4.3　建设物流的现场管理

现场物流是工程建设项目物流的重要组成部分。现场物流概念要求物资精确的计划交付日期，以适合现场实际规划和存储安排。否则，会导致施工进度计划的延误和中断或者导致在存储、处理和运输过程中资源的浪费。现场物流管理的主要挑战是信息的及时传递、制定多层次动态计划、确定现场布置、通过完善的物资跟踪系统确定作业层物资以及库存、改变传统的建筑业内部合作的模式等，为精确的物资采购和交付奠定坚实的基础。

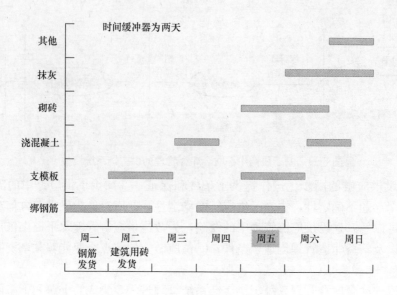

图 8-12 供应商主动交付示意图

1. 信息流优化

信息是建设物流的基础，信息的不准确和延误直接影响建设物流的成败。建设项目信息量大，种类繁多，来自于决策、设计和建设等各个阶段以及业主、第三方物流供应商、总包商、分包商、设计方等各个参与者，且需要各个参与者的集中决策。另外，建设项目信息随着项目的进展，现场条件的不断变化而变化。建设现场通常有大量的设计变更和现场指令，需要提出申请，得到项目管理方和业主的批准后才可以开展工作，之后将更改结果和指令，在审核后传递给各需要者。这些变更和指令改变了需要的各种物资、设备和施工机械，对物料的流动产生直接的影响。因此，信息实时、准确地传递给各个需要者以便及时做出反应和修正是物流顺利运作的保证，从而使得利用各种先进的方法和信息技术优化信息流尤其重要。

2. 计划制定和控制

从运作方面来看，影响供应物流管理效率的一个重要方面是生产计划。而施工过程中存在很多的不确定性使得准确地制定计划的难度增加，采用三个层级的物料需求计划方法，即供应计划、需求计划和日耗物料交付计划能够很好地把握建设物流的计划过程。根据工程建设项目的特点与实际情况，物料需求计划在施工进度计划的基础上生成。因此，施工进度计划的控制情况将直接影响物料需求计划的准确性。

供应计划指整个项目所需材料、构配件、设备等的计划交付日期，且详细说明与每一个供应商及分包商的物资协调。此计划在详细设计阶段制定，并且要详述物资属于哪一个单独的工序。制定计划时，设计师、承包商和供应商必须密切合作。因此，供应商应该在设计阶段就进行参与，以便选择合适的物资、制定合适的方案。同时，由于供应商尽早的参与，可以提供优惠的价格和更好的交付条款。

需求计划是供应计划的详细版本，预测近期所需物料。此计划的制定要求所有分包商合作草拟。例如某项目在施工阶段，承包商、供应商、物流管理小组和物资管理员之间举行物资控制周例会。各方代表要识别提前三周的物资供应预期，确定提前两周的精确需求，对提前一周的物资供应提出申请，并根据周预测分解以识别每天的物资需求。在下次例会中，根据施工进度以及现场物资的实际情况，依次提出后续的物资申请，并在必要时，采取纠正措施。

日耗物料交付计划是对需求计划的补充。就是指一天一次的交付，仅交付第二天所需的物资。在日耗物料交付计划中引入"组合单元"的概念。一个组合单元就是一套物资，指在建筑现场某一位置、对某一工种，一项作业所需物资的集合。因此，日耗物料交付计划就被分成很多个单元。某一组合单元计划由物资供应商与物资协调员协力制定。承包商应详细说明每组合单元数量、物资类型、供应商、接收的承包商，以及计划规定的交付时间、运输方法、交付所需设备和包装细节。由于包括单元的描述及其计划交付日期等所有的细节，承包商可以在早期向供应商下订单。

供应商按不同的订单和作业及工作区域进行包装，按正确的顺序将组合单元装到准备好的集装箱内，同时为每一种类的组合单元规定一个特定的号码以鉴别。为了减少内部运输，单元交付应尽量靠近工作区域。在整个项目物资交付过程中，最好雇用某些固定的司机装货和交付，使他们熟悉现场布置的变化，选择最好的卸货顺序。在此过程中，任何错误都要立刻、直接的反馈给有关各方。因此，与销售商建立密切的合作必不可少。

3. 现场布置与存储

通常，现场的物资没有在任何库存控制系统中注册。一些情况下，现场库存由计算机电子表格监控。但是库存记录由于人工处理过程和物资移动信息注册不一致往往有缺陷。因此，需要一个更有效的方法确定现场库存和作业层物料。

现场布置规划由业主、承包商和设计方共同协商制定，包括：确定各个承包商工作区域的位置和范围，这些工作区域是固定的抑或临时的；确定现场交通路线；仓库料场应尽可能靠近使用地点及施工垂直运输机械能起吊的位置，以避免二次搬运，但不能选在影响工程施工的位置，且应尽可能的设置在交通便利、装卸方便的地方。

施工的现实情况表明，物料进厂的先后顺序、物料及施工机械在施工现场内的安排与施工现场各工种之间的工作安排、工序的先后施工顺序等有密切的联系，稍有差错，极易引起窝工、返工、耽误工期等不良事件发生。因此，现场布置不仅仅局限于识别必要的空间和制定布置图，还要详细说明施工顺序和冲突、施工方法和所需时间，必要时还要进行修改。

在工程项目建设中准确确定库存非常复杂。工程建设项目的库存管理可以借鉴制造业先进的管理技术，通过跟踪现场仓库收到的物资和从仓库支出的物资建立物资库存信息。跟踪技术要求所有的物资交付都配备一个识别码，贴在交付的物资上，比如说订单号，可以将交付和它包含的物资链接起来。当一套物资到达或者从仓库取出时，这些识别码用一个跟踪系统来登记。然后，跟踪软件将识别码、库存地点和时间传送到跟踪数据库，如图 8-13 所示。同时还要建立信息反馈系统，按照收货单仔细检查所有交付的物资。

由此可知，此库存数据库建立在跟踪进货、出货基础上的，可以获得以下信息：某项作业所需各种物料的位置；某一特定位置的物料；某一次所发

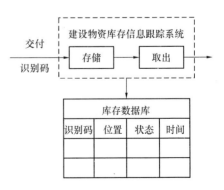

图 8-13 建设物资库存信息跟踪

货物的位置以及物资在某一特定位置的停留时间。这些信息对检查某项作业所需物资是否可得是足够的。它还可以用来优化库存分配。将数据库与物资订购日期、发货日期，以及供应商承诺的交付日期相链接，从而产生某一供应商的按时交付率、订购提前期、交付提前期（从发货到收货）等绩效考核指标，为供应商的选择提供依据。

根据库存信息，确定已有物资和按照计划需要定购的物资。由于工程建设某项作业所需物资多种多样，物资完全具备才能进行施工，因此，还要用库存信息进行物资约束分析以确定作业层所需物资是否具备。反过来，由于有的物资直接交付到施工地点，理清库存时，也要确定作业层的物资数量。因此，要求在物资和作业之间也要有链接。通过将一项作业所需物资按该任务物资清单（BOM）的形式进行明确。设计 BOM 本体反映了物资的组成结构，而制造 BOM 本体是按物资的装配或者制造工艺构成，而各个职能部门只能根据自己的需求，通过对制造 BOM 或者设计 BOM 信息的提取和计算，并添加或关联自身需要的一些信息，就得到自己所需要的 BOM 视图。如面向建设物资生产的制造 BOM、面向建材安装的装配 BOM、采购 BOM、维护 BOM 等。各种 BOM 多视图的信息集成情况如图 8-14 所示。

具备了所有已确定的作业物资的可得性信息，还必须决定项目作业的物资约束。同样，图 8-15 所示为某一单项工程周计划各项作业及其各自物资之间的链接。当项目作业具备了物资信息，从中发现那些仍然具有物资约束的作业，并且将它们重新计划至往后的日期，以满足物资需求。

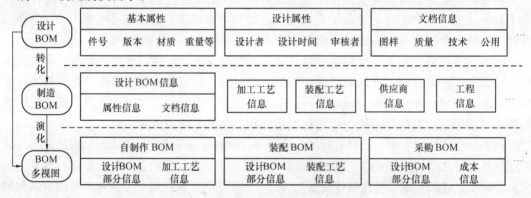

图 8-14　建设物资的 BOM 信息集成

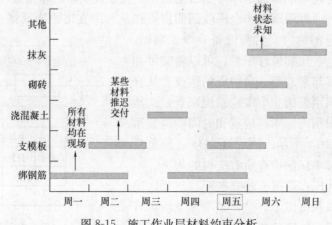

图 8-15　施工作业层材料约束分析

4. 业主、设计商和承包商的三重角色

物流为工程建设项目的施工服务，始于设计，终于工程现场安装。工程设计处于物流流程的开端，是物流的确定性因素，而工程建设项目管理贯穿物流管理，同时也是物流流程的目标。因此，在物流过程中设计商、承包商和业主所代表的供材单位具有重要的作用。为保证工程按期完成，必须协调好资源和进度之间的关系，分析设计商、承包商和业主在各个环节上的物流信息，合理制定和调节资源配置计划以及施工进度计划，及时反馈信息，使物流流程合理、通畅。

在生产过程中，任何一方都扮演着三个不同的角色：供应商、制造商和客户。质量管理大师朱兰将这种互相变化的角色定义为"三重角色"。从建设的全过程来讲，这种"三重角色"也无处不在。业主是设计商的客户，为设计商提供必要的信息和要求。通过设计商为他提供的服务，业主审核设计方案和材料需求计划，为承包商提供材料规格等信息。在此过程中，承包商成为设计商的客户，通过设计商的计划和要求进行施工，为业主提供满意的建筑设施。在设计商的设计过程、承包商的建设过程和业主的审核过程中，设计商、承包商和业主都充当制造商的角色。这种动态地共享建设物流信息的观点，区别于传统看待这三方变化角色的观点。

思 考 题

1. 建设物流的特征有哪些？
2. 建设物流活动的管理对象是什么？
3. 如何进行建设物流的经济性分析？
4. 建设物流的成本构成如何？你认为应如何控制？
5. 如何进行建设物流系统规划？
6. 建设物流核心要素的管理模式是什么？
7. 你认为我国目前在建设物流管理方面存在的主要问题有哪些？

参 考 文 献

[1] 吴军. 工程建设物流管理若干问题研究. 大连海事大学，2009.

[2] 任迪. 工程建设物流的采购与库存管理研究. 大连海事大学，2008.

[3] 郑称德. 采购与供应管理. 北京：高等教育出版社，2005.

[4] 刘玉明，王耀球. 大型工程建设项目的供应物流模式选择研究. 物流技术，2007.

[5] 蔡依平. 工程建设项目物流关键问题优化理论与方法研究. 同济大学，2007.

[6] 尤建新等. 工程项目物流管理框架模型. 工业工程与管理，2006.

[7] F Caron, G Marchet A Perego. Project logistics: integration the procurement and construction process. International Journal of Project Management，1998.

[8] Jean-Luc Guffond, Gilbert Leconte. Developing construction logistics management: the French experience. Construction Management and Economics，2000.

[9] Sven Bertelsen, Jqrgen Nielsen. Just-In-Time Logistics in the Supply of Building Materials. Proceedings of the 1st International Conference on Construction Indestry Development: Building the Future Together，1997.

[10] Afapion A, Clausen L. E. et al. The role of logistics in the materials flow control process. Construction Management and Economics，1998.

［11］ 舒辉. 物流经济学. 北京：机械工业出版社，2009.

［12］ 茅宁. 现代物流管理概论. 南京：南京大学出版社，2004.

［13］ 曾富洪，周兰花. 面向产品生命周期的 BOM 结构研究. 现代制造工程，2006.

［14］ 许恒勤，成晓昀. 物流系统规划. 北京：科学出版社，2010.

［15］ 李忠富，范建双，徐淑红. Web 技术在起重作业准时化配送体系中的应用. 哈尔滨工业大学学报，2009.

第9章 可持续建设理论

9.1 可持续发展理论

9.1.1 对可持续发展理论概述

9.1.1.1 可持续发展的概念

有关可持续发展的理念，最早可以追溯到中国古代春秋战国时期，著名的思想家孔子主张"钓而不纲，弋不射宿"。孟子也曾批评过"竭泽而渔"的做法，提出了"苟得其养，无物不长"的观点等，都清晰地体现了古代关于可持续发展的思想，古人从社会实践中已经悟出了关于自然资源需要休养生息方能永续利用的道理。

20 世纪 60、70 年代后，随着全球性环境问题的显现与加剧以及"能源危机"的冲击，在全球范围内开始了关于"增长的极限"的争论。伴随着人们对代际公平及代内公平作为社会发展目标的认识加深和一些全球性环境问题如臭氧层破坏、全球变暖和生物多样性消失等问题的渐渐浮现，当代可持续发展的思想也渐渐形成。

关于可持续发展的定义，主要有以下几种：

在世界环境和发展委员会于 1987 年发表的《我们共同的未来》报告中，对于可持续发展的定义为："既满足当代人的需求又不对后代人满足其需求的能力构成危害的发展。"

世界自然与自然资源保护同盟（IUCN），联合国环境署（UNEP）和世界野生生物基金会（WWF）于 1991 年共同发表的《保护地球——可持续性生存战略》（Caring for the Earth——A Strategy for Sustainable Living）一书中提出的定义是："在生存于不超出维持生态系统涵容能力的情况下，改善人类的生活质量。"

美国世界资源研究所于 1992 年在《世界资源报告》中提出，可持续发展就是"建立极少产生废料和污染物的工艺和技术系统。"

世界银行在 1992 年《世界发展报告》中称，可持续发展指的是："建立在成本效益比较和审慎的经济分析基础上的发展政策和环境政策，加强环境保护，从而导致福利的增加和可持续水平的提高。"

1992 年，联合国环境与发展大会的《里约环境与发展宣言》的第 27 条原则中有两条原则对可持续发展进一步阐述为："人类就享有以自然和谐的方式过健康而富有成果的生活的权利，并公平地满足今世后代在发展与环境方面的需求。求取发展的权利必须实现。"

经济学家皮尔斯和沃福德在 1993 年所著《世界无末日》一书中提出了以经济学语言表达的可持续发展的定义："当发展能够保证当代人的福利增加时，也不应使后代人的福利减少。"

基于以上认识，可持续发展应至少包含以下几层含义：一是经济的可持续发展。可持续发展就是经济的发展，同时也强调这种发展应保持在自然与生态的承载力范围之内，即"保护自然资源的质量和其所提供服务的前提下，使经济发展的利益增加到最大限度"。二是生态的可持续发展。可持续发展是"自然资源及其开发利用之间的平衡"，使人类的发展与地球承载能力平衡，使人类生存环境得以持续。三是社会的可持续发展。可持续发展是社会的持续发展，包括生活质量的提高与改善，即"资源在当代人群之间以及与代人群之间公平合理的分配"。四是回归自然的可持续发展。可持续发展理论是对人类中心广义的否定，也是对主体性原则的否定，人类只能放弃对自然界的发行和控制，回归自然而成为"自然界普通的一员"，才能实现生态保护和可持续发展。五是以人为本的可持续发展。"可持续发展是一种以人的发展为中心，以包括自然、经济、社会内的系统整体的全面、协调、持续性发展为宗旨的新的发展观"，即以人为中心的系统发展观是一种"以人为中心的发展观"，认为"可持续发展的核心是要以人为本"。六是协调的可持续发展，可持续发展是社会、经济与环境的协调发展。

9.1.1.2 可持续发展的原则

1992 年 6 月，世界环境与发展首脑会议在巴西的里约热内卢召开，共 183 个国家的代表团和联合国其下属机构等 70 个国际组织的代表出席，102 位国家元首或政府首脑到会讲话。会议通过并签署了《里约热内卢环境与发展宣言》、《21 世纪议程》、《生物多样性公约》等重要文件。《宣言》提出对环境与发展进行综合决策，明确了可持续思想、目标与原则。其内涵主要体现以下几个原则：

(1) 公平性原则。公平性原则包括本代人之间的公平，也包括代际间公平。从本代人看：现实加剧两极分化趋势。人口占全球 26% 的发达国家，消耗能源中钢铁、纸张占全球消费量 89%，国民收入占全球 85%。人口占全球 74% 却很少，尤以 10 亿人口处于贫困饥饿状况。所以消除发展中国贫困是可持续发展中需优先考虑。从代际看：人类赖以生存的自然资源是有限的，虽然后代人有开验资源，并提高利用率可能，但仍需大量资源的支持，因而本代人不能只考虑自身利益，应从可持续观点出发，合理利用资源，给世世代代以公平利用资源的权利。

(2) 持续性原则。可持续发展是要满足人类的需求，而需求的满足是没有限制的，主要限制因素是自己资源和环境，发展要以环境的承载力为极限，而"可持续发展不应损害维持地球生命的自然系统：火气、水、土壤、生物……"。其核心是"人类经济和社会发展不能超越资源和环境的承载能力。"

(3) 共同性原则。由于各国历史、文化、自然条件发展水平差异，其发展具体的目标、模式、实施步骤不可能一致，但总目标是一致的。地球只有一个，这是整体性，相互依存的特点。

根据《中国 21 世纪初可持续发展行动纲要》对可持续发展原则的归纳，可持续发展的基本原则主要体现在以下几个方面：①持续发展，重视协调的原则；②科教兴国，不断创新的原则；③政府调控，市场调节的原则；④积极参与，广泛合作的原则；⑤重点突破，全面推进的原则；⑥社会公正、公平原则。

9.1.1.3 可持续发展的内涵

(1) 共同发展。地球是一个复杂的巨系统，每个国家或地区都是这个巨系统不可分割的子系统。系统的最根本特征是其整体性，每个子系统都和其他子系统相互联系并发生作用，只要一个系统发生问题，都会直接或间接影响到其他系统的紊乱，甚至会诱发系统的整体突变，这在地球生态系统中表现最为突出。因此，可持续发展追求的是整体发展和协调发展，即共同发展。

（2）协调发展。协调发展包括经济、社会、环境三大系统的整体协调，也包括世界、国家和地区三个空间层面的协调，还包括一个国家或地区经济与人口、资源、环境、社会以及内部各个阶层的协调，持续发展源于协调发展。

（3）公平发展。可持续发展思想的公平发展包含两个纬度：一是时间纬度上的公平，当代人的发展不能以损害后代人的发展能力为代价；二是空间纬度上的公平，一个国家或地区的发展不能以损害其他国家或地区的发展能力为代价。

（4）高效发展。公平和效率是可持续发展的两个轮子。可持续发展的效率不同于经济学的效率，可持续发展的效率既包括经济意义上的效率，也包含着自然资源和环境的损益的成分。因此，可持续发展思想的高效发展是指经济、社会、资源、环境、人口等协调下的高效率发展。

9.1.2 中国可持续发展的理论

我国可持续发展理论与实践充分地借鉴了国外的可持续发展理论与实践，其理论的形成以《中国21世纪议程》为标志。

9.1.2.1 《中国21世纪议程》

在世界环境与发展大会之后，中国政府率先发表了"中国21世纪议程"白皮书。《中国21世纪议程》文本是在与全球《21世纪议程》相呼应的基础上，根据中国国情编制的，共20章，20余万字，设78个方案领域。主要由以下部分组成：

1. 可持续发展总体战略

由序言、战略与对策、立法与实施、费用与资金机制可持续发展能力建设和团体公众参与等章组成，设18个方案领域。这一部分论述了中国可持续发展的首要目标是经济，同时必须与环境保护相协调，提出了各主要产业和环保的发展目标。还包括：建立相应的立法体系和行动计划；制订技术、经济政策，实行导向性的财务和税收政策，建立国家基金，争取国际资金支持；完善管理体系、人力资源开发和科技能力建设，建立信息系统；通过立法保障妇女、青少年、少数民族、工人、工会、科技界参与可持续发展；采取扶助政策增强少数民族地区的可持续发展能力等。

2. 社会可持续发展

由人口消费与社会服务、消除贫困与可持续发展、卫生与健康、人类住区和防灾减灾等章组成，设19个方案领域。这一部分提出了社会可持续发展的目标和措施，包括：人口政策、控制人口增长和提高人口素质的目标；改革分配制度，发展第三产业，适度发展耐用消费品，实施住房商品化；建立流通技术和信息服务体系；通过政策扶持、资金投入，提高贫困地区自身经济发展能力；完善卫生防疫保健网络，控制传染病，防止职业病，减少地方病危害；控制大城市过快增长，积极发展中小城市；完善市政基础设施和人类住区功能；发展节能建筑；实现城市污水的综合和集中处理；建立与社会、经济发展相适应的自然灾害防治体系，提供社会和经济发展安全保障，避免不合理开发造成灾害。

3. 经济可持续发展

由经济政策、农业与农村、工业与交通、通信、能源生产和消费等章组成，设20个方案领域。这部分包括：建立和完善社会主义市场经济，利用市场机制和经济手段推动可持续发展；建立经济与环境综合核算体系，把资源和环境因素纳入经济决策过程；完善农业和农村可持续发展综合管理体系；大幅度增加农业生产投入，提高农业综合生产能力；开展农业自然资源核算并提供价格依据；开发和推广节约资源、提高产品产量和质量、保护环境的农业技术；加快农村第二、三产业的发展；改革工业管理体制，调整产业结构，改善技术装备，推广应用高新技术，控制并逐步淘汰高消耗、高污染工艺，推动清洁生产的发展；开发和推广先进的节能技术，开展企业能源审计与管理；开发低污染的煤炭利用技术和清洁煤技术，挖掘可再生能源。

4. 资源与环境的合理利用与保护

自然资源保护与持续利用、生物多样性保护荒漠化防治、保护大气层和固体废物的无害化管理五章组成，设 21 个方案领域。资源与环境的合理利用与保护是实现社会、经济可持续发展的关键一环。资源的永续利用和生态环境的不断改善，是可持续发展战略的重要方面。这部分中提出了对土地、森林、淡水、海洋、矿产等资源实行保护、开发、增值并重的政策，提出依靠科技进步挖掘资源潜力，运用市场机制和经济手段促进资源合理配置，建立资源节约型的经济体系；完善生物多样性保护法规，建立国家自然保护区网络，保护特殊生态系统；保护农业生态系统和农作物野生亲缘种群；利用科学技术开发重点流域和进行区域治理；继续进行五大防护林带建设；采用新型技术和设备控制大气污染和防治酸雨；逐步减少消耗臭氧层物质的使用，发展替代产品和替代技术；通过提高能效减少温室气体排放，大面积造林增加对二氧化碳的吸收能力，达到减缓温室气体排放增长速度、保护气候的目的；制订废物最小量化、鼓励清洁生产的政策措施；建立有害废物收集、存贮、运输、处理、再利用或回收及最终处置的法规、技术标准；建设有害废物安全填埋场和焚烧场。

9.1.2.2　中国可持续发展战略的特征

在《中国 21 世纪议程》的基础上，基于我国的实际情况，中国对可持续发展的认识和理解主要强调以下几点：

第一，可持续发展的核心是发展。历史表明，落后和贫穷不可能实现可持续发展的目标。中国必须毫不动摇地把发展经济放在首位，各项工作都要围绕经济建设这个中心来展开，无论是社会生产力的提高、综合国力的增强、人民生活水平和人口素质的提高，还是资源的有效利用、环境和生态的保护，都有赖于经济的发展。经济发展既是发展的物质基础，也是实现人口、资源、环境与经济社会的协调发展的根本保障。

第二，可持续发展的重要标志是资源的永续利用和良好的生态环境。可持续发展要求在严格控制人口增长、提高人口素质和保护环境、资源永续利用的条件下进行经济和社会建设，保持发展的持续性和良好势头。因此，保护好人类赖以生存与发展的大气、淡水、海洋、土地和森林等自然环境和自然资源，防止环境污染和生态破坏，既是中国社会广义建设的一项战略性任务，也是中国的一项基本国策。

第三，可持续发展要求既要考虑当前的发展，又要考虑未来发展的需要。中国实施可持续发展战略的实质是要开创一种新的发展模式代替传统的落后的发展模式，把经济发展与人口、资源、环境协调起来，把当前发展与长远发展结合起来，而不是以牺牲后代人为代价来满足当代人利益的发展。

第四，实现可持续发展战略必须转变思想观念和行为规范。要正确认识和对待人与自然的关系，用可持续发展的新思想、新观点、新知识，改变人们传统的不可持续发展的生产方式、消费方式、思维方式，从整体上转变人们的传统观念和行为规范。

9.1.3　中国建筑业可持续发展现状

建筑在建造过程和使用过程中消耗了大量的能源、资源，对整个社会的可持续发展带来了极大的压力。研究表明，发展中国家建筑消耗的原材料超过总量的 50%，能耗则占总量的 40%～50%，同时还产生了大量的废弃物。中国的建筑资源消耗与能耗也已接近上述比例，同时剧增的建筑量也造成侵占土地、破坏生态环境的现象。因此，胡锦涛总书记明确指出"要大力发展节能省地型住宅，全面推广节能技术，制定并强制执行节能、节材、节水标准，按照减量化、再利用、资源化的原则，搞好资源综合利用，实现经济社会的可持续发展"，温家宝总理也多次指出"建筑节能不仅是经济问题，而且是重要的战略问题。"

由于中国的特殊国情，可持续建筑的实施推广和障碍有其鲜明的特点。中国政府提出了"节能省地型住宅和公共建筑"的发展理念，在《节能中长期专项规划》中，将建筑节能作为节能的重点领域，要求建筑节能在"十一五"期间要实现节约 1 亿吨标准煤的规划目标。同时，国家也在执行建筑节能专项检查来督促、推广可持续建筑的发展。截至 2007 年 10 月，全国城镇新建建筑在设计阶段执行节能标准的比例为 97%，施工阶段执行节能标准的比例为 71%。可以看出，可持续建筑在我国已经进入了如火如荼的推广应用的阶段，但是仍然有诸多问题亟待解决。

9.2　可持续建设的基本概念

9.2.1　工程项目可持续建设的基本思想

进入工业时代以来，机器化的大生产替代了手工劳动，自此人类的生活发生了翻天覆地的变化。但同时，传统的工业化生产方式也带来了大量的不可再生资源消耗和环境污染等众多负面影响。建筑业在为经济建设做出重大贡献的同时，其造成的不可再生资源消耗和环境污染问题也日益突出。如何实现工程项目的可持续建设，已经成为世界各国建筑从业人员必须认真思考的问题。将可持续发展理论应用于建筑工程领域，是世界各国建设者的责任和义务。

1993 年召开的世界建筑师大会的宣言中指出，建筑和建筑环境在人类对自然环境的影响中扮演了十分重要的角色。如何实现建筑业的可持续发展，如何将可持续性的思想与工程项目建设相结合，从而实现工程项目的可持续建设，已经成为世界各国建筑界所关注的问题。在 1994 年召开的第一届可持续建设国际会议上，提出了可持续建设的基本思想：在建筑物的设计、建造、运营与维护、更新改造、拆除等整个生命周期中，用可持续发展的思想来指导工程项目的建设和使用，力求最大限度地实现不可再生资源的有效利用，减少污染物的排放、降低对人类健康的影响，从而营造一个有利于人类生存和发展的绿色环境。

可持续建设是一种过程，强调工程项目各个环节的管理。绿色建筑、可持续建筑是结果，是通过可持续建设而实现的最终产品。只有通过工程项目的可持续建设，才能最终得到我们所需要的绿色建筑。

9.2.2　绿色建筑的概念

目前有许多和绿色建筑相关或者类似的概念，如生态建筑、环境友好型建筑、节能建筑等。2006 年我国出台了《绿色建筑评价标准》，对绿色建筑进行了确切的定义。

绿色建筑是指在建筑的全寿命周期内，最大限度地节约资源（节能、节地、节水、节材)、保护环境和减少污染，为人们提供健康、适用和高效的使用空间，与自然和谐共生的建筑。可以看出，绿色建筑定义的三要素是：节约资源；保护环境、减少污染；创建健康、适用、高效的使用空间。绿色建筑是实现"以人为本"、"人-建筑-自然"三者和谐统一的必要途径，是我国实施可持续发展战略的重要组成部分。

绿色建筑的出现标志着传统的建筑设计摆脱了传统的仅仅对建筑的美学、空间利用、形式结构、色彩结构、色彩等方面的考虑，逐渐走向从生态的角度来看待建筑。建筑不仅被作为非生命元素来看待，而更被视为生态循环系统的一个有机组成部分。绿色建筑要考虑到当地气候、建筑形态、使用方式、设施状况、营建过程、建筑材料、使用管理对外部环境的影响，以及舒适、健康的内部环境，同时考虑了投资人、用户、设计、安装、运行、维修人员的利害关系，即可持续的设计、良好的环境及受益的用户三者之间应该有平衡的、良性的互动关系，从而达到最优化的整体绿化效果。绿色建筑正是以这一观点为出发点，平衡及协调内外环境及用户之间不同的需求与不同的能源依赖程度，从而达成建筑与环境的自然融和。

基于狭义建筑业（包括房屋和土木工程、安装工程装饰工程和其他建筑工程）的可持续建造，强调在建筑安装工程生产活动中全面实践可持续发展战略。"可持续发展"的概念源于环境保护，但是经过数十年的发展，"可持续发展"早已不仅仅是研究、追求环境保护的问题，而是涉及"自然-经济-社会"的三维复合系统，追求自然经济、社会复合系统的持续健康发展，生态持续、经济持续和社会持续已成为可持续发展的三个基本特征。就建筑业而言，建筑业的可持续发展不再局限于减小建筑业给自然环境带来的负面影响，还融入了可持续发展的社会可持续性和经济可持续性方面，突出了可持续发展的三重底线（经济底线、环境底线和社会底线）原则。可持续发展概念在深层意义上有伦理、道德和精神的内涵，所以意味着人们态度的改变和价值导向的重新定位。

绿色建筑的概念有着十分丰富的内涵，首先，绿色建筑的根本出发点是满足使用要求。绿色建筑首先考虑的是使用者的健康、舒适和安全。以人为本是发展绿色建筑的根本出发点，也是最终落脚点。其次，绿色建筑的重点是最大限度地保护生态环境。绿色建筑的重点研究内容是节约资源，保护生态环境。第三，绿色建筑的概念涵盖所有类型的建筑，既可以用于住宅建筑、办公建筑、商业建筑，也可以用于工业建筑和农业建筑；既可以用于新建项目，也可用于改建、扩建和迁建项目。此外，绿色建筑的研究范围必须综合考虑建筑的全寿命周期。绿色建筑是在全寿命周期中对能源、土地、水资源、材料等各种资源实现有效利用的建筑物。为了实现此目标，必须通过围绕工程项目生命周期，从工程项目的前期策划、设计、施工、运营的各个环节实施可持续建设。

9.2.3 可持续建设发展与应用研究

9.2.3.1 国际工程项目可持续建设的发展

20 世纪 30 年代，美国建筑师 R. B. 富勒（R. Buckminister Fuller）就提出应关注如何将人类的发展目标、需求与全球资源、科技结合起来，用逐渐减少的资源来满足不断增长的人口的生存需要，实现"少费而多用"（more with less），将有限的物质资源进行最充分和最合宜的设计和利用。20 世纪 60 年代，美籍意大利建筑师保罗·索勒瑞（Paola Soleri）将生态学（ecology）和建筑学（architecture）两词合并为一个新名词"arology"，从本质上提出了生态建筑的新理念。

20世纪70年代，随着石油危机的来临，人们清醒地初步意识到以牺牲环境为代价的发展是难以为继的。对于资源消耗庞大的建筑业而言，必须改变发展模式，走可持续发展之路。在这一思想的指导下，以太阳能、地热、风能为代表的替代性可再生能源的利用技术的出现，以改善围护结构性能为代表的建筑技术的发展，使得建筑节能在建筑业中得到了广泛的应用。同时，在某些办公楼存在的建筑病综合征问题的出现，使人们认识到保护建筑使用者健康问题的重要性。以健康为中心的建筑环境研究逐渐成为发达国家绿色建筑研究的热点。

1992年6月，联合国在巴西里约热内卢召开了由183个国家的代表团、102个国家元首或政府首脑出席的世界环境与发展首脑会议［UN（2EI）］。会议通过了《里约宣言》、《21世纪议程》等纲领性文件，确定了人类社会发展的新战略——可持续发展战略，可持续发展战略成为全人类面向21世纪的共同选择。在这一思想的指导下，建筑师提出了3R的设计原则，即减少不可再生能源和资源的使用（reduce），尽量重复使用建筑构件或建筑产品（recycle），加强对老旧建筑的修复和某些构成材料的重复使用（reuse）。

1996年6月，联合国在里约热内卢召开了第二次人类住区大会——城市问题首脑会议。会议讨论了具有全球性重要意义的两个主题："人人有适当的住房"（Adequate Shelter for All）和"城市化世界中的可持续人居住区发展"（Sustainable Human Settlements in an Urbanizing World）。

1998年10月，在加拿大的温哥华召开了以加拿大、美国、英国等多个西方发达国家参加的绿色建筑国际会议——"绿色建筑挑战'98"（Green Building Challenge'98）。会上总结了各国的建筑学者在绿色建筑及住区研究方面的成果和实践。2000年10月，在荷兰的马斯特里赫特（Masstricht）召开了"可持续建筑2000"（GBC 2000）国际会议。会议提出了促进建筑物环境特性评价方法技术发展的问题。并对多国研制的GBTool绿色建筑评价体系的使用性进行了讨论。随后，2002年9月在挪威举行的可持续建设（Sustainable Building 2002）会议以及2005年3月在日本举行的可持续建设（Sustainable Building 2005）会议上，GBTool得到了进一步的讨论和完善。

目前，世界各国都将发展绿色建筑作为一项重要国策，积极探讨实现可持续建设的途径和方法，使工程项目的建设能够最大限度地节约资源、保护生态环境，为人们提供一个健康舒适的居住环境。

9.2.3.2　我国工程项目可持续建设的发展

20世纪90年代，可持续建设概念逐渐被引入我国。1994年，我国发表了《中国21世纪议程》，并启动2000年小康型城乡住宅科技产业工程。1996年，在《中华人民共和国人类住区发展报告》中，对进一步改善和提高居住环境质量提出了更高的要求。

2001年5月，我国推出了《绿色生态住宅小区建设要点与技术导则》。2002年7月，建设部陆续颁布了《关于推进住宅产业现代化提高住宅质量若干意见》、《中国生态住宅技术评估手册》。2002年10月底，又出台了《中华人民共和国环境影响评价法》，为工程项目建设的环保问题提供了法律依据。在我国发展绿色建筑这一重要战略思想的指导下，各地方政府也相继出台了一些推动绿色建筑发展的文件和规定。例如，2003年3月，上海市人民政府制定了《上海市生态型住宅小区建设管理办法》和《上海市生态型住宅小区技术实施细则》，用于指导上海地区的可持续建设工作。

在工程项目建设的实践领域，我国也进行了大量的工作。以"上海生态世博"和"北京绿色奥运"为背景的"上海生态建筑示范楼"和"清华超低能耗示范楼"等绿色建筑示范项目业已建成，并向国内外开放，成为我国绿色建筑技术的科研和教育基地。目前，我国可持续建设尚属起步阶段，缺乏系统的技术政策法规体系，可持续建设评估标准规范尚未正式颁布，很多问题有待于进一步研究。

9.2.3.3 可持续建设应用研究

可持续建设应用研究方面已经呈现出由单一化到多样化，由简单化到高级化的发展趋势。以绿色建筑成本评估体系为例相关的应用研究已经从原来的单一追求最低成本（Total Cost，TC）发展到追求最低生命周期成本（Life Cycle Cost，LCC），再发展到追求生命周期能耗（Life Cycle Energy，LCE）最低。尽管类似的应用研究已经有质的飞跃，但并没有将可持续建设理论全面应用于实践。比如绿色建筑应用研究忽略了建筑业上游产业的能耗问题，也就是有关绿色建筑的成本测算和评价体系仍停留在施工和建设全过程两个环节上。这就造成了建筑业的总投入和总产出难以取得平衡，相关利益主体之间的经济关系更加复杂化的问题。

根据可持续建设理论，可将现有的绿色建筑评价方法提升到建筑总能耗成本（Total Energy Cost，TEC）最低的层次，即在进行建筑能耗成本高处评估时，扩充原有 LEC 评估范围，将建筑本身的能源延伸到建筑产业链上游，兼顾建筑业整体向往与产出之间的平衡，以满足社会总成本最低。为此，绿色建筑成本测算评估方法可以划分为四个发展阶段，如图 9-1 所示，依据可持续建设原理构建的建筑能源成本测算方法，更加全面、科

成本测算 评估方法 可持续建筑能耗	第一阶段 TC 总成本最低	第二阶段 LCC 寿命周期成本最低	第三阶段 LCC+LCE 寿命周期成本最低 （考虑能耗）	第四阶段 TEC 总能耗成本最低
可持续建设层次	可持续施工过程	可持续建设全过程	可持续的建筑业	可持续的建造环境
建筑产业链	中游产业	中游产业 下游产业	中游产业 下游产业	中游产业 下游产业
能耗主体	施工企业	施工企业 建筑物使用者	施工企业 建筑物使用者	工厂、材料供应商、施工企业、建筑物使用者
方法评价	该方法重点在于工程施工和竣工结算阶段的造价控制，较少考虑项目运营和维护阶段对整体造价的影响，同样掩盖了绿色建筑减少未来成本这一优势	考虑从项目的构思、策划、设计、建造、使用、维护、修复直到拆除的整个生命周期所发生的全部费用，避免了片面追求 TC 最小，较好地考虑到了绿色建筑运营和维护成本，但未能兼顾能源和环境成本	克服 LCC 评价方法的不足，考虑建造及使用过程能耗，忽视建筑材料生产、加工过程的能耗	以可持续建设理论为依据，从可持续层次目标出发，兼顾建筑产业链中各个环节投入与产出的整体平衡，促使绿色建筑向低碳建筑过渡，实现真正意义上的零能耗

图 9-1 建筑能耗成本测算方法发展阶段

资料来源：任宏等，可持续建设理论研究及其应用发展. 科技进步与对策 ［J］，2010，27（10）：8.

学、合理，将有助于提高建筑业对人类可持续发展的贡献。

同济大学施骞出版的《工程项目可持续建设与管理》（同济大学出版社，2007 年）是作者在多年研究的基础上，全面分析介绍了工程项目可持续建设与管理的概念和原理，系统阐述了工程项目可持续建设与管理的方案论证、设计与管理，绿色材料的应用，施工与验收管理，评估体系与认证管理等，是唯一一部全面论述可持续建设与管理的著作。

9.3　工程项目可持续建设原理

9.3.1　工程项目可持续建设的特点

1. 一次性建设

建设工程项目作为项目类型的一种，与项目具有同样的属性，即一次性。这种一次性的特点，使建设工程在前期策划阶段，就必须从预防为主的角度分析各种问题，这就要求我们从项目建设的立项开始，就注重每一个环节的管理，从每一个环节入手，自始至终贯穿可持续建设的思想，能在工程建设完成后达到预定的建设目标。

2. 多工种作业

和一般工业产品相比，建设工程的生产过程极其复杂，影响因素多。建设工程项目的建设过程需要多个工种的交叉作业。仅以施工阶段为例，涉及土建、装饰、设备安装等很多工种的作业，这些工种作业过程中，不可避免地会出现互相干扰、互相影响的情况。因此，工程项目建设的各工种间必须相互配合，相互协作，进行有效的信息沟通，及时解决存在的各种问题才能够互相促进，进而完成项目的建设目标。

3. 跨行业协作

任何工程项目的建设，尤其是大型工程建设项目，涉及很多不同的行业，也涉及不同的管理部门，工程项目的建设是一项极其复杂的系统工程。从管理层面上看，建设项目的建设涉及很多方面的管理问题，不仅涉及城市规划、土地利用等管理问题，而且涉及环境保护、资源利用等方面的管理问题。从技术层面看，一个工程项目的建设，所涉及的不仅仅是设计和施工技术的问题，还要涉及环境技术、节能技术、设备制造技术等方面的问题。因此，工程项目的建设，不能仅仅看做是建筑业的事情，它还涉及房地产业、城市管理、机械制造、环境工程等其他行业领域，而这些领域的跨行业协作，对于推动建筑业的发展，提高工程项目的建设水平是十分重要的。

4. 多目标管理

工程项目建设水平的好坏是很难用一句话或某个单一标准来衡量的。工程项目的建设目标不仅要考虑建设进度问题，而且要考虑建设成本和质量问题；不仅要考虑建设阶段目标的实现，而且要考虑方便使用和运营维护的问题；不仅要考虑项目本身进度、质量、目标的实现问题，还要考虑工程项目对环境的影响问题。因此，评价一个项目建设水平的好坏，必须从多目标系统的角度进行分析，从多目标优化的角度进行论证，从多目标管理的角度提高管理效率和水平。

9.3.2　实现工程项目可持续建设的难点

1. 多主体参与问题

工程项目的参与各方众多，从理论上讲，工程参与各方都应该从自己的工作出发，实施可持续建设，最后达到工程项目可持续建设的最终目标。但是从企业的角度上讲，由于业主、规划设计、施工、运营、维护在内的不同的参与各方都有着各自本身的利益，工程项目可持续建设的管理问题错综复杂，必须从工程建设参与各方出发，制定相应的管理和激励措施，才能从真正意义上实现工程项目的可持续建设。

2. 跨专业协作问题

工程项目的建设涉及各种不同的专业，而各专业由于所涉及的技术内容不同，考虑的问题也会有所不同，这就给工程项目的可持续建设带来了技术上的难题。可持续建设的技术问题，尤其是跨学科技术的融合问题，也是实现可持续建设的瓶颈问题。

3. 投资增加问题

实现工程项目的可持续建设，不仅涉及技术问题，而且要涉及经济问题。从某种意义上讲，可持续建设会给工程项目的初期投资造成一定幅度的增加。这些初期费用的增加是否会在工程项目的后期运营和维护中得到补偿，是每一个工程项目的投资者都会自然而然想到的问题。为了从根本上提高工程项目投资方实施可持续建设的积极性，必须从这一问题入手加以考虑。

9.3.3 工程项目可持续建设的理论基础

工程项目可持续建设的相关理论主要涉及以下几个方面的内容。

1. 建筑节能理论

建筑节能是工程项目可持续建设的目标之一，因此，建筑节能理论是指导工程项目可持续建设的重要理论之一。建筑节能理论包括两个层面三个环节的内容。两个层面中，一是通过有效的规划和设计，采用节能技术减少工程建设和运营过程中的能源消耗；二是通过采用新型能源、清洁能源和可再生能源，减少不可再生能源的消耗。这两者相辅相成，缺一不可。三个环节包括能源的节约使用，能源的保持和维护以及提高能源的综合利用效率。这三个环节的难度逐渐递增，而节能的相关理论也是从这三个环节逐步展开和深化的。

2. 环境管理理论

环境管理也是工程项目可持续建设的重要内容之一。环境管理是指工程建设过程中，通过有效的策划和控制在建设工程项目的建造、运营乃至拆除的过程中最大限度地保护生态环境，控制工程建设和运营产生的各种粉尘、废水、废气、固体废弃物以及噪声和振动对环境的污染和危害，同时考虑建设工程生命周期范围内的能源节约和避免资源浪费。环境管理是建设工程管理领域中日益重要的内容之一。传统的项目管理领域所提到的"三控二管一协调"包括投资控制、进度控制、质量控制、合同管理、信息管理和组织协调。其中并没有提及环境管理的问题。实际上，在国际建筑界已经将环境管理作为建设工程管理十分重要的研究课题。国际标准化组织还专门制定了环境管理体系，用以规范环境管理行为，指导各行各业做好环境管理工作。

3. 价值工程理论

如果只谈可持续建设而不谈经济性问题，可持续建设就很难得到有效的推广，并且推广的同时还会带来一系列的其他问题。因此，对于工程项目的可持续建设，可以用价值工程理论为指导，对工程项目可持续建设的效果进行功能分析，同时进行成本分析，用最低的成本实现最有效的功能，才可以真正意义上实现工程项目的可持续建设。

4. LCA 理论

LCA（Life Cycle Assessment）法，又称为生命周期评价法。国际标准化组织与 1997 年制定和颁布了关于 LCA 的 ISO14040 系列标准，并给出了 LCA 的定义。LCA 是对产品系统在整个生命周期中的能量和物质的输入和输出以及潜在环境影响的汇总和评价。作为一种产品环境特征分析和决策支持的工具，LCA 法在清洁生产、产品生态设计、废物管理、生态工业等方面发挥着重要作用。工程项目的生命周期包括项目的启动与策划、项目的规划设计、项目施工、项目验收、项目运营与维护以及项目最后的报废、拆除和再利用，其中每个阶段都应该贯彻实施工程项目的可持续建设，因此，LCA 法对于分析工程项目整个生命周期的可持续建设性能可以提供重要的理论基础。

5. 多目标评价与优化理论

工程项目可持续建设系统是一个集多属性、多目标为一体的复杂系统。工程项目的可持续建设既包括节能问题又包括环保问题，既涉及建筑设计问题，又涉及结构设计和设备系统设计的问题。因此，如果我们仅从一个方面来考虑工程项目可持续建设问题是不可取的。对于建设工程中规划设计方案的选择、施工方案的优化等都要通过多目标优化理论来完成。多目标评价与优化理论是系统工程学的一个重要分支，也是指导工程项目可持续建设的重要理论基础。

9.3.4 工程项目可持续建设系统

9.3.4.1 工程项目可持续建设系统框架

按照同济大学施骞教授所著《工程项目可持续建设与管理》一书中的提法，工程项目可持续建设体系框架如图 9-2 所示。

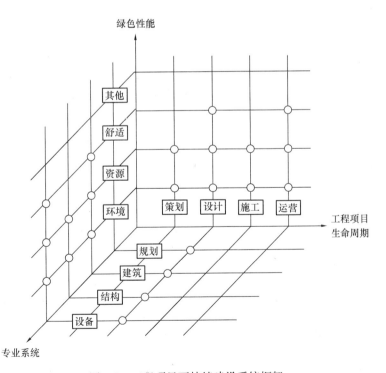

图 9-2 工程项目可持续建设系统框架

9.3.4.2 可持续建设系统目标分解

可持续建设系统是一个极其复杂的多属性、多目标系统，该系统可以从三个方面进行分解。首先，根据专业属性的不同划分，可持续建设涉及规划、建筑、结构、设备等多个不同的专业系统；其次，根据工程项目的生命周期，可持续建设涉及工程项目的前期策划、工程规划与设计、施工及验收、运营等多个环节，这些环节环环相扣，每个环节都不能忽视可持续建设工作的实施。另外从目标属性看，可持续建设需要考虑资源和能源的有效利用问题，需要考虑环境保护的问题，需要考虑人体健康和舒适的问题等。工程项目可持续建设，按照工程项目的建设过程分解，可以分为工程项目的可持续策划、可持续设计、可持续采购、可持续施工、可持续运营、可持续的最终处置等子系统，如图9-3所示。

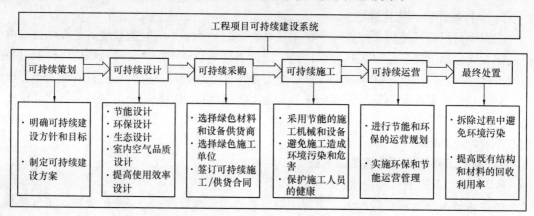

图9-3 工程项目可持续建设系统（按生命周期分解）

按照专业属性的不同进行分解，可以分为可持续规划、可持续建筑设计、可持续结构设计、可持续设备系统设计等子系统，如图9-4所示。

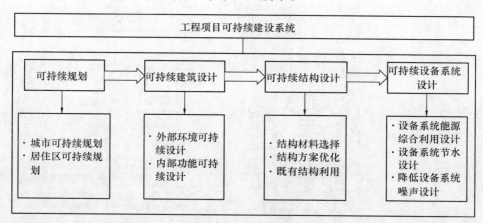

图9-4 工程项目可持续建设系统（按专业属性分解）

按照可持续性能属性的不同进行分解，可以分为资源的有效利用、环境保护、生产者与使用者健康等子系统。

如图9-5所示，资源的有效利用包括提高能源的利用效率、实现材料资源、土地资源、水资源的有效利用等。提高能源的利用效率包括节能、提高可再生能源的利用率等。

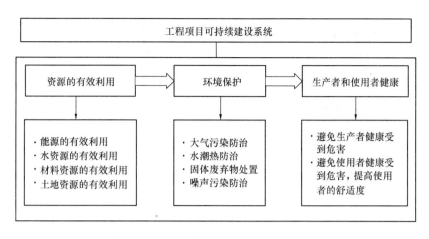

图 9-5 工程项目可持续建设系统（按可持续性能属性分解）

9.4 项目生命周期可持续建设内容

9.4.1 可持续策划

工程项目可持续建设策划工作属于业主方项目管理的范畴。工程项目可持续建设的首要工作就是做好可持续建设的策划工作，从而在项目的实施阶段才能更好地进行可持续性设计、施工，也才能为项目建成后的运营管理提供更为有效的保证。

9.4.1.1 工程项目可持续建设策划的分类

工程项目可持续建设策划从策划的内容上可以分为目标策划、实施方案策划等。目标策划一般包括节能目标的策划、环保目标的策划等，而实施方案策划又可以分为组织策划、实施程序的策划。按照工程项目可持续建设策划的性质分，又可以分为组织策划、技术方案策划等。另外，根据策划对象的性质不同，工程项目可持续建设的策划还可以分为新建建设项目的策划和既有建筑改造的策划；根据策划对象的用途不同，可以分为居住建筑的可持续建设策划、办公建筑的可持续建设策划、公共基础设施建设项目的可持续建设策划等；根据策划主体的不同，可以分为建设单位可持续建设策划、设计单位可持续建设策划、施工单位可持续建设策划等；根据策划的内容不同，可以分为建筑节能的策划、建筑环境保护的策划等。

9.4.1.2 工程项目可持续建设策划的程序

工程项目可持续建设的策划必须根据工程项目的特点，在对工程项目周边环境进行充分分析的基础上进行。工程项目可持续建设策划的程序如图 9-6 所示。

工程项目可持续建设策划大体可分为四个步骤：第一步是项目环境调查分析以及项目的特点分析；第二步是根据第一步的调查与分析结果提出工程项目可持续建设的目标并进行分析和论证；第三步是根据既定的可持续建设目标提出切实可行的实施方案；第四步是根据前三步的结果完成《工程项目可持续建设策划书》的编制。

1. 项目环境调查与项目特点分析

项目的环境调查应全面反映工程项目所在地的各种自然环境条件、社会环境条件等，调查的内容主要包括以下几个方面：项目所在地土地资源的现状，项目所在地气候条件；

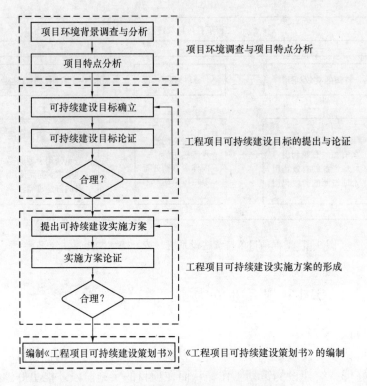

图 9-6　工程项目可持续建设策划的程序

项目所在地水资源的现状；项目所在地清洁能源的利用条件；项目所在地可再生资源的利用条件；项目所在地的社会环境状况；项目所在地的环境治理情况等。项目的特点分析包括项目的性质、项目建设阶段的资源（包括能源）需求分析、项目建设阶段对环境的影响、项目运营阶段的资源（包括能源）消耗分析、项目运营阶段对环境的影响等。

2. 工程项目可持续建设目标的提出与论证

在进行详细的项目环境调查和项目特点分析的基础上，就可以提出项目可持续建设的总体目标。工程项目可持续建设目标应力求技术上可行、经济上合理、内容上具体。工程项目可持续建设的总体目标可以从节约能源的效果；清洁能源的利用率；土地、水等资源有效利用情况；建设和运营过程中有毒有害物质的排放和治理情况；项目运营期结束后，项目的再利用要求等方面进行设定。目标的制定可以采用定量和定性相结合的形式进行。

在确立工程项目可持续建设总体目标的基础上，可以进一步通过目标分解确定细化的目标。由于工程项目的可持续建设是一个循序渐进的过程，工程项目目标的设置可以区分不同的层次进行。下面以我国的绿色建筑评价标准为依据，从工程项目的生命周期出发，对工程项目可持续建设的目标进行分解，如图 9-7 所示。

3. 工程项目可持续建设实施方案的形成

工程项目可持续建设实施方案应该在工程项目可持续建设目标的基础上，从项目的生命周期出发，围绕工程项目实施的各个环节加以制定。工程项目可持续建设实施方案的核心工作是建立工程项目可持续建设实施的组织，并对工程项目可持续建设工作进行分解和深化，明确工程项目建设在前期策划、工程设计、招标、施工、运营等各阶段的工作要点。另外，在实施方案中还要明确工程项目可持续建设实施过程中的技术难点和风险分析

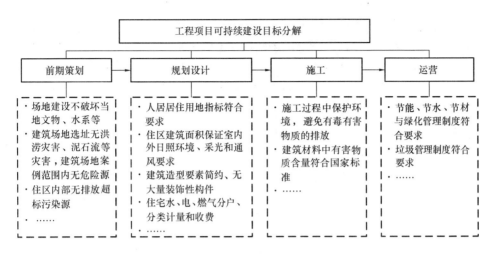

图 9-7　工程项目可持续建设目标的分解

以及应对措施等内容。

4.《工程项目可持续建设策划书》的编制

工程项目可持续建设策划的最后一步工作是编制《工程项目可持续建设策划书》。《工程项目可持续建设策划书》是工程项目可持续建设策划工作的总结，也是工程项目开展可持续建设的指导性文件。《工程项目可持续建设策划书》的主要内容一般应包括：工程项目概况与特点分析；工程项目可持续建设的方针和目标；工程项目可持续建设环境调查与分析；工程项目可持续建设方案论证；工程项目可持续建设技术导则；工程项目可持续建设的难点与风险分析；工程项目可持续建设的组织体系；工程项目可持续建设的工作任务分解与工作要点；工程项目可持续建设的职能分工；工程项目可持续建设监督和管理方案；工程项目可持续建设实施效果的验收和评价方法；附录等内容。

除上述主要内容外，《工程项目可持续建设策划书》还可以明确策划书的编制、审核和发布流程等内容。

9.4.2　可持续设计

工程项目的可持续设计是实现工程项目可持续建设的最重要环节之一。

9.4.2.1　工程项目可持续设计的分类

由于工程设计具有多学科多专业设计的特点，因此，工程项目的可持续设计工作按照专业的不同、实现功能的不同以及设计范围的不同可以划分为不同的种类。

1. 按照专业不同划分

工程项目的可持续设计，按照专业的不同，可以划分为可持续的城市设计、可持续的居住区规划与设计、可持续的建筑设计、可持续的结构设计、可持续的设备系统设计等。涉及的专业人员包括规划师、建筑师、结构师、设备系统设计师等。不同专业的设计从业人员在工程项目的可持续设计中扮演着不同的角色。只有各专业的设计从业人员将持续设计的理念融入各自的设计方案中，并通过充分有效的协调沟通进行设计技术的集成，才能真正实现工程项目的可持续设计。

2. 按照实现功能不同划分

按照实现功能的不同，工程项目的可持续设计又可以分为几个方面，一是定位于节能、清洁能源有效利用的设计,例如综合利用太阳能设计、综合利用风能设计、空调系统节能设计、供暖系统节能设计、增强围护结构保温隔热性能的设计等;二是定位于资源节约和有效利用的设计,例如节水系统设计、可再生材料的选择和综合利用的设计等;三是定位于降低环境污染方面的设计,例如减少温室气体排放量的设计、生态绿化设计等;四是提高使用者舒适度、保证使用者健康和安全的设计,例如提高室内热环境、声环境、光环境质量的设计、降低有毒有害物质对人体造成危害的设计等。

3. 按照设计范围不同划分

按照设计范围的不同,工程项目的可持续设计可以分为局部性能优化的设计和建筑物综合可持续性能优化的设计。局部性能优化设计一般是针对某一个局部功能进行优化设计,例如空调节能系统优化设计、建筑节水系统设计、建筑绿化系统设计等;建筑物综合性能优化设计则需要综合考虑建筑物在节能、环保、资源有效利用与使用者舒适度等各方面的性能。实现建筑物综合性能的优化设计是最难的,需要各专业的紧密配合,还需要用多目标优化的方法对设计方案进行综合分析,才能得到理想的结果。

9.4.2.2　工程项目可持续设计的内容

1. 基于建筑节能思想的设计

节能设计是可持续设计的重要内容,包括如下几方面的内容。

(1) 空调系统节能设计。制冷系统所消耗的能源占整个系统消耗总能源的 40%～50%。因此,制冷系统的节能设计是空调系统节能的关键环节。制冷系统的节能可以通过选择合理的制冷剂和制冷循环、合适的压缩机和设计参数以及有效的制冷装置控制方式入手进行设计。

(2) 供热系统节能设计。供热也是建筑能耗的一个重要方面。目前,锅炉供热是我国很多地区供热的主要方式。在锅炉供热的节能设计中要注意避免锅炉启停过程中造成的燃料资源浪费以及环境污染。另外,由于锅炉供热系统风量水量在通常的调节方式下,电机负载基本保持不变,会消耗大量的电能。通过考虑变频调速技术进行锅炉供热系统的设计,能够大大节约能耗。在供热系统节能设计中,应根据不同情况采用节能的供热方式。通常情况下,采用低温地板辐射供热系统比普通散热器供热系统更为节能;采用地源热泵供热比传统的供热系统要更加节能环保。热电联产技术是提高能源利用效率的一种有效技术。热电联产技术不仅能够减少发电过程中的冷源损失,而且能够提高设备利用率,减少环境污染,是供热系统设计中应优先考虑的技术。

(3) 自然通风设计。通过合理的设计,可以使建筑物在热压、风压作用下进行自然通风,从而有效节约能耗,为使用者提供更为健康舒适的生活和工作环境。自然通风有两种形式,一是在热压作用下的自然通风,另外是在风压作用下的自然通风。在建筑设计中,应根据情况尽量利用热压、风压差形成自然通风。还可以通过建筑物的体型设计和不同建筑物之间的空间组合设计,制造有效的通风环境,达到自然通风的目的。

(4) 自然采光与遮阳设计。建筑的照明能耗是建筑能耗的一个重要组成部分。据统计,建筑照明能耗约占建筑总能耗的 40%～50%。另外,由于照明而产生的额外的冷负荷也会增加建筑的制冷能耗。目前,采取有效措施提高自然采光所占的比例,不仅能降低建筑物的能耗,还能改善建筑室内的光环境,提高舒适度。为了提高自然采光的效率,可以从几个方面加以考虑:一是通过建筑设计提高采光度,如合理确定窗地面积比等;二是提高采光材料的性能，如采用一些诸如光敏、热反射玻璃等新型采光玻璃；三是合理调整建筑物的朝向，提高采光效率等。

（5）建筑围护结构的设计。建筑围护结构的设计也是影响建筑能耗的一个重要方面。在围护系统设计中，首先要选择保温隔热、热容量、气密性等性能符合要求的围护结构材料。并且这些材料最好是能够可再生利用的材料。其次，在围护系统设计中，应考虑尽量减少气候因素对围护结构的影响，合理布置建筑物的位置和朝向，合理确定建筑物的体型系数等。另外，建筑围护结构也可以与绿化设计结合起来，如在屋顶和外墙进行绿化等，从而使围护结构的保温、隔热、隔声等效果达到最优。

2. 基于可再生能源综合利用的设计

（1）太阳能的综合利用。利用太阳能作为建筑能源是可再生能源利用的重要内容。我国有着十分丰富的太阳能资源，约有2/3以上的地区都具有综合利用太阳能的良好条件，可以考虑太阳能供热系统设计和太阳能暖房设计来解决。

（2）风能的综合利用。风能是清洁能源的一种。在我国，有很多地区有着很好的风力资源。世界各国都将风力发电作为可再生能源利用的一种重要途径。我国也在新疆等地区大量推广风力资源的开发和利用。风力发电是综合利用风力资源的主要方式，风力发电设备的初期投入比较高。随着风力发电的逐渐普及和规模化，风力发电设备的成本将会逐渐降低。目前，荷兰等国家在风力发电方面有着十分先进的技术，我国在这一领域的工作尚处于起步阶段，但是发展前景广阔。

3. 基于建筑生态环境绿化思想的设计

按照生态绿化设计所涉及建筑物空间部位的不同，生态绿化设计可以分为外围护结构绿化设计、室内绿化设计和室外绿化设计等。外围护结构按照绿化位置的不同又可以分为屋面绿化设计、外墙绿化设计、散水绿化设计、窗台及阳台的绿化设计等。

4. 基于资源集约化利用思想的设计

资源集约化利用内涵涉及很多方面，例如在工程设计中，最大限度地节约土地资源，实现土地资源的集约化利用；通过有效的节水设备和节水系统的设计最大限度地节约水资源，并实现水资源的合理循环应用；在设计中尽量选用可再生的建筑材料等。资源集约化利用的思想应该贯彻到建筑、结构、设备等各个专业的设计中，并且各专业的设计应互相协调，才能实现工程综合集约化设计的最优目标。首先，实现土地资源的集约化利用是工程项目建设过程中必须认真思考的问题。其次，在我国北方地区水资源严重不足的情况下，节水问题就显得尤为重要。第三，工程的集约化设计问题还体现在可再生材料的使用上。在工程设计过程中应贯穿"4R"的思想，即"Reduce"，在满足相同功能的前提下尽量减少材料不可再生资源的消耗，降低环境污染；"Renewable"，在设计中尽量使用可再生的材料资源；"Recycle"，在设计中考虑材料的回收，设置建筑废弃物回收系统；"Reuse"，在设计中尽量考虑使用可以重复利用的旧材料。

5. 基于环保与健康思想的设计

环保设计有两个方面的意思，一方面是要在工程项目设计中，采用环保技术，减少工程项目建设和运营中对环境的污染和危害。例如，在污染性大的工厂设计中做好废气、废水等处理系统的设计；另一方面是在工程项目的设计中融入环保设计的思想，选用环保型的建筑材料，采用环保型的建筑结构，最大限度地减少不可再生资源的消耗，将工程在建设和使用阶段对环境的影响降到最低。同时，降低室内有害有毒物质的含量，控制各种污染源，保证工程能够为使用者提供健康舒适的使用环境。

9.4.3　可持续建设材料

9.4.3.1　可持续建材的定义与内涵

可持续建材，又称绿色建材。绿色材料是指在原料采用、产品制造、使用以及废物处理和再利用等各个环节造成的环境载荷最小并且有利于人类健康的材料。按照绿色材料的概念，可持续建材可以定义为从开采、生产、运输到使用和最终处理的产品生命周期的各个环节能耗低、对环境污染小、对人体无危害并且利于回收利用和可再生的建筑材料。

材料的采购和选用是工程项目建设的重要环节。概括而言，具体内容应该包括以下几个方面：

（1）原料选用。可持续建材在原料选用上首先要采取就地取材的原则，就地取材不仅能够方便生产，节约成本，而且能够在运输环节上可以降低成本和能耗。另外，在原料选用上应当少用不可再生资源，应该尽可能利用废弃材料或者对拆除后的建筑材料进行二次利用，这样也可以节约成本和能耗。

（2）生产加工。在生产加工环节要通过工艺流程设计最大限度地降低能耗，减少环境污染。避免使用会产生有毒害物质的添加剂。另外在生产过程中还要注意对生产工人健康的危害。这些都要通过提高生产工艺水平来实现。例如在生产过程不使用甲醛、卤化物溶剂等对环境和健康有危害的物质，材料中不含汞、铅、铬等有害重金属化合物等。另外还可以考虑在生产过程中考虑使材料具有防菌、防辐射等对人体有益的性能。

（3）运输。如果在项目所在地附近就地取材生产加工，则运输环节就不会消耗大量能源和造成不必要的环境污染。因此，就地取材是解决建筑材料在运输环节能耗和污染的重要措施。对于没有办法就地取材的建筑材料，在运输时要注意设计最佳的运输方案，达到节能和环保的目的。

（4）使用。环境污染和人体健康问题是建材在使用阶段最需要重视的问题之一。建材在使用阶段的污染和健康问题应从两个方面加以考虑。一是在使用建材进行施工的阶段，要考虑建材在施工过程中尽量不会对生产工人的健康产生危害，二是在项目竣工后不会给使用者带来健康的危害。

（5）最终处理。在工程项目报废时建筑材料是否能够得到重复利用也是衡量绿色建材的一个方面。最终的处理有两种情况：一是使用该材料的建筑物被拆除时，对这些建材进行处理和再利用，二是建材本身的使用寿命到期了要进行最终处理。这两种情况下处理的方式是不一样的，第一种情况下，建筑材料是从一个建筑物拆除后再利用到另一个建筑物上。第二种情况是对所用的建筑材料进行处理后用于生产新型的建筑材料。

9.4.3.2　建筑材料资源的直接再利用

1. 传统旧建筑材料的再利用

传统建筑材料主要包括烧制品（砖、瓦类）、砂石、灰（石灰、石膏、菱苦土、水泥）、混凝土、木材、竹材等。在拆除旧有建筑时，不仅会产生大量的砖头和混凝土废块、木材及金属废料等废弃物，而且无论是新建还是拆毁时都会留下建筑残骸，如果能将其大部分作为建材使用，成为一种可循环的建筑资源，这将是建筑保护与可持续发展认识上的一次飞跃。建筑垃圾80%以上是废混凝土、废砖、废砂浆等建筑材料，完全可以循环利用，成为建筑业的第二资源。

2. 一般废弃物在建筑中的再利用

（1）用于建筑结构构件。一般废弃物在建筑中的再利用作为一种可持续发展理念的建筑环境观，如今已为人们所广泛接受。尽管有各自不同的标准，各国建筑师已开始对一般废弃物再利用的大量探索与实践。如集装箱是商品运输的最常用容器，经常被大量废弃在港口等处。近来国外一些建筑师就试图利用这些大箱子来营造建筑。还有用废旧轮胎做围护结构，用铝罐、玻璃瓶和水泥构成非结构构件等。

（2）用作建筑装饰材料。将废弃之物用作建筑室内外装饰材料的做法，如今已在国外建筑界悄然兴起。例如，在美国宾夕法尼亚的一个活动中心设计中，建筑师创新地使用了可循环利用的废弃橡胶轮胎用作建筑北立面的墙面板。通过形式、材料与能源的合理使用，该建筑体现出对环境认知的重要性。

3. 新型可循环建筑材料

随着地球环境的日益恶化和资源日趋减少，作为建材不仅应具有高强度和装饰功能，还必须考虑再生循环的利用问题，使建材工业走可持续发展之路。

"Recycle"指一个物品被再次用作该物品或适应性地再利用为其他产品的可能性。可高效循环使用的产品将减少原材料的用量、能源消耗及建筑垃圾的浪费。通常来说，一个耗能量低、可循环比例高或具有显著环境效益的产品，是可持续设计的完整选择。

（1）可循环纸材。纸材的再利用可节省 35％ 的耗能量。建造用的纸材大多来自木材产业的剩余物，包括卡纸板隔断、使用过的纸材等。

（2）可循环建筑钢、铝材料。中国的建筑用钢总量约占全部钢产量的 20％～25％，而工业发达的国家则占 30％ 以上。钢结构及其他可拆卸装配式材料作为一种新型可循环利用建筑材料，在一些发达国家已得到广泛应用。随着中国经济建设的发展，大力发展钢结构已成为中国工程建设中一项重大的技术政策。

（3）预制建筑。预制建筑是在工厂等可控制环境中进行建造生产的一种建筑模式，具有建造速度快、经济性、可循环性及不受场地条件限制等优点，并使得现场操作最小化。由于预制建筑具有建造速度快、经济性、可循环性以及不受场地条件限制等优点，已逐渐为人们所认同，而且在建筑材料资源的保护方面，预制板材通常不需要在现场进行切割，因此最大限度地减少材料的浪费及废弃材料的产生。

9.4.3.3 建筑材料资源的再生利用

1. 建筑废料的再生利用

可持续发展的材料追求的不仅是良好的使用性能，而且在从材料的制造、使用、废弃直至再生利用的整个寿命周期中，必须具备与生态环境的协调共存性、舒适性，对资源、能源消耗少，生态环境影响小，再生资源利用率高，或是可降解使用的具有优异使用性能的新型材料。

统计表明，我国单位数量产品的能耗与资源消耗比工业先进国家高得多，资源再生利用率低，最终产品的重量只是原料投入的 30％，大部分原料变成了废弃物。而建筑废料的来源是非常广的。包括：①各种废弃混凝土块；②砌体结构拆除产生的碎砖块，砖场生产的过烧砖、变形砖等；③重大自然灾害，如：地震、台风、洪水等造成建筑物的损坏和倒塌而产生的废弃混凝土、砖以及其他矿物建筑材料；④战争也是造成建筑物倒塌而产生

253

废弃建筑废料的一个因素。

建筑废料的种类、组成及数量差异较大，在构成分类的方法上也不尽统一。表中给出的建筑废料的构成、主要来源和由现场施工管理人员针对废料产生水平重量比，通过两两比较排序结果整理的废料权重系数，见表9-1。

建筑废料的构成及产生的主要来源表 表 9-1

废料构成	废料权重排序	主 要 来 源	占该项废料比重	说 明
混凝土和砂浆	0.21	落地灰 凿毛、打掉的桩头 混凝土、砂浆余料 开洞和凿平 模板漏浆	约85%	该五项废料合计占废料问题的60%～70%
砖和其他砌块	0.19	施工中的损坏 运输中的损坏 变更、质量不符合标准的拆除	约80%	
木材和模板	0.16	已到周转期的模板 产生的边角料 复杂设计需要的异形模板	约90%	
面砖和瓦片	0.13	截下的余料 运输和卸货过程中的损坏 变更、质量不合格部分的拆除	约90%	
钢筋和其他金属	0.13	下料产生的余料和桩头截筋 地下室穿墙螺栓、钢筋的烧断 钢筋截断等	约95%	

资料来源：黄世谋等．建筑废料的再生利用研究．混凝土，2006，1999（5）．

为促进再生资源回收，规范再生资源回收行业的发展，节约资源，保护环境，实现经济与社会可持续发展，根据《中华人民共和国清洁生产促进法》、《中华人民共和国固体废物污染环境防治法》等法律法规，国家商务部、发改委、公安部、建设部、工商总局、环保总局6部委联合发布了《再生资源回收管理办法》，自2007年5月1日起施行。

在建造或拆除建筑物时会产生巨量的建筑废料，包括废混凝土块、沥青混凝土块、施工过程中散落的砂浆和混凝土、碎砖渣、金属、竹木材、装饰装修产生的废料、各种包装材料和其他废弃物等。合理处理和回收利用建筑废料十分重要，它不仅符合生态环境保护的需要，也是可持续发展的需要。

2．工农业废弃物在建筑产业的再生利用

煤矸石粉是还没有变成煤的石头，是煤矿生产燃煤过程中的废弃品。在建筑领域，煤矸石主要用于生产煤矸石砖、水泥和轻质骨料等建筑材料。

粉煤灰在我国也发展了很多年，一直以来都受到国家的高度重视，并且获得了很大的成功。在众多粉煤灰综合利用中，应用范围最广的还是要数其在建材、建筑方面的应用。它可以制成各种建筑材料，包括粉煤灰制砖、制各种砌块、制取水泥和混凝土基本材料等。

农业稻麦秸秆生产SMC轻质墙板。利用稻麦秸秆生产SMC轻质墙板的技术，是采用麦秸、稻草作物秸秆纤维做增韧填充料、外加镁质水泥、无机可溶盐及高分子聚合物改性剂，经科学配方研制而成。SMC 轻质墙板主要用于各类低、中、高层建筑，特别适用于框架结构建筑的内隔墙条板。利用稻麦秸秆生产 SMC 轻质墙板是建筑材料的创新，也是循环经济理论指导下，在农业、建筑业之间探索可持续发展路径的一次有益尝试。

3. 一般废弃物再生利用为建筑材料

有关部门调查表明，目前我国物资再生资源数量越来越大，一般废弃物再生利用为建筑材料的范围也越来越广。其中，废旧橡胶、废旧塑料和废旧纸张三类再生资源前景看好。

9.4.4 可持续施工

可持续施工，又称绿色施工，是指以节约资源为核心，以保护环境为准则，在施工过程中最大限度地避免环境污染，减少不可再生资源的消耗，保护施工现场人员的健康和安全，并高质量地按时完成工程施工任务。

9.4.4.1 工程项目可持续施工的内容

基于可持续建设的基本思想，可持续施工的核心内容包括 3 大方面：第一，在施工过程中最大限度地实现资源的有效利用，其中包括能源的有效利用，水资源的有效利用，可再生材料的有效利用，既有结构的有效利用等；第二，在施工过程中最大限度地避免环境污染，保护生态环境，其中，包括大气污染的防治、水污染的防治、固体废弃物的防治以及噪声污染的控制等；第三，保护施工人员的健康，避免造成职业伤害事故或职业病。2008 年 1 月，建设部发布《绿色施工导则》，正式将建筑业施工过程中以节能与环保为标志的绿色施工纳入到法律法规的层面。

绿色施工总体框架由施工管理、环境保护、节材与材料资源利用、节水与水资源利用、节能与能源利用、节地与施工用地保护六个方面组成（如图 9-8 所示）。这六个方面涵盖了绿色施工的基本指标，同时包含了施工策划、材料采购、现场施工、工程验收等各阶段的指标的子集。

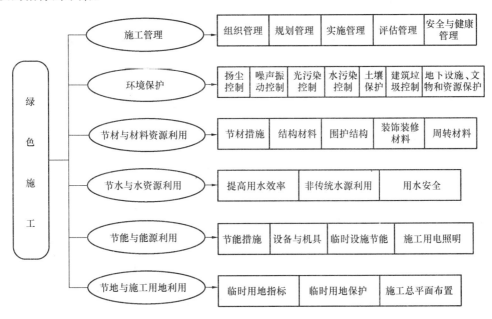

图 9-8 绿色施工总体框架

9.4.4.2 绿色施工管理

绿色施工管理主要包括组织管理、规划管理、实施管理、评价管理和人员安全与健康管理五个方面。

1. 组织管理

建立绿色施工管理体系，并制定相应的管理制度与目标。项目经理为绿色施工第一责任人，负责绿色施工的组织实施及目标实现，并指定绿色施工管理人员和监督人员。

2. 规划管理

编制绿色施工方案。该方案应在施工组织设计中独立成章，并按有关规定进行审批。绿色施工方案应包括以下内容：

(1) 环境保护措施。制定环境管理计划及应急救援预案，采取有效措施，降低环境负荷，保护地下设施和文物等资源。

(2) 节材措施。在保证工程安全与质量的前提下，制定节材措施。如进行施工方案的节材优化，建筑垃圾减量化，尽量利用可循环材料等。

(3) 节水措施。根据工程所在地的水资源状况，制定节水措施。

(4) 节能措施。进行施工节能策划，确定目标，制定节能措施。

(5) 节地与施工用地保护措施。制定临时用地指标、施工总平面布置规划及临时用地节地措施等。

3. 实施管理

绿色施工应对整个施工过程实施动态管理，加强对施工策划、施工准备、材料采购、现场施工、工程验收等各阶段的管理和监督。应结合工程项目的特点，有针对性地对绿色施工作相应的宣传，通过宣传营造绿色施工的氛围，并定期对职工进行绿色施工知识培训，增强职工绿色施工意识。

4. 评价管理

对照本导则的指标体系，结合工程特点，对绿色施工的效果及采用的新技术、新设备、新材料与新工艺，进行自评估。成立专家评估小组，对绿色施工方案、实施过程至项目竣工，进行综合评估。

5. 人员安全与健康管理

随着时间的流逝，建筑施工过程引起的职业病已逐渐显现出来。对施工工人造成的伤害事件也开始引起人们的关注。因此在建筑施工的过程中，要采取必要的措施来防止有害因素对施工工人造成人身的伤害。

9.4.4.3 施工中环境保护技术

1. 工地扬尘控制技术要点

(1) 运送土方、垃圾、设备及建筑材料等，不污损场外道路。运输容易散落、飞扬、流漏的物料的车辆，必须采取措施封闭严密，保证车辆清洁。施工现场出口应设置洗车槽。

(2) 土方作业阶段，采取洒水、覆盖等措施，达到作业区目测扬尘高度小于 1.5m，不扩散到场区外。

(3) 结构施工、安装装饰装修阶段，作业区目测扬尘高度小于 0.5m。对易产生扬尘的堆放材料应采取覆盖措施；对粉末状材料应封闭存放；场区内可能引起扬尘的材料及建筑垃圾搬运应有降尘措施，如覆盖、洒水等；浇筑混凝土前清理灰尘和垃圾时尽量使用吸尘器，避免使用吹风器等易产生扬尘的设备；机械剔凿作业时可用局部遮挡、掩盖、水淋等防护措施；高层或多层建筑清理垃圾应搭设封闭性临时专用道或采用容器吊运。

（4）施工现场非作业区达到目测无扬尘的要求。对现场易飞扬物质采取有效措施，如洒水、地面硬化、围挡、密网覆盖、封闭等，防止扬尘产生。

（5）构筑物机械拆除前，做好扬尘控制计划。可采取清理积尘、拆除体洒水、设置隔挡等措施。

（6）构筑物爆破拆除前，做好扬尘控制计划。可采用清理积尘、淋湿地面、预湿墙体、屋面敷水袋、楼面蓄水、建筑外设高压喷雾状水系统、搭设防尘排栅和直升机投水弹等综合降尘。选择风力小的天气进行爆破作业。

（7）在场界四周隔挡高度位置测得的大气总悬浮颗粒物（TSP）月平均浓度与城市背景值的差值不大于 $0.08mg/m^3$。

2. 施工噪声与振动污染

建筑施工噪声与振动污染是施工污染的主要组成成分之一。噪声与振动形成的污染具有及时效应。当噪声污染产生时，它马上就对周边居民的生活带来直接的影响。根据噪声源、噪声特点等将施工全过程分为土方工程期、基础建筑工程期、结构建设工程期和装修工程期。表 9-2 给出了施工各阶段噪声与振动污染源及特点。

施工各阶段噪声与振动污染源分析 表 9-2

施工阶段	污染源	特点
土石方工程	挖掘机、推土机、装载机以及各种运输车辆	绝大部分是移动性声源
基础建筑工程	各种打桩机以及一些打井机、风镐、移动式空压机等	固定声源；以打桩机为主，施工周期比例小，但噪声与振动较大，危害较为严重
结构建设工程	各种运输设备，如汽车吊车、塔式吊车、运输平台、施工电梯等。结构工程设备如混凝土搅拌机、振捣棒、水泥搅拌和运输车辆等。一般辅助设备如电锯、砂轮锯等	声源工作时间较长，影响面广
装修工程	砂轮机、电钻、电梯、吊车、切割机等	占总施工时间比例较长，但声源数量较少，噪声源少

鉴于施工噪声污染带来的严重影响，在《绿色施工导则》中就要求在施工场界对噪声进行实时监测与控制，并建议使用低噪声、低振动的机具，采取隔声与隔振措施。噪声与振动控制技术要点主要有：

（1）现场噪声排放不得超过国家标准《建筑施工场界环境噪声排放标准》GB 12523—2011 的规定。

（2）在施工场界对噪声进行实时监测与控制。监测方法执行国家《建筑施工场界环境噪声排放标准》GB 12523—2011。

（3）使用低噪声、低振动的机具，采取隔音与隔振措施，避免或减少施工噪声和振动。

3. 水污染控制

施工单位必须了解周边水环境的多样性。土壤、植被、构筑物、表面水体（江河溪流）、储水体系（农田、水库、堰塘、饮水井等）以及地下水体等自然生态都是建筑安装工程施工中要保护的对象。水污染控制技术要点主要有：

（1）施工现场污水排放应达到国家标准《污水综合排放标准》GB 8978—1996 的要求。

（2）在施工现场应针对不同的污水，设置相应的处理设施，如沉淀池、隔油池、化粪池等。

（3）污水排放应委托有资质的单位进行废水水质检测，提供相应的污水检测报告。

（4）保护地下水环境。采用隔水性能好的边坡支护技术。在缺水地区或地下水位持续下降的地区，基坑降水尽可能少地抽取地下水；当基坑开挖抽水量大于 50 万 m^3 时，应进行地下水回灌，并避免地下水被污染。

（5）对于化学品等有毒材料、油料的储存地，应有严格的隔水层设计，做好渗漏液收集和处理。

4. 土壤污染控制

土壤污染是指人类活动产生的污染物质，通过各种途径进入土壤，其数量和速度超过了土壤净化作用的速度，破坏自然动态平衡，使污染物质的积累过程逐渐占据优势，从而导致土壤自然正常功能的失调，土壤质量下降，影响到农作物的生长发育，使农作物的产量和质量下降。同时土壤污染还包括土壤污染物的迁移转化，引起大气或水体的污染，最终影响到人类的健康甚至生命安全。土壤保护技术要点主要有：

（1）保护地表环境，防止土壤侵蚀、流失。因施工造成的裸土，及时覆盖砂石或种植速生草种，以减少土壤侵蚀；因施工造成容易发生地表径流土壤流失的情况，应采取设置地表排水系统、稳定斜坡、植被覆盖等措施，减少土壤流失。

（2）沉淀池、隔油池、化粪池等不发生堵塞、渗漏、溢出等现象。及时清掏各类池内沉淀物，并委托有资质的单位清运。

（3）对于有毒有害废弃物，如电池、墨盒、油漆、涂料等应回收后交有资质的单位处理，不能作为建筑垃圾外运，避免污染土壤和地下水。

（4）施工后应恢复施工活动破坏的植被（一般指临时占地内）。与当地园林、环保部门或当地植物研究机构进行合作，在先前开发地区种植当地或其他合适的植物，以恢复剩余空地地貌或科学绿化，补救施工活动中人为破坏植被和地貌造成的土壤侵蚀。

5. 建筑固体垃圾

（1）建筑固体垃圾的内容。根据《城市建筑垃圾管理规定》中第二条的规定：建筑垃圾是指建设单位、施工单位新建、改建、扩建和拆除各类建筑物、构筑物、管网等以及居民装饰装修房屋过程中所产生的弃土、弃料及其他废弃物。不同结构类型的建筑所产生的垃圾各种成分的含量虽有所不同，但其基本组成是一致的，主要由土、渣土、散落的砂浆和混凝土、剔凿产生的砖石和混凝土碎块、打桩截下的钢筋混凝土桩头、金属、竹木材、装饰装修产生的废料、各种包装材料和其他废弃物等组成。按照德国对建筑垃圾的分类方法将建筑垃圾进行分类，分类结果见表 9-3。

建筑垃圾分类   表9-3

建筑垃圾类别	说　　明	主　要　成　分
土地开挖	天然的或已使用过的岩土	表层土、枯土、砂、石等
碎旧建筑材料	由建筑施工产生的矿物材料，有时含有少量其他材料	土、混凝土、砖、石膏、瓷砖等
道路开挖	在道路建筑中与沥青或焦油结合或混在一起的矿物材料	沥青、焦油、混凝土、砾石、碎石、路缘石等
建筑施工	由建筑施工产生的非矿物材料，有时含有少量其他材料	金属、木材、塑料、电缆、油漆、包装材料（纸、纸板）

在很长的一段时间里，我国对建筑垃圾的重视程度不够，绝大部分建筑垃圾未经任何处理，便被施工单位运往郊外或乡村，采用露天堆放或填埋的方式进行处理。解决建筑垃圾的问题是实现绿色施工的一项重点工作。表9-4列出了近年来碎砖块、砂浆和混凝土的再生技术及对其他建筑垃圾的处理方法。

建筑垃圾的再生技术及应用   表9-4

建筑垃圾类型	再生技术及应用	备　　注
废弃混凝土	再生混凝土添加料：将废弃混凝土全部或筛除再生粗骨料后的筛下物磨细，细度约15%	取代10%～30%水泥，同时取代不超过30%的砂子
废旧砖瓦	类结构轻集料混凝土、免烧砌筑水泥、再生免烧砖瓦、作水泥混合材	制作结构轻集料混凝土构件（板、砌块）、便道砖及花砖、小品等水泥制品
施工中散落的砂浆和混凝土	物理回收法：通过冲洗将其还原为水泥浆、石子和砂。化学回收法：利用聚合物将砂浆、混凝土直接黏结形成砌块	英国已开发出专门用来回收湿润砂浆和混凝土的冲洗机器
废沥青混凝土	冷溶回收和热熔回收	—
废玻璃	直接作为粗骨料，也可磨碎作为细骨料	美国、加拿大已成功地将废玻璃作为细骨料拌制混凝土用于慢车道工程，其掺量可达15%（重量比）
废木料	作为模板和建筑用材再利用，作为造纸原料或作为燃料使用，也可用于制造各种人造板材	—
废金属	经分拣、集中、重新回炉后，再加工制成各种规格的钢材	—

（2）建筑垃圾控制技术要点。具体包括：①制定建筑垃圾减量化计划；②加强建筑垃圾的回收再利用；③施工现场生活区设置封闭式垃圾容器，集中运出。

6. 节水与水资源利用

节水与水资源利用的技术要点主要有：

（1）提高用水效率。施工中采用先进的节水施工工艺。施工现场喷洒路面、绿化浇灌不宜使用市政自来水。现场搅拌用水、养护用水应采取有效的节水措施，严禁无措施浇水养护混凝土。施工现场供水管网应根据用水量设计布置，管径合理、管路简捷，采取有效措施减少管网和用水器具的漏损。现场机具、设备、车辆冲洗用水必须设立循环用水装置。施工现场办公区、生活区的生活用水采用节水系统和节水器具，提高节水器具配置比率。项目临时用水应使用节水型产品，安装计量装置，采取针对性的节水措施。施工现场建立可再利用水的收集处理系统，使水资源得到梯级循环利用。施工现场分别对生活用水与工程用水确定用水定额指标，并分别计量管理。大型工程的不同单项工程、不同标段、不同分包生活区，凡具备条件的应分别计量用水量。在签订不同标段分包或劳务合同时，将节水定额指标纳入合同条款，进行计量考核。对混凝土搅拌站点等用水集中的区域和工艺点进行专项计量考核。施工现场建立雨水、中水或可再利用水的搜集利用系统。

（2）非传统水源利用。优先采用中水搅拌、中水养护，有条件的地区和工程应收集雨水养护。处于基坑降水阶段的工地，宜优先采用地下水作为混凝土搅拌用水、养护用水、冲洗用水和部分生活用水。现场机具、设备、车辆冲洗、喷洒路面、绿化浇灌等用水，优先采用非传统水源，尽量不使用市政自来水。大型施工现场，尤其是雨量充沛地区的大型施工现场建立雨水收集利用系统，充分收集自然降水用于施工和生活中适宜的部位。力争施工中非传统水源和循环水的再利用量大于 30%。

（3）用水安全。在非传统水源和现场循环再利用水的使用过程中，应制定有效的水质检测与卫生保障措施，确保避免对人体健康、工程质量以及周围环境产生不良影响。

7. 施工节能

建筑行业是一个高能耗的行业。据统计，建筑活动所消耗的自然资源占人类总自然资源消耗量的 40% 左右，建筑活动消耗了人类所用能源总量的 40%。传统施工往往以消耗大量的自然资源以及造成沉重的环境负面影响为代价。

（1）施工节能存在的问题。施工节能的关键在于施工现场的能源管理。施工现场能源结构包括：煤、天然气、液化气、电、汽油、柴油等。煤、天然气和液化气主要用于现场的食堂、供暖和冬季施工砂石的加温；电分为施工用电和生活用电两大类；现场各种重型施工机械则以汽油或柴油为主要能源。施工节能的问题主要体现在：①施工现场能源消耗较大；②针对施工节能的标准规范、法律法规的缺位。

（2）节能与能源利用的技术要点具体包括：

①节能措施。制订合理施工能耗指标，提高施工能源利用率。优先使用国家、行业推荐的节能、高效、环保的施工设备和机具，如选用变频技术的节能施工设备等。施工现场分别设定生产、生活、办公和施工设备的用电控制指标，定期进行计量、核算、对比分析，并有预防与纠正措施。在施工组织设计中，合理安排施工顺序、工作面，以减少作业区域的机具数量，相邻作业区充分利用共有的机具资源。安排施工工艺时，应优先考虑耗用电能的或其他能耗较少的施工工艺。避免设备额定功率远大于使用功率或超负荷使用设备的现象。根据当地气候和自然资源条件，充分利用太阳能、地热等可再生能源。

②机械设备与机具节能。建立施工机械设备管理制度，开展用电、用油计量，完善设备档案，及时做好维修保养工作，使机械设备保持低耗、高效的状态。选择功率与负载相匹配的施工机械设备，避免大功率施工机械设备低负载长时间运行。机电安装可采用节电型机械设备，如逆变式电焊机和能耗低、效率高的手持电动工具等，以利节电。机械设备宜使用节能型油料添加剂，在可能的情况下，考虑回收利用，节约油量。合理安排工序，提高各种机械的使用率和满载率，降低各种设备的单位耗能。

③生产、生活及办公临时设施节能。利用场地自然条件，合理设计生产、生活及办公临时设施的体形、朝向、间距和窗墙面积比，使其获得良好的日照、通风和采光。南方地区可根据需要在其外墙窗设遮阳设施。临时设施宜采用节能材料，墙体、屋面使用隔热性能好的材料，减少夏天空调、冬天取暖设备的使用时间及耗能量。合理配置采暖、空调、风扇数量，规定使用时间，实行分段分时使用，节约用电。

④施工用电及照明节能。临时用电优先选用节能电线和节能灯具，临电线路合理设计、布置，临电设备宜采用自动控制装置。采用声控、光控等节能照明灯具。照明设计以满足最低照度为原则，照度不应超过最低照度的20%。

8. 职工健康的保护

我国建筑业的职业病危害状况也十分严峻。人员安全与健康管理技术要点主要有：

(1) 制订施工防尘、防毒、防辐射等职业危害的措施，保障施工人员的长期职业健康。

(2) 合理布置施工场地，保护生活及办公区不受施工活动有害影响。施工现场建立卫生急救、保健防疫制度，在安全事故和疾病疫情出现时提供及时救助。

(3) 提供卫生、健康的工作与生活环境，加强对施工人员的住宿、膳食、饮用水等生活与环境卫生等管理，明显改善施工人员的生活条件。

9. 节材与材料资源利用

节约材料，提高周围性材料的利用，一方面可以体现绿色施工，符合可持续发展的要求，另一方面还可以降低施工成本，提高企业经济效益。

(1) 节材措施。具体措施包括：①图纸会审时，应审核节材与材料资源利用的相关内容，达到材料损耗率比定额损耗率降低30%；②根据施工进度、库存情况等合理安排材料的采购、进场时间和批次，减少库存；③现场材料堆放有序，储存环境适宜，措施得当，保管制度健全，责任落实；④材料运输工具适宜，装卸方法得当，防止损坏和遗洒。根据现场平面布置情况就近卸载，避免和减少二次搬运；⑤采取技术和管理措施提高模板、脚手架等的周转次数；⑥优化安装工程的预留、预埋、管线路径等方案；⑦应就地取材，施工现场500km以内生产的建筑材料用量占建筑材料总重量的70%以上。

(2) 结构材料使用。具体措施包括：①推广使用预拌混凝土和商品砂浆，准确计算采购数量、供应频率、施工速度等，在施工过程中动态控制，结构工程使用散装水泥；②推广使用高强钢筋和高性能混凝土，减少资源消耗；③推广钢筋专业化加工和配送；④优化钢筋配料和钢构件下料方案，钢筋及钢结构制作前应对下料单及样品进行复核，无误后方可批量下料；⑤优化钢结构制作和安装方法，大型钢结构宜采用工厂制作，现场拼装；宜采用分段吊装、整体提升、滑移、顶升等安装方法，减少方案的措施用材量；⑥采取数字化技术，对大体积混凝土、大跨度结构等专项施工方案进行优化。

(3) 周转材料使用。具体措施包括：①应选用耐用、维护与拆卸方便的周转材料和机具；②优先选用制作、安装、拆除一体化的专业队伍进行模板工程施工；③模板应以节约自然资源为原则，推广使用定型钢模、钢框竹模、竹胶板；④施工前应对模板工程的方案进行优化。多层、高层建筑使用可重复利用的模板体系，模板支撑宜采用工具式支撑；⑤优化高层建筑的外脚手架方案，采用整体提升、分段悬挑等方案；⑥推广采用外墙保温板替代混凝土施工模板的技术；⑦现场办公和生活用房采用周转式活动房。现场围挡应最大限度利用已有围墙，或采用装配式可重复使用围挡封闭。

10. 节地与施工用地保护及地下设施、文物和资源保护

（1）临时用地指标。具体措施包括：①根据施工规模及现场条件等因素合理确定临时设施；②要求平面布置合理、紧凑，在满足环境、职业健康与安全及文明施工要求的前提下尽可能减少废弃地和死角，临时设施占地面积有效利用率大于90%。

（2）临时用地保护。具体包括：①对深基坑施工方案进行优化，减少土方开挖和回填量，最大限度地减少对土地的扰动，保护周边自然生态环境；②红线外临时占地应尽量使用荒地、废地，少占用农田和耕地。工程完工后，及时对红线外占地恢复原地形、地貌，使施工活动对周边环境的影响降至最低；③利用和保护施工用地范围内原有绿色植被。对于施工周期较长的现场，可按建筑永久绿化的要求，安排场地新建绿化。

（3）施工总平面布置。具体措施包括：①施工总平面布置应做到科学、合理，充分利用原有建筑物、构筑物、道路、管线为施工服务；②施工现场搅拌站、仓库、加工厂、作业棚、材料堆场等布置应尽量靠近已有交通线路或即将修建的正式或临时交通线路，缩短运输距离；③临时办公和生活用房应采用经济、美观、占地面积小、对周边地貌环境影响较小，且适合于施工平面布置动态调整的多层轻钢活动板房、钢骨架水泥活动板房等标准化装配式结构。生活区与生产区应分开布置，并设置标准的分隔设施；④施工现场围墙可采用连续封闭的轻钢结构预制装配式活动围挡，减少建筑垃圾，保护土地；⑤施工现场道路按照永久道路和临时道路相结合的原则布置。施工现场内形成环形通路，减少道路占用土地；⑥临时设施布置应注意远近结合（本期工程与下期工程），努力减少和避免大量临时建筑拆迁和场地搬迁。

（4）地下设施、文物和资源保护。具体措施包括：①施工前应调查清楚地下各种设施，做好保护计划，保证施工场地周边的各类管道、管线、建筑物、构筑物的安全运行；②施工过程中一旦发现文物，立即停止施工，保护现场并通报文物部门并协助做好工作；③避让、保护施工场区及周边的古树名木；④逐步开展统计分析施工项目的CO_2排放量，以及各种不同植被和树种的CO_2估定量的工作。

11. 光污染控制

光污染的控制要尽量避免或减少施工过程中的光污染。夜间室外照明灯加设灯罩，透光方向集中在施工范围。电焊作业采取遮挡措施，避免电焊弧光外泄。

思 考 题

1. 可持续发展的概念与内含是什么？
2. 建筑业可持续发展的方向有哪些？
3. 可持续建设的内容有哪些？
4. 工程项目可持续建设的特点与难点有哪些？
5. 可持续设计的内容有哪些？
6. 可持续建材的发展方向有哪些？
7. 何为绿色施工导则？
8. 绿色施工技术有哪些内容？发展方向如何？
9. 你所理解的可持续建设是什么？

参 考 文 献

［1］ 施骞. 工程项目可持续建设与管理. 上海：同济大学出版社，2007.

［2］ 任宏等. 可持续建设理论研究及其应用发展. 科技进步与对策[J]，2010，27(10).

［3］ 秦大河，张坤民，牛文元. 中国人口资源环境与可持续发展. 北京：新华出版社，2002.

［4］ 蔡守秋等. 可持续发展与环境资源法制建设. 北京：中国法制出版社，2003.

第 10 章　建设项目集成化管理理论

实施集成与集成管理，对于现代企业以全新的战略与策略应对日益加剧的市场竞争，赢得市场竞争的主动权，加速创新，解决复杂巨系统问题，解决和缓解资源的匮乏以及发展经济，具有重要的现实意义。正因为如此，集成与集成管理成了当今技术开发和管理研究的主题之一，成了当今管理科学研究的前沿课题之一。

10.1　集成和集成管理的基本概念

10.1.1　集成的内涵及特征

10.1.1.1　集成的内涵

集成一词从一般意义上可理解为聚集、集合、综合，《现代汉语词典》将集成解释为同类事件的汇集。集成在英文中词为 Integration，解释为融合、综合、成为整体、一体化等。

中科院戴汝为教授认为，集成就是把一个非常复杂的事物的各个方面综合起来，集其大成。集成的含义在这里主要用来表述将事物中各种好的方面、精华部分集中起来组合在一起，从而达到整体最优的效果，即集大成。中国人民大学李宝山教授指出："要素仅仅是一般性地结合在一起并不能称之为集成，只有当要素经过主动的优化，选择搭配，相互之间以最合理的结构形式结合在一起，形成一个由适宜要素组成的、相互优势互补、匹配的有机体，这样的过程才称为集成。"武汉大学海峰教授等（2001）认为："集成从一般意义上可以理解为两个或两个以上的要素（单元、子系统）集合成为一个有机整体，这种集成不是要素之间的简单叠加，而是要素之间的有机组合，即按照某一些集成规则进行的组合和构造，其目的在于提高有机整体（系统）的整体功能。"

无论如何对集成进行定义，从本质上讲，集成其实就是以系统思想为指导，创造性地将两个或两个以上的要素或系统整合为有机整体的过程。

10.1.1.2　集成的特征

归纳起来，集成主要具有以下特征：

1. 系统性

集成不是简单地把两个或多个要素组合在一起，它是将原来没有联系或联系不紧密的要素组成为有一定功能的、紧密联系的新系统。因此，集成属于系统综合与系统优化的范畴。

2. 互补性

集成的互补性特征表现为，集成的目的是为了实现整体功能倍增或涌现，而集成行为则源于集成主体，仅靠自己的努力而难以实现或达到其目标，因此，需要要求合作者（集成对象）以弥补自身的不足，显然互补或优势互补既是集成的特征，又是集成单元相互选择的条件。

3. 创造性

要素间一般性地结合在一起并不能称为集成，只有当要素经过主动的优化，选择搭配，相互之间以最合理的结构形式结合在一起．形成一个由适宜要素组成的、优势互补匹配的有机整体，这样的过程才能称为集成。因此，集成是主动地寻优过程，即创造性的一个过程，通过寻求一种能充分发挥各集成要素的优势，并且最终能实现整体优势、整体优化目标。

4. 相容性

集成的相容性表现为，各集成单元之间有着内在的相互关系或联系，这种相互关系和联系，是各集成单元能否集成为一个整体的必要条件，当然这种相互关系和联系又是以具体的集成目标为前提的，即集成要素一定要满足相应的约束条件，必须具备某种共同的性质，否则，元素不会为集成体所容纳，集成体也不会形成。

5. 无序性

无序性是指集成要素在满足公共属性的同时，又具有时间、空间、心理上的无规则分布。由于集成是具有某种公共属性要素的集合，这种集合可能由于某种力的随机作用，使得要素之间的关系呈现出有序性，但更多的集成是无序的。正由于这个原因，才存在着人的干预行为的必要性，才存在必须对集成进行管理的问题，即通过人的干预行为，通过管理，把无序变有序，通过整合集成要素间的各种关系使之形成有机的整体，发挥出系统功能。

10.1.2 集成管理的概念与特点

10.1.2.1 集成管理的概念

所谓集成管理，是指对生产要素的集成活动以及集成体的形成、维持及发展变化，进行能动的计划、组织、指挥、协调、控制，以达到整合增效目的的过程。集成管理实质上是将集成思想创造性地应用于管理实践的过程，即在管理思想上以集成理论为指导，在管理行为上以集成机制为核心，在管理方式上以集成手段为基础。集成管理的理论基础是集成理论和系统理论，其技术与方法已不仅仅是一种或几种科学管理方法，也不纯粹是某几种工程技术和手段，而是综合各类方法的、定性与定量分析相结合的综合集成方法体系。集成观是集成管理的基本观点，即集成管理主体有明确的集成目标，各类集成要素，包括人、机、财、物、信息、组织等都是集成对象，集成活动是一项系统活动，集成过程是一个不断调整的动态过程。

集成管理的概念强调如下几点：

（1）集成管理的对象是要素的集成活动，既包括对要素的集合过程的管理，又包括对要素经过集合后所形成的整体或系统的维持，以及对这个整体或系统在内外环境作用下，变化、发展规律的研究、探索、跟踪。总之，是对要素集成活动全过程的管理。

（2）所要集成的要素，呈无限集合分布状态，这是由现代集成的本质特征所决定的。

（3）集成是一种能动的活动过程。不仅仅为了弥补分工而带来的效益缺失，而是要通过对各种资源要素进行能动的整合，达到效益的非线性增长。

（4）集成管理的基本过程是计划、组织、指挥、协调、控制。这与任何一项管理活动无异，一般管理学的基本原理同样适用于这一专门的管理领域。

(5) 集成管理的手段和目的是通过整合求得增效。集成管理强调的是，通过要素的整合，综合运用各种不同的方法、手段、工具，促进各项要素、功能和优势之间的互补、匹配，使其产生 $1+1>2$ 的效果，即效益倍增的效果。

10.1.2.2 集成管理的特点

集成管理具有如下四个方面的特点：

1. 综合性

从资源角度看，集成管理将人、财、物、技术、信息等资源作为管理的要素，使管理的范围更加广泛，涵盖所有的软、硬件资源要素，尤其是集成管理强调知识的创造；从管理技术手段和方法角度来看，集成管理不仅涉及管理技术本身的集成，而且涉及管理技术与制造技术、信息技术等的相互融合与综合集成，如 MRPⅡ，CIMS 等，没有信息技术的支持，MRPⅡ等是无法实现的。

2. 复杂性

其一，由于集成管理的要素不仅包含组织内部的各种要素，而且包含组织外部可供选择和集成的资源，因此，构成集成管理体要素间的联系广泛、紧密而复杂；其二，组织集成管理系统具有多层次、多功能的结构，每一层次均成为构筑其上一层次的基础；其三，集成管理系统在其形成与发展过程中又会不断地对其层次与功能结构进行重组和完善；其四，集成管理系统会随环境变化而不断演化；其五，集成管理强调集成者主体行为，集成者职能作用会有突出表现。

3. 协同性

集成管理的目标是通过集成实现系统优势互补、聚合放大、功能倍增，这就要求各集成管理要素必须按照一定的集成方式或模式协调一致，集成管理系统的有序度越大，集成管理系统的整体功能越强。同时，由于集成管理的复杂性和综合性的客观存在，因此各集成要素必须高度协同。

4. 柔性化

集成管理也是一种柔性化管理。也就是说，管理的运作过程表现出很强的"随机应变"的弹性，管理的切换敏捷、迅速而且转换成本低廉，管理的实施主要依赖非强制性的软性手段和方式推动。集成管理的柔性特征主要源于以下 3 个原因：①人的因素在集成管理中占据着突出的地位。在集成中，人的智力，即创造性思维因素是不可或缺的。事实上，如果没有人的创造性思维，各种元素充其量只能是堆积在一起，无法形成富有活力的集成场空间，当然也就无法发挥集成管理的效力了。②与其他管理模式相比，集成管理中增加了许多知识和科技的内容，不仅管理要素中渗透的知识含量增加了，而且许多知识正日益作为单独的要素，在管理系统中占据越来越重要的地位，传统的刚性管理方式呈现出软化的趋势。③集成管理应用了许多高科技化的管理手段和工具。如信息网络技术、通信技术、智能技术等，从而使管理的效率和效能得到极大提高，管理模式的调整转换更加快捷方便。

5. 动态开放性

集成管理处于快速变化的外界环境之中，其自身的运行架构也是呈动态开放状的。整个外界环境正处于一种瞬息万变、动态开放的格局之中。面对这样的一种形势，集成管理同样只有保持动态开放的态势才能顺应潮流。动态性是指在集成管理过程中必须时刻关注系统内外环境要素的变化，并且及时调整相关的管理参量，以保证管理系统的运行适应外界的变化要求。开放性是指集成管理的运行态势是全方位开放状的，管理系统可以随时和外界发生能量、物质、信息、知识的交换。

10.2　集成管理的基本原理

10.2.1　集成管理一般原理

1. 整体寻优原理

（1）相容性原理。它是一种反映集成要素间内在联系的基本规律。集成要素能否相容或关联，是集成要素形成集成体的必要条件。

（2）互补性原理。互补性原理是一种反映各集成要素在功能、优势互补的条件下，实现集成整体功能的基本规律。任何事物或系统都存在不同属性，系统中各要素属性有机组织起来或互补，是形成完整系统功能的客观基础。

要素相容性与互补性原理从本质上揭示了集成管理是系统要素创造性融合的过程，是系统整体寻优的过程。

2. 系统创新原理

（1）系统界面原理。集成要素间的物质、信息和能量交流是通过集成界面来实现的，集成体的功能也是通过界面来反映的。集成界面的性能反映集成要素联系的机制，机制的形成是界面选择的结果，界面的形成又由集成要素内在性质与特征决定。由此，系统界面原理是一种反映集成要素间物质、信息和能量交换及形成机制的基本规律。

（2）功能结构原理。系统结构是集成体内部集成要素间相对稳定的联系方式、组织秩序、时空关系等内在整体性的规定；系统功能是集成体在与外部环境相互联系、相互作用所表现出来的性质与能力。集成系统的结构与功能相互联系、相互制约，功能决定结构，结构支撑功能。

系统界面与功能结构原理从本质上揭示了集成管理是集成要素机制形成、功能结构重组的过程，是一种系统再造与创新。

3. 功效倍增原理

（1）系统整体功能倍增原理。系统整体功能倍增原理是一种集成要素在形成集成体的过程中相互作用、聚合重组，使集成系统整体功能得以倍增或涌现的基本规律。这既反映着局部规则导致系统宏观变化的规律，也反映着"整体大于部分之和"的整体规律。

（2）集成效应原理。集成效应，简单地说，是指由于集成所带来的实际效果。从管理角度看，集成效应最终主要体现在管理活动的经济效果上。正是由于集成所导致的巨大经济效益的吸引与诱导，才使得集成思想逐渐渗透到传统的管理实践之中，并导致集成管理的产生和出现。因此，从本质上说，集成效应是导致集成管理产生的根本动因。

集成追求的是优势互补，聚变放大。具体地说，就是要求各项集成要素实现优化组合，形成和谐有序的运行结构，从而使得集成体的整体功效大于各单项要素功效的简单叠加。简单地说，集成效应原理是指集成体的整体功效大于各单项要素功能的简单叠加。

功能倍增与集成效应原理从本质上揭示了集成管理是系统功能倍增的过程。

10.2.2　集成管理运行机理

1. 集成管理的战略与超前策划：理念集成

战略是集成管理活动的总纲，按照战略管理论，战略决定功能，功能决定结构。而功能与结构正是个项目集成体属性所在。由此，战略是一个系统集成管理的前提与基础。

超前策划是一个项目"前馈"性的规划设计管理工作，本质上是一种创造性的思想或理念集成活动，有利于创造良好运行环境，有利于减少经营风险，有利于资源整体利用，特别是智力资源的集成应用。战略与超前策划在集成管理运行本质上是一种理念集成。

2. 集成管理的组织与界面管理：组织集成

组织是集成管理运作的机制保障，不同的组织结构直接影响着集成管理的效应与水平。随着社会发展，企业或项目管理组织日益向精益化、智能化、敏捷化、弹性化方向转变。界面是组织间相互联系与作用的一种状态，在集成管理中它是集成要素间的衔接关系，产生于专业分工、目标差异、信息粘滞等复杂因素，是集成管理的重要条件。事实上，集成管理本身就是众多组织的聚集，必然存在不同的组织结构。组织与界面管理的集成运行就是形成一个共同的组织，并有机地协调好组织与组织间的界面状态。因此，组织与界面管理本质上是一种组织集成。

3. 集成管理的技术与流程重组：过程集成

不同的技术条件有不同的管理方式，同时决定不同的业务流程。如对建设项目而言，高新工程技术、信息技术，特别是计算机、通信、网络、人工智能技术等已对项目管理方式与流程产生着革命性的影响。就管理流程本身而言，亚当·斯密的分工论管理模式正在被哈默所提出的企业重建理论所替代，企业重建的基本要素是流程，其核心是对企业传统的经营流程重新审视并进行彻底的重组改造，以求得根本性的成本、质量、服务等绩效的提高。由此，流程重组成为集成管理的重要条件。事实上，把各种技术与业务流程重组为一个新的有机整体本身是集成管理运行的过程集成。

4. 集成管理的信息与系统控制：方法集成

（1）硬系统方法

1969 年，美国系统工程学者霍尔（AD. Hall）提出了系统工程"三维结构体系"，是解决规模较大、结构复杂、因素众多的大型复杂工程组织与管理问题的思想方法，其核心内容是模型化与最优化。

（2）软系统方法

英国学者切克兰德认为有些大型复杂工程与人的因素越来越密切，特别是与社会、政治、经济、生态等因素纠缠在一起，是复杂的非结构性问题，难以用数学模型寻求"最优化"，因此提出了"可行"、"满意"等概念模型，其核心不是最优化，而是"比较"、"学习"后找出的可行或满意结果。

10.2.3　集成管理的战略思想

10.2.3.1　集成思想对管理的指导作用

整合增效是集成的基本思想，也是集成管理的根本目的。集成思想对管理的指导作用主要表现在：

1. 整合（集成）增效

即在强调劳动分工的同时，强调集成增效。劳动分工一直是管理和经济社会活动奉行的效率原则之一。然而，随着社会、经济和政治活动各个领域中深度分工彰显其优越性的同时，也逐渐暴露出其负面的制约影响，即信息不能共享，资源缺乏有效利用，市场交易成本攀升，创新风险加大等问题，严重制约了社会进步。从某种意义上说，集成就是为了弥补分工所带来的效益缺失。

2. 泛边界资源整合

即需要站在更高的层面，突破组织的边界，进行资源的整合。集成管理中的资源整合，即不仅指企业内部的资源整合，更重要的是指突破企业界限，充分利用外部资源的一种资源整合，像虚拟企业模式、供应链管理、企业联盟等，其共同特点是泛边界性，站在整个社会系统的高度，集成社会各种资源，形成资源的有效利用。

3. 协同旋进

传统市场竞争的模式是你死我活的模式，找准竞争对手包括潜在竞争对手的弱点，挤垮对手，是竞争各方的目标。而在现代社会，越来越多的企业逐渐意识到，单凭自身的实力已难以在变化迅速、竞争激烈的市场中获胜。于是，竞争的理念开始从你输我赢转向双赢，转向合作，转向共谋发展，通过集成，求得共同发展。这种能使竞争各方获益、共同推进的状况，可以称为协同旋进。

4. 跨跃式发展

在市场经济环境下，国家、地区、组织发展不均衡，是一个客观的必然现象。并且，随着时间的推移，会出现强者更强，弱者更弱。就一个组织的发展类型而言，它可以分为渐进式发展和跨跃式发展两种。弱者要想赶超强者，渐进式的发展战略，只会进一步加大强弱之间的距离。只有采取跨跃式的发展战略，才能缩小距离甚至超过强者。而集成是实现跨跃式发展的重要战略。

10.2.3.2 集成管理的战略实施

整合增效是集成管理的基本思想。通过要素的整合，实现量的扩张和质的突变。通过整合，优化资源配置，衍生创新，分散风险，降低成本，加快发展，提高效益。这是集成管理最基本也是最重要的战略思想。因此说，集成管理战略也就是整合增效战略。

整合增效战略目标的有效实现必须使集成的思想在管理中的作用充分发挥出来，因此，在整个集成管理过程中，要建立有效的支撑策略来支持整合增效战略的实施，如图 10-1 所示。即通过泛系统策略和虚拟策略的实施，来实现要素的高效集成，从而促进协同旋进策略的有效实施，最终达成整合增效的战略目标。

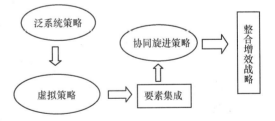

图 10-1　整合增效战略及其策略支持体系

1. 要素集成

通过集成管理来实现整合增效，一个关键的问题就是如何进行要素集成，来实现这种整合。要素集成的方式有两种：一种是同质单元的集成，如企业中按照职能的相似性组成的集合体（单位）；另一种是异质单元的集成，如企业中按照工作流的相似性组成的集合体（单位）。

按同质单元组成的集成单元，具有如下特征：集成基本单元具有相同的能力、知识、技巧，有助于对从事相同任务的基本集成单元进行集合和协调；集成基本单元能互相交换有关任务的信息，从而提高他们的知识技巧；集成基本单元在必要的时候能互相帮助。此外，按同质单元组成的集成体，由于专业化程度高，因而能极大地提高生产力，节约成本。但这种集成形式，不同集成单元之间的协调比较困难，集成单元之间的交易成本比较高，可能由于缺乏集成单元之间的充分交流，以及必要而及时的相互支持，而使整体生产力受到影响。

按异质单元组成的集成单元，具有如下特征：集成基本单元能互相协调，集成单元之间的交易成本低，可以维持工作流的畅通无阻；如果一个单位出现故障，不会影响到其他单位。但在这样的集成单元中，由于集成基本单元所拥有的专门知识不同，因此，相互之间不能帮助和取代。另外，由于重复工作，也增加了运作的成本，对规模经济的形成不利。

从企业系统管理的角度看，按同质单元组成的集合体，往往属于职能不完整的集合体，因而，要使整个系统高效地运转，就必须要有更高一层的高效指挥、协调、控制系统，趋向于集权，管理的重心应在高层。而按异质单元组成的集合体，往往属于职能完整性的集合体，它更趋向于采用分权的管理模式，管理的重心应在基层。孰好孰次，并无定论，企业应根据不同的内外环境条件，予以选择。

此外，我们还应注意到，整合增效战略的实施，不仅仅是高层主管的职能，而是分布在组织的各个层级，是组织各个层次主管的重要职能，其整合路径及逻辑过程如图 10-2 所示。

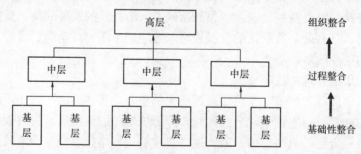

图 10-2　要素集成整合路径与逻辑过程

这就是说，要使组织获得整合增效，必须经过三个阶段，即基础性整合阶段、过程整合阶段和组织整合阶段。基础性整合是指集成基本单元（相对不可分单元）之间的优势整合，它是整个整合逻辑中最为基础性的工作，如工厂中的班组、高校中的系（或教研组），他们所从事的整合，就属于基础性整合。过程整合是指集成单元之间的整合，它是整合逻辑中的二次整合，如工厂中的车间、高校中的院（或系），他们所从事的整合，就属于过程整合。组织整合是整合逻辑中最高层次的整合，是组织实施整合增效战略的最终体现，在对外环境的表现上，体现的是整体的优势、整体的竞争力。基础性整合、过程整合和组织整合是整合逻辑中三个不可分割的阶段，它们互为因果，紧密联系，构成整合增效战略实施的整体。

在集成管理中，整合增效战略讲求的是能动的资源整合过程，它不仅要求对现实资源的整合，而且注重于对潜在资源的挖掘、培植。培植于今天，整合于未来，这是我们在实施整合增效战略中必须具备的基本理念。

2. 协同旋进策略

多方都获利。这种能使企业和合作者多方获益、共同推进的状况，称为协同旋进。协同旋进策略并不否定竞争，而是强调合作—竞争。随着经济发展和技术进步，合作竞争对立关系的表现形式也在发生着变化。在产品或服务市场上，竞争者开展各种形式的合作，在创新方面尤其如此。合作单位间的竞争关系按竞争内容不同可分为两类：一是合作单位间虽然从整体上存在竞争关系，但在合作领域不是竞争关系而是供需关系；二是合作单位间不仅在整体上，而且在合作领域也是竞争关系。竞争型合作的根本目的是实现资源共享和互补，减少重复建设，提高投资回报率，以及解决高级科学和工程技术人才不足的困难等。从世界范围来看，不同国家产业界存在着竞争，因此本国的竞争对手进行合作，共同提高竞争实力，可以取得全球范围的整体竞争优势。竞争型合作要提高合作的成功率，取得共生经济效益，必须综合考虑市场的需求、资源结构、组织结构、分配结构、技术能力差距等因素，同时政府的支持甚至直接出面组织也对改善合作竞争整体效益，提高国家或地区整个产业水平起着很大作用。由此看来，协同旋进的本质在于多方协调，共同发挥彼此的资源优势，以达到扩大优势范围的目的，实现共生共存，协同共进。

3. 虚拟策略

集成单元之间要产生协同旋进，一个基本的手段或基本的途径就是：通过某种组织形式，将集成单元集合起来。在这一逻辑阶段中，虚拟策略是整合增效战略的主要支撑策略。

虚拟策略的实施，主要表现在组织结构形式和生产经营方式两个方面。虚拟策略在组织结构上的表现形式为：战略联盟、虚拟企业、虚拟团队。实施虚拟策略在生产经营上的具体表现为：生产外包、销售外包、研发外包、敏捷制造、特许连锁等。

4. 泛系统策略

实施虚拟策略解决的是集成单元集合的组织问题和建立在这种组织模式之上的生产运营模式，而这一切又是建立在泛系统策略基础之上的。

泛系统策略，意味着在系统集成的过程中，把系统边界看成是模糊的，甚至是没有边界的，并在此基础上，来寻求目标函数的最优值。这种认识标志着管理思想、观念、方法、手段等一系列质的飞跃，主要体现在：

（1）组织结构的模式呈泛化。泛边界网络化的组织结构，如战略联盟、虚拟企业、虚拟团队，是集成管理的主要组织形式。

（2）对资源的认识，应从强调"所有"转向"所用"。不求所有，但求所用，围绕目标，从整个社会层面，充分整合资源要素，这是集成管理要掌握的重要原则。

（3）集成体呈现出一种向外界全方位开放的态势。集成体与外部环境系统没有明确的界线，集成体内的要素，可以是集成体独有的，也可以是与外部环境系统共有的。

（4）传统的命令指挥系统，将被"协调"机制所取代。

（5）以契约为主要形式的管理模式，将取代以内部制度为依据的管理。

10.3　建设项目集成管理的概念与构架

10.3.1　建设项目集成管理的概念

集成管理是实现目标非常有效的管理模式。因此，将集成管理的思想引入建筑业的项目管理中，指导建设项目管理成为一个热点研究主题。然而，在研究中，各研究者所占的研究角度不同，关注点的不同，使得对建设项目集成管理所下的定义也不尽相同。下面是几个比较有代表性的定义。

建设项目集成管理是为确保项目各专项工作能够有机地协调和配合而开展的一种综合性和全局性的项目管理工作。它是以集成思想为指导，依据建设项目和管理特点，以质量、成本、进度三个要素组成的项目目标体系为核心，以定性分析与定量分析相结合的集成方法论为基础，通过科学而巧妙的创造性思维，将集成贯穿于工程项目管理活动的全局和整个过程的项目管理模式。

工程项目集成化管理就是依据工程项目和工程项目管理的特点应用系统工程原理综合考虑工程项目从发起到拆除整个生命周期中各阶段的要求和衔接关系项目管理中的各要素相互关系以及项目执行过程中各参与方之间的动态影响关系项目各参与方的协调和整体优化而采用的一种基于信息技术的高效率项目管理模式。

工程项目集成化管理通过以业主需求为导向，以高速发展的信息技术为基础，通过集成化管理实现项目执行过程中各参与方之间的高效率信息交流，以及对项目的整个生命周期进行系统的研究和规划，最大限度减少变更和返工现象，从而实现项目在质量、工期和成本上的全面优化以及项目价值的最大化。

无论如何下定义，总之建设项目的集成管理都是将集成管理原理运用于整个项目管理的全过程中，这种运用不仅带来方法的变革，还带来整个管理理念的转变。全寿命周期管理、合作伙伴关系管理等管理理念和方法在建设项目集成管理真正找到了用武之地。

10.3.2 建设项目集成管理的实施条件

1. 合作的理念是实施项目集成管理的基础

实施建设项目集成化管理不只是单纯的技术应用，更大程度上是对工程项目管理理念管理模式的彻底变革。工程项目集成化管理作为一种新的项目管理模式，其推广和实施必须以合作的理念为基础。合作理念意味着参与项目的各方是在共同利益基础上的合作伙伴，工作重点应放在如何保证和扩大共同利益，因此彼此信任和对商誉的重视成为合作的基础。

建设项目集成化管理的实施将通过建立起真正的伙伴关系来彻底改变传统工程建设业中咨询、设计、施工、材料设备供应等各种企业之间的关系。传统的企业之间是一种基于合同双方的竞争关系，竞争理念是指导传统管理的基本理念。而要实施集成管理，就必须首先转变观念，以合作理念为基础来建立合作伙伴关系。只有这样，才能最大限度地消除合作企业之间的不信任和不协调，也只有这样才能实现信息共享和协同工作，也才能通过集成管理实现增效。

2. 有效的信息平台是支持建设项目集成管理实施的技术条件

建设项目实施过程中，参与项目建设的各方存在着复杂的、庞大的信息依赖关系，要想实现各企业的有效协作，只有进行充分、及时的信息交流才行。然而，建设项目管理中需要大量的、实时的信息交流和反馈和进行动态决策，没有一个完善、快速的信息系统作为技术支持根本无法实现。因此，建设项目集成管理必须依赖先进的信息平台作为集成管理的技术基础。集成管理的信息系统和传统的项目管理信息系统相比，功能上必须达到下列要求。

（1）对建设项目全生命周期集成的支持。建设项目集成化管理的基本思想之一就是将建设项目整个生命周期的各阶段整合为一个整体。这就要求集成管理的信息系统必须保证项目各阶段和参与各方充分的信息交流，它是保障工程项目全生命周期集成的基本条件。

（2）对建设项目要素管理集成的支持。传统的项目管理是职能式的管理，不同项目要素管理如质量、进度和成本等由不同的职能来实现，职能的管理人员之间缺乏有效的交流。而在实施集成化的项目管理方法时，其信息支持系统必须能够保证不同管理人员间横向的信息交流，包括数据文件和资料的保存、共享和传递。为不同职能的管理人员提供实时交流、讨论、决策和合作提供集成计划和协调支持。

（3）对建设项目各组织之间的集成管理的支持。目前的项目管理实践还停留在各参与方自行工作的基础上，各方都在自己合同范围内工作，与其他参与方处于相互隔绝的状态。因此，传统的管理模式中，信息系统的信息流是单向的、工程项目建设系统中某个组织内部的，与其他参与方没有直接的联系。由于参与组织之间缺乏必要的交流与沟通的信息系统支持，导致组织之间的集成无法实现真正意义的合作。因此，要求集成管理的信息系统必须能够为项目各参与方提供信息交流的平台，保证项目的各参与方充分发挥各自的作用。

10.3.3 建设项目集成管理的概念模型

建设项目的根本目标是实际综合目标的实现，而建设项目集成管理就是要采用集成管理的理论与方法来进行整个过程。即建设项目集成管理是由项目目标系统集成、过程集成、组织集成以及信息系统集成四个部分所构成的一个复杂的集成管理系统。这个系统的概念模型如图 10-3 所示。

第一，建设项目参与各方在逻辑上存在共同项目目标，建设项目集成管理首先要有统一的管理组织，即要将项目参与各方的组织功能按某种开放协议、标准或规范集于一体，达到互为调用，即进行组织结构重组（OSR），逻辑维在本质上体现在项目参与各方人员及其组织功能的集成，即集成组织管理系统。

第二，传统建设项目业务管理相互独立、各成系统，各参与方管理工作仅从自己的目标出发，忽视了项目整体利益目标。建设项目集成管理必须要站在项目整体的角度，进行项目业务过程重组（BPR），时间维在本质上体现在项目过程集成，即集成业务过程系统。

第三，对项目进行集成管理的过程也就是系统整体寻优的过程，需要对项目目标管理的核心——费用、进度、质量等进行有效的控制，如何在控制要素之间找到最佳的平衡点，使项目质量好、工期短、费用低，成为项目管理的难题。这就需要综合运用多种不同的技术与方法，知识维在本质上体现为各种控制技术方法的运用，即集成目标控制系统。

第四，一个项目的组织、实施、参与、协同、控制，无时无刻不在进行信息的交流，项目参与的各方都有自身信息系统或信息管理系统，并且项目参与各方都必须相互进行信息交流，从而构成了项目管理更大的信息系统。建设项目集成管理就是要以各种项目管理软件为基础，建立一个集成化的信息管理平台，它包括信息功能的集成、信息资源的集成、信息处理的集成，即集成信息管理系统。

在建设项目集成管理系统中，组织集成是基础，可以说是集成管理的主体，在整体系

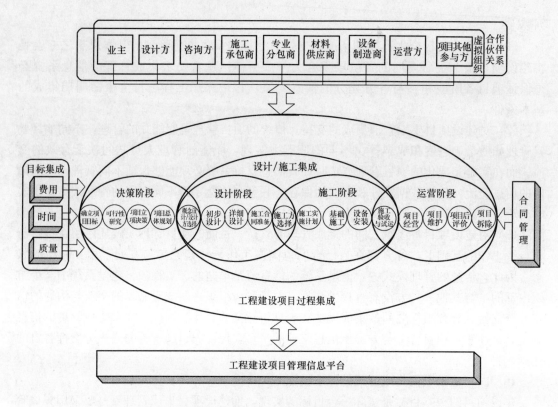

图 10-3　建设项目集成管理的概念模型

统中处主动地位。业务过程集成是管理的对象，在集成管理中处于受控制的地位。目标控制集成是按照管理对象而选择的相应管理方法，管理对象与管理方法两者同一过程、并行联动，是集成管理的核心。信息集成是各种知识与技术的综合运用，支撑着管理组织的联系、管理方法的实施和控制目标的运行，是集成管理的公用共享平台。

目标集成是指项目质量、进度、成本、安全等多目标的集成，组织集成是指建设项目参与各方的集成，过程集成是指项目实施过程的集成，信息的集成则是指项目目标控制的集成。建设项目作为一个完整的系统，目标集成、组织集成、过程集成、信息集成是分别从四个不同的侧面对建设项目进行集成的途径。目标决定组织，组织是目标能否实现的决定性因素，组织集成（项目参与方的集成）应与目标集成结合起来考虑。过程集成的最主要的前提条件就是目标一致。项目管理系统的集成是一个整体性的活动，目标集成组织集成、过程集成、信息集成之间必然存在某种纽带，把它们有机结合在一起，才能实现建设项目管理信息系统功能的最大化，这个纽带就是集成信息管理平台，如图 10-4 所示。

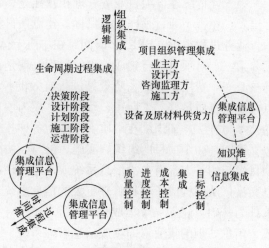

图 10-4　三维项目集成管理系统空间结构图

274

10.4 建设项目目标集成管理与组织集成管理

10.4.1 建设项目目标集成管理

10.4.1.1 建设目标集成的基本原理

工程项目管理是在一定的约束条件下，为达到项目目标而对项目实施的计划、组织、指挥、协调和控制的过程，是以目标控制为核心的管理活动。建设项目的目标实际上是由一系列目标如质量、进度、投资（或成本）、安全与环保等所组成的综合目标系统，这些目标之间是一种对立统一的关系，例如加快进度，可能会使成本提高，而质量降低，可以导致返工，从而增加成本，延误时间。建设项目的目标实现意味着所有目标的实现，即需要集成目标管理。目标控制是指管理人员在不断变化的动态环境中，为保证计划目标的实现进行的一系列检查和调整活动。合理的目标、科学的计划是实现目标控制的前提，组织设置、人员配备和有效地领导是实现目标控制的基础。项目计划在执行过程中，必须进行控制，检查计划的实施情况。当发现计划实施偏离目标时，应及时分析偏离的原因，确定应采取的纠正措施。在纠正偏差的过程中，继续实施情况检查，形成反复循环的动态控制过程，直至工程项目目标实现为止。项目目标集成实际上就是要使得项目各目标管理的工作有机地协调与配合，它的内容包括为达到甚至超过项目相关利益者的期望去协调各方面的目标和要求、计划安排最佳项目方案，以及集成控制项目的变更和协调项目各方面工作等内容。项目目标要素集成管理从本质上说就是从全局观点出发，以项目整体利益最大化作为目标，以项目时间、成本、质量、范围等为核心，同时考虑各方满意、环境协调及可持续发展等关系，以协调与整合为主要内容而开展的一种综合性管理活动。

项目集成管理的主要内容包括：项目集成计划的制定（统一考虑项目各专项计划要求，通过全面的综合平衡编制出项目集成计划的管理工作）；项目集成计划的实施（将项目集成计划付诸实施，将项目集成计划转变成项目产出物的管理工作）；项目目标的总体控制（协调和控制整个项目实现过程中的各种项目变更，积极适应项目各种内外情况变化的管理工作）等。其中项目目标集成控制是核心。

更进一步来说，工程项目的目标不仅仅是质量、成本、进度和安全这四大目标，除此之外，可能还包括范围、人力资源、风险、沟通、可持续发展等多个相互影响和制约的管理目标。工程项目集成化管理实际上就是要在项目实施过程中，对这些目标和要素进行了通盘的规划和控制，以达到对项目的全局优化。

10.4.1.2 项目目标要素之间关系

费用、质量、时间三大目标要素间关系

项目管理的时间、费用和质量这三个目标相互联系、相互影响，某一目标的变化必然引起另外两个目标的变化，如一味压缩费用必然损害项目的质量，同时很难在规定的时间内完成项目。要求项目必须在某个时间点之前完成，常常也会降低项目的质量水平，同时会增加项目费用的投入。项目管理则是在项目的全寿命期内一直追求这三个目标之间的优化和平衡，以使项目总体达到最优。

关于项目管理费用（Cost）、时间（Time）和质量（Quality）三个目标之间的关系有很多形象的比喻，最为常见的是将三者比喻为相互约束和平衡的三角形，如图 10-5（a）

所示。同时，可以将质量目标称为更为广义的"绩效/技术"（Performance/Technology），同时将三个目标与资源结合起来，认为一切都将受项目所能利用资源的约束。如图10-5（b）所示中将三个目标与项目工作范围联系起来，认为项目范围的变化是三个基本目标的一个重要约束。

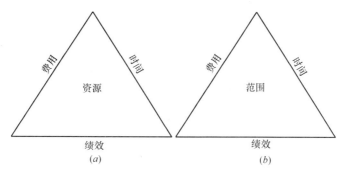

图 10-5 项目费用、质量、时间三者关系三角形

10.4.1.3 建设项目目标集成的方法

1. 基于挣值法的项目成本、工期和质量三要素集成管理方法

戚安邦（2002年）在传统的挣值管理的基础上，提出一种项目成本、工期与质量三要素集成管理方法。其基本原理是在挣值管理的基础上再引入一个中间变量，以用于分析由项目质量要素所造成的项目成本或项目工期的变动。为此可以借用"挣值"的英文Earned Value所包含的"已获价值"的思想，将新引入的中间变量称为"已获质量价值"。这一中间变量的具体含义可以用数学公式表示如下：

已获质量价值 $(EQV) = EV \times Q_e$

其中：EV 代表"挣值；Q_e 代表项目质量指数。

式中的项目质量指数 Q_e 在统计学意义上是一个个体指数，它代表着一个项目的实际质量水平，其计算公式为：

$$Q_e = （项目实际质量水平 AQ/项目规定质量水平 BQ）\times 100\%$$

其中：AQ 代表项目实际已经完成作业所达到的质量水平；BQ 代表项目计划要求达到的作业质量水平在引入 EQV 这一新的中间变量以后，项目成本、工期、质量的关系。

借助于"挣值"和"已获质量价值"这两个中间变量，实现对于项目工期、质量和成本的集成管理。

2. 费用、时间和质量三要素集成的线性规划方法

Babu 和 Suresh（1996年）提出了一种利用三个相关的线性规划模型，对费用、时间和质量三者的权衡和集成的方法。

（1）模型假设

Babu 和 Suresh 首先假设项目的活动已经被分解，并且每一活动都有一个正常完工时间和一个极限完工时间。与正常完工时间对应的是项目的正常费用和正常作业质量，与极限完工时间对应的是极限费用和速成作业质量，并假设每一活动的费用和质量随完工时间呈线性变化。在每一活动完工时间已知的情况下，用传统的 CPM 法即可计算出工程完工的总时间，项目总费用就是各道工序费用之和，而项目总体质量由每一活动质量水平的平

均水平来确定。

（2）变量定义

Babu 和 Suresh 模型以线性规划和双代号网络图为基础，因此，首先要定义以下变量：

M：事件（即双代号网络图中的节点）的数量；

N：活动的数量；

Y_i：事件 $i(i=1，2，\cdots，M)$ 的最早时间；

X_{ij}：活动 $(i，j)$ 的实际时间（X_{ij} 和 Y_i 都是决策变量）；

t_{ij}：活动 $(i，j)$ 的正常时间；

t'_{ij}：活动 $(i，j)$ 的极限时间（$t_{ij} \geqslant t'_{ij} \geqslant 0$）；

c_{ij}：活动 $(i，j)$ 的正常费用；

c'_{ij}：活动 $(i，j)$ 的极限费用（$c'_{ij} \geqslant c_{ij} \geqslant 0$）；

q_{ij}：活动 $(i，j)$ 的正常质量；

q'_{ij}：活动 $(i，j)$ 的极限质量（$q_{ij} \geqslant q'_{ij} \geqslant 0$）；

TT：项目的总时间；

TC：项目的总费用；

TQ：项目的总质量；

T'：项目总时间的上限；

C'：项目总费用的上限；

Q'：项目总质量的下限；

λ_{ij}：活动 $(i，j)$ 的质量权重。

对于虚工作而言，定义其 $t_{ij}=t'_{ij}=0$。

根据项目管理的基本特点和线性规划的要求规定：

①项目在时间为 0 的点上开始，即：$Y_1=0$。

②每一项活动 $(i，j)$ 的实际时间 X_{ij} 受到其正常时间 t_{ij} 和极限时间 t'_{ij} 的限制，要不短于极限时间，不长于正常时间，即：$t_{ij} \geqslant X_{ij} \geqslant t'_{ij}$。

③对每一项活动 $(i，j)$ 而言，其实际时间 X_{ij} 和其前后相关事件 i、j 的最早时间 Y_i、Y_j 具有以下关系：$Y_i+X_{ij}-Y_j \leqslant 0$。

④项目的总时间 TT 在数量上应该等于最后完成事件 M 的最早时间，也就是双代号网络图上终节点的最早时间，即：$TT=Y_M$。

⑤假设每一项活动的费用和它的时间具有一定的线性关系，在活动 $(i，j)$ 的费用—时间关系曲线 $f(c，t)$ 中，令 A_{ij} 表示曲线 $f(c，t)$ 在费用轴 c 上的截距，B_{ij} 表示曲线 $f(c，t)$ 的斜率，如图 10-6 所示：

那么有：
$$A_{ij}=c'_{ij}-B_{ij} \times t'_{ij}$$
$$B_{ij}=(c'_{ij}-c_{ij})/(t_{ij}-t'_{ij})$$

项目的总费用可以由每一项活动的费用计算得到，即：
$$TC=\sum_{(i,j)}(A_{ij}+B_{ij} \stackrel{\frown}{+} X_{ij})$$

⑥同样的，假设每一项活动的质量和它的时间具有一定的线性关系，在活动 $(i，j)$ 的

质量—时间关系曲线 $f(q, t)$ 中，令 A'_{ij} 表示曲线 $f(q, t)$ 在质量轴 q 上的截距，B'_{ij} 表示曲线 $f(q, t)$ 的斜率，如图 10-7 所示。

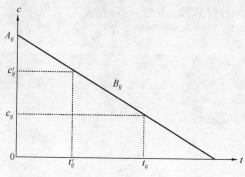

图 10-6 活动 (i, j) 的费用—时间
关系曲线图 $f(c, t)$

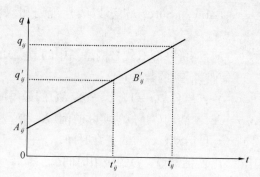

图 10-7 活动 (i, j) 的质量—时间
关系曲线图 $f(q, t)$

那么有：
$$A'_{ij} = q'_{ij} - B'_{ij} \times t'_{ij}$$
$$B'_{ij} = (q_{ij} - q'_{ij})/(t_{ij} - t'_{ij})$$

项目的总质量可以由每一项活动的质量加权平均计算得到，即：
$$TQ = \sum_{(i,j)} \lambda_{ij}(A'_{ij} + B^i_{ij} \times X_{ij})$$

（3）线性规划模型

有了以上的前提和假设，结合项目管理的基本特点可以得到项目费用、时间、质量集成三个的线性规划模型。

①若项目需要在最短时间内完成，同时又不能完全忽略项目的费用和质量，则在项目费用和质量约束下的时间、费用、质量集成线性规划模型，见模型1：

$$\min TT = Y_M$$

$$
\begin{cases}
Y_1 = 0 \\
t_{ij} \geqslant X_{ij} \geqslant t'_{ij} \\
Y_i + X_{ij} - Y_j \leqslant 0 \\
TC = \sum_{(i,j)} (A_{ij} + B_{ij} \times X_{ij}) \\
TQ = \sum_{(i,j)} \lambda_{ij}(A'_{ij} + B'_{ij} \times X_{ij}) \\
TC \leqslant C' \\
TQ \geqslant Q' \\
\sum_{(i,j)} \lambda_{ij} = 1 \\
M, N, Y_i, X_{ij}, t_{ij}, t'_{ij}, c_{ij}, c'_{ij}, q_{ij}, q'_{ij}, TT, TC, TQ, T', C', Q', \lambda_{ij} \geqslant 0 \\
i, j = 1, 2, 3, \cdots, M, i \leqslant j
\end{cases}
$$

②若需要尽量减少项目费用的情况，在项目时间和质量约束下的费用、时间、质量集

278

成线性规划模型，见模型 2：

$$\min TC = \sum_{(i,j)} (A_{ij} + B_{ij} \times X_{ij})$$

$$
\begin{cases}
Y_1 = 0 \\
t_{ij} \geqslant X_{ij} \geqslant t'_{ij} \\
Y_i + X_{ij} - Y_j \leqslant 0 \\
TT = Y_M \\
TQ = \sum_{(i,j)} \lambda_{ij} (A'_{ij} + B'_{ij} \times X_{ij}) \\
TT \leqslant T' \\
TQ \geqslant Q' \\
\sum_{(i,j)} \lambda_{ij} = 1 \\
M, N, Y_i, X_{ij}, t_{ij}, t'_{ij}, c_{ij}, c'_{ij}, q_{ij}, q'_{ij}, TT, TC, TQ, T', C', Q', \lambda_{ij} \geqslant 0 \\
i, j = 1, 2, \cdots, M, i \leqslant j
\end{cases}
$$

③对于需要尽量提高项目费用质量的情况，在项目时间和费用约束下的费用、时间、质量集成线性规划模型，见模型 3：

$$\max TQ = \sum_{(i,j)} \lambda_{ij} (A'_{ij} + B'_{ij} \times X_{ij})$$

$$
\begin{cases}
Y_1 = 0 \\
t_{ij} \geqslant X_{ij} \geqslant t'_{ij} \\
Y_i + X_{ij} - Y_j \leqslant 0 \\
TT = Y_M \\
TQ = \sum_{(i,j)} (A_{ij} + B_{ij} \times X_{ij}) \\
TT \leqslant T' \\
TC \leqslant C' \\
\sum_{(i,j)} \lambda_{ij} = 1 \\
M, N, Y_i, X_{ij}, t_{ij}, t'_{ij}, c_{ij}, c'_{ij}, q_{ij}, q'_{ij}, TT, TC, TQ, T', C', Q', \lambda_{ij} \geqslant 0 \\
i, j = 1, 2, \cdots, M, i \leqslant j
\end{cases}
$$

10.4.2　建设项目组织集成管理

10.4.2.1　建设项目组织集成的机制

1. 组织集成的理论基础

从交易费用理论的角度来看，联盟是企业通过与其他企业建立稳定的合作关系，将外部化的市场交易关系转变为内部化交易关系，从而节省了交易费用，降低了企业之间的交易成本，提高企业的竞争力和经济效益。通过建立联盟企业之间未来的"共同愿景"，并保持各自独立性、灵活性和平等性地位，为相互默契的合作互利，追求规模经济效应（1＋1＞2），提高企业的整体竞争力。联盟的产生是社会经济发展到特定水平（生产力水平）的产物。它是经济组织单元在特定的社会经济水平条件下通过改变组织形态以提高组织效率的结果。企业间的联盟形式主要包括动态联盟与战略联盟。

根据价值链和核心能力理论，由于在整个价值链所有环节中，每个企业都是只在某些环节上拥有优势（即企业只在某些环节上具有较强的竞争力），因此企业要在竞争激烈的环境中生存和发展壮大，就要做到：对外，企业要在分析出自己优势的同时，努力寻找出在价值链中其他环节上拥有优势的企业并与之结成联盟；对内，企业要从狭义价值链的角度细分企业内部价值链，找出各个价值增值环节以寻求最有效的组织方式来促使组织发挥最大的效率。这样，一方面企业可以将自己的核心专长集中于某一环节以获取专业化经济效果。另一方面企业通过与在其他环节上拥有优势的企业建立联盟关系，可以实现功能与专长的互补融合。而战略联盟与团队合作方式都是价值链理论与核心能力理论的典型应用。

综上所述，组织集成要通过企业之间建立联盟的方式实现企业与外部企业的组织集成，而通过内部团队工作模式来实现企业内部的组织集成。

2. 建设项目组织集成的方式

项目组织是个多种知识和技术构成的团体，在建设项目的全寿命周期内，项目的各参与方分别建立各自的项目组织。项目各参与方的项目组织分别具备特有的知识和技能，同时各方项目组织之间又具有很强的依赖性，各方进行的工作往往需要其他参与方提供必要的信息和支持，同时需要各方的协调与配合。因此，工程项目集成化管理需要建立一种新型的项目组织方式。一方面能保证项目参与各方在项目全寿命周期内保持协调和合作，以达到项目实施的整体优化；另一方面，也促进项目参与各方能充分的贡献自身的知识和技术。根据组织集成机制的分析可知，建设项目组织集成的方式应当是建立项目各参与方的联盟，从而利用联盟方式实现组织的集成管理。

建设项目各参与方组成的联盟可以称之为项目动态联合组织。具体来讲，动态联合组织是一种为了向市场提供合格且高质量的建筑产品，由众多的项目参与方相互联合形成的以业主为核心的合作组织形式。这些不同的参与方在不同专业领域拥有独特优势，利用联合组织将他们结合为一个整体，更加有效地向市场提供商品和服务，完成单个参与方不能承担的市场功能。动态联合组织的功能就是利用组织形式对不同的项目参与方进行整合，实现快速有效的资源配置，达到分担风险、准确定位市场及快速响应市场机遇，获得集成效益的目的。

基于建设项目的实际情况，通过组织集成形成建设项目动态联合组织，其参与方可以包括业主方、运营与维护方、设计方、施工方、建筑监理方以及咨询方等。该组织可以依托由项目参与各方根据各自的专业知识和信息优势，建立起的中央数据库将工程项目管理的外部各参与方、管理各要素、全寿命期各个阶段建立起来的异构数据与工作模块统一成标准化的同构数据，基于网络标准化，共同实现建设项目全寿命周期管理中的快速诊断与决策，通过这种组织模式，在工程建设项目全寿命周期中，从项目立项定义决策阶段到项目后运营阶段将各参与方紧密结合，在动态中加强联系和沟通，淡化传统的过程界面和各阶段的分散性，最终成功完成项目既定目标，降低业主管理和经营成本，提高建设项目管理现代化水平。

10.4.2.2　项目动态联合组织的作用和特征

1. 项目动态联合组织的作用

建设项目全寿命周期内，项目动态联合管理组织应发挥的主要作用包括：

(1) 明确建设项目的系统目标和任务，并在项目实施的不同阶段运用相应的手段和措施对项目进行控制与调整。

(2) 根据项目目标和任务，对项目管理的各级组织进行设计，包括项目组织结构设计和联合管理组织本身的调整，并确定组织结构中各单位、部门、个人的任务和职能分工。

(3) 确定项目管理的工作流程，并形成文件，负责编制项目建设的其他工作文本。

(4) 对项目建设的不同时期进行管理，如决策开发管理、建造施工管理和运营维护管理等。

(5) 对不同阶段之间的过渡进行界面管理，界面管理是管理中的难点和重点，比不同阶段的过程管理作用更为明显。

(6) 对项目建设作全方位评价和分析，对项目管理中出现的问题从全寿命周期集成管理角度进行评估与决策。

在这个动态联合组织中，各参与方应发挥的作用见表 10-1。

建设项目动态联合组织中各参与方的作用　　　　　　　　表 10-1

项目参与方	项目决策开发阶段	项目实施阶段	项目运营阶段
项目业主方	提出需求、评估项目方案，进行环境调查与分析、项目可行性分析、项目定义、投资决策等	全面规划和监督实现工程项目投资、进度、质量、安全及环保等目标	提供运营、维护阶段需要的项目开发信息，监督项目运营，确保项目经济、社会价值的实现与增加
开发设计方	确定建设项目功能、造型、布局、结构、设备与工艺等	确定项目设计方案，形成设计文件，协助解决在实施过程中出现的技术、经济问题	提供运营、维护阶段所需要的项目开发设计信息
施工建造方	从施工角度对项目的开发设计提供协助	控制实施过程中质量、成本、进度、安全等	提供运营、维护阶段需要的工程
工程监理方	从实施监督管理角度对项目的决策开发提供协助	对施工过程中进度、质量、投资、安全等目标进行监督和控制	为项目运营、维护提供相关监理资料
咨询管理方	提供项目决策、分析、开发、设计等方面的咨询与服务	为项目实施提供专业咨询	提供项目运营和维护方面的咨询服务
运营（物业）管理方	从运营、维护角度对项目的决策开发提供协助	从运营和维护角度对项目的实施提供协助	实施运营与维护，实现项目投资价值

2. 项目动态联合组织的特征

(1) 共同性和时效性。动态联合组织有一个共同的服务目标，即某一个特定的建设项目一旦完成，各参与方将会各自散去，动态联合组织也即宣告解散。

(2) 动态性。主要体现在两个方面，一是动态联合组织必须紧跟市场节奏，与市场息息相关；二是在建设项目管理的不同阶段，不同的参与方在联合组织中承担的责任和任务具有动态性。

（3）核心性。在动态联合组织中，由于其构成成员是动态的、不断变化的，因此需要构建一个控制和协调的领导核心，由来自各参与方的相关负责人或技术专家组成，以便确保各个方面的参与者在统一的领导下顺利地协调和实施工程。

（4）约束与激励相容性。一方面，动态联合组织中各成员之间一般都签订有许多严格的合同协议，从法律上界定各成员之间的协作和利益关系；另一方面，通过激励机制，促使各参与方为了实现建设项目的最大效益而努力工作，并就获得的额外收益在不同的参与方之间进行分享。

（5）协作性和相对独立性。动态联合组织成员可能分布在全国各地，甚至全球范围，各参与方之间一般不存在任何隶属关系，在同一建设项目内合作，而在其他的建设项目或者领域则可能是竞争对手。

10.4.2.3 建设项目组织系统集成的功能

1. 项目策划与决策支持

集成组织系统从整个工程项目建设开始立项就综合利用现代信息技术和管理技术，实现工程项目全生命周期的人（即各个参与方）、管理和技术三要素及其物流、信息流和价值流的有机集成，对工程项目实施科学、系统、高效的集成化管理，对项目的市场机会进行深入的调研、分析和预测，得到特定的项目机会，做初步方案策划，并进行可行性分析、论证、决策。听取多方面意见，着眼于项目全寿命周期的各个阶段，根据实际情况进行综合论证，确保立项科学合理。

2. 管理组织与综合计划

项目管理组织系统对项目的行为系统进行全过程的计划和控制，包括制定可行又优化的实施方案，安排工程活动的逻辑关系，并从资源、信息、现场各个方面保证所有活动有秩序地进行，对建筑生产过程进行集成控制。

项目集成组织系统的首要任务就是综合计划。强调综合计划的重要性并非说明项目管理组织系统的主要任务就是编制计划，而是指计划是一项贯穿于整个项目生命周期的持续不断的过程，实际工作中恰恰要注意计划的详细程度与项目的实际规模匹配。项目综合计划包括主计划和辅助计划。

3. 业务实施与目标控制

建设项目组织集成的业务实施功能实际上也就是对项目进行管理，管理的好坏直接关系到项目业务实施的成功。其管理的内容主要分为项目范围管理、项目时间管理、项目成本管理、项目质量管理、项目人力资源管理、项目沟通管理、项目风险管理、项目采购管理等。

10.5 建设项目过程集成管理与信息集成管理

10.5.1 建设项目过程集成管理

10.5.1.1 建设项目过程集成的概念

过程集成的实质是在完成过程之间的信息集成和协调后，进一步消除过程中各种冗余与非增值的子过程（活动），以及由人为因素和资源问题等造成的影响过程效率的一切障碍，使过程总体达到最优。过程集成有横向和纵向的两个方面。横向方面表现为平行或并行过程之间的集成，纵向表现为上下游过程之间或时间上先后过程之间的集成。

建设项目过程集成是指实现工程建设项目全寿命期的数据、资源的共享和各方的协同工作，将原来孤立的建设过程集成形成一个协调的系统。也就是把工程建设项目全寿命期的决策、设计、计划、施工、运营、后评价等各个阶段互相联系起来，采用系统的观点把各个过程作为一个整体来考虑。因此，建设项目的过程集成通常也称为建设项目全生命周期集成。

工程建设项目过程集成可以从两个方向进行：一是通过对工程建设项目全寿命期的综合分析，进行功能建模，并结合信息集成，达到工程建设项目全寿命期过程集成的目的，现代信息技术为此提供了技术上的保障；另一条途径是采用合同手段，通过 DB 或 EPC 等合同模式，实现多个阶段由同一参与者实施的方式实现过程的整合管理。

10.5.1.2　建设项目过程集成管理模型

对建设项目过程集成管理模型的研究，大多数的研究者的研究思路基本一致。比较有代表性的研究成果为陈勇强在其博士论文中针对大型工程建设项目，给出的一个全寿命期过程集成概念模型，如图 10-8 所示。该模型表明项目的决策、设计、施工和运营四个阶段是一个经过集成后的一体化过程，每一个阶段的结束与下一个阶段的开始都存在工作的交叉与重叠。决策阶段与设计阶段的交叉工作是概念设计/设计方选择；设计阶段与施工阶段的交叉工作是施工方选择；施工阶段与运营阶段的交叉工作是竣工验收与试运行。在项目实施过程中各个阶段以交叉工作为桥梁，彼此相互影响，而作为关系更加紧密的设计和施工阶段，其集成度应更高，两者作为一个整体同时对决策阶段和运营阶段产生影响。因此这个模型充分体现出工程建设项目的过程集成思想，尤其是在设计和施工过程中，将施工问题提前在设计中考虑，通过具有可施工性考虑的优质设计和减少替代方案的设计时间来实现优化项目的整体目标和工程设施的功能。

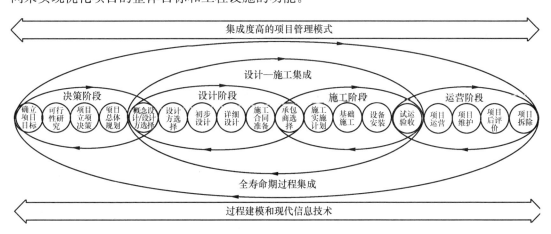

图 10-8　建设项目过程集成模型框架

在过程集成模型中，将一个工程项目的寿命期划分为决策阶段（包括确立项目目标、进行可行性研究、项目立项决策、项目总体规划、设计方选择）、设计阶段（包括概念设计、设计方选择、初步设计、详细设计、施工合同准备、承包商选择）、施工阶段（包括承包商选择、施工实施计划、基础施工、设备安装、试运验收）和运营阶段（包括试运验收、项目运营、项目维护、项目后评价和项目拆除）。

可以看出，在过程集成模型中，项目每个阶段和相邻的阶段之间没有明显的分割界限，有相互重叠和搭接的过程，进而通过各阶段相互集成在一起，实现信息的共享和对决策的支持。在各阶段集成中，又以设计阶段和施工阶段的集成—项目实施阶段集成最为重要。

模型中的实心箭头表示信息的流动，信息不只在本阶段中产生、流动、共享，而且通过阶段过程集成，实现整个工程项目的全寿命期信息集成。信息集成是全寿命期过程集成的基础与核心所在。

模型中空心箭头代表工程项目过程集成的实现方法，主要有两种实现方法：一种方法侧重于信息技术手段的应用。通过采用信息技术手段来实现项目各参与方的信息集成，促进各参与方的沟通和合作，消除项目实施过程中"非增值"的过程，减少人为因素影响过程效率的障碍，从而提高工程项目建设过程的集成度。另一种方法侧重于组织与合同手段的应用。它是通过采用具有较高集成度的项目管理模式来减少建设过程分离所带来的负面影响，如采用近年来出现的设计-建造、EPC、BOT 等项目管理模式，实现设计和施工的一体化以及工程项目的全过程管理。

其中，现代信息技术的运用是具体的技术手段，而集成度高的项目管理模式是在宏观层面的组织手段。这两种方法都不同程度地提高了建设过程的集成度，而且实现建设过程集成的组织手段和信息技术手段是相互支持、相互促进的。通过上述分析可以得出，工程项目寿命期过程集成模型体现了以下几点内涵：

（1）工程项目寿命期各阶段相互联系，集成为一个整体，尤其是对项目实施阶段（即设计—施工阶段）的集成。

（2）工程项目各阶段过程集成的核心和基础是各过程中的信息集成。

（3）工程项目过程集成的支持实现方法包括采用集成度高的项目管理模式。

10.5.1.3　建设项目全生命周期过程集成管理的特点

1. 参与方的职能变化

（1）项目生命周期中的主要参与各方尽早参与项目的决策，为项目的实施提供建议和意见，保证项目决策的系统性和项目目标的可行性。

（2）项目的设计与实施在单一动态活动中实现集成，使设计/建造方式不仅仅是一种采购方式而更成为一种项目管理的控制系统。

（3）强调设计阶段对项目结果的影响，强调业主在项目实施全过程中的地位和作用。

2. 组织和协调方式变化

（1）由于工程项目实施过程中的设计安装施工等各职能方的参与和执行的重叠，越来越多新的管理方式应该能够使原本只负责项目生命周期中某一阶段或某一项工作的各方有机会且有动力参与其他方的工作，促进相关各方的交流和合作。

（2）更详细的决策职能分化。以前项目中的决策在现在的动态性复杂项目中可能需要明确分为多种决策职能，如协调设计计划等，由最合适的参与方负责决策。

（3）各决策职能之间实现更多更快的信息交流与反馈。

（4）设计计划以及计划实施跟踪的详细程度和可靠性提高。

10.5.2　建设项目信息集成管理

10.5.2.1　建设项目信息集成的概念

从建设项目提出、调研、可行性研究、评估、决策、计划、设计、施工到竣工验收及后期的运营等一系列活动中，项目的各参与方形成了大量的建设工程信息。这些信息关系到工程进展各阶段的承上启下，关系到项目参与各方的内部与内部、内部与外部的沟通、决策与协调，对工程的成败至关重要。然而，传统的建设工程信息管理各参与方之间信息封闭，无论是参与方之间，还是各方内部，在信息传递、信息加工、信息使用等多方面存在缺陷，容易产生沟通瓶颈、界面混乱、信息孤岛等后果，使项目建设期效率低下。为此，建设项目管理中要实现信息集成管理。

信息集成主要针对工程建设项目实施全过程、全方位的管理中大量存在的信息孤岛问题，解决信息的正确、高效共享和交换。具体来讲，建设项目信息集成是指在工程建设项目全寿命期的各个过程之间和项目参与各方之间实现数据共享。信息集成不是简单地从技术上实现各部门之间的信息共享，而是要从系统运行的角度，保证系统中每个部分，在运行的每个阶段都能将正确的信息，在正确的时间，正确的地点，以正确的方式，传递给正确的需要该信息的人。

10.5.2.2　建设项目信息集成的方法与内容

1. 建设项目信息集成的方法

建设项目信息集成的方法按其实现的方式，一般可分成以下几种：

（1）功能集成。功能集成是指将来源于各单位、各职能部门的信息加以综合处理产生需要的数据。例如，将已有的费用管理子系统、时间管理子系统、质量管理子系统等按照各自的功能加以综合。对于信息关系比较简单且容易实现的情况，可以考虑采取这种集成方式，但是对于差异较大且集成程度要求较高的大型项目信息，这种按照功能进行集成的方式就远远不能满足要求。

（2）内容集成。内容集成是指使用数据库等现代信息技术，通过数据综合的方式提供集成数据环境。这种集成方式是单向的、自下而上的。

（3）综合集成。用定性和定量集成的方法，对复杂问题进行求解，可以取得较好的效果，但是如何将其应用于信息集成，目前限于技术和理论上的原因，实现起来尚存在一定的困难。

2. 建设项目信息集成的内容

大型项目信息集成的内容，可以归纳为全寿命期信息集成、管理职能信息集成和参与方信息集成，并且构成一个完整的集成管理体系。

（1）全寿命期信息集成。从决策、设计、施工到最后运营的管理信息，通过充分的交流和控制集成为一个整体，使工程建设项目信息能准确、充分地传递，各个阶段、各参与方能进行有效的沟通与合作。

（2）管理职能信息集成。建设项目同时具有范围、时间、费用、质量、人力资源、沟通、风险、采购等多个相互影响和制约的管理目标，通过各个管理职能来实现；信息的集成需要对各管理职能进行全面规划和考虑，以期实现项目全局优化。

（3）参与方信息集成。建设项目由各个参与方（包括业主、各项目设计方、咨询方、施工承包商、专业分包商、材料供应商、设备制造商、运营方等）共同配合来完成，如果各方缺乏相互信息交流和流通，就会影响各方的合作，容易造成各方追求局部优化的现象。以先进的信息技术为基础，以合作、双赢为理念构建一个多方参与的建设项目信息集成系统就可以为项目各参与方提供相互协调与沟通的途径，实现多方共赢的目的。

10.5.2.3 建设项目信息集成的概念模型

关于建设项目信息集成的模型，许多学者提出自己的看法。如：陈勇强在 2004 年其博士论文中提出了一个针对超大型工程建设项目的信息集成概念模型，如图 10-9 所示。

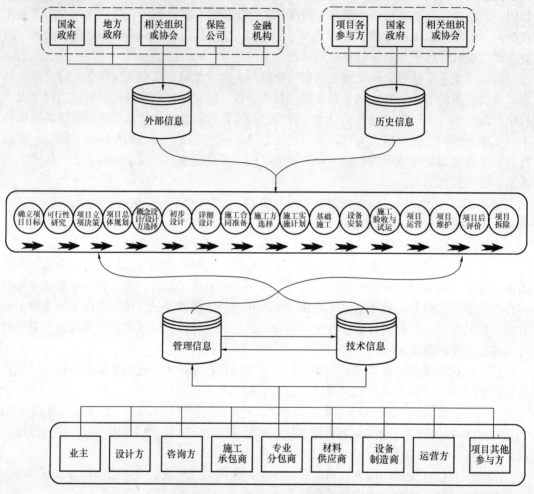

图 10-9 建设项目信息集成概念模型

该模型以建设项目全寿命期为主线，将建设项目的信息分成四类：管理信息、技术信息、外部信息和历史信息，分别建立四个大型数据库，对来自各方面、各阶段的信息进行统一的存储和管理，以保证信息的标准化、信息的及时更新和信息共享。管理信息主要包括项目实施过程中日常项目管理计划、合同、费用、时间、风险、一般沟通信函等信息；技术信息主要包括技术标准、规范、质量管理信息、施工图纸、模型、样品、技术计算数据、各技术专业数据、竣工图纸、操作和维修手册等；外部信息主要包括影响项目实施的外部信息，如政府发布的相关信息、相关法律信息、相关组织协会提供的信息、价格指数信息、汇率信息、因特网提供的相关信息等；历史信息主要包括可供项目参考的历史信息，如项目各参与方积累的历史信息、相关组织协会积累的经验数据、可参考的案例信息、标准合同范本等。管理信息和技术信息的主要来源可以包括：业主、设计方、咨询方、施工承包商、专业分包商、材料供应商、设备制造商、运营方、项目其他参与方；外部信息的来源主要包括国家政府、地方政府、相关组织或协会、保险公司、金融机构、其他外部来源；历史信息的主要来源是项目各参与方、国家政府机构、相关组织或协会、其他历史信息来源。

10.5.2.4 建设项目信息集成的实现

用计算机技术和信息技术，建立大型项目管理信息平台，提高工程建设项目的集成度，是实现工程建设项目信息集成的主要途径。

1. 信息平台的功能

大型项目信息平台作为信息集成管理实现的主要方式，应该具备以下功能：

（1）通知与桌面管理功能。包括变更通知、公告发布等功能，其中变更通知是指当与某一参与方有关的大型项目信息发生改变时进行提醒和通知。

（2）日历和任务管理。包括每个在建项目进度计划的日历管理和任务管理。

（3）文档管理。在信息平台站点上提供标准的文档目录结构，参与各方可以完成文档（包括工程照片、合同、技术说明、图纸、报告、会议纪要、往来函件等）的查询、版本控制、文档的上传和下载、在线批阅等工作。

（4）项目通信与讨论。在信息平台站点上，大型项目参与各方可以通过系统内置的通信功能进行通信，所有的通信内容在站点进行详细记录。另外还可以就某一主题进行在线讨论，讨论的每一个细节都会记录下来，并分发给有关各方。

（5）工作流程管理。在线完成信息请求、工程变更、提交申请及原始记录审批等大型项目工作流程，并对处理情况进行跟踪统计。

（6）大型项目信息集成存储和处理。积累大型项目信息，形成大量的信息储备，进行定时的数据备份。利用数据挖掘、人工智能等技术对大型项目的信息进行处理，预测大型项目工作进展，给出改进措施和建议。

（7）应用程序共享。集成一些项目管理软件，进行在线的计划编制、进度调整等，并与变更提醒、在线审阅和会议功能结合。

（8）网站管理与报告。包括用户管理、使用报告生成、参与方信息沟通记录、数据安全管理等。

（9）多媒体的信息交互。提供视频会议功能。

（10）集成一些电子商务。通过信息平台完成一些设备、材料及劳务的招投标工作，形成电子采购。

2. 信息平台的实现方案

目前信息平台的实施主要有购买商品化软件、租用应用服务和自行开发三种模式。如图10-10所示为集成管理信息平台的逻辑架构。

实际上，建立工程建设项目管理信息平台的投资比较高，对于一个单一的工程建设项目

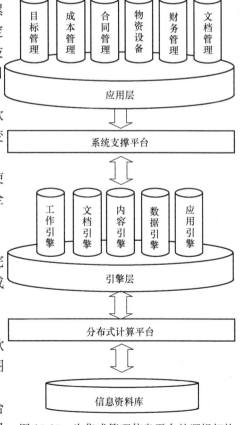

图 10-10 为集成管理信息平台的逻辑架构

来讲代价太高，一般应考虑采用租用应用服务这种方式，即由专门的机构组织工程建设项目管理信息平台的开发，并尽可能实现工程项目管理信息平台的商业运作，同时也为了保障平台运行的可行性与信息输入输出的可靠性。如采用 ASP（Application Service Provider，应用服务提供商，以下简称 ASP）的运行机制，工程建设项目管理信息平台的硬件架设、软件开发甚至日常维护，完全由 ASP 服务提供商负责，此时各方关系如图 10-11 所示。

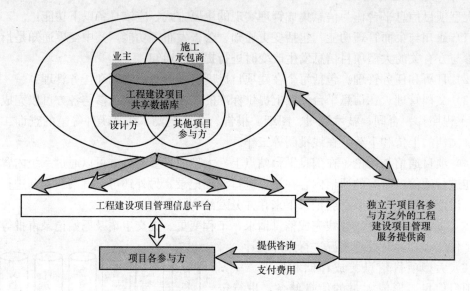

图 10-11　工程建设项目管理信息平台 ASP 机制示意图

10.5.2.5　建设项目集成管理信息系统（IMIS）

1. 集成管理信息系统（IMIS）的概念

IMIS 是一个以业主方、运营方、开发管理方、项目管理方和物业管理方为用户对象，利用计算机硬件、软件、网络通信设备以及其他办公设备，在建设项目全寿命周期过程中进行信息的收集、储存、传输、加工、更新和维护，以建设项目全寿命周期目标的实现为目的，为组织内各个层次的管理者及时、准确、完整地获取信息，辅助其进行决策、控制、实施的集成化人机系统。

建设项目全寿命期集成化管理是项目管理未来的发展方向，集成管理的核心思想是运用集成思想，保证管理对象和管理系统完整的内部联系，提高系统的整体协调程度，以形成更大范围的有机整体。集成管理包括过程集成、组织集成、管理职能集成、信息集成等。其内涵主要包括以下几个方面：

（1）建设项目全寿命期各个阶段的集成。集成化的建设项目管理信息系统包含了从项目构思、可行性研究、项目计划、设计、施工、运行，乃至拆除各个阶段的信息。为业主及有关各方提供全面的信息以支持决策。

（2）建设项目各个参与方的集成。一个建设项目在其全寿命期过程中，经历各个方面的参与，如业主、设计商、承包商、供应商、咨询服务单位、建设主管部门、社会公众等。这些利益相关者对建设项目都有各自的利益需求，希望了解掌握项目的信息。集成化的建设项目管理信息系统以统一、标准的方式组织建设项目的信息，以满足不同参与者的

288

需求，促进信息交流与共享。

（3）项目管理各个职能的集成。建设项目实施的过程中，各个不同的职能部门对项目信息有不同的要求。为全面实现项目的目标，需要集成协调各管理职能对信息的需求。集成化的项目管理信息系统为这些各有侧重的需求提供了一个一致的框架，为不同职能之间的信息共享交流创造了条件。

（4）集成化的建设项目管理信息系统是基于信息技术，采用系统工程原理和现代管理理论方法，全面考虑工程项目从发起到拆除全过程中各阶段的要求和衔接关系，面向工程项目整个生命周期进行管理以及项目执行过程中各个参与方之间的动态影响关系，实现各个部门和专业使用的软件功能和结构的无缝隙连接，为决策和管理提供可靠的数据。对项目组织进行重构和整合，优势互补、协同工作，成倍提高管理效率的建设项目管理信息系统。

2. 建设项目集成管理信息系统的核心功能

集成化的项目管理信息系统在对项目生命周期过程中项目参与各方的信息和知识进行集中管理的基础上，为项目参与各方在互联网上提供一个获取个性化信息的单一入口，从而为项目参与各方提供一个高效率信息交流和共同工作的环境，集成化项目管理信息系统必须具备以下三大核心功能：

（1）项目文档管理（Document Management）。完整的项目资料是项目管理的基础，集成化项目管理信息系统作为项目资料的存储与共享中心，对项目资料的管理应该做到集中化、数字化、完整性、一致性、安全性和可检索，实现项目资料的集中统一管理和方便安全的使用。

（2）项目成员的信息交流（Project Communication）。集成化项目管理信息系统为项目各个参与方提供了一个方便快捷的信息交流平台，各方只要登录这个平台，便可以共享最新的设计图纸与文档、查看项目进度、及时获取项目进行中的变动信息。

（3）项目各参与方的协同工作（Project Collaboration）。集成化项目管理信息系统把工程项目各参与方杂乱无序的传统沟通方式改变为有序的在线协同作业，项目成员间的沟通、决策具有一致性和协同性，从而能更好实现项目的整体目标。

思 考 题

1. 什么是集成？其特征有哪些？
2. 集成管理的特点是什么？
3. 集成管理的运行机理是什么？
4. 如何理解集成管理的战略思想？
5. 建设项目集成管理的特点是什么？
6. 什么是建设项目目标系统集成？目标系统集成有哪些问题需要解决？
7. 建设项目组织集成的目的是什么？影响组织集成的因素有哪些？
8. 建设项目过程集成的特点是什么？
9. 建设项目信息集成的主要工作有哪些？

参 考 文 献

[1] 陈勇强，吕文学，张水波. 工程项目集成管理系统的开发研究[J]. 土木工程学报，2005，38(5)：

111-115.

[2] 王祎望. 工程项目的集成管理研究[J]. 科学学与科学技术管理，2007(12)：186-187.

[3] 吴秋明，李必强. 集成与系统的辩证关系[J]. 系统辩证学学报，2004(1)：59-62.

[4] 吴秋明. 论虚拟团队[J]. 武汉理工大学学报(社会科学版[J])，2002(4)：387-390.

[5] 孙姜燕. 集成管理在建筑企业管理中的应用[J]. 建筑经济，2000，(10)：40-42.

[6] 李蔚. 建设项目的供应链集成管理研究[J]. 基建优化，2005，26(1)：16-19.

[7] 郭晓霞，刘彬. 建筑工程项目决策阶段集成管理研究[J]. 建筑经济，2007，4-7.

[8] 罗时朋，余峰. 利用ERP实现施工企业信息集成管理[J]. 建筑管理现代化 2007，(3)：24-27.

[9] 陈勇强，孙春风. 大型工程建设项目信息集成管理研究[J]. 石油工程建设，2007，33(3)：57-60.

[10] 冯海. 建设工程施工项目管理体系框架集成研究[J]. 建筑管理现代化，2005，(3)：9-11.

[11] 王乾坤. 集成管理原理分析与运行探索[J]. 武汉大学学报(哲学社会科学版)，2006，69(3)：355-359.

[12] 李蕾. 工程项目集成管理研究[J]. 国外建材科技，2005，26(4)：159-161.

[13] 李蔚，刘小群. 工程项目集成管理及其软件系统[J]. 建筑经济，2004，(8)：34-37.

[14] 戚安邦. 多要素项目集成管理方法研究[J]. 南开管理评论，2002，(6)：70-75.

[15] 吴秋明. 集成管理理论研究. 武汉理工大学博士学位论文，2004.

[16] 李红兵. 建设项目集成化管理理论与方法研究. 武汉理工大学博士学位论文，2004.

[17] 李瑞涵. 工程项目集成化管理理论与创新研究. 天津大学博士学位论文，2002.

[18] 孙立波. 工程项目全寿命期过程集成管理研究. 天津大学硕士学位论文，2006.

[19] 陈勇强. 基于现代信息技术的超大型工程建设项目集成管理研究. 天津大学博士学位论文，2004.

[20] 王乾坤. 建设项目集成管理研究. 武汉理工大学博士学位论文，2006.

[21] 邵彦. 建设项目信息系统集成管理理论与方法研究. 武汉理工大学硕士学位论文，2006.

[22] 吴中波. 建设项目组织系统集成管理研究. 武汉理工大学硕士学位论文，2007.

[23] 李宝山，刘志伟. 集成管理——高科技时代的管理创新[M]. 北京：中国人民大学出版社，1998.

[24] 李宝山，刘志. 成管理科技时的管理创新[M]. 北京：中国人民大学出版社，1998.

[25] (美)丹尼尔·A雷恩. 管理思想的演变[M]. 赵睿等译. 北京：中国社会科学出版社，2000.

[26] 吴秋明. 集成管理论[M]. 北京：经济科学出版社，2004.

作者简介

李忠富 （ Professor Li Zhongfu ）

李忠富，管理学博士，住房和城乡建设部住宅建设与产
业化专家，住房和城乡建设部高等教育工程管理专业评估委
员会委员，曾任哈尔滨工业大学经济与管理学院营造与房地
产系主任、教授、博士生导师，建设经济管理研究所所长。
2011年11月起任大连理工大学建设工程学部建设管理系主
任。长期从事建设经济与管理、现代建筑生产管理、住宅产
业化、城乡建设、房地产经济等研究和教学工作，主持各类
科研项目30多项，发表论文近200篇，著有《住宅产业化
论》等著作，主编多部国家级教材及国家精品课程。

电子邮箱：lizhongfu@dlut. edu. cn

杨晓林 （ Associate Professor Yang Xiaolin ）

杨晓林，管理学博士，哈尔滨工业大学经济与管理学院
副教授，硕士生导师。从1987年开始，一直在工程建设领
域从事教学、科研、咨询、培训和实践工作。主编《建设工
程监理》等十多部教材，在《土木工程学报》等国内外学术
期刊和国际会议上发表论文数十篇。近年来非常关注现代建
筑生产管理理论与方法的国内外发展现状和发展趋势，并致
力于该领域的研究生教学、培养和科学研究工作。